庇护二世闻见录

启真馆 出品

西方传记经典

COMMENTARIES

庇护二世闻见录

[意] 皮科洛米尼 著 王宪生 译

ZHEJIANG UNIVERSITY PRESS
浙江大学出版社

目　录

中译者说明

《庇护二世闻见录》最早有两份拉丁文手稿，手稿 A 部分由庇护亲笔书写，部分由他的一位秘书代笔。手稿 B 是庇护去世那一年由一位职业抄写员誊写的，其中部分内容经过修改，据说是依据庇护本人的指示修改的。

最早出版的拉丁文版（1584 年）所依据的是手稿 B，但经过庇护的一位远亲修改过，手稿中一些有损于教皇声誉的词、句，甚至个别段落都被删除了。庇护可能是出于对风格的考虑，选择用第三人称来描述他的生平，这也为别人修改提供了便利。本书的英文版就是依据这一版本翻译的。

《庇护二世闻见录》共有 13 卷，前两卷稍长，后面的较短。本书包括了 1 至 4 卷的内容。

引　言

　　朕①并没有消磨民众的时间，因为朕从未缺席过一次弥撒，从未缺席过枢机主教团的任何一次会议，无论是公开的会议还是非公开的会议，从未拒绝过任何人提出的申诉。恰恰相反，朕到老年还放弃了休息……朕在夜里工作，牺牲掉睡觉的时间，把大部分睡觉时间用来写作。当然，别人可能更会利用时间，但我感到有一种义务，做这件事让我感到非常愉快。

　　这段话教皇庇护二世写于1462年，那是他担任教皇六年期间最繁忙、最紧张的一段时间，他所提到的那件事是指他刚刚完成的亚洲历史和地理概论，是他规划的一部世界通史的一部分。为完成这一雄心勃勃的计划，教皇庇护二世一直都有个习惯，即在政务和文学爱好之间保持平衡。

---

① 教皇自称时用复数形式（如英语的 we），这种用法叫尊严复数（majestic plural/royal we），常见于传统的欧洲及中东。实际上，不仅教皇，世俗的君主也以复数形式自称，表示其是神（天主）选定的领导者，与神（天主）同在，故而称 we。汉语中没有这种用法，勉强译为"朕"，以示有所区分。——译者注

艾伊尼阿斯·西尔维厄斯·皮科洛米尼年轻时学习法律，后来担任秘书、使节、主教、枢机主教，最后担任教皇，但他一直自认为是个作家、演说家、诗人，一个自豪的桂冠诗人，他签名时经常这样签。

庇护年轻时写过情诗和古典喜剧，在多年为皇帝效力期间以及担任教皇期间，他源源不断地写出了历史、对话、用于教诲的文章、传记、演说词和书信。《亚洲史地概论》也不是他担任教皇期间所写的唯一作品。从 1458 年到 1464 年去世，他完成了一部《波希米亚史》(他当选教皇之前的夏季开始动笔)、弗拉维奥·比翁多的史书《罗马衰亡以来的千年史》的梗概、好几篇动员十字军攻打土耳其的掷地有声的演讲词、致苏丹穆罕默德二世的著名书信，还有记述他生平的《闻见录》(*Commentaries*)，这是他篇幅最长、最吸引人、流传最为久远的杰作。

他的《闻见录》是在空闲时间写出来的。在夜深人静时，在会议中间的零碎时间，或是在意大利长途旅行期间，甚至是因关节炎和痛风迫使他卧病在床期间，有时候是他亲笔撰写，有时候是他向秘书口授。他的《闻见录》是文艺复兴文学史上一部独特的文献。这是唯一的一位在任教皇留下的自传。它以一个动荡不安的大陆、一个纷乱扰攘的时代为背景，生动地描写了一个文艺复兴时期的人，描写了一段非常典型的文艺复兴时期的经历。

1405 年 10 月 18 日，艾伊尼阿斯·西尔维厄斯·皮科洛米尼出生于托斯卡纳的科希那诺村，父母都是锡耶纳的贵族出身，不过双方的家庭都是以前更兴旺一些。艾伊尼阿斯是在近乎贫困中长大的，家里只剩下一座农庄。他先是跟着当地的堂区神父学习基础语法 ①，十八岁时进了城，在锡耶纳大学学习文学和法律。

---

① 当时所谓的"语法"仅指拉丁语语法。——译者注

1429 至 1431 年间，他出去旅行了一段时间，我们对这一经历知之甚少，只知道艾伊尼阿斯游历了意大利北部的一些学校和大学，在佛罗伦萨跟着人文主义者弗朗切斯科·菲莱尔福学习了一段时间。

1431 年，他回到锡耶纳，没有工作，他所学的知识派不上用场，从事法律职业的前景渺茫。著名的锡耶纳改革家圣贝尔纳迪诺宣传的教义对他影响很大，他一度想加入方济各会，而后来又改变主意，跟从枢机主教多梅尼科·卡普拉尼卡。这位枢机主教是个富有的高级教士，1431 年秋去参加巴塞尔宗教会议时从锡耶纳路过。卡普拉尼卡安排艾伊尼阿斯在家里做秘书，负责写信、写讲稿，处理类似的行政事务。

对这个年轻的学生来说，这是个大好机会——可以离开锡耶纳，开始挣钱，尤其是参加当时最为重要的政治会议。不久前召开的巴塞尔宗教会议要考虑教会改革问题，试图对教皇权力进行一定程度的限制。有权势的枢机主教和大多数欧洲国家的知名代表，经常来会上参加讨论。艾伊尼阿斯在这届会议上很快找到新的差事，有了机会他就敏捷地从一个高级教士门下改投到另一个门下效力。尤其引人注目的是，他代表尼科洛·阿尔伯加蒂到苏格兰去完成一项秘密的外交使命，阿尔伯加蒂是有权势的圣克罗切枢机主教。这次出行不仅为他提供了一些最有趣的轶事让他后来在《闻见录》里讲述，而且还伤害了他的两只脚，以后再也治不好了，致使他在余生中的大部分时间里近乎残废。

回到巴塞尔后，艾伊尼阿斯接受了会议上占主流的反教皇立场，很快就在会议机构中得到一个显赫的职位，主持一些委员会，领导一些特别使团，起草重要的公报等。1439 年，聚会的代表罢免了尤金四世，拥立遁世索居的萨伏依公爵阿梅迪奥八世为新教皇，委派艾伊尼阿斯担任他的私人秘书。但菲利克斯五世（伪教皇自称）^①的宫廷生活单调乏味，与会议的吸引力及经常提供的演说机会无法相比，所以到1440年，艾伊尼阿斯设法调到了德意志皇帝腓特烈三世的秘书厅。

艾伊尼阿斯在奥地利的职务也有不利之处——天气冷，工作乏味，德意志同事不友好，但他的调动却是明智之举。巴塞尔宗教会议受到了一个不妥协的法兰西派的掌控，很快便失去了教会中温和派的支持。萨伏依的菲利克斯五世没有赢得支持，艾伊尼阿斯觉得只能到其他地方碰运气。他支持宗教会议至上^②的热情逐渐减弱，于是在1446年担任圣职，从尤金和腓特烈二人那里都得到可观的收入，连续率领皇帝的使团到意大利，做了大量工作来调解皇帝与教皇之间的分歧。为报答他做的贡献，尤金任命他为教皇秘书，这一职位他不仅在尤金任教皇期间担任，后来在尤金的继任者尼古拉五世任职期间也继续担任（后来他注意到，他并不知道"其他人是否也有这么好的运气……担任两任教皇的秘书、一位皇帝的秘书和一位伪教皇的秘书"）。他在教会里职务升迁速度快得惊人：1447年先是担任的里雅斯特主教，1451年又在家乡锡耶纳担任主教，1456年被教皇加里斯都三世任命为圣撒比纳枢机主教，仅仅两年后又被其他枢机主教选举为教皇庇护二世。

艾伊尼阿斯一开始是赞成宗教会议至上的主要理论家，坚决主张限制教皇的权力，后来又转而信奉罗马至上，最后他本人也体现

---

① 即萨伏依公爵阿梅迪奥八世。——译者注
② 14世纪教会的"阿维尼翁之囚"之后，罗马教会出现了史无前例的大分裂，呈现出两个教皇、甚至三个教皇并存的尴尬局面。马丁五世当选为教皇后，罗马教会表面上归于一统，但两大派的争论仍然相持不下：一派强调教皇应享有最高权威，另一派强调宗教会议应享有最高权威，主张削弱教皇的权力。这里提到的"宗教会议至上"，即是强调宗教会议应享有最高权威的一派所持的观点。——译者注

1

了罗马至上①。现在他认为，限制教皇的权力没有什么道理。他担任教皇六年期间，试图到处扩大和获得教皇的支配权：在教会管理方面，有主教的任命和什一税的征收；在教皇国，罗马的贵族不停地挑战教皇的世俗领导权；在国际关系上，尤其是有诸如法兰西的教会统治权、波希米亚的宗教异端、那不勒斯的继承权等棘手问题。最重要的是在捍卫基督教的欧洲、打击奥斯曼帝国方面。在这一问题上，西方国家的商业利益和政治利益相互冲突，对教皇所做的领导一次新的十字军打击土耳其人的努力造成了致命威胁。

教皇所要关注的政治危机之中，有很多和以前形成并主导他早年经历的危机是一样的。在15世纪剩余的时间里，很多危机还会继续让欧洲大伤脑筋。艾伊尼阿斯自传的巨大魅力之一，就是他对这些问题提出了生动而又深刻的见解，通常是从一个亲身经历者的角度来观察主要的人物和事件。在他生涯开始的巴塞尔宗教会议上，当时两场最激烈的冲突接近于解决，但最终并没有解决。第一场冲突是教皇和"举行会议"的普世教会争夺教会的最高领导权，第二场冲突是教皇（并延伸到意大利）一直努力挣脱法兰西王国对他的政治控制。

在14世纪的大部分时间里，几任教皇都住在阿维尼翁。1378年，格列高利十一世试图将教廷迁回罗马，结果引起混乱而失败。随后教会大分裂，法兰西和意大利的两个敌对教廷均称对方为伪教皇，将对方开除教籍。直到教会在康斯坦茨召开全体大会（1414—1417），这种糟糕的事态才得以解决。会议选举罗马人奥多内·科隆纳为教皇，号称马丁五世。1420年，马丁五世风光无限地回到罗马，然后迅速否决了宗教会议至上的宣言，那是他得以当选的代

---

① 即担任教皇。——译者注

价。他的继任者尤金四世甚至更大胆，成为一个专制者。不久之后，巴塞尔新一代的宗教会议至上主义者便要求他作出解释。

高级教士和神学家在巴塞尔结盟，挑战尤金所声称的"全权"，强调在教会管理问题上，教皇和教会的其他成员要意见一致，至少双方要磋商。宗教会议至上主义者的精神领袖是巴黎大学的神学教师，他们最有说服力的论据很多都是这些神学教师提出来的。

是法兰西代表的不妥协态度最终将艾伊尼阿斯从巴塞尔赶走。多年以后，在1458年选举教皇的秘密会议上，法兰西的一位枢机主教纪尧姆·埃斯图特维尔强烈反对艾伊尼阿斯当选教皇。新教皇决定承认阿拉贡的阿方索的私生子费兰特为那不勒斯王位的合法继承人，否决了安茹的勒内的继承权要求，结果只是加剧了法兰西和罗马之间的紧张关系。教皇庇护二世在整个任职期间，路易十一老是给教皇的政策设置障碍，通常是借助他的工具枢机主教让·茹弗鲁瓦的干预。让·茹弗鲁瓦和埃斯图特维尔一样，都成为庇护二世《闻见录》中所描写的主要反面人物。路易还经常向米兰施加通常是危险的压力（米兰和那不勒斯一样，吸引着法兰西人提出继承权要求），也破坏教皇集资以及在政治上支持招募十字军的计划。

欧洲其他大国之间的关系，也和法兰西与罗马之间的关系一样令人忧虑，一样不利于教皇庇护希望制定的政策。1453年英法百年战争结束之后，英格兰、苏格兰、勃艮第和法兰西仍然小心翼翼，其关系处于僵持状态。勃艮第公爵菲利普时常表现出豪侠姿态，表示支持组建十字军，但他的边界地区麻烦不断，所以他实际上付诸行动的支持并没有他希望的那么多，当然也没有教皇希望的那么多。

中欧诸国的君主也各有苦衷。哈布斯堡的腓特烈三世只是偶尔试图统治神圣罗马帝国。腓特烈经常面临几个选帝侯[①]的挑战（尤其是美因兹大主教迪特尔·冯·伊森伯格，一个刚愎自用的高级教士，连教皇的权威也同样不放在眼里，新教皇很快就会发现），面临匈牙利民族主义运动的挑战，尤其是波希米亚民族主义运动的挑战。胡斯派和泰伯派的异端分子在波希米亚深得人心，进一步削弱了皇帝的权力。

在奥地利，哈布斯堡家的各位兄弟表亲关系紧张，大多数都卷入毫无希望的复杂的继承权之争，这也抑制了腓特烈对一些领地的统治权，这一统治权充其量只是名义上的。腓特烈皇帝对巴塞尔宗教会议的议项特别感兴趣，他自己的帝国议会有时也讨论教皇至上问题。1447年，腓特烈皇帝与尤金四世言归于好（主要凭借艾伊尼阿斯的外交手腕），但腓特烈对于罗马来说，充其量只是一个小心谨慎的同盟。他对土耳其问题犹豫不决，没有出席他自己召开的帝国议会来讨论这一问题，也没有出席曼托瓦会议，让艾伊尼阿斯既感到震惊，也极为失望。

意大利内部的政治领导权问题也同样不明朗。在那不勒斯王国，无儿无女的女王乔万娜1435年去世之后，安茹的势力与阿拉贡的势力几十年来暴力冲突持续不断。在这些冲突中，阿方索及其儿子费兰特时常获胜，但其胜利既让他们自己付出代价，也让支持他们的几任教皇付出代价。不稳定状态似乎从这一南部的王国蔓延到意大利半岛其他地区。

在教皇国内部，对立的佣兵队长和地方贵族利用几乎是持续不断的危机，要求得到有争议的领地和头衔。在整部《闻见录》中，

[①] 指有资格选举神圣罗马帝国皇帝的诸侯，共有七人，三位来自教会，四位来自俗界，其中最有权势的是美因茨大主教。选帝侯从1356年设立后开始行使选举权，直到1806年拿破仑将帝国解散。——译者注

艾伊尼阿斯隐晦地谴责了这些野心勃勃的军事冒险者所造成的混乱，其中有皮奇尼诺家族，有安圭拉腊伯爵埃弗索，尤其是邪恶的里米尼领主、"万恶之王"西吉斯蒙多·马拉泰斯塔。实际上这些小贵族只是维护自己的利益，利用混乱局面为自己捞取最大的好处而已。但从后世的角度来看，这些人犯了一个错误，也就是在一个有能力的宣传者统治期间试图危害教廷。艾伊尼阿斯鄙视他们，决心镇压他们制造的叛乱。

不过在意大利的其他地方，艾伊尼阿斯公开赞扬那些白手起家的军人统治者的智慧和勇气。乌尔比诺伯爵费代里科·达·蒙泰费尔特罗是个有才华的佣兵队长，也是个文学艺术资助人。他赢得了艾伊尼阿斯的尊重，从教廷得到很多好处。

艾伊尼阿斯尤其赞赏米兰军事统帅弗朗切斯科·斯福尔扎。斯福尔扎在内战中崛起，在菲利波·马里亚·维斯孔蒂死后夺取了米兰公国。在艾伊尼阿斯看来，斯福尔扎集审慎、刚毅、政治家的果断于一身，是个理想的人物。他的大胆行动和突出的人格力量不仅为他赢得了机会，而且还赢得了担任首领的权利。

教皇与米兰的外交关系并不总是一帆风顺，但毋庸置疑的是，他对斯福尔扎最为尊重，极为珍视与斯福尔扎的友好关系，对斯福尔扎率领教皇军战胜土耳其寄予很大希望。

1453 年，奥斯曼帝国占领了君士坦丁堡，动摇了欧洲的根基。苏丹穆罕默德二世一举消灭拜占庭帝国最后的残余势力，确立了伊斯兰教在地中海东部的支配地位。他的军队与巴尔干半岛基督教王国之间几乎没有任何障碍，希腊和亚得里亚海周围富裕的意大利殖民地完全由他摆布，据说意大利南部海岸就在他的视野之内。

这一可怕的消息一传开，欧洲各个君主和共和国试图短暂地停止一直持续的争吵。1454 年春，意大利各国在洛迪达成一项互不侵犯协议，希望组成统一战线，共同打击异教徒。同一年，勃艮第公爵菲利普发誓要组建十字军，腓特烈三世召开一系列议会，讨论帝国发动进攻的问题。但谁也没有采取行动。

艾伊尼阿斯经常发现，西方的每一位君主好像都小心翼翼地维护自己的利益，打算得再好也没有付诸行动。谁也不想第一个投入人力物力组建一支新的十字军，谁也不想跨出国界暴露自己，让自己的领土和财富遭受危险，除非他看到邻邦已经采取行动。五年来，艾伊尼阿斯看到苏丹的军队步步向前推进，而基督教世界的各位君主则原地不动。无论是加里斯都三世充满激情的宣传，希腊枢机主教贝萨里翁精明的外交策略，还是托钵僧修士乔瓦尼·卡皮斯特拉诺激动人心的布道，好像都无法打动冷漠、厌战的欧洲发动一场新的十字军东征。

然而，艾伊尼阿斯加冕时，就把发动十字军东征当成自己的奋斗目标。面对奥斯曼帝国的入侵，他决心"不仅拿罗马城和彼得的遗产来冒险，还要拿自己的健康甚至生命来冒险"。

艾伊尼阿斯承诺组建十字军的诚意有时候受到质疑。他在15世纪50年代中期选择这一目标，可以被看作是一种无所顾忌的策略，从以前的宗教会议至上论者摇身一变，转而支持一项典型的教皇计划。甚至他当选之后为了十字军而从事的各项活动也受到质疑：难道曼托瓦会议只是一个迫使世俗政权顺从和效忠的阴谋（而且是一个失败的阴谋）吗？

但与此相反的推断很可能也是成立的：奥斯曼帝国扩张的威胁迫在眉睫，直接迫使艾伊尼阿斯迅速信奉教皇至上的观点。腓特烈在1454至1455年的帝国议会上游移不定，艾伊尼阿斯对此感到失望，这也可能迫使他投入富于战斗精神的加里斯都领导下的教会谋求发展。由于世俗君主老是不作为，整个欧洲似乎只有教皇拥有道德权威，拥有面对土耳其问题的勇气。这样，艾伊尼阿斯在《闻见录》中把自己描绘成一个拥护组建十字军的教皇，可以说明教皇权威在 15 世纪的核心地位，这一核心地位也是他这样描绘的理由。

艾伊尼阿斯的秘书生涯非常有助于他对付复杂的国际局势。实际上可以这么说，艾伊尼阿斯极为善长的人文主义秘书这一角色本身，就是 15 世纪上半叶欧洲政治、宗教、道德权威总危机的产物。在一个争论好像没有休止的时代，那么多国王的君主地位和法律地位都要争个你死我活，尤其是教皇的地位。在这种情况下，任何在位君主或渴望上位的君主的宝库中，语言艺术都被认为是一件必需的武器。

艾伊尼阿斯的经历足以说明，一个有才华的秘书可以在各种困境中为主子提供有价值的帮助，无论是外交、法律或是军事方面的困境。通过辩论法律问题，率领使团，与不同的派别协商，起草协议、劝说性的演讲稿、书信、较为有诱惑力的宣传品等，人文主义秘书可以变换为律师、参赞、大使和间谍的身份为雇主效力。无论是秘书本人还是其文字，都能对任何挑战其雇主利益的人构成可怕的威胁，同时在日益重要的国际舆论场所赢得喜爱和关注。

15 世纪的秘书大多数都有大学文科背景，有一些还是相当有地位的人文主义学者。所以，以复兴古典文学和文化为特征的文艺复兴时期人文主义运动，决不仅仅是美学问题或风格问题。人文主义者通过研究和采用古代的修辞辩论技巧，开发出一种用于当代政治生存斗争的有力武器。"科卢乔手里的笔比佛罗伦萨三十个骑兵连的杀伤力都要大。"这是 14 世纪末米兰公爵在与佛罗伦萨交战时所说的一句话[1]。这场战争既是用武器打的，也是用文字打的，米兰公爵最终在这两条战线上都失败了。

佛罗伦萨的古典学者、历史学家和国务秘书萨卢塔蒂是早期人文主义运动的一个杰出人物，也许是第一个成为人文主义综合范例

---

[1]　参见本书第 2 卷第 30 章。——原编者注

的人，也就是既有文学成就、也为国家效力。他和他圈子里的佛罗伦萨人文主义者全都是著名作家，凭借其艰苦努力和语言艺术在事业上成就辉煌，为他们所效力的政府带来了荣誉，这些人成为艾伊尼阿斯的重要楷模。艾伊尼阿斯在《闻见录》第 2 卷第 30 章所描绘的萨卢塔蒂及其圈子，显示出他钦佩的人的范围。艾伊尼阿斯就是在这里再次提到米兰公爵以非常懊悔的语气对萨卢塔蒂的能力所做出的评价。艾伊尼阿斯虽然从来也没有以同样的身份为他自己的城邦效过力（锡耶纳是共和国，对艾伊尼阿斯的高贵出身、对他在国际上的抱负一直都有疑心），他还是信奉佛罗伦萨人文主义者激进主义的理想，试图在自己漂泊不定的生涯中努力赶上他们所取得的成就。

艾伊尼阿斯认为自己做到了，他在《闻见录》第 1 卷中就是这么说的，这一卷描写他从早年一直到当选为教皇的经历。这位年轻的秘书，仅仅凭借其演讲技巧就出人头地，从欧洲形形色色的外交人员中脱颖而出，他本人就是其中的一员。他的生平（更准确地说是他的"自传"，我们要记住这一点）以一个接一个令人震惊的文字成就展现出来：艾伊尼阿斯无论走到哪里，他只要一开口说话，或拿起笔在纸上写字，大功便告成了。在他生涯中的几个关键时刻，在米兰或巴塞尔，在枢机主教选举教皇的秘密会议室里，在曼托瓦紧张谈判期间，艾伊尼阿斯都能以演讲绝技力挽狂澜扭转局面，也挽救了他自己及其主子的政治生命。他的演讲总是长篇大论、结构复杂，但不可思议的是，据说没有一个人烦躁，也没有一个人打瞌睡（"甚至没有人吐唾沫"）。所有的人都端坐着一动不动，除非是感动得流泪，因为艾伊尼阿斯的话能让大家一致同意，把所有可能的反对意见都推翻。

艾伊尼阿斯年轻时，以诗歌和虚构故事的形式来表现他高超的语言驾驭能力。但随着他事业的发展，他越来越倾向于用他的技巧来达到实际的政治目标：或是写作外交事务摘要和政治演讲稿，或是描述当代史（通常是极有争议性，与他的政治意图密切相关），或是通过搜集、编辑、出版他的个人信件来为自己的形象增辉。当选为教皇之后，他虽然求世人"抛弃艾伊尼阿斯，接受庇护"（也就是相信那个俗务缠身的人已经完全投身于教会），但在知识和政治问题上，他仍然忠诚于人文主义的奉献精神。他的目标是恢复教廷在欧洲的领导地位，他打算运用他的全部才能来达到这一目标，既包括他的文学和语言艺术才能，也包括他的外交和政治才能。

艾伊尼阿斯几十年来虽然以卖文为生，以写作来换取资助和雇用，但身为教皇却对文人吝啬得出名，真是一件奇怪的事情。菲莱尔福痛心疾首，抱怨他以前的学生忘恩负义。但教皇宁愿自己写演讲稿，自己写信。简而言之，他自己处理演讲问题，他受到的训练和经历让他能够这样做。这正是他写作《闻见录》时所表现出的态度，也是我们阅读《闻见录》时应该抱的态度。其中的个别段落也有坦率的自省，但总体上来说是一部不加掩饰地谢罪的作品。实际上这部作品极有文采，是人文主义秘书艺术语言的典范之作。他写这部作品不仅是为自己转而信奉教皇至上辩护，为他荣登教皇宝座辩护，而且还是在面对教会内外猛烈挑战时维护教廷的权威。

文艺复兴时期的人文主义者，基本上不怀疑历史著作是一种语言艺术，历史学家的任务就是把历史事件记述得激起读者的赞赏或愤怒，或让读者相信某个观点。意大利第一代人文主义者肯定做了很多工作来澄清历史写作的方法，不把传统的运气、机缘、天意这些概念当作决定人类历史进程的无形力量，而是采用更为理性和世俗化的因果关系模式，其基础通常是对原始资料进行一丝不苟、去伪存真的研究。然而，即便是早期人文主义历史写作的开山名篇，即莱奥纳尔多·布鲁尼的《佛罗伦萨人的历史》和洛伦佐·瓦拉的论文"君士坦丁的馈赠"，也是带着偏祖的态度写出来的，前者颂扬佛罗伦萨的政治自由传统，后者驳斥教廷对俗界管辖权的要求。

　　把历史看作作者提升自己或雇主政治利益的另一个语言艺术表现方式，反驳竞争对手的挑战，或提高民众的士气，这一趋势在15世纪中期意大利各个王宫之中迅速传播。在那不勒斯，阿拉贡的阿方索经一场血战夺取了王位，并防范安茹的一个又一个觊觎王位者的争夺，于是他宫廷里的人文主义者就以偏袒的态度来描写他取得的胜利，坚称阿方索是唯一配得上这顶王冠的候选人。尤其是巴尔托洛梅奥·法西奥，他所写的《论阿方索的功绩》（1455）为阿方索歌功颂德，为那些受雇于注重形象的君主的人文主义者提供了一个样板（安东尼奥·帕诺米塔和洛伦佐·瓦拉也写了对阿方索的评论）。佣兵首领布拉乔·达·蒙托内、费代里科·达·蒙泰费尔特罗和弗朗切斯科·斯福尔扎等人，在15世纪50年代末和60年代，也委托人文主义者评述自己的生涯，通常是为类似的法律上不确定的征服和篡位行为辩护。

　　人文主义者的《闻见录》从书名上就可以看出，均从尤利乌斯·恺撒的《闻见录》[①]中受惠良多。这些史书并非真正的传记，也不是对当代事件的纯粹叙述，而是专注于一个大人物与更强大的历史力量之间的相互作用，这些强大的历史力量左右着他的经历，而他也反过来努力形成这些强大力量。其要点是展示传主的卓越性格、能力和优秀品质，然后展示他如何凭借这些特点来战胜当代事件对他构成的挑战。

　　人文主义秘书写作历史评论这一任务，也和他负责的其他很多领域一样，要利用语言艺术来解决政治合法性问题。人文主义评论家的任务，就是鉴别出这些个人品质，无论是财富、军事才能、敏锐的政治判断力或纯粹的好运气。就是这些品质构成了新君主的实

[①]　包括《高卢战记》和《内战记》。——译者注

际统治权，而且要胜过那些弱者夺权的企图，这些弱者要维护法律上的王位继承权。

这显然就是艾伊尼阿斯写作的风格。他写《闻见录》与其同代人的不同之处，是他既不为一个强有力的佣兵队长写作，也不为一个富裕的资助人写作，而是为他自己这样一个舞文弄墨的人而写作。而且这样写作的一个舞文弄墨者正是一个君主，在要他自己的笔杆子。艾伊尼阿斯·西尔维厄斯，一个政治家和文书，在写他自己的回忆录时，就成了他自己的秘书，将舞文弄墨的技巧提升到无情的力量或巨额财富的水平。这样，漂亮的文笔不仅成为获得权力的手段，而且还成为掌握权力的理由。

人文主义作家用来写《闻见录》的方法，通常是搜集核对第一手资料（通常是由委托的君主属下的秘书厅提供），然后依据这些材料写成一部文采斐然的作品，对有关的人物和事件进行描述。艾伊尼阿斯在其《闻见录》里也时常利用他自己的档案资料，引用或改写论文、备忘录、演讲词之类的文字材料，实际上很多都是他自己写的。不过在有些地方，编辑和润色的过程还没有最后完成，他到死还在写这本书：第13卷论及1464年春天发生的事，然后戛然而止。

《闻见录》里的一些片断读起来像是草稿，有些地方的叙述翻来覆去啰哩啰嗦，甚至含糊不清，因为轶事和描写的段落中断了，或是事后他忘记了，或是过了很久以后才续上。不过应该记住的是，艾伊尼阿斯的这部作品在很大程度上是他口授给秘书的，通常是在繁忙的教廷事务中间短暂的间歇期间。考虑到写作时的这种情况，这部作品结构上的连贯性实际上算是很强了。作者对叙事的控制，对调整各种主题技巧的驾驭，只是在他有几次失去对叙事的控制、调整主题的技巧使用不当时才得到证实。

在风格问题上，他除了受惠于恺撒之外，还竭力模仿西塞罗散文完美的语言艺术。在这部《闻见录》中，那些他能修改得令他满意的段落里句子都很长，从句很多，少数句子不灵便。有时读者会感到作者在艰难地整理一些时间、地点、性格、动机、原因、结果的很多细节，那是他在数十年坎坷生涯中凭借惊人的记忆力储存在脑海里的。

　　从这种意义上说，他与作品题材的亲近是这部作品最大的弱点。但这也是它最大的优点。艾伊尼阿斯如果从未赢得以庄重风格写史的名声（他显然渴望得到这一名声），他确实所拥有的——而且经常达到令人激动的效果——就是写作报告文学的杰出才能。他真正的天赋是有一双明察秋毫的眼睛，能准确把握到只言片语的对话或场景的细微变化、有趣的轶事或历史故事，能最准确地抓住一段时间、一个地点或一个人物的本质。

　　艾伊尼阿斯在最佳状态时，可以探究他同代人隐藏的动机，刻画他们复杂的个性，其典雅简练的文笔并不仅仅局限于关注风格的正确。这部作品文采斐然，已经超出了仅仅生动地叙述艾伊尼阿斯生平的范围。他还做出了很大努力来缓和叙事的口气，他叙述这一故事就是打算把它说清楚的。比如说，第 1 卷结尾处以扣人心弦的笔法描写了 1458 年选举教皇的秘密会议，这样写显然是为了成功地确立艾伊尼阿斯对荣登教皇宝座拥有无可争议的权利。但它也是文艺复兴时期最精彩的散文作品之一，一部充满戏剧悬念和冲突得以解决的经典之作。

　　与前面截然不同的是，作者用了很长的篇幅描写了到曼托瓦的旅行，占了第 2 卷的后半部分，记述了他慢慢悠悠但不停脚步地穿过教皇国及其周边地区的经历，实际上是缓慢而又费力地游历了新教皇必须全力对付的地区和麻烦事。在这一部分，作者从未掩饰他对寡头政治的同情。艾伊尼阿斯在他统治的第一年，考察了意大利中部变化莫测的政治场景，看到了一个由共和国和专制国家组成的不稳定的地区。这里当然也包括极少数正直的贵族，像费代里科·蒙泰费尔特罗和洛多维科·贡扎加那样的开明君主。在艾伊尼阿斯看来，这些人最大的优点就是忠于罗马。

然而，即便是这部分到曼托瓦的游记，也提供了有关教皇政治哲学的一幅生动的画面，仍然不失为一篇在灵感支配下写出来的游记，全景式地描写了他生动的印象和惊人的细节，自有它本身的震撼力。也许最重要的是，它也很有助于对艾伊尼阿斯本人的性格描写，把他刻画成一个探索者，既经历过成功，也经历过磨难，稳步前进在一条通向重大命运的征途上，这一命运他好像永远也把握不住。

《闻见录》首先是一部宏大的作品，是对一个人的生平和经历的史诗般的描述。前面几章简要地勾画出艾伊尼阿斯早年的生涯，以及在科希那诺、锡耶纳和佛罗伦萨所受的教育。① 在作者看来，"真正的生涯"好像始于语言艺术，始于他秘书生涯的开端。我们发现多梅尼科·卡普拉尼卡一把艾伊尼阿斯召过来效力，他就马上背井离乡，离开了他熟悉的托斯卡纳海岸，这绝非偶然。他和与他同名的特洛伊英雄艾伊尼阿斯（埃涅阿斯）一样，特大风暴把他吹得远离祖国意大利，来到看得见非洲本土的地方，让他经历了一系列有趣和富于挑战的冒险，这些冒险经历最终成就了他这个人。就是在戏剧的最高潮，无论是在遭到暴风雨袭击的厄尔巴海岸，在苏格兰的一个干草棚上，或是在（更通常的情况）巴塞尔、罗马点亮台灯的写字台旁，维吉尔的回声才在文中时常响起。

① 例如，他没有提及他对法律教授马里亚诺·索奇尼的热爱，没有提圣伯纳迪诺对他的鼓励和影响，也没有提他早年所写的色情诗歌、戏剧或爱情故事。他同样审慎地掩盖了两个私生子的生平及其夭折的情况，那是他以秘书身份出使苏格兰（1436年）和德意志（1442年）时两次短暂艳遇的结晶。——原编者注

　　这位艾伊尼阿斯的一生也是船舶不断失事的一生，是熬过多少个不眠之夜的一生，反复出现的"不眠的夜神"主题尤其适合一个耍笔杆子而不是舞剑的英雄，熬夜不是期待着激战，而是为了润色完美的演讲稿。我们的艾伊尼阿斯也会经历几十年的漂泊，最后凭借智慧和意志的力量才返回意大利。沿着神指引的路，经历过海上的漂泊、激烈的战斗和巨大的痛苦，他的故事依照天意只能在意大利找到归宿，（就像《闻见录》的作者显然希望的那样）取得成功并赢得名望。

玛格丽特·梅泽夫

前　言

1 伊壁鸠鲁错误地认为，灵魂是和躯体一起死亡的。如果真是这样，声誉就对灵魂没有什么用了。但假如灵魂离开躯体后仍然活下去，它要么命运凄惨，要么与其他快乐的灵魂为伴。命运凄惨时没有快乐，甚至享有声誉也不快乐。死者在天堂享受的至福，既不会因活人的赞美而增加，也不会因活人的鄙视而减少。

既然如此，我们为什么还要尽力争名呢？也许在炼狱中受煎熬的灵魂，能品尝到在尘世间留下的名声所带来的一些甜头？爱好争长论短的人尽管去与人争辩人死后的处境，但毋庸置疑的是，活着的人正在他们的荣耀中享受着快乐，并希望死后还能继续享受。正是这一事实和这一信念激励着最聪明的人（甚至超过了升天的希望，一旦升天就永远待在天上），鼓舞着人的士气。

罗马教皇尤其如此。教皇在世时几乎人人骂他，但他死后人们又赞扬他。我们看到过马丁五世、尤金四世、尼古拉五世、加里斯都三世在世时遭到大众的谴责，死后又被吹捧到了天上。教皇步的是基督的后尘。耶稣基督在世时被认为附着魔鬼[①]，但被钉上十字

[①] 参见《圣经·约翰福音》8：48。——原编者注

架之后就被承认为上帝之子。

仆人当然没有主子伟大[①]。没有饶恕那么多教皇、连基督本人也没有饶恕的恶嘴毒舌，自然也不会饶恕教皇庇护二世。他在世时受到指控、遭到谴责，死后又会受到赞扬，不在世了又会让人惦记。他一离世，对他的嫉妒就会减弱，个人利益也不再干扰人的判断力，真相便会水落石出，庇护便得以跻身名教皇之列。

2 与此同时，我们打算写教皇庇护二世的传记。以引言的方式，简单描述一下他的祖籍，描述一下他担任教皇之前的生涯并无不妥，这样后人就会知道这个名叫艾伊尼阿斯·西尔维厄斯的人是如何登上教皇宝座、号称庇护二世的。有朝一日看到这些文字的看官会对其表现出尊重，就像对撒谎的人拒不相信一样。

---

① 参见《圣经·约翰福音》13：16，15：20。——原编者注

第 1 卷

1
皮科洛米尼家族的起源。
庇护的祖先。

1 皮科洛米尼家是从罗马来到锡耶纳的，属于城里最古老、最高贵的家族之一。只要贵族仍然掌权，这一家族就以出学者和军人而著称，拥有很多要塞和城堡。但政权从贵族手里转移到平民手里的时候，皮科洛米尼家就和其他大户一起没落了。[①]

2 不过祖父恩尼亚·西尔维奥手里还有一笔可观的财产，他还可以体面地过日子。他年轻时就死了，撇下有孕在身的妻子蒙塔尼娜，她生下一个儿子名叫西尔维奥。西尔维奥小时候，财产都被他的监护人和代理人挥霍完了，但他还是像绅士一样得到抚养，被送到学校上学。他接受了系统的人文科学训练，然后当了兵，九死一生之后终于回到家里，重新得到一小部分祖传家产，娶了个贫穷但

[①] 锡耶纳贵族在 1277 年被禁止担任要职。——原编者注

出身高贵的姑娘维特多利亚。

维特多利亚出身于福尔泰圭里家族，这一家是锡耶纳大教堂的赞助人。维特多利亚生育能力很强，经常生双胞胎，二人一共生了十八个孩子，但同时活着的从来也没有超过十个。

西尔维奥住在奥尔恰河谷的一个小镇科西纳诺，在贫困中把孩子养大。但到头来无情的瘟疫要了大多数孩子的命，活下来的只有艾伊尼阿斯和他两个姐妹拉奥达弥亚和卡泰丽娜。

2
艾伊尼阿斯出生，
童年的困境，
长大成人的过程。

1 艾伊尼阿斯沿用了父亲的名字西尔维奥，另外还有第三个名字巴尔托洛梅奥，以纪念那位被野蛮的印度人剥了皮的传教士。这样他的全名就是艾伊尼阿斯·西尔维厄斯·巴尔托洛梅奥。他生于1405年10月18日圣路德节的黎明时分。

2 艾伊尼阿斯三岁时和一些小伙伴在一起玩耍，从一堵高墙上摔到一块石头上，头部受了重伤。他父母对治好他的伤几乎不抱希望，但头上的伤很快就被他教父尼科洛·蒙蒂库利治好了。蒙蒂库利是个没有受过训练的医生，也就是人们所说的江湖郎中。艾伊尼阿斯八岁时，又让一头横冲直撞的公牛挑起来甩到空中，能大难不死主要靠的是天意而非人力。

3 此后他在家里待了几年，耕种家里的农田，直到十八岁那年进了城。他依靠亲戚赡养，亲戚们觉得这么一个有出息的小伙子应该有出头之日。他一开始学习语法，然后又勤奋地学习诗歌和语言艺术，最后又学民法。[①] 他上了好几年的民法课，随后锡耶纳与佛罗伦萨的大战爆发[②]，迫使他中断学业，离开了他热爱的故土。

3
艾伊尼阿斯成为费尔莫主教的秘书。
艾伊尼阿斯和主教一起到巴塞尔，
与诺瓦拉主教巴尔托洛梅奥一起回到意大利。
艾伊尼阿斯在帕维亚大学发表演讲。

1 这时，多梅尼科·卡普拉尼卡正好在锡耶纳[③]。多梅尼科是个人品高尚、才华出众的人，被马丁五世任命为枢机主教，然后又被其后任尤金四世免职。当时，在瑞士莱茵河畔的一座城市巴塞尔正在召开宗教会议。[④] 会议已经开始，在罗马失势的多梅尼科决心在巴塞尔捍卫自己的权利。他任命艾伊尼阿斯为秘书，带他来到皮翁

---

① 艾伊尼阿斯上大学时住在姑姑巴尔托洛梅亚·托洛梅伊（他父亲的同父异母或同母异父妹妹）和姑夫尼科洛·洛利家里，与表亲格雷戈里奥（或戈罗）·洛利友情笃厚。洛利当时也是个大学生，庇护后来任命他为自己的私人秘书。1464年教皇死后，洛利给雅各布·阿玛纳蒂写了一封信，详细描述了这一阶段艾伊尼阿斯的生活。——原编者注

② 指1429—1433年的卢卡战争，锡耶纳与米兰、热那亚等结盟，阻止佛罗伦萨企图夺取卢卡。这里提到的几件事前后顺序不太准确。1429—1431年，艾伊尼阿斯游览了意大利的很多大学和学校，跟着弗朗切斯科·菲莱尔福在佛罗伦萨学习了一段时间。1431年回到锡耶纳后，他好像是害怕失业而不是害怕战争，这促使他到卡普拉尼卡那里谋职。——原编者注

③ 卡普拉尼卡为费尔莫主教，1430年被马丁五世任命为枢机主教，但1431年被尤金四世罢黜。多梅尼科·卡普拉尼卡于当年秋天到达锡耶纳，雇用艾伊尼阿斯效力。二人于1432年春到达巴塞尔。——原编者注

④ 巴塞尔宗教会议于1431—1449年召开，商讨教会改革问题、与希腊东正教的联合问题以及限制教皇权力等问题。——原编者注

比诺，一座建在古代的波普洛尼亚废墟上的小镇，波普洛尼亚也有人叫作"波普里诺"。

2 多梅尼科从那里决定取道利古里亚湾到热那亚去，因为陆路被封锁了。他打算乘坐的那条船已经进入了视野，当地的领主雅各布·阿皮亚尼却突然下令，禁止他乘坐任何一条船，而在此之前领主一直装出很友好的样子。得知这一失信行为之后，多梅尼科离开了这个小镇，只带了一个同伴逃到海边，在那里搞到一条小帆船，拼尽全力划到在外海上航行的那条船边。

僭主听说以后，让多梅尼科其余的随从人员上船，心里想既然肉都丢了，再追寻羽毛就没有什么意义了。艾伊尼阿斯、皮耶罗·达·诺切托（多梅尼科的另一个秘书）[①]以及枢机主教其余的随从人员在厄尔巴岛上的野外度过了一个寒夜，第二天到船上与多梅尼科会合。

3 然而，在去热那亚的路上，大风把他们吹得偏离了航线，来到可以看见非洲海岸的地方。船员们大为震惊，心想必定要流落到一个野蛮人的港口。然而他们离开意大利之后，过了一天一夜被吹到厄尔巴和科西嘉到非洲航线的中间，随后风向变了，他们又被吹了回去，来到科西嘉和撒丁岛之间，在韦内雷港靠岸。

这听起来不可思议，简直难以置信，然而又是千真万确。他们在这里搞到一条大木船，成功航行到热那亚，从那里走陆路到达米兰，在米兰见到著名的菲利波·马里亚公爵[②]。

在米兰短暂停留之后，他们又继续前进，经阿尔卑斯山上的圣哥达到达巴塞尔。圣哥达陡峭的山峰高耸入云，上面覆盖着冰雪。

---

① 艾伊尼阿斯最亲密的朋友之一，和艾伊尼阿斯一样，先后为卡普拉尼卡和阿尔伯加蒂两位枢机主教效力。——原编者注

② 菲利波·马里亚·维斯孔蒂（1392—1447），米兰公爵。——原编者注

当时皇帝西吉斯蒙德正在帕尔马过冬，并打算来年夏天去罗马。①

4 多梅尼科来到巴塞尔参加了会议，要求承认他的枢机主教身份。经由艾伊尼阿斯辩护，他恢复了枢机主教职务。但多梅尼科经济拮据（尤金禁止多梅尼科的亲属给予他任何资助），艾伊尼阿斯便改换门庭，为弗赖辛主教尼科德摩·德拉·斯卡拉效力，这位主教的父亲曾是维罗纳的领主。尼科德摩离开巴塞尔之后，艾伊尼阿斯又为诺瓦拉主教巴尔托洛梅奥·维斯孔蒂效力。这两个人都让艾伊尼阿斯负责起草和签署信件。他与尼科德摩一起出席了在法兰克福举行的选帝侯会议，和巴尔托洛梅奥一起回到意大利，在米兰公爵菲利波的宫里待了一段时间，巴尔托洛梅奥就是为米兰公爵效力的。

5 有两个人在这里竞争帕维亚大学校长的职务。其中一个是米兰人，贵族克罗蒂家族的，另一个是出身微贱的诺瓦拉人。大学里的多数人都拥护那个米兰人，此人有两个有势力的叔叔路易吉和兰斯洛特，都是公爵顾问委员会的成员，而且他本人已经就职了。但艾伊尼阿斯支持那个诺瓦拉人，在公爵的顾问委员会里发表了一次很有影响的演讲，结果把那个米兰人的职位收回，然后给了那个诺瓦拉人。

4
艾伊尼阿斯担任圣克罗切枢机主教的秘书，
枢机主教带他去法兰西，后来派他到苏格兰。

1 此事之后过了一段时间，艾伊尼阿斯和巴尔托洛梅奥一起到

---

① 1431年11月25日，西吉斯蒙德在米兰接受了伦巴第人的铁冠。1432年初，他动身前往锡耶纳，在锡耶纳住了九个月，然后去了罗马，1433年5月31日由尤金四世加冕。——原编者注

了教皇尤金那里，当时教皇的教廷设在佛罗伦萨^①。艾伊尼阿斯从那里去找尼科洛·皮奇尼诺商量一些要事，皮奇尼诺是那个时代最著名的将领，当时正在锡耶纳疗养地洗温泉^②，然后他第一次回去看望老朋友和亲属，和他们在一起待了大约五天。

艾伊尼阿斯回到佛罗伦萨时，发现巴尔托洛梅奥被控犯了重罪，正接受尤金的审判，要定他的死罪。于是艾伊尼阿斯躲到圣克罗切枢机主教尼科洛^③那里避难，尼科洛是枢机主教团里最有名望、极受尊重的一名成员。尼科洛任命艾伊尼阿斯为秘书，并从尤金手里把巴尔托洛梅奥救了出来。尼科洛是在大总管萨尔扎纳的托马索和皮耶罗·达·诺切托的恳求之下这样做的。萨尔扎纳的托马索后来晋升为教皇，称尼古拉五世^④，而皮耶罗·达·诺切托我们已经提到过。

2 当时，圣克罗切枢机主教已被任命为驻法兰西大使，受命安排法兰西国王查理与英格兰国王亨利和解。艾伊尼阿斯与圣克罗切枢机主教一起走访了米兰，第三次面见公爵。他又从米兰到焦韦山，看望萨伏依公爵阿梅迪奥，这座山现在一般叫作圣贝尔纳多山。

阿梅迪奥远离尘世，隐居在日内瓦湖上面的托农，过着寻欢作乐的日子而不是去悔罪。侍奉他的是六个骑士，和他一样穿着隐士的斗篷、拄着拐杖。我猜测他是在等待八年后发生的那件事，也就

---

① 1434年6月4日，尤金因一帮罗马暴民反对他的重税政策而逃离罗马，此后直到1443年之前他基本上没有回罗马。——原编者注

② 艾伊尼阿斯似乎并不知道他从主教那里带给皮奇尼诺的是一封什么样的信。主教和皮奇尼诺两个人都为米兰公爵效力，当时正密谋在教皇离开佛罗伦萨时逮捕他。这一阴谋的详情和动机不得而知。——原编者注

③ 即尼科洛·阿尔伯加蒂。——原编者注

④ 1447—1455年在位。——原编者注

是等聚集在巴塞尔的枢机主教们召他去登上教皇的宝座。^①甚至在当时，就有传言说阿梅迪奥会当教皇，这一传言据说是由一些具有预言天赋的算命者散布出来的。萨伏依的山里有很多这样算命的妇女。

3 圣克罗切枢机主教拜见过公爵之后去了巴塞尔，然后又乘船沿着莱茵河去了科隆。他又从科隆骑马，经艾克斯、列日、鲁汶、杜埃、图尔奈到阿拉斯，法兰西和英格兰所有的枢机主教都在那里开会。^②当时，勃艮第公爵菲利普支持英格兰，反对法兰西国王，因为法兰西国王把菲利普的父亲处死了。圣克罗切枢机主教一开始想达成全面停战，但没有成功，然后他又解除了菲利普对英格兰国王发的誓言，即承认英王为法兰西的合法统治者（英王当时是这样认为的），这样就促成了菲利普与法兰西国王和解。这时，艾伊尼阿斯也给菲利普寄去一封信，用诗体祝愿和平。不过未等菲利普与英格兰决裂，圣克罗切枢机主教就派艾伊尼阿斯到苏格兰，促成某个高级教士重新得到国王的宠爱。^③

---

① 1439 年 11 月 5 日，萨伏依公爵阿梅迪奥当选为教皇，称菲利克斯五世。——原编者注

② 指 1435 年夏天召开的阿拉斯会议，法兰西国王查理七世和英格兰国王亨利六世的代表试图结束百年战争。——原编者注

③ 依据庇护的传记作家坎帕诺的说法，艾伊尼阿斯这次使命的真正目的是挑起与英格兰的战争（英格兰撤出和谈会议之后），以阻止亨利六世干扰法兰西与勃艮第和解。这一目的艾伊尼阿斯没有达到，尽管苏格兰国王詹姆斯一世答应在外交上向亨利施加压力，让他维护和平。——原编者注

5

阿方索被俘。
艾伊尼阿斯一路坎坷。
海上暴风雨，英格兰的奇迹。

1 大约这个时候，热那亚人在米兰公爵菲利波的支持下，在一场海战中打败了阿拉贡国王阿方索，将阿方索及其几个兄弟和王国之中所有的贵族一并抓获。[①]

2 艾伊尼阿斯抵达英格兰对岸的沿海城市加来时，马上发现自己成为英格兰人怀疑的对象。旅店老板把他拘留起来，既不让他前行，也不让他返回，直到温切斯特枢机主教[②]从阿拉斯返回后为他解围，下令将他释放。

但艾伊尼阿斯去找英格兰国王索要到苏格兰的安全通行证时，他又被命令返回。英格兰人担心他会和英格兰的敌人苏格兰国王勾结，对他们造成祸害。大家都知道，艾伊尼阿斯是圣克罗切枢机主教的秘书，是圣克罗切枢机主教让勃艮第公爵疏远了英格兰，激起了英格兰人对他的强烈仇恨。而艾伊尼阿斯对这一切却毫不知情。

艾伊尼阿斯被迫很不情愿地回去了，在海上历尽艰险后一无所获。但他毕竟高兴地看到了富裕、人口众多的伦敦市，看到了著名

---

① 指 1435 年 8 月 5 日的蓬扎战役。安茹女王乔万娜二世死后，阿拉贡国王阿方索五世（1396—1458）试图夺取那不勒斯王国，受到严重挫折。热那亚人一贯反对阿拉贡在地中海上的扩张，便把阿方索交给他们的最高领主、米兰公爵菲利波·马里亚·维斯孔蒂。阿方索与维斯孔蒂很快达成一笔交易：承认对方在意大利的"势力范围"并相互支持，然后阿方索获释。米兰的支持极大地巩固了阿方索在南方的地位。——原编者注

② 亨利·博福特，冈特的约翰的二儿子。——原编者注

的圣保罗教堂 ①，看到了一些国王壮观的坟墓，看到了涨潮时比落潮时流得还要快的泰晤士河，看到了像一座城一样的泰晤士河大桥，看到了据说人一生下就有尾巴的那个村庄 ②，看到了比所有这些都更著名的圣托马斯·贝克特 ③ 在坎特伯雷的金陵墓，墓上覆盖着钻石、珍珠和红宝玉，凡是向陵墓奉献的矿物不及白银珍贵的都被视为渎圣罪。

3 艾伊尼阿斯再次渡过英吉利海峡之后去了布鲁日镇，从那里去了西方最繁忙的港口斯鲁伊斯。他从斯鲁伊斯乘船去苏格兰，但两场暴风把他吹到挪威，其中一场尤其厉害，有十四个小时的时间他们一直担心会丢了性命。另一场暴风把船刮了两夜一天，船裂了一道缝，被刮到大北部的外海上，船员们再也无法辨认星座，便放弃了所有的希望。但上天来帮忙了，起了北风把船刮回到陆地。最后到第十二天，大家看到了苏格兰海岸。

4 船驶入港口之后，艾伊尼阿斯赤脚走了十英里，来到怀特柯克圣女地 ④，了却了一桩心愿。他在那里休息了两个小时，起身时发现两脚冻得麻木无力，走不动路了。救他一命的是那里没有任何东西吃，这迫使他到另一个村子去。他的仆人背着他而不是领着他到另一个村去，他把双脚往地上踢，逐渐暖和起来，在近乎绝望的情况下双脚恢复了知觉，可以走路了。

最后他被允许觐见国王，得到了他想要的一切。他的路费都

---

① 当时的圣保罗教堂是一座哥特式建筑，1666 年毁于伦敦大火。现在的圣保罗大教堂是大火后建造的，属于古典风格。——译者注

② 指肯特郡的斯图德。据说这个地方的居民割掉了圣托马斯·贝克特的马尾巴，由于这一罪行而得到这一报应。——原编者注

③ 12 世纪时的坎特伯雷大主教，上任后抵制国王亨利二世的宗教政策，极力反对君主对教会的控制，1170 年被国王的几个骑士刺杀身亡，成为震惊整个基督教世界的大事件。——译者注

④ 邓巴附近一个著名的朝圣地。——原编者注

偿还给了他，为他派了五十名贵族陪着他返回，还给了他两匹快马。

6

苏格兰的各种习俗和物产。

艾伊尼阿斯的节制。

上天救他脱离危险。

他在英格兰游览。

1 以下有关苏格兰的事实值得记录下来。

苏格兰是附属于英格兰的一座岛，向北延伸二百英里，宽五十英里。那是个寒冷的地方，生长的植物很少，大多数地方都不长树。地面以下是硫磺石，人们将其挖出来做燃料。城市都没有围墙。建房子时通常不用砂浆，房顶上覆盖着草皮，乡间的门道都用牛皮封起来。

苏格兰人贫穷、粗鲁，用肉和鱼来填饱肚子，面包是奢侈品。男人身材矮小、勇敢，女人漂亮、有魅力、健壮。在苏格兰，女人亲吻的意味还不及意大利人握手。

葡萄酒都是进口的，他们自己没有。他们的马都小，是天生的快马。他们把少数马留下来繁殖，其余的都阉割掉。他们不在马身上打烙印，不用木梳为马梳毛，也不用马勒驾驭马。那里的牡蛎比英格兰的大，里面有很多珍珠。皮革、羊毛、咸鱼和珍珠从苏格兰出口到佛兰德。

苏格兰人最爱听的话语，莫过于对英格兰人的咒骂。据说有两个苏格兰：一个耕种的苏格兰，另一个是长满树木、没有空旷地的苏格兰。住在第二个苏格兰的人讲一种不同的语言，有时吃树皮。

苏格兰没有狼。乌鸦非常稀少，所以有乌鸦筑巢的树被认为是国王的财产。

2 艾伊尼阿斯还常说，他在去苏格兰之前，听说有些树长在那里的一条河岸上。树上结的果子要是掉到地上就会腐烂，要是掉到水里就会成活，变成鸟。[①] 他到苏格兰以后就急切地询问这件奇事，却发现这种说法是假的，即便是真的，也只能在奥克尼群岛才能找到。不过他知道了这个客观事实：苏格兰的冬至那一天（当时艾伊尼阿斯就在那里）不到四个小时。

3 他办完事准备返回的时候，送他来的船长马上过来找他，还让他住在船上他原来住过的船舱。但艾伊尼阿斯想到的主要不是灾难，而是记住往事。他说："如果说一个经历过两次危险的人得不到海神尼普顿的信任，那我们对一个第三次遇到船难的人又能说些什么呢？我宁可让人摆布也不让大海摆布。"

所以他把船长打发走了，决定穿过英格兰。之后不久船离开了港口，眼看着遇到一场暴风雨，船被击碎后沉没了。正要回佛兰德娶年轻新娘的船长及船上所有的人都淹死了，只有四个人抓住了几块船板，设法游上了岸。艾伊尼阿斯意识到是仁慈的上帝救了他，就装扮成一个商人，离开苏格兰到英格兰去了。

4 有一条河[②]发源于一座高山，这条河将两国分隔开。艾伊尼阿斯坐一条小船渡过了河，日落时分来到一座大农庄，敲开了一个农户家的房门，与房东和堂区神父一起吃了晚饭。东家端上来好几只鸡、鹅与几盘美味菜肴，但既没有面包，也没有葡萄酒。村里的男男女女全都跑了过来，像是看稀罕物似的。就像我们对埃塞俄比

---

① 即传说中的北极雁，中世纪博物史上常称其起源于无生命有机物。——
   原编者注
② 即特威德河。——原编者注

亚人或印度人感到好奇一样，他们惊奇地盯着艾伊尼阿斯，问神父他是从哪里来的，有什么事，是不是基督徒。

艾伊尼阿斯凭经验得知这条道上缺乏一些美食，便从路上经过的一座修道院里搞到几块面包和一罐葡萄酒。他把这些东西一拿出来，这些野蛮人甚至更感到惊奇，他们以前从来没有见过葡萄酒或白面包。孕妇及其丈夫一对接一对地来到餐桌旁边，摸摸面包，闻闻葡萄酒，要一点尝尝，艾伊尼阿斯不得不拿出来让大家分享。

5 宴席持续到日落大约两个小时之后，神父、房东及所有的男人和小伙子一起，与艾伊尼阿斯告别后匆匆离去。他们说，他们要撤到远方的一座塔楼里以防范苏格兰人，苏格兰人经常趁低潮时在夜里过河来抢劫。艾伊尼阿斯一再恳求，还是无法说服他们带他一块儿走，也无法说服他们把那些女人也带走，尽管有一些漂亮的姑娘和主妇。他们认为，敌人不能把女人怎么样，他们并不把强奸看成是犯罪。这样，艾伊尼阿斯和两个仆人以及向导就留了下来，与一百个妇女待在一起。这些妇女一整夜都围着火坐成一个圆圈，一边清理麻，一边和翻译进行愉快的交谈。

6 过了大半夜，艾伊尼阿斯非常瞌睡，两位姑娘把他领到一个铺有稻草的房间。依照当地的习俗，如果艾伊尼阿斯提出要求，两位姑娘就会和他睡在一起。但艾伊尼阿斯考虑的主要不是女人，而是随时会出现的土匪。他不顾两位姑娘的反对而把她们推走，他担心要是犯下罪孽，土匪一来他就要受到惩罚。这样，他就一个人待在很多牛羊中间，这些牛羊老是悄悄地把草从他身子底下衔走，害得他连眼也没有合住。

7 午夜过去一段时间之后，狗、鹅一阵乱叫。妇女们吓坏了，向导溜之大吉，人们乱作一团，好像敌人来了似的。艾伊尼阿斯心里想，他要是跑出去，又不知道路，遇到的第一个人就会把他杀掉。所以，他认为还是待在房间里（那是个马厩）静观其变为妙。

不大一会儿，妇女和翻译一起回来了，说啥事也没有，新来的人是朋友，不是敌人。艾伊尼阿斯把这看作是对他节制的报答。

天亮之后他又继续赶路，来到纽卡斯尔，据说这座城是由恺撒建造的。在这里他像是第一次看到一个熟悉的世界，一个适合居住的地方，因为苏格兰以及临近苏格兰的英格兰地区与我们居住的地方截然不同，原始、未开化、冬天的太阳照不到。

8 下一站他来到达勒姆，现在人们到那里去朝拜圣洁的修道院长圣比德①之墓，那是当地居民十分崇敬的一个圣地。他还去了约克，一个人口众多的大城市，其大教堂因其规模、设计和豪华的小礼拜堂而举世闻名，小礼拜堂的玻璃墙是由最细的柱子支撑起来的。

他骑着马往前走时，一位英国法官与他同行，这位法官正赶往伦敦到宫里去。法官把发生在阿拉斯的事情告诉了艾伊尼阿斯，他以为艾伊尼阿斯对这些事情一无所知。他大骂圣克罗切枢机主教，骂他是披着羊皮的狼。多么令人吃惊的巧合！一个如果知道他的身份就会立即把他投入监狱的人，居然把他安全地送到伦敦。

9 然而到了伦敦，艾伊尼阿斯发现国王禁止任何外国人离开英伦三岛，除非他有国王颁发的通行证，而且他觉得去索要通行证并不安全。所以他就向港口守护人员行贿（行贿很容易，这类人最爱的莫过于金子），从多佛坐船到加来，从加来到巴塞尔，然后一路到米兰。

他在米兰听说圣克罗切枢机主教受到派遣离开了佛罗伦萨，经阿迪杰河谷和阿尔贝格去参加巴塞尔宗教会议了。艾伊尼阿斯上路去追赶他，在布里格翻过阿尔卑斯山，穿过锡永山谷继续前行。

---

① 8世纪时西欧最著名的学者，著述甚丰，其代表作为《英吉利教会史》，享有"英国历史之父"的美誉。——译者注

7
巴塞尔宗教会议转移会址。
艾伊尼阿斯受尤金迫害。

1 当时，希腊人向巴塞尔宗教会议做出承诺，答应会到拉丁教会的地盘来讨论联合问题。希腊是个穷国，擅长哭穷，便要求偿还他们的花费。为此他们索要大约七万金弗罗林。为了凑够这笔钱，会议答应给那些捐钱的人全免罪罚，饶恕他们所有的罪孽。然而，这一全免罪罚要是没有教皇权威的支持，似乎价值不大。教皇虽然没有拒绝给予全免罪罚，但给予的形式有争议。

巴塞尔的与会代表认为，全免罪罚应该以宗教会议的名义给予，由教皇予以批准。而尤金则坚持说，全免罪罚证书应该由宗教会议批准，然后以他的名义发出，这是多年来的习俗。对这一问题，双方多次进行了长时间的辩论，有时候辩论得还很激烈。有人提到会议的权威时，托马索（后来登上了教皇宝座，但当时还只是为圣克罗切枢机主教效力的一个小人物）大声说："为什么这样看重宗教会议？头脑正常的人谁也不会说这是个真正的宗教会议，连个真正的教会都不是。地狱的儿子，恶魔的帮凶！你们开的不是宗教会议，而是撒旦的聚会！[1]"这几句话冒犯了那些枢机主教，他们下令逮捕并监禁他，但圣安吉洛枢机主教朱利亚诺[2] 以大智慧救他一命。

2 圣克罗切枢机主教一事无成，回到博洛尼亚尤金那里。不久之后，圣克罗切枢机主教被派到菲利波·马里亚公爵那里，调解他

---

[1] 典出《圣经·启示录》2:9。——原编者注
[2] 朱利亚诺·切萨里尼，圣安吉洛枢机主教，受马丁五世之托代他主持巴塞尔宗教会议，在尤金四世任职期间仍然代理这一职务。——原编者注

和威尼斯人的争端。艾伊尼阿斯跟随圣克罗切枢机主教到这里，但他在博洛尼亚听说，尤金不能容忍任何站在巴塞尔宗教会议一边的人，任何人提起诺瓦拉主教都可能对他造成伤害。所以，艾伊尼阿斯决定不在罗马教廷浪费时间了。经圣克罗切枢机主教同意，艾伊尼阿斯回到巴塞尔，改为胡安 ① 效力。胡安是有影响力的圣洁的"戴镣铐的圣彼得"教堂枢机主教，后来成为奥斯蒂亚枢机主教。

8
艾伊尼阿斯参加巴塞尔宗教会议。
他的圣职问题。
在米兰病重。

1 现在我要简要描述一下艾伊尼阿斯在巴塞尔宗教会议上所经历的事情，描述一下他在那里所取得的辉煌业绩。

当时曾讨论过转移会址的问题，即转移到希腊人能来开会的一个地方。有四座城市可供选择，这四座城市愿意支付希腊人的费用，即佛罗伦萨、乌迪内、帕维亚、阿维尼翁。会议大厅里回荡着雄辩的演讲，赞扬其中的三座城市，只有帕维亚没有人替它说话，因为米兰公爵菲利波·马里亚派去申办此事的伊西多罗·罗萨蒂拙嘴笨腮，人家让他闭住嘴了。

这座高贵的城市及其君主所受到的羞辱触动了艾伊尼阿斯，他当夜就起草了一篇演讲稿。次日他来到会议上，教皇使节朱利亚诺利用其影响力给了艾伊尼阿斯发言的机会。他慷慨陈词了两个小时，听众聚精会神，赞叹不已。事后，每一个听到演讲的人都把演

---

① 胡安·塞万提斯，死于 1453 年。——原编者注

讲稿抄了一份。

2 从此以后，艾伊尼阿斯在会议上更受欢迎，也更得到米兰公爵的青睐。他的正式头衔只是个领唱员，但他扮演了秘书和缩写官的角色，还经常出席十二人委员会的会议。这一职务他虽然只担任了三个月，但这是一个极有影响力的职务，因为无论是哪一个代表团，只有把辩论题目交给十二人委员会批准后才能参加辩论，而且任何人不经十二人委员会允许，都不能参加会议。

他经常主持自己的委员会，即信仰促进会，而且还经常受到委托来保管存放铅的钥匙，铅是用来封宗教会议信件的。任何秘书也没有他当选为抄写监理的次数多。在缩写秘书厅之中，他位居上席。① 在挑选各国代表来处理重要事务时，他几乎总是被选中。他为宗教会议三次出使斯特拉斯堡、两次出使康斯坦茨、一次出使法兰克福、一次出使特伦托、一次出使萨伏依，而且每次都很成功。

3 米兰圣洛伦佐教堂的教士长死后，米兰主教弗朗切斯科马上任命艾伊尼阿斯接任这一职务，弗朗切斯科主教是个以学识渊博和虔诚而深受尊敬的人②。巴塞尔宗教会议批准了这一决定，尽管米兰当地的一些学者和头面人物都想得到晋升。但当这件事拿到全体大会上讨论时，伊西多罗·罗萨蒂（此人妒忌艾伊尼阿斯，因为艾伊尼阿斯赞颂帕维亚时不准他听）大叫道："各位神父大人，你们在做什么？要任命一个像艾伊尼阿斯这样的外人来担任由选举产生的

---

① 领唱员是神职人员，在礼拜仪式上担任颂歌的领唱工作。"缩写秘书厅"是由秘书官所组成，负责起草教皇通谕及其他文件，共分为三个等级，最高一级的为"上席"。"文书厅"由抄写员或秘书所组成，其首领为"抄写监理"，任期六个月，其职责包括为抄写员平均分配工作、计算抄写费用等。——原编者注

② 弗朗切斯科为米兰大主教，艾伊尼阿斯最亲密的朋友和早期的保护人之一。——原编者注

教士长吗？你们发布的那一项教令还管用吗？那项要我们大家严格遵守的教令 ① ？你们要在米兰领土上授予圣职而又不让其君主知晓和同意吗？你们欠了这位君主那么多人情啊。你们鄙视他的居民和学者吗？你们要选外国人来取而代之吗？你们要是不进一步确定全体教士大会享有选举权，你们的企图就会失败，所有的人都会嘲笑提名艾伊尼阿斯。"

4 艾伊尼阿斯说："各位大人，伊西多罗反对我，我确实感到吃惊。就在几天以前，他从米兰回来时还带来公爵菲利波的一封信，对我在这里为公爵辩护而表示感谢，而且公爵还向我保证说，我在他的领地里接受任何圣职他都会很高兴，而且很乐意批准我得到的职位。公爵显然没有把我当成外人。一个国家的人到另一国担任要职，这样的事并非没有听说过，只要他懂那个国家的语言就行。连米兰大主教也是来自博洛尼亚。至于你援引选举教令来反对我的提名，没有人会因此而担忧，因为这一教令对宗教会议没有约束力，它只是对那些臣服于宗教会议的人有约束力。另外，选举权只能授予那些拥有很多重要教士的全体教士大会，只有两三个重要教士的不行，资质愚钝而又无足轻重的也不行，都不能享有选举权，现在我们所说的这个圣洛伦佐教堂就是属于这种情况。这个教堂的教士，即便有选举权也不会行使这一权利，除非命令他们选举某个候选人。

"各位神父大人，你们就看着办吧。我不想违背你们的意愿。但我宁愿得到你们的支持（如果你们确实赞成我）并失去这个教堂，也不愿经全体教士大会选举而得到这个教堂。"

---

① 　指宗教会议第十二次全会（1433 年 7 月 13 日）通过的教令，限制教皇任命圣职。大教堂的全体教士大会和各类修道院重新获得了自由选举权，教皇持有的对空缺圣职的任命权被废除，除非这一权利得到教会法规的确认，或强加给了隶属于罗马的地区。——原编者注

伊西多罗站起来要回应，被全体与会者的喊声制止了，所以不得不闭住嘴。

5 可是艾伊尼阿斯到了米兰后，发现公爵已经命令全体教士大会任命兰德里亚尼家族的一个贵族为教士长，而且此人已经上任。但艾伊尼阿斯在米兰君主及其宫里很受尊重，他很快就迫使那个人把职位给了他。

艾伊尼阿斯任职以后突然发起高烧。公爵派他的私人医生、博洛尼亚的菲利波每天都去看他。这位医生是个既博学又可爱的人，后来为教皇尼古拉效力。艾伊尼阿斯生病期间，服下一剂药后不起作用，医生就准备好另一剂，让他次日夜里服。就在他准备服第二剂药时，他有了解大便的感觉。这给他带来了极大的麻烦，一夜起床大约九十次，导致他神志昏迷，已经到了死神的门口，就像常言所说的那样。他要是服下第二剂药，肯定会严重虚脱，性命就保不住了。

尽管高烧又折磨了他七十五天，他还是把没有服第二剂药看作是上帝的仁慈，以后就再也不相信神医了，即便来给他看病的医生据说在尼科洛·皮奇尼诺的军营里治愈过两千个发烧病人。艾伊尼阿斯转而相信上帝，是上帝救他一命。他在仍然发烧的情况下动身回到巴塞尔，在路上恢复了健康。

6 在巴塞尔，人们正在欢庆米兰的圣安布罗斯节 ①。艾伊尼阿斯应大主教的邀请，在教会会议上发表了赞颂圣安布罗斯的演讲，尽管遭到一些神学家的反对，这些神学家想自己来发表演讲。但教会会议宁可让艾伊尼阿斯来演讲，不让其他人讲，而且人人都聚精会神地听他演讲。

---

① 每年的 12 月 7 日是圣安布罗斯纪念节。——译者注

9
皇帝西吉斯蒙德驾崩。阿尔贝特继位。
艾伊尼阿斯奇迹般地治好了瘟疫。

1 与此同时，皇帝西吉斯蒙德驾崩，阿尔贝特当选为他的继承人。① 米兰公爵菲利波派诺瓦拉主教巴尔托洛梅奥为使节，巴尔托洛梅奥一到巴塞尔，就劝艾伊尼阿斯和他一起去奥地利。阿尔贝特由于匈牙利人反对，还没有接受皇冠。匈牙利人声称，阿尔贝特登上匈牙利王位时答应过一个条件，那就是让他当皇帝他也不会去当。

阿尔贝特不知所措，决定征求一下出席会议的各国君主使节的意见。艾伊尼阿斯在给他的考虑时间之内，为巴尔托洛梅奥写了一份报告，简要说明了阿尔贝特为什么要接受皇冠，并建议他如何说服匈牙利人答应他的要求。巴尔托洛梅奥在会议上宣读了这份报告，并当众对艾伊尼阿斯表示感谢，随后阿尔贝特称帝，匈牙利人不仅同意，而且还敦促他称帝。

2 艾伊尼阿斯对奥地利的习俗并不在乎，他对这个国家还不完全熟悉。所以他在维也纳与巴尔托洛梅奥分手，和阿奎莱亚宗主教洛多维科一起回到巴塞尔，洛多维科是泰克公爵家族的一个贵族。当时他还不知道，他未来的大部分时间都要在奥地利度过。谁也不能说"这个地方我永远都不会去"，因为"富有智慧的上帝把未来笼罩在黑夜里"（贺拉斯）。

---

① 匈牙利的西吉斯蒙德死于 1437 年 12 月 9 日，继承人是他女婿、奥地利公爵阿尔贝特五世。阿尔贝特成为匈牙利和波希米亚国王，1437 年 3 月 18 日当选为罗马人的国王，号称阿尔贝特二世。从 11 世纪至 16 世纪，当选的候选人号称"罗马人的国王"，在罗马由教皇加冕后才被正式称为"皇帝"。——原编者注

3 在德意志，那一年对葡萄酒或小麦来说不是个好年成①。在巴伐利亚，男孩和女孩向路人乞讨面包，争抢扔给他们的面包屑，就像狗争抢骨头一样。

不久之后，一场可怕的瘟疫传播到整个德意志。在巴塞尔，瘟疫夺去了宗主教洛多维科和罗马教廷最高书记官洛多维科的性命，这位最高书记官人称"法律之光"。很多高级教士和无数平民也丢了性命。这场瘟疫异常猖獗，一天之内就埋葬了三百多具尸体。当时，艾伊尼阿斯失去了两位非常亲密的朋友，一个是罗马人朱利亚诺，另一个是德意志人阿诺德，他一直勇气十足地照料他们到最后。

4 这场瘟疫也没有放过艾伊尼阿斯。他意识到自己染上病之后，就催促几个随从赶快离开他的病床，免得他们也染上病。这些随从之中，雅各布·切尔韦里吓得逃离了巴塞尔，而另一个坚定一些的朋友安德烈亚·帕尼加利却不愿意走，即便是留下来就意味着他自己也要死。当时，安德烈亚有两个人为他效力，一个是德意志人约翰·斯泰因霍夫，另一个是朱利亚诺的儿子彼得罗。他向这两个人询问了医生的情况，知道城里有两个名医：一个来自巴黎，有学问但不走运；另一个是德意志人，有运气但无知。艾伊尼阿斯更喜欢运气而不是学问，他知道没有一个人真的懂得如何治疗瘟疫。

5 治疗的方法如下。他的左大腿感染了，他们就在他的左脚上切开一条血管。然后他们一整天和大半个夜晚都不让他睡，接着让他喝一种药粉，其药性医生不愿透露。有时候他们把绿色多汁的萝卜切碎敷到溃疡和感染的部位，有时候敷的是湿泥块。经过这样治疗之后，他烧得更厉害了，还伴随有剧烈的头痛，所有的人都对他的性命感到绝望。

---

① 指 1439 年。——原编者注

于是艾伊尼阿斯叫来一位神父，匆匆忏悔一番，然后领受了圣餐和终傅①。不久之后，他的意识开始恍惚，回答问题不着边际。接着就有传言说他已经死了，这让他失去了米兰教士长的职位，由另一个人担任了教士长。由于教会的大分裂，此人担任的这一职务还不能免除。但由于上帝的仁慈，六天之后他康复了。他把六弗罗林的治疗费拿给医生时（这位医生极为善良和忠实，也许在医生之中是前所未有的），医生觉得自己不该得到这么多，说："你要是真想让我把这些钱都拿走，我就免费为六个穷人治病。"他发誓会这么做。

6 这时，波兰人约翰内斯·安德烈亚斯去世，特伦托大教堂的教士职位出现空缺。教会会议把圣职授予艾伊尼阿斯，最坚定地支持他，尽管还有很多候选人，而且所有这些候选人都够格。②他去担任圣职时，发现一个狡猾、爱争吵的德意志人维利希努斯已得到全体教士大会的允许占据了这一职位。但艾伊尼阿斯把教士们争取到自己一边，把那个德意志人赶走了。

---

① 天主教七大圣事之一，谓教徒病重垂危时由神父傅圣油并为之祝祷，以求赦免罪恶并得以善终。——译者注

② 叙述者在这里一下向后跳过了好几年。瘟疫传播到巴塞尔是在1439年，但艾伊尼阿斯是在三年以后才得到特伦托的圣职，即1442年10月26日教皇菲利克斯五世颁布诏书之后，这份诏书保证把特伦托教区出现空缺的下一个圣职授予他。——原编者注

10
尤金被宗教会议罢免。
菲利克斯成为教皇，
艾伊尼阿斯担任他的秘书。

1这时，巴塞尔宗教会议颁发教令，将教皇尤金罢免①。为了再找个继承人，他们从每个国家选出八个人，一共选出三十二人，并赋予他们选举教皇的权力。

轮到选意大利人时，他们推举出艾伊尼阿斯。但艾伊尼阿斯还没有担任过圣职，这让他似乎没有资格担任这一职务。所以，他们给艾伊尼阿斯一份证书，据此证书他可以无视法律规定的日期，然后在一天之内担任了副助祭、助祭以及一些初级职位。但艾伊尼阿斯并不因此而想进入教会任职，而是以礼仪职员的身份参加了选举教皇的秘密会议，亲眼目睹了巴塞尔宗教会议选举萨伏依公爵阿梅迪奥为教皇菲利克斯五世的整个过程②。

2艾伊尼阿斯立即去找萨伏依公爵，公爵还在隐居。艾伊尼阿斯成为他的秘书，后来在里帕尔、托农、日内瓦、洛桑、巴塞尔继续为他效力，直到罗马人的国王腓特烈三世在艾克斯加冕为止。阿尔贝特死后，腓特烈三世继承了帝位，在前往法兰克福和低地德意志的路上加了冕。③菲利克斯派使团到腓特烈那里去时，命令艾伊

① 暂停尤金职务的教令于 1438 年 1 月 24 日通过，宗教会议正式罢免他是在 1439 年 6 月 25 日。——原编者注

② 1439 年 11 月 5 日，菲利克斯当选为教皇，后来仍然要求巴塞尔宗教会议对他忠诚，直到 1449 年会议最后解散，菲利克斯旋即辞职，后于 1451 年去世。——原编者注

③ 阿尔贝特二世死于 1439 年 10 月 27 日。1440 年 2 月 2 日，腓特烈三世当选为他的继承人，但直到 1442 年 6 月 17 日才在艾克斯加冕。——原编者注

尼阿斯陪同这些使节。这样，艾伊尼阿斯经常与腓特烈的顾问们交谈，与一个博学而又有势力的基姆塞主教西尔维斯特建立了友谊。[①]

11
艾伊尼阿斯由皇帝加冕为桂冠诗人并任命为书记员。
他永恒的耐心。
各种使命。

1 艾伊尼阿斯还遇到特里尔大主教雅各布[②]并和他熟悉起来。雅各布是个选帝侯，不但出身高贵，也很有德性。经这两个人引荐，艾伊尼阿斯得到皇帝的青睐，被皇帝授予桂冠诗人的称号，给了他诗人应有的待遇。[③]皇帝还邀请他效力，让他留在皇宫里。艾伊尼阿斯回答说，虽然没有人比他更应该为皇上效力（他生来就是帝国的臣民），然而他毕竟是菲利克斯的秘书，不先得到菲利克斯的允许就改换门庭为新主子效力，这好像不太合适。他说，他想回到巴塞尔去征得菲利克斯的同意，要是能得到菲利克斯的允许，他会很乐意到皇宫里来。皇帝也正要去巴塞尔，觉得这一回答还行。

2 然而，艾伊尼阿斯回到菲利克斯那里之后，凭借一己之力无法让菲利克斯放他走。最后他的一些朋友出面干预，菲利克斯勉强放了他。艾伊尼阿斯在巴塞尔遇见腓特烈（皇帝从勃艮第返回时在巴塞尔停歇），被任命为皇帝的秘书和皇宫秘书厅书记员。他在布

---

① 西尔维斯特，1438—1454 年担任基姆塞主教。——原编者注
② 雅各布·冯·瑟克，1439—1456 年担任特里尔大主教。——原编者注
③ 证书于 1442 年 7 月 27 日在法兰克福签署。——原编者注

里克森向皇帝宣誓效忠 ①。

卡斯帕·施利克也是在那里被任命为皇宫秘书厅厅长，那也是他在西吉斯蒙德和阿尔贝特手下担任过的职务。他是个高贵的骑士，一个头脑灵活的人，具有能言善辩的魅力，史无前例地在三个皇帝手下担任过厅长，至少可以说是十分罕见。

3 施利克到纽伦堡担任皇帝使节时，把他在皇宫秘书厅的权力移交给威廉·塔齐，一个憎恨所有意大利人的巴伐利亚人。此人肆无忌惮地侮辱艾伊尼阿斯，但艾伊尼阿斯打定了主意要以善制恶，"像头犟驴似的把耳朵向后一耷拉，背上驮的东西实在太重" ②。所以，他虽然被当作最卑贱的人，进餐时没有他适当的位置，也没有一个适当的房间，像个异端分子或犹太人一样遭到痛恨、鄙视和嘲笑，他还是不动声色地忍受着这一切。

4 他的秘书同僚中有一个名叫米夏埃尔·普富伦多夫的人，此人喜欢高雅一些的艺术，爱研究文学。他鼓励艾伊尼阿斯不要泄气，等厅长一回来就有好运了。

米夏埃尔说得没有错。卡斯帕回来后测试了一下艾伊尼阿斯各方面的能力，发现他有才华、勤奋，能承受繁重的工作，便开始高度评价他，对他青睐有加。另外，卡斯帕以前到访过锡耶纳，那是在皇帝西吉斯蒙德巡幸到那里的时候，当时他住在尊贵的尼科洛·洛利夫妇家里。尼科洛·洛利的妻子巴尔托洛梅亚·托洛梅伊是个贵妇，也是艾伊尼阿斯的姑姑。卡斯帕做了夫妇二人的女儿玛格丽塔刚生下不久的儿子的教父，他依照自己的名字将婴儿命名为加斯帕。

5 这些事将卡斯帕和艾伊尼阿斯的关系进一步拉近了。下一次

---

① 1443 年 1 月。——原编者注
② 贺拉斯语。——原编者注

卡斯帕外出担任使节时，就把艾伊尼阿斯留下负责秘书厅的事务。从此以后，只要厅长一离开，艾伊尼阿斯就主持秘书厅的工作。威廉以前对艾伊尼阿斯不屑一顾，现在不得不对他敬畏起来，让所有的人都明白了温顺者容易高升、高傲者更容易下挫的道理。威廉妒火中烧，不久就离开了皇宫。其他人与艾伊尼阿斯言归于好，艾伊尼阿斯对皇帝的影响力与日俱增。他受命处理很多重要而又棘手的事务，最后成为枢密院的成员。

6 艾伊尼阿斯的第一个重要任务是出使的里雅斯特，他在那里劝说居民们向皇帝宣誓效忠，并亲自主持宣誓仪式。后来，皇帝和几位选帝侯到纽伦堡，试图终结尤金四世和菲利克斯五世的分歧时 ①，决定任命一个委员会来听取尤金和菲利克斯双方代表的发言，以确保不会对基督教世界造成伤害。

皇帝要挑选四个人，每个选帝侯挑选两个人，其他君主每人挑选一人。腓特烈提名的人选是基姆塞主教西尔维斯特、神学家托马斯·哈泽尔巴赫、法理学家乌尔里希·索南伯格、诗人艾伊尼阿斯，尽管艾伊尼阿斯更倾向于支持巴塞尔和菲利克斯而不是支持尤金。他在巴塞尔感受到的热情还没有消失，也没有领会尤金所依据的原则，只和一方联系而鄙视另一方。（然而，后来他意识到巴塞尔的代表不想核实他们的情况，他就逐渐放弃了对他们的支持。）

7 他在纽伦堡坚定地支持巴塞尔的立场，正是由于他的努力，给对立双方开出的和平条件对宗教会议更有利，对教皇不太有利。为了恢复教会的秩序，他们决定再召开一次宗教会议，尤金和巴塞尔的代表都要参加，结果会址选在美因茨省的康斯坦茨，那里离尤金很远，但离巴塞尔很近。

---

① 1444 年 8 月。——原编者注

12
萨恩塔尔及其居民

1 与此同时，艾伊尼阿斯得到了皇帝给他的萨恩塔尔堂区的教堂，这可以给他带来每年六十金弗罗林的收入。

这个山谷位于德意志和意大利之间的阿尔卑斯山里，只有一个入口，非常陡峭崎岖，一年之中有三季被厚厚的冰雪覆盖。整个冬季，居民们都待在家里做箱子和其他木工活儿，他们都是熟练的木匠，做好以后夏天到博尔扎诺和特伦托去销售。他们把很多时间消耗在下象棋和掷骰子赌博上，玩这些游戏他们技艺极为娴熟。

2 这里的居民不害怕战争，也没有任何野心，没有对金钱的贪婪。他们的财富都在羊身上，冬天用干草喂羊，羊给他们提供了所有的生计。他们之中有些人从未品尝过葡萄酒，饮食只有掺了奶的粥。

冬天，那些居住地远离教堂的人就把死者的尸体放到户外冻着，直到夏天神父率领着一支长长的送葬队伍来巡视整个堂区。神父喃喃地念叨着对死者要说的话语，同时把好几具尸体安放到墓地，跟在后面的人眼里没有一滴泪水。他们要是只想着祷告并克制住欲望，就会成为最幸福的人。但他们没日没夜地大吃海喝、男女私通，姑娘结婚时没有一个是处女。

3 不过艾伊尼阿斯很快就放弃了这个教堂。他得到了一个更好的教堂，那是巴伐利亚阿斯帕赫的圣玛丽教堂，离因河不远。出身高贵、品德高尚的帕绍主教莱昂纳德主动把这一教堂给了他，在施蒂利亚把这一礼物送给了他，一切费用全免。

13
艾伊尼阿斯到教皇尤金那里担任使节。
二人言归于好。
他与萨尔扎纳的托马索的友谊。

1 后来，巴塞尔宗教会议拒绝了提出的和谈条件，于是艾伊尼阿斯被派去与尤金协商①。

但艾伊尼阿斯一到锡耶纳，他的亲属都不让他去罗马，因为他在巴塞尔反对过尤金。他们说，尤金记得最清楚的莫过于对他的伤害，而且此人生性残忍、报复心强。艾伊尼阿斯回答说，他不能想象皇帝的使节在罗马会有危险，他必须要么完成自己承担的任务，要么在执行任务中死去。这样，他不顾家人流着泪对他的劝阻，继续上路前行。

2 他的一位老朋友杰拉多·兰德里亚尼把他引领到尤金那里。杰拉多·兰德里亚尼是科摩枢机主教，一位诚实的神职人员，也是个忠诚的朋友。我想在这里引述艾伊尼阿斯对教皇所说的一番话，这番话简明扼要，值得记录下来。

当时，两位枢机主教站在教皇旁边，即科摩枢机主教和亚眠枢机主教。他们先恳求教皇赦免艾伊尼阿斯的一切罪过，艾伊尼阿斯站在了巴塞尔宗教会议一边。然后，艾伊尼阿斯来到尤金面前。他得到允许吻教皇的脚、手和面颊，并把国书递交上去。得到说话的允许后，艾伊尼阿斯说："圣座，在我转达皇帝的信息之前，先说几句有关我自己的事。

3 "我知道，您听到不少有关我的情况，这些话不宜在这里重复。那些告诉你这些事情的人并没有说谎，我在巴塞尔的很多言行

①　1445年春。——原编者注

和写下的文字都是反对您的，这些我一点都不否认。但我的目的并不是要伤害您，而是要帮助基督教会。攻击您我当时认为就是为上帝效劳[①]。

"我错了（谁能否认呢？），但不是我一个人。为首的有圣安吉洛枢机主教朱利亚诺、巴勒莫大主教尼科洛，还有教廷文书洛多维科·蓬塔诺，我是跟随着这几个人的，他们的观点被认为是法律，他们的教导被认为是真理。我就不再提巴黎大学和世界各地的其他学校了，很多学校都是反对您的。与这些人为伴，还能不犯错误吗？

4 "但我承认，我认识到宗教会议的错误之后，并没有像很多人那样立即站到您这一边。我是担心会从一个错误走向另一个错误，就像在海里躲礁石的人通常会掉进旋涡里一样。所以，我与那些被认为是中立的人保持一致，以此来避免慌乱之中不假思量，从一个极端走向另一个极端。所以，我就在皇帝那里待了三年，在那里听到更多有关宗教会议和您的使节之间的争辩，直到最后我丝毫也不怀疑真理在您这一边。因此，赶上皇帝想派我到您这里时，我就欣然答应了，这样我就有机会重新得到您的好感了。现在我来到您面前，由于我是因无知而犯下罪孽，请您宽恕我，然后我再谈谈皇帝的情况。"

5 尤金回答说："朕知道你犯了反对朕的大罪，但你承认了错误，朕就要宽恕你。教会是个有爱心的母亲。如果一个儿子不认罪，母亲绝对不会免除应有的惩罚，认了罪也绝对不会非要惩罚不可。现在你知道了真相，注意不要忽略了它。努力做善事，重新得到你因为做坏事而失去的天恩。你现在可以捍卫真理，可以为教会

---

① 参见《圣经·约翰福音》16：2："……凡杀你们的，就以为是侍奉神。"——原编者注

效力了。从今以后，朕将忘掉你以前的过错，只要你干得好，朕会对你喜爱有加。"然后他们继续谈论教会事务，尤金希望抽时间仔细想想。

6 与此同时，艾伊尼阿斯正寻找阿奎莱亚枢机主教，碰巧见到萨尔扎纳的托马索，当时他是博洛尼亚主教。艾伊尼阿斯正要和这位老朋友打招呼，托马索激灵一下抽身想躲开，他以为艾伊尼阿斯还站在巴塞尔宗教会议一边，而他是鄙视宗教会议的。艾伊尼阿斯吃了一惊，也有些气愤，便止住了脚步，不再去和他说话。

7 然而过了一段时间，艾伊尼阿斯患急腹痛，住在巴塞尔的老朋友朱利亚诺·巴拉托家里时，托马索对他表示了同情，派忠实可靠的朋友、西班牙人马蒂诺去安慰病中的艾伊尼阿斯，还给他送去支付医生的钱。

胡安·德·卡瓦哈尔①每天都去看望艾伊尼阿斯。卡瓦哈尔经常率领使团到皇帝的宫中，后来被任命为枢机主教。其他一些枢机主教也派人来问候艾伊尼阿斯。教皇亲自派尊贵的帕维亚的乔瓦尼来看他，允诺给他治病所需要的一切。

艾伊尼阿斯病得很重，痛得十分厉害，躺在床上的十二天之中，他无时无刻不在求死。最后他康复了。他听说尤金要往皇帝那里派一位使节，便回到了锡耶纳②。安慰过父亲、问候过亲属之后，他回到德意志。他以后再也没有见过父亲。

8 途中走到圣卡夏诺附近时，艾伊尼阿斯碰见博洛尼亚主教托马索，托马索正要去罗马，艾伊尼阿斯对病中得到他的问候向他表示感谢。他们在一起喝酒，重叙旧情。但即便如此，托马索仍然觉

---

① 胡安·德·卡瓦哈尔（约1400—1469），罗马最高法庭审判员，15世纪40年代时经常代表教皇出使德意志。在劝说腓特烈及德意志各国君主放弃中立、支持尤金四世反对宗教会议的过程中，他起到关键作用。——原编者注

② 艾伊尼阿斯于1445年4月1日离开罗马。——原编者注

得他们并没有彻底和好。

过了一段时间之后，艾伊尼阿斯正要去皇帝那里担任使节时，托马索让他的朋友和亲戚皮耶罗·达·诺切托捎给他一封推荐信，皮耶罗也是艾伊尼阿斯忠诚的老朋友。这完全没有必要，因为艾伊尼阿斯忘记得最快的莫过于宿怨了。但他看过皮耶罗的信之后，还是更爽快地表示会为托马索帮忙，因为两次情谊的纽带比一次的更牢固。这样，往日的恩怨一笔勾销，二人的友谊比以前更加亲密。

14
艾伊尼阿斯被任命为尤金的秘书。
他不可思议的好运和能力。
选帝侯密谋反对教皇。

1 和托马索一起赶路的是胡安·德·卡瓦哈尔，他刚从皇帝那里回来。卡瓦哈尔带着尤金任命艾伊尼阿斯为教皇秘书的一封信，后来艾伊尼阿斯在罗马就任这一职务。

我觉得这是一项不同寻常的荣誉，我不知道是否还有人如此幸运，先后为两位教皇、一位皇帝和一个敌对教皇担任秘书。艾伊尼阿斯担任这一职务不是徒具虚名，而是名副其实。他一开始为菲利克斯效力，然后为皇帝腓特烈效力，接着为尤金效力，最后为尼古拉效力。

2 这时，选帝侯们在法兰克福开会①。尤金罢免了科隆大主教和特里尔大主教雅各布，这一消息激怒了几位选帝侯，他们达成一项秘密协议：尤金如果不废除罢免令，不减轻这个国家的负担，不承

---

① 1446 年 3 月。——原编者注

认在康斯坦茨赋予他们各自议会的权力，他们就承认在巴塞尔通过的罢免尤金的教令。他们派出使节，私下里向皇帝及其六个铁杆顾问解释这件事，恳求皇帝加入他们的协议，并派代表和他们一起去罗马。

皇帝听到几位选帝侯的打算以后说，他会派一位使节去找尤金，求尤金答应他们提出的要求，但皇帝绝对不会加入他们的协议。皇帝说，仅仅因为教皇不答应他们的要求就抛弃教皇，这是一种不虔诚的冒犯行为。

3 所以，皇帝把艾伊尼阿斯派到尤金那里，劝尤金不要顶撞几位选帝侯，而是恢复两位被罢免的大主教原来的职务，这样就会促使德意志人放弃中立立场并站回到尤金一边。但如果他一意孤行，就有造成教会永久分裂的危险。皇帝没有誓言的约束，就把选帝侯的秘密协定全都透露给了艾伊尼阿斯，命艾伊尼阿斯把这一消息告诉教皇。几位选帝侯还打算11月1日在法兰克福再次开会，在那里听取教皇的答复，并按照事先达成的协议，决定是拥护他还是反对他。所以，皇帝让艾伊尼阿斯直接去法兰克福与其他代表见面，在那里把尤金的决定告诉这些代表。

4 与此同时，教皇的几位使节试图打探几位选帝侯在法兰克福做出了什么决定，想对皇帝提出什么要求，他们向罗马传递什么信息，但打探了一段时间之后一无所获，于是就决定派一个人尽快去罗马。胡安·德·卡瓦哈尔发了高烧，病倒在他的老朋友约翰·热尔（一个妒忌心很强、说话尖酸刻薄的人）家里，这一任务就落在博洛尼亚主教托马索身上，一路上由他陪着艾伊尼阿斯。当时是春季，大雨把卡林西亚所有的桥都冲倒在河里了。所以，他们不得不由当地向导带路，在极为陡峭、无路可走的山上和覆盖着雪的险崖上走了三天。

15
艾伊尼阿斯见到尤金。生病。
他和托马索极为小心地解散了法兰克福议会,
把保持中立的选帝侯争取过来。

1 他们到达罗马以后,尤金采纳了托马索的建议,在听取选帝侯的代表陈述之前,先听取艾伊尼阿斯陈述,并承诺凡皇帝想要他做的一切事情他都会做。然后,尤金命托马索去找勃艮第公爵菲利普,争取让菲利普同意恢复两位大主教的职位,因为菲利普的侄子被提名担任科隆大主教,他的亲兄弟被提名担任特里尔大主教。教皇认为,不征得菲利普的同意,他不应该答应恢复前主教的职位。了解到菲利普的想法之后,托马索再继续前往法兰克福。

2 艾伊尼阿斯原打算陪他到帕尔马,但托马索好像磨磨蹭蹭,不紧不慢地整理他的文件,所以艾伊尼阿斯决定不等他,一个人往前走。他到锡耶纳后和家人待在一起,但突然得了结石病。第二天,他还在床上,托马索就到了。这位主教只是停下来问候一下艾伊尼阿斯就走了,因为他的事很急。

但艾伊尼阿斯是不会病垮的。第二天,他还没有康复,便尾随着托马索,在佛罗伦萨的切尔托萨修道院赶上了他。然后二人一起去了皮斯托亚和卢卡。艾伊尼阿斯去了佛罗伦萨,但托马索被拒之门外,因为他是尤金的使节,佛罗伦萨人当时很鄙视尤金[①]。

3 在卢卡,他们与皮耶罗·达·诺切托在一起待了一天,皮耶罗与他们一起穿过加尔法尼亚纳山谷,一直走到托马索的妹妹卡泰

[①] 1443 年 6 月,尤金与阿拉贡的阿方索和解,不久之后就承认阿方索的私生子费兰特为那不勒斯王位的合法继承人。尤金与阿方索恢复关系,导致那不勒斯、罗马和米兰联合起来排挤佛罗伦萨。——原编者注

丽娜家，卡泰丽娜嫁给了这个山谷里一个很有势力的贵族塞萨雷。
她有很长时间没有见到哥哥了，便以极为热情和体面的方式接待
了他。

4 在这里和皮耶罗分手后，他们从西拉尼翻过阿尔卑斯山赶往
帕尔马，这座山极为陡峭难走。托马索经长途跋涉后筋疲力尽，在
乡间客栈里也睡不着觉，结果发了高烧，病倒在这里了。他马上派
人去找艾伊尼阿斯，流着泪求艾伊尼阿斯不要管他，让艾伊尼阿斯
继续往前走，免得误了他们的事。他把教皇写给胡安·德·卡瓦哈
尔的信交给艾伊尼阿斯，说他要是在短期内不能康复就会给尤金写
信，让尤金再派一个人来代替他。

5 艾伊尼阿斯不愿抛下一个病人，但他知道任务紧急，便继续
赶路。他在布雷谢洛渡过波河，走到曼托瓦和维罗纳，然后沿着特
伦托山谷前行，从布里克森翻过阿尔卑斯山。他停下来去看望奥地
利公爵西吉斯蒙德，当时西吉斯蒙德公爵正待在因河谷。他和公爵
一起打猎，所看到的一幅景象值得一提：猎狗经长时间的追逐后，
把一头大牡鹿赶到河里了，乖乖地成了公爵的盘中餐。

6 艾伊尼阿斯从那里取道纳塞雷斯和霍伦河谷，翻过一道高高
的山岭到肯普滕、梅明根和乌尔姆。但他不能再往前走了，因为土
匪封锁了通向法兰克福的所有道路。他正焦急地盘算着怎么办，突
然来了几个信使，他们带来的消息说皇帝的特使当夜就到，有奥格
斯堡主教彼得、基姆塞主教西尔维斯特和皇宫秘书厅厅长卡斯帕，
全都是精英人物，像是事先计划好在那一天、那个地方见面似的。

没有比这更能让艾伊尼阿斯高兴的事了，不仅因为这几个人都
是他的朋友，而且因为他们一起上路更安全。他们很快就动身去了
法兰克福，几天以后巴登侯爵雅各布和勃兰登堡侯爵阿尔贝特也加
入了他们的行列。

7 托马索病了十天以后终于开始康复。他继续赶路，神不知鬼

不觉地穿过萨伏依，来到勃艮第公爵的宫中。从公爵那里得到他要的东西之后，他在议会将近结束时到达法兰克福。

8 与此同时，胡安·德·卡瓦哈尔和库萨的尼古拉^① 正试图劝说几位君主接受艾伊尼阿斯带来的信。但这一切努力都毫无作用，因为选帝侯们派到罗马的使节报告说尤金粗野傲慢，对他们的国家充满敌意，回答他们的问题时说话非常难听。这样，尤金要办的事似乎没有希望了，因为皇帝不敢一个人表态支持尤金，与所有的选帝侯作对。

9 在这次议会上，艾伊尼阿斯做了一件大胆和不同寻常的事，这件事我是不能漏掉的。美因茨大主教^② 在选帝侯的协议上盖了印，不仅为他自己盖了印，而且还为勃兰登堡的腓特烈盖了印。皇帝的发言人让他改变投票结果，大主教回答说，只要他能得到没有人会食言的保证，他就会改变投票结果。

于是艾伊尼阿斯让他的几位同伴不要怕，他不费吹灰之力就能让大主教满意。他一夜没有睡。他们想依据几位君主的草稿给尤金写一封信，而艾伊尼阿斯依据这些草稿另写一封信，把草稿中所有恶毒的话语都剔除（这些话语会让尤金反感），把有关委任圣职、恢复大主教圣职的所有提议，把其中显示出的对宗教会议的尊重等内容作了进一步的阐发。

10 信写完以后，艾伊尼阿斯命人一定要让美因茨大主教看到这封信，并让大主教知道，这封信表达了皇帝的意愿，尤金打算委任这个国家的人为圣职继承人，没有理由怀疑他们会从圣座那里得

---

① 库萨的尼古拉（1401—1464），著名学者，改革家，1448 年被任命为"戴镣铐的圣彼得"教堂枢机主教。他和胡安·德·卡瓦哈尔一样，致力于在德意志重新树立教皇的权威。——原编者注

② 此人不仅自己有投票权，而且还控制着勃兰登堡选帝侯的投票权。——原编者注

到所要求的东西，如果他们再次派使节到教廷去的话。

美因茨大主教对此感到满意，觉得这样公平，于是很快就与皇帝的代表达成协议，也与马格德堡大主教、不莱梅大主教、萨尔茨堡大主教、腓特烈侯爵及其他很多君主达成协议，大家都在艾伊尼阿斯写的信上盖了印，然后把信寄到罗马。

几位选帝侯及其他所有的君主听到这一消息后都很失望，但又不敢反对，因为全国大多数人都赞成这封信。

11 阿尔勒枢机主教路易①知道这件事毫无希望之后，就派人去找艾伊尼阿斯。他在巴塞尔时就认识艾伊尼阿斯，把艾伊尼阿斯当成他最亲密的朋友之一。他把艾伊尼阿斯训斥了老半天，说艾伊尼阿斯变了卦。艾伊尼阿斯回答说，他没有变卦，而是宗教会议至上派变得和以前不一样了。他们原来答应为了和解而把会址从巴塞尔转移到其他地方，但后来却又不转移了，好像他们出了巴塞尔城就不能捍卫真理似的。

与此类似的是，一个熟悉教会法规的聪明人利苏拉的约翰在胡安·德·卡瓦哈尔家里碰见艾伊尼阿斯时对他说："你从锡耶纳来到这里是为德意志人制定法律的吗？你还是待在家里，让我们管理自己的国家为好。"艾伊尼阿斯一句话没说就走过去了，以免激起对方更大的敌意。

---

① 路易·阿勒曼（1385—1450），圣塞西莉亚枢机主教，接替切萨里尼担任巴塞尔宗教会议主席。——原编者注

16
胡安·德·卡瓦哈尔和托马索被任命为枢机主教。
艾伊尼阿斯以使节的身份来到罗马，
在一次演讲中展示德意志人的服从，
令所有的人赞叹。

1 议会结束之后，博洛尼亚的托马索和胡安·德·卡瓦哈尔经奥地利的诺伊施塔特回国，在那里向皇帝致谢，感谢皇帝把这么有影响力的忠诚使节派到法兰克福。他们继续前行到罗马后，二人双双被任命为枢机主教，以表彰他们出色地处置事务的能力。[①]

几天之后，皇帝任命艾伊尼阿斯和高贵的波希米亚骑士普洛科普·冯·拉布施泰因为驻罗马使节。经美因茨大主教和勃兰登堡侯爵同意，他们受命放弃中立立场，重新向罗马教廷效忠，只要尤金接受在法兰克福达成的协议。

2 与此同时，利苏拉的约翰发现事态的发展不合他的心意，便转变了立场以跟上潮流。他向美因茨大主教表示服从，大主教就把他派驻到尤金那里担任使节。皇帝的特使发现他在锡耶纳与很多君主的代表在一起，然后大家就一起去了罗马。他们在第一块里程碑那里受到教皇扈从、一些枢机主教和教廷所有高级教士的迎接，这些人像对待凯旋的英雄一样护送他们进城。

3 两天以后，他们被召到尤金面前参加一个秘密会议，艾伊尼阿斯担任这批人的发言人，教皇和各位枢机主教都对他的发言报以热烈的掌声。但尤金就在当天病倒在床上，把事情交给各位枢机主教去处理。整个事情眼看就要解决了，几个德意志人却犹豫起来，说他们拿不准是否应该向一个只能活十天的教皇效忠，御医认为教

---

① 1446 年 12 月。——原编者注

皇只有十天的时间。

4 艾伊尼阿斯拿出有说服力的论据来驳斥他们，说现在发表宣言对德意志民族有好处，因为尤金已经对各位君主表示了友好，而且无论他做什么，他的继承人都会同意。另一方面，如果他们在尤金死后再发表宣言，他的继承人就有可能对德意志民族采取更强硬的政策。而且无论新教皇是强硬还是温和，他们都不能与教皇谈判，因为他们的国书是递交给尤金的。如果他们不把问题解决就离开罗马，君主们达成的整个协议就会被宣布无效，现在多少还算团结的德意志民族就会陷入更严重的派系纷争之中。对他们打击最严重的是，他们会把教会领回到危险的分裂道路上去，实际上还会巩固和强化这一分裂，而在此之前，他们几乎已经堵死了走向分裂的道路。

5 利苏拉的约翰也有大致相同的看法，便竭力主张发表宣言，说只要尤金左脚的一个小脚趾还活着（身体的其他部位全死掉了！），他们仍然应该对这个小脚趾宣誓效忠。于是他就这样说服了其他同僚。

尤金对他们的每一项提议都表示同意，便起草了一份通谕作为回复。接着，这些使节全被召进他的卧室，他躺在床上，大家全都对他表示归顺。尤金立即把教皇诏书递到艾伊尼阿斯手里[1]。会议的议项立即转移到公开会议上举行，由枢机主教们主持，大声宣读了皇帝和其他君主的指示。

6 随后全城举行庆祝活动。民众兴高采烈地点燃篝火、敲钟、吹响喇叭。第二天，公务暂停，命令全体民众举行感恩活动。枢机主教和其他高级教士手拿西尔维斯特的皇冠、施洗者约翰的头骨和

---

[1] 这些文件被称之为"各国君主协定"，上面的签署日期是 1447 年 2 月 5 日和 2 月 7 日。——原编者注

圣徒们的重要遗物，从圣马克教堂到拉特兰大教堂去望弥撒，民众在后面列队跟随。望弥撒过程中，有人发表了精心准备的长篇讲话，赞扬腓特烈和尤金。

17
艾伊尼阿斯被任命为的里雅斯特主教，
但因无法就职而改任副助祭。
尤金去世，尼古拉当选为教皇。
艾伊尼阿斯成为教皇秘书，
最终担任的里雅斯特主教。

1 这时，有传言说的里雅斯特主教尼科洛去世了。第一个听到这一消息的枢机主教是博洛尼亚的托马索，他是听阿奎莱亚的助祭说的，这位助祭让其助手为他把那座教堂要过来。

但枢机主教托马索一听到这一消息，马上就给他的同僚、圣安杰洛枢机主教胡安写了一封短信，把这一消息告诉他，还说这是提升艾伊尼阿斯的一次机会。碰巧艾伊尼阿斯正和胡安在一起吃饭，他们像往常一样正谈论着各种话题，这时胡安把那封短信递给他看，并问他对此有何想法。艾伊尼阿斯回答说："我不会要一个我配不上的职务，但要是给我，我也不会拒绝。"

2 第二天，阿奎莱亚枢机主教洛多维科为他的助祭要的里雅斯特的教堂，其他人也提出了不同的候选人，但尤金全都没有答应，口气坚定地表示他要把整个教廷都托付给艾伊尼阿斯。但当他们去验证这个教堂的圣职是否真的空缺时，才发现这一传言是假的。不过尤金还是任命艾伊尼阿斯为教廷副助祭。

3 德意志人臣服之后，尤金与疾病和死神搏斗了十六天，最后败下阵来，一命呜呼。那天是 1447 年的圣彼得御座节 ①。他的葬礼持续了九天，之后枢机主教们来到秘密会议室选举圣座继承人，任命艾伊尼阿斯、普洛科普及其他君主的特使为门卫。

经过两个不眠之夜的商议，博洛尼亚枢机主教托马索当选为教皇 ②。他取名尼古拉五世，很多人认为是为了纪念圣克罗切枢机主教尼科洛。尼科洛是他老师，被认为在马丁五世死后与教皇职位失之交臂，尼科洛当时因公到法兰西出差了。③

尼古拉一进入圣彼得宫，就把艾伊尼阿斯召到宫里，确认他为秘书和副助祭，安排他在加冕典礼时在教皇前面抬十字架。

4 艾伊尼阿斯离开罗马二十天之后，尼古拉得到了的里雅斯特主教死亡的确切消息。他没有和任何一位枢机主教商量，也没有召开教会会议，就身穿礼袍、头戴教皇冠来到枢机主教团，直接任命艾伊尼阿斯为的里雅斯特主教，并把圣职推荐书免费寄给艾伊尼阿斯。全体枢机主教一开始吃了一惊，随后一致表示同意。

5 皇帝腓特烈也是这样。他听说那个教区的圣职出现空缺后说："那个圣职由我来任命，我要把它交给艾伊尼阿斯。"他给教皇写信谈这件事，他并不知道问题已经解决了。这样，艾伊尼阿斯对这些事情还一无所知，回到皇宫时才知道，教皇和皇帝都把他任命为主教了。的里雅斯特人敌视外国人尽人皆知，但他们不抵制对艾伊尼阿斯的任命。即便是教士们已经选出一个知名的同僚为助祭了，但还是叫他让出这一职位，然后一致同意把这一职位交给艾伊尼阿斯，而当时艾伊尼阿斯甚至还没有到来。

---

① 每年的 2 月 22 日，纪念圣彼得和他的追随者在罗马第一次举行礼拜仪式。——译者注

② 1447 年 3 月 6 日——原编者注

③ 尼科洛也曾雇用过艾伊尼阿斯。——原编者注

18

阿沙芬堡会议；德意志人臣服于新教皇。
公爵菲利波·马里亚去世。
艾伊尼阿斯出使米兰和伊斯的利亚。

1 与此同时，皇帝在阿沙芬堡召开高级教士和各国君主会议 ①。
阿沙芬堡是米兰的一个小镇，在美因茨教区。皇帝派艾伊尼阿斯和法学家哈通一起到那里去，再次强调美因茨主教及其他签署了法兰克福协议的人现在都要服从教皇尼古拉，并劝说科隆大主教和莱茵河巴拉丁伯爵路德维希也加入他们的行列。他们的努力取得了成功。会议对皇帝要求的一切都表示同意。在一次庄严的仪式上，尼古拉被宣布为德意志人的教皇，并为他的平安而祈祷。

2 巴拉丁伯爵虽说是菲利克斯的女婿，也表示要臣服于尼古拉。不过科隆大主教正与索斯特人发生争执，索斯特人反对他的统治。艾伊尼阿斯不能在这些叛民中间旅行，于是就待在科隆，以书信与大主教保持联系。科隆大主教答应皇帝要做的每一件事，不等开口向他要，他就在维也纳向艾伊尼阿斯寄钱，以支付艾伊尼阿斯在科隆二十天的费用。

3 发生这件事时，米兰公爵菲利波·马里亚死于痢疾 ②。他曾公开宣布阿拉贡国王阿方索为他的继承人，但他没有权利这样做。于是皇帝派艾伊尼阿斯和一些高贵的骑士一起去米兰，要把这一公国收归帝国。这些骑士是塞考主教弗里德里希、秘书厅厅长卡斯帕·施利克、厅长的内侍约翰及医生雅各布·兰德罗诺，还有潘克拉齐·里乌恰德。

---

① 1447 年 7 月。——原编者注
② 1447 年 8 月 13 日。——原编者注

这样，这座强大城市的君主同时有三个人要求继承：皇帝腓特烈、阿拉贡的阿方索和奥尔良公爵查理。奥尔良公爵查理也非要求继承权不可，其依据是菲利波的父亲和他父亲签订的婚约。[1]

4 而米兰人则渴望自由。他们选举了一个由著名人士组成的元老院，任命了行政官员来管理政务。他们拒绝了国王阿方索和奥尔良公爵的继承权要求，但听了艾伊尼阿斯为皇帝的辩护之后，他们承认腓特烈为君主，尽管他们仍然声称拥有自治权。

谈判结束时，米兰人就要接受腓特烈的统治了，只要一些条件能得到满足。对于艾伊尼阿斯来说，这虽然没有达到他应该达到的目标，但在当时的情况下，似乎可以算是令人满意了。而他的德意志同僚索要得太多，结果什么也没有得到。[2]

5 艾伊尼阿斯回到维也纳后就任的里雅斯特主教。他的保证人是教皇使节、圣安杰洛枢机主教胡安。然后艾伊尼阿斯就去了他任职的城市，在那里受到民众的热烈欢迎，随后他主持了第一次弥撒。在的里雅斯特短暂停留之后，他接到命令去了伊斯的利亚，在那里解决了一场帝国与威尼斯之间的边界争端，尽管后来争端再次发生。

回到的里雅斯特之后，他听说居民们正受到鲁珀特·冯·瓦尔泽的猛烈攻击。他自己的教堂损失最为严重，他的佃户被赶走，佃

---

① 1387 年，奥尔良的查理之父路易娶了菲利波·马里亚的妹妹瓦伦丁娜·维斯孔蒂。由于菲利波·马里亚死后没有合法的子嗣，查理就以外甥的身份要求继承权。要求继承权的还有弗朗切斯科·斯福尔扎和萨伏依的洛多维科。斯福尔扎娶了公爵的私生女比安卡，而萨伏依的洛多维科的妹妹博纳是公爵的遗孀。——原编者注

② 艾伊尼阿斯给腓特烈的报告显示，他本人决定绝不会接受米兰最初的提议。米兰人很模糊地承认皇帝的君主身份，而实际上几乎是自由的，以此作为对皇帝为他们防范敌人的报答。皇帝的使节第二次执行任务时，所得到的条件则大不相同。——原编者注

户们的牲口被抢走。艾伊尼阿斯去找皇帝控告时，只是凭借走路的速度快才躲过鲁珀特的一次伏击，鲁珀特本打算捕获他。

6 与此同时，卡斯帕·施利克被人诬告到皇帝那里，被迫交出了弗赖辛教堂，这座教堂是他为弟弟要来的。他在皇帝面前日渐失宠。① 艾伊尼阿斯与这位厅长有交情，几乎持续不断地与他保持交往，因而也受到怀疑，其地位好像岌岌可危。

但艾伊尼阿斯走一条中间道路，既不得罪朋友，也不得罪主子，终于重新得宠。经皇帝推荐，他得到了重要的卡斯特罗－温德利科教堂②。

19
艾伊尼阿斯率领另一个使团去米兰，
为皇帝的权利辩护。
弗朗切斯科·斯福尔扎围攻米兰城。
米兰人杀死威尼斯大使，
拥立斯福尔扎为公爵。

1 这时，弗朗切斯科·斯福尔扎伯爵包围了米兰③。惊恐不安的居民求皇帝帮忙，于是艾伊尼阿斯和法学家哈通一起第二次被派到米兰。他们要为被围困的民众提供援助，以换取他们对皇帝的臣服。

旅程是艰难的。他们在因斯布鲁克拜访了西吉斯蒙德公爵，劝他在米兰事务上支持他们之后，又翻过博尔米奥上面高耸的阿尔卑

---

① 他失宠的原因不太清楚。之后不久他就死了，即 1449 年 7 月 16 日。——原编者注
② 位于奥格斯堡的一个堂区。——原编者注
③ 佣兵队长弗朗切斯科·斯福尔扎 1450 年成为米兰公爵。——原编者注

斯山，来到瓦尔泰利纳，发现那里的民众分裂了，有的支持米兰城，有的支持弗朗切斯科·斯福尔扎。科莫湖四周地区大部分在敌人手里，没有一个地方安全。所以，他们只好悄悄地上路，有时夜里走水路，有时白天翻越陡峭没有人迹的高山。

最后到达科莫后，他们不得不在那里滞留了十八天，因为从科莫到米兰，整个地区都被敌人占领了。斯福尔扎听到皇帝使节到达的消息后，下令守卫所有的道路，如果抓住使节，要把他们戴上镣铐押送到他面前。

2 不过艾伊尼阿斯一行设法召集到大约二百骑兵和步兵，又找到三个可靠的认识路的人（人称"向导"），于日落时分从科莫出发去米兰。可是在路上走了一两个小时之后，夜已是漆黑一团，骑兵利用黑夜的掩护，把他们抛下溜走了。路上他们又会合了萨伏依公爵的几个使节，还有几个在德意志办完事以后回家的米兰人。这几个人听说被骑兵抛下了，就担心会遭到伏击，吓得非要返回科莫不可。但艾伊尼阿斯把几个步兵首领叫到一起，发现他们忠诚可靠，又从一个人的口音中辨认出他是个锡耶纳人，便转身对这些经商的人说：

3 "不要怕。山口在我们后面，我们快到平原上了，早已过了伏击的地点，因为陷阱都是设在崎岖不平的地方，不会设在这里。现在我们可以选择的路有上千条。只有坏运气才能把我们引到敌人手里，而仁慈的上帝会阻止我们落入敌手。跟着我，天亮时我会让你们平安到家。"

这样他们继续赶路。大约十点时①，太阳刚出来一会儿，他们就来到米兰，受到全体民众的热烈欢迎。

4 然而这时，米兰城的政权已经从效忠罗马的民众手里转移到

_____
① 当时西方的记时方式是以日落时分为零点。——译者注

一个私下里支持弗朗切斯科·斯福尔扎的寡头集团手里。（政权转移时，两位使节还在科莫。）由于这一原因，艾伊尼阿斯请求元老院允许他向民众讲话，传达皇帝的旨意。[①] 当时，元老院院长是一个名叫瓜尔内里奥·卡斯蒂廖内的法学家，以能言善辩和出身高贵而闻名，私下里是斯福尔扎的朋友。他宣称，米兰城的法律禁止召开民众大会，在一座被围困的城里有发生骚乱的危险，元老院拥有民众的全权，皇帝的旨意应该向元老院转达。

艾伊尼阿斯回答说，皇帝的圣旨不能让法律压倒，法律归根结底还是来自皇帝的权威；皇帝的旨意会鼓励和解，不是鼓励骚乱；长期的战争和围困把民众拖垮了，他们会从皇帝使节那里得到安慰，民众不想听君主的话好像很奇怪。

所以，元老院否决了瓜尔内里奥的意见，下令召开大会。

5 第二天，很多人聚集到元老院。艾伊尼阿斯展示了皇帝的信并大声宣读一遍，然后发表了讲话，其大意如下。

艾伊尼阿斯说，菲利波去世时，皇帝曾派使节来接管米兰城。他的要求虽然正当，但是没有人理会。米兰人反而被新获得的自由冲昏了头脑，选出自己的行政官员来管理政府，这是一种叛逆行为，这种状况一直延续至今。虽然违抗圣旨是不正当的，但皇帝仍然态度温和，没有发火。与此同时，弗朗切斯科·斯福尔扎走上前台。他与周围的城镇以前是朋友，现在是仇敌，把他们都置于自己的控制之下。米兰处于围困之中，经历了严重的困难。军队叛逃到弗朗切斯科那里，食物短缺，周围的君主谁都不愿提供援助。只有皇帝忍受着各种屈辱，可怜他们的处境。他们现在要是愿意臣服于

---

① 教皇的叙述与当时其他人所描述的 1449 至 1450 年的米兰政治动乱相一致，但很难评估他对自己在城里各项活动的描述。在时间上离这一事件最近的描述，甚至都没有提艾伊尼阿斯在米兰。——原编者注

神圣罗马帝国，承认皇帝为君主，皇帝马上就会帮助他们。他们应该记住，已经与皇帝的表亲西吉斯蒙德公爵达成了协议，这位公爵是伦巴第人的邻居，在很短的时间内一支大军就能翻过阿尔卑斯山，来到他们的领地。他们仅仅依靠自己是不行的，这样毫无希望，但也不要以为承认皇帝为君主就意味着失去自由。只有为一个合法、天赋的君主效力，才是唯一真正的自由。在那些以民众名义行使统治的城市里，一些人总是冒出来奴役民众。实际上民众面临的选择只有两个：是接受皇帝的统治，还是接受斯福尔扎的统治，因为已经到了这样一个关键时刻：他们要是不臣服于皇帝，就绝对逃不脱弗朗切斯科的僭政。他们只要承认皇帝，皇帝就会给予他们特殊的恩惠和重要的特权：可以在整个德意志自由贸易，让米兰成为一个大都市，成为意大利的首都。

6 艾伊尼阿斯讲完以后，瓜尔内里奥滔滔不绝地大谈自由的好处。不过他最后建议，让他们挑选一些主要的居民去面见使节，讨论皇帝的提议。

过了几个夜晚，问题仍然没有解决，城里的三扇"门"——他们这样称呼各个派别——拿起了武器，拥立皇帝为君主。（城里有六扇"门"，民众分属不同的"门"。任何四扇"门"的意愿对所有的"门"都有约束力。）"帝国万岁"的欢呼声已经在三扇"门"前回响。元老院的成员对这一欢呼感到震惊，不等民众聚集到第四扇门前，元老们就骑着马进了城，命令所有的人都放下武器悄悄地回家。元老们向民众保证，他们也准备承认皇帝的统治权，只要能保持米兰城的名誉，他们正与两位使节仔细商量这件事。然后，元老们派出代表与使节协商。两方商定，为了换取皇帝的援助以打击斯福尔扎，他们同意以下条件：

7 皇帝要任命一名德意志人在米兰城执行审判；在其他城镇，皇帝愿意任命任何人都可以。其他官员的上诉要由米兰的审判官来审理，他的判决不许再上诉。附属于米兰各城的各项收入，要平均分配给皇帝和米兰人。米兰每年要支付给皇帝五万弗罗林，皇帝还要得到各教堂和贵族支付的贡金。所有的臣属都要对皇帝和米兰城宣誓效忠。但如果米兰以武力夺取了新城或新领地，只有皇帝可以接受它的效忠，接受其支付的一笔数目适当的钱。

这些条件似乎足以让使节们感到满意，但使节们得到的命令是索要更多的东西，所以他们不能接受这些条件。

8 与此同时，一位勇敢的将领卡洛·贡扎加在一天深夜来找艾伊尼阿斯，当时此人似乎是米兰人唯一的希望。他们又把哈通叫来，然后卡洛敦促两位使节再次召开民众大会。卡洛承诺说，他要到会上鼓动民众要求皇帝做君主，民众对他最为信任。他坚信，民众会罢免行政官员，然后迅速把城里的政权移交给皇帝的使节，直到皇帝亲自驾到或派代表来。卡洛让两位使节放心，他已经开始和城里的一些头面人物商量，准备做这件事。

9 这一计划似乎有可能成功，但艾伊尼阿斯觉得极为危险。他虽然知道要办成大事必有风险，但仍然觉得这样一个计划不太适合他这样一个神职人员去执行。艾伊尼阿斯解释说，他已经执行了皇帝的命令，民众也听到了皇帝的旨意，如果他们愿意的话现在就可以表示臣服，动用武力既不容易，他也没有接到动武的命令。卡洛的提议应该得到皇帝的感谢，他一定会让卡洛的努力得到认可。

但后来卡洛散布谣言，说艾伊尼阿斯支持斯福尔扎。从这件事上可以看出，一个居心不良的人会对任何事情都从坏处去想。

10 艾伊尼阿斯和哈通无法从米兰人那里再得到任何东西，便要了一封给斯福尔扎的信，然后去了他的营地。斯福尔扎大为吃惊，说他不明白他们是如何躲过他的哨兵进入米兰的。他们当着威尼斯和佛罗伦萨特使的面详细谈了一会儿。然后等其他人都退下去之后，两位使节单独和斯福尔扎谈了一个小时，向他说明皇帝的立场。最后，斯福尔扎极为恭敬地把他们送走了。

11 两位使节回到德意志，在卡林西亚的一个小镇圣法伊特见到了皇帝。皇帝对米兰人的承诺表示满意。但米兰人等皇帝的回复等了两个月之后，开始担心会被斯福尔扎的军队打败。于是他们杀掉了托斯卡纳人加莱奥托，把其余的元老院议员都赶走，与威尼斯结了盟。威尼斯人也没有给米兰人提供多少援助，米兰人就发动暴乱，杀掉了威尼斯使节莱奥纳尔多·韦尼耶，为弗朗切斯科·斯福尔扎打开城门，拥立他为公爵①。民众疯狂起来就是这个样子。

20
艾伊尼阿斯到国王阿方索那里担任特使。
莱奥诺拉与皇帝的婚约谈判，
由于艾伊尼阿斯的努力而成功签署婚约。
艾伊尼阿斯在那里被任命为锡耶纳主教。

1 在此期间，艾伊尼阿斯去了一趟他在的里雅斯特的教堂，但在禧年节②时皇帝把他召回，派他和格雷戈尔·福尔肯斯托尔夫、米夏埃尔·普富伦多夫一道，到阿拉贡和西西里国王阿方索那里担任特

---

① 1450年2月26日。——原编者注
② 中世纪时，天主教会每隔一定的年限就举行一次特赦活动，这一年就被称为"禧年"，届时有大批的朝圣者聚集到罗马，参加各种节庆活动。一开始每隔一百年才有一次禧年，后来又改为三十三年（代表耶稣在世的时间）、五十年，最后由教皇保罗二世确定为二十五年。这里所说的"禧年"是指1450年，由教皇尼古拉五世确定下来。——译者注

使，命令他们安排皇帝与葡萄牙国王的妹妹莱奥诺拉 ① 的婚事。

葡萄牙的使节已经到了那不勒斯，经过四十天的商谈，婚事就定了下来。艾伊尼阿斯当着国王、亚眠枢机主教（也是教皇的使节）、克里夫斯公爵、卡拉布里亚公爵、苏萨公爵、西里西亚公爵以及很多高级教士和贵族的面，在那不勒斯的卡斯泰尔诺沃大厅里发表了演讲，谈到签约各方的高尚和美德。演讲完之后，很多人都请人把这一演讲稿抄写一份。

2 禧年节结束时，艾伊尼阿斯离开那不勒斯回到教皇那里。他在一次公开会议上宣布，婚约已签署，皇帝明年要来加冕，他还表示反对批准法兰西人要在法兰西召开宗教会议的请求 ②。出席这次会议的还有皇帝的兄弟、奥地利公爵阿尔贝特，他在圣诞夜得到了教皇之剑。在此之前，这把剑曾许给了克利夫斯公爵。但教皇说，只有在更合适的人选没有出现时，这一许诺才有约束力。

3 这次旅行也并非没有危险。沃尔西人领土上的利古拉河水很深，河上杂草丛生。河两岸的树枝长到河面上，常常在河中间碰到一起。河上的船很小，但艾伊尼阿斯及其同伴还是上了船，划船的很固执，根本不把危险当一回事，甚至夜里还迫使他们行船。他们一再撞到树枝上，最后在深夜里撞到一棵大树的树干上动弹不得，在那里停了两个小时，险些丢了性命。不久之后，同样在那个地方，另一条船沉到了水里，淹死了十一个人。

后来，在海岸附近离库米城不远的地方，他们准备过另一条河，仆人乘坐的那条船严重超载，结果船翻了，人和马都掉进了水

① 莱奥诺拉是阿拉贡国王阿方索的侄女。婚约是在 1450 年 12 月 10 日签署。——原编者注

② 尼古拉五世曾承诺，禧年节过完以后，要在法兰西的一个城市召开宗教会议，可能在图卢兹。这一承诺的代价，实际上就是法兰西介入菲利克斯五世的辞职，以及巴塞尔宗教会议的解散。——原编者注

里。但人都抓住一根绳子逃了上来，马也游到了安全的地方。

4 讲了吃过的苦头，该讲讲令人愉快的事了 [①]。这次出行刚开始时，艾伊尼阿斯路过费拉拉，在那里见到了他的表亲雅各布·托洛梅伊，费拉拉元老院一位著名的法学家和法官，后来皇帝任命他为拉特兰伯爵。雅各布对艾伊尼阿斯说，他收到妻子的一封信，说锡耶纳主教内里奥死了，有传言说艾伊尼阿斯被任命为内里奥的继承人。后来，这一消息被教皇派驻到博洛尼亚的使节所证实。

5 事情是这样的。内里奥死后，锡耶纳人请求教廷任命一个本地名叫孔蒂的好人，此人是圣加尔加诺修道院院长。城里的长老们赞成这位候选人，说他是可以担任主教的唯一人选。很多枢机主教都提出了候选人，但教皇向枢机主教团推荐了艾伊尼阿斯，劝他们把艾伊尼阿斯从的里雅斯特调回他的家乡。在艾伊尼阿斯离开教廷期间，教皇是唯一想到他的人。[②] 教皇对锡耶纳人说，他给了他们一个著名的主教。

锡耶纳人一听说是艾伊尼阿斯，就以最为热情的话语向圣座表达了谢意。这原是他们不敢奢望的：一个高尚、博学的人，一个同胞，回到自己的家乡。艾伊尼阿斯路过锡耶纳时，人们急忙把他安置到主教宅邸，连教皇的任命书也不等了，马上给了他所有的权利和特权。但艾伊尼阿斯说，他们必须等待任命书。

6 艾伊尼阿斯从那不勒斯一回到罗马就去感谢教皇，从教廷财政部免费领到了任命书，这是一项不同寻常的荣誉。他又回到家乡锡耶纳时，神职人员和民众出来列队迎接他，用金华盖罩着他把他护送进城，据说人们的欢呼声和给予他的荣誉超过了以前任何一位

---

① 庇护在这里描述的是以前他从德意志到南方时发生的事，还有他在那不勒斯逗留期间发生的事。——原编者注

② 推荐信上标注的日期是 1450 年 9 月 23 日。——原编者注

主教。

7 在这次旅行过程中，艾伊尼阿斯还劝教皇尼古拉把那位圣洁的人、圣贝纳迪诺的门徒乔瓦尼·达·卡皮斯特拉诺[①]派到德意志，在那里重新树立圣方济各的支配地位，这一地位在整个德意志已经被废除了。（艾伊尼阿斯后来在维也纳听过卡皮斯特拉诺布道，卡皮斯特拉诺在那里很受民众的欢迎，据说他创造过奇迹。）

回到奥地利时，艾伊尼阿斯不仅带回来了让皇帝感到满意的一纸婚约，而且还带回来了一个保证：教皇、锡耶纳人、佛罗伦萨人、博洛尼亚人、埃斯特侯爵和威尼斯人在皇帝去加冕时都会发给他安全通行证，因为他与他们谈判达成的条件都很有利。

21
艾伊尼阿斯被任命为皇帝特使赴波希米亚；
与波希米亚人言归于好；
波希米亚人的异端思想。

1 与此同时，波希米亚人多次要立拉迪斯拉斯为王[②]而无果之后，便在布拉格召开议会来讨论国务。他们宣布，要是不把王位继承人、阿尔贝特的儿子给他们送回来，他们就会再立另一个人为王。于是，艾伊尼阿斯与其他几个贵族一起被派去见波希米亚人。

———————————

① 方济各会修士，未来的圣徒（1386—1456），不遗余力地呼吁建立一支新十字军打击土耳其。——原编者注
② 拉迪斯拉斯（1440—1457），皇帝阿尔贝特二世的遗腹子，波希米亚王国和匈牙利王国的王位继承人，当时十一岁。拉迪斯拉斯出生时，腓特烈三世自任他的监护人，在他整个童年时期几乎把他变成个囚犯。艾伊尼阿斯把自己的论文"论男孩的教育"献给这位王储。——原编者注

当时布拉格正赶上瘟疫肆虐，所以会议转移到贝内绍村举行。

2 艾伊尼阿斯在一次公共集会上讲话，传达了皇帝的旨意。他解释说，小国王需要一个监护人，把他交到皇帝手里再好不过了，而且他们很快就会看到自己的愿望得以实现。这一讲话平息了他们的怒气，他们承诺绝不会让其他任何人继承王位。

艾伊尼阿斯在那里还与摄政王伊日[①]交谈了很长时间，很有见识地论及和平的好处，论及教会团结的好处。后来，艾伊尼阿斯断定，此人走上邪路是因为贪婪权力，不是因为异端信仰。这是波希米亚人的共同特点，他们认为统治异端分子比臣服于虔诚信徒更体面。

3 在执行这次任务的过程中，他两次走访了波希米亚最为异端的塔博尔派，和他们激烈辩论宗教问题。他给杰出的圣安杰洛枢机主教寄去了他描述的塔博尔派的习俗、他们的城市及异端思想，另外还有他辩论的文字稿。这封信还在，收在我的书信集里，所以我就略去这些话题而转谈其他话题[②]。

---

① 捷克贵族，胡斯的信徒，拉迪斯拉斯未成年时波希米亚的实际统治者。——原编者注
② 塔博尔派是极端的反对崇拜圣像的胡斯派信徒。——原编者注

22

为迎接莱奥诺拉做准备；

艾伊尼阿斯负责安排这趟旅行；

锡耶纳的事态；

意大利人的担忧。

艾伊尼阿斯护送皇后。

1 依据达成的协议，皇后莱奥诺拉要在第二年从葡萄牙乘船到达锡耶纳的塔拉莫内港 ①，皇帝腓特烈则要到意大利，在罗马接受皇冠。

腓特烈决定夫妇二人一起去罗马，从教皇手里接过冠冕。所以，他指定了十二个贵妇和十二个少女到港口迎接皇后并侍奉她，还指定两名贵族和两名骑士来陪伴。艾伊尼阿斯和秘书米夏埃尔·普富伦多夫作为皇帝的代表也加入了他们的行列。在塔拉莫内见到皇后之后，一行人要护送她到锡耶纳，在那里等待皇帝驾到。

2 艾伊尼阿斯和米夏埃尔还接到命令，要他们向意大利民众和各位君主承诺，尤其是向教皇承诺，说皇帝肯定会按时到达，不耽误庆祝圣马丁节 ②，当时仍然有人怀疑皇帝会敷衍了事。他们还要为皇帝搞到安全通行证，为他的必需品确定合理的价格，处理这些事情的书信事先就已寄出。

3 听到这一消息，意大利的各位君主感到害怕，而弱者却充满了希望，大贵族和领主们心里发慌。谣言四起。大家普遍担心会出现动乱，就像以前皇帝驾临意大利时爆发动乱那样。但锡耶纳人比其他地方的人更害怕，因为他们怀疑艾伊尼阿斯身为名门之后、锡

---

① 计划在 1451 年 11 月 1 日登陆。——原编者注

② 11 月 11 日。——原编者注

耶纳主教和皇帝的心腹红人，会试图推翻他们的政府。

4 在托斯卡纳，锡耶纳被认为是仅次于佛罗伦萨的大城市，管辖着很多繁荣的小城镇，领土广阔。锡耶纳最初由贵族统治，但后来贵族分裂为不同的派别，甘愿把权力交出来，于是政权便转移到民众手里。

当然，在民众之中，有些人胜过另外一些人。掌权的一派接着一派。有一派叫"九人集团"，还有一派叫"十二人集团"。不是因为这一派只有九个人，那一派只有十二个人，而是因为他们任命了这么个数目的最高执政官来共同执政。还有一派人称"改革派"，他们在任期内重新起草了宪法，维修了城墙。

这几派之中，"十二人集团"（其实际人数有将近五百）被认为无足轻重。他们虽然都是富商，但声明放弃了所有的政治权力，几乎成了奴隶。这样一来，"九人集团"和"改革派"就瓜分了所有的政府职务。他们这样做对普通民众非常公正，但只给贵族留出很少几个职位，像是很勉强地留出来的一样。

5 由于这些原因，锡耶纳人担心艾伊尼阿斯身为贵族，会趁皇帝驾到的机会试图恢复其家族固有的地位和权力。艾伊尼阿斯在威尼斯、费拉拉、博洛尼亚和佛罗伦萨已经执行了腓特烈的命令，现在又来到他们这里了。锡耶纳人非常害怕，他们关注着艾伊尼阿斯要干什么，不允许民众出去见他。一些平民甚至恶狠狠地辱骂他，就像是暴民骂人那个样子，而掌权的一派则对他不屑一顾。

命运的变化是多么荒唐可笑！世界上没有任何事情是固定不变的。仅仅一年以前，人人都竞相赞美艾伊尼阿斯，而现在他骑马进城时，却遭到所有人的鄙视。没有一个人出来迎接他。在他家里，只有几个人和他打招呼，在广场上他听见有人骂他，甚至有传言说有人密谋要取他的性命。但他对这一切都泰然处之，对命运的这一变化一笑置之。

6 艾伊尼阿斯来到元老院，为皇帝办完事之后，求主政的行政官员不要把他当成个坏人。他说，政府给了他数不清的好处，他没有理由反对政府。身为他们的主教，他们最尊贵的居民，他希望和平，厌恶各种形式的动荡。他所属的皮科洛米尼家族像其他贵族家一样，一直受到执政者的尊重。著名法学家、城里的主要行政官员之一格雷戈里奥·洛利是他的表亲，也就是他姑姑巴尔托洛梅亚的儿子①。他两个姐妹都嫁给了执政党派的成员，她们的子女会成为他的继承人。总而言之，政府绝对没有理由怀疑他的动机。另外，皇帝来到这里不是要征服意大利，而是冲着皇冠来的。和皇帝一起来的显赫君主和大贵族都是热爱和平的人，都是朋友而不是敌人，对他们不必有一点担心，他们只想得到允许从这里过去。皇帝从来没有支持过内乱，他的名誉是值得信赖的，他的承诺是不会不算数的。

说完这一番话，民众平静了一些，他可以安全地待在他们中间了。

7 这时，他亲爱的朋友和同僚米夏埃尔·普富伦多夫发烧病倒了。他的灵魂——一个伟大、高尚的灵魂——离他而去了。艾伊尼阿斯在圣母大教堂为他举行了隆重的葬礼。随后，艾伊尼阿斯又因不受锡耶纳人欢迎而再次作出让步（仍然有人悄悄地反对他），和几个同僚一起立即离开这里去了塔拉莫内，他们可以在塔拉莫内等待皇后。另外，如果皇帝在这个时候启程去意大利，发现他们在锡耶纳逗留也是不行的。他也不能去找教皇，他担心在罗马耽搁期间皇后可能登陆，而迎接皇后是他本人的职责。

8 教皇知道，很多罗马人都急于闹革命，罗马人的脾气他很清楚。他担心民众闹事（甚至佛罗伦萨人也说，有人预言教皇或是死

---

① 后来成为庇护二世的机要秘书。——原编者注

于 3 月 20 日，或在一项阴谋中被捕），就给皇帝传话，建议皇帝推迟到夏季再来，又找个借口说供应的物品不足。另外，教皇又叫艾伊尼阿斯尽快前来见驾。

9 这时，艾伊尼阿斯完全明白皇帝之前听到什么消息了。艾伊尼阿斯在一封信中向教皇说明了理由，对教皇改变主意表示吃惊。堂堂教皇竟然食言，这好像是说不过去的，他清楚地记得教皇对他说，如果皇帝想来罗马，就挑选个冬季的日子，因为冬季是一年之中对健康最有好处的季节，物品供应也会更充足。另外，加冕的一切准备工作都在进行，教皇已邀请皇帝前来，现在撤回邀请不合乎礼仪，大家都知道皇帝已准备上路，新娘随时都有可能在意大利登陆。他听说教皇很紧张，罗马害怕皇帝驾到，但实际上这些担心毫无根据。教皇必须明白，皇帝是正直的，他非常尊重尼古拉，他最痛恨的莫过于动乱，宁死也不会食言。皇帝的随从都是大贵族，他们都渴望和平，忠于教会，忠于上帝。

10 这些话深深感动了尼古拉，他给皇帝写了一封信，让皇帝在他认为合适的时候前来。教皇先把这封信让艾伊尼阿斯看看，艾伊尼阿斯要是同意，他再把信转交给皇帝。艾伊尼阿斯赞成教皇的话，立即派一名信使把信送给腓特烈。

然而在此期间，奥地利爆发动乱①。皇帝出发的时间推迟了几天，而皇后也由于逆风和暴风雨而迟迟未到。所以，艾伊尼阿斯在塔拉莫内等待了六十天。对他和他的一行人来说，这是一段乏味无聊的日子。不过他有了时间游览阿真塔里奥山，游览著名的埃尔科莱港和安塞多尼亚，这里值得一看，尽管其建筑物成了废墟，但城

---

① 腓特烈决定带拉迪斯拉斯去意大利，促使一些奥地利贵族、高级教士和城镇结盟，要求小国王回来。腓特烈没有答应这一联盟的要求，导致他们在有权势的乌尔里希·艾辛格的领导下公开造反。——原编者注

墙还矗立着，墙是由又大又方的石头极为整齐地砌起来的，没有涂抹砂浆，俯临托斯卡纳海上方的一座山，向南可遥望迦太基。

11 接着是一次惊人的巧合。皇帝由德意志一路南下，迅速穿过意大利。就在他进入佛罗伦萨那一天，皇后在里窝那登陆①，或是从天而降的一阵风加快了她的速度，或是纯粹的巧合。就在那一天，艾伊尼阿斯收到皇帝和皇后各自发来的信，命他及其一行人立即到比萨。在同僚及女侍臣的陪伴之下，他遵照命令匆匆赶到比萨，穿过了格罗塞托、斯卡林诺及沃尔泰拉的领土。

12 皇帝已经把一行人派到皇后那里，有雷根斯堡主教约翰，有他的亲戚、西里西亚公爵万乔，有马格德堡伯爵米夏埃尔，有他的内侍约翰，有奥地利秘书厅厅长乌尔里希·索南伯格，有乌尔里希·施塔恩贝格，有御医雅各布·兰德罗诺，另外还有一些高贵的骑士。但由于计划没有最后定下来，他们在比萨进行了长时间的争论，不知如何正式接待新娘，如何把她送到皇帝那里。

最后一切问题都商定了。葡萄牙侯爵曾把莱奥诺拉从她兄弟手里正式接过来，现在还由他负责把莱奥诺拉带到皇帝那里，拉着她的手，当着各位使节、比萨显贵和为此而召来的文书的面，把她交给艾伊尼阿斯，由艾伊尼阿斯把她护送到腓特烈那里。

这样安排让公爵万乔极为恼火，他认为这一荣誉应该属于他，因为他是腓特烈的亲戚。但葡萄牙人及皇帝的使节并不这样认为。

---

① 1452 年 2 月 2 日。2 月 24 日，腓特烈在锡耶纳接待了她。——原编者注

23
佛罗伦萨人的担忧。
皇帝和莱奥诺拉抵达意大利并第一次见面。
锡耶纳竖立纪念碑。
皇帝对艾伊尼阿斯预言。
艾伊尼阿斯在教皇面前的演说。
教皇和皇帝讲述各自做的梦。

1 比萨发生这些事的时候，佛罗伦萨人越来越感到不快：那么多外国人到了他们那里，而且待了那么长时间。佛罗伦萨人像僭主一样统治比萨，对其居民一直提防。但艾伊尼阿斯每天都向佛罗伦萨人保证，说他们很快就会离开，所以阻止了佛罗伦萨人采用任何行动。艾伊尼阿斯比其他人更为佛罗伦萨人所熟识。

2 与此同时，皇帝驾临锡耶纳，在那里等待新娘。听说她就要到了，皇帝便派人去迎接：先派的是市民，然后是他弟弟奥地利公爵阿尔贝特，接着是他堂侄匈牙利和波希米亚国王拉迪斯拉斯，第四拨也就是最后一拨是神职人员，手里拿着圣徒的遗物。最后是他亲自出马，到第二扇城门和第三扇城门之间去迎接新娘，两侧是两位教皇使节——圣苏珊娜枢机主教（教皇尼古拉的兄弟）和圣安杰洛枢机主教。双方在一片开阔的空地上下了马相互拥抱。教会法专家海因里希·洛伊宾代表皇帝讲话，艾伊尼阿斯代表皇后讲话。

不久之后，锡耶纳人在那个地方竖起一根大理石纪念柱。这是个永久纪念物，告诉后世一位东方的皇帝和一位西方的皇后在那里第一次见面。

3 在此期间，锡耶纳人已经把"十二人集团"派的所有成员以及能打仗的贵族驱逐出城，尤其是将皮科洛米尼家族中艾伊尼阿斯的近亲挑出来驱除出去。但他们发现皇帝温文尔雅，知道艾伊尼阿斯说的是实话，便还像以前那样赞赏他。他们赞扬他是仁慈的父亲和同胞，把他的家人从流放地召回，不再怀疑他们。锡耶纳人仍然任命他为使节驻在教廷。

4 一天，艾伊尼阿斯骑着马和皇帝一起外出。翻过维泰博上面的奇米诺山，皇帝把艾伊尼阿斯叫到跟前，说："你看，我们是去罗马。看样子你要成为枢机主教。而且你的好运并不会到此为止。你要到达顶峰。教皇的宝座在等待着你。你当上教皇以后，千万不要把我忘了。"艾伊尼阿斯回答说："我并不想戴枢机主教的帽子，也不想戴教皇的三重冠。"皇帝说："不过在我看来，将来你是要戴上的。"艾伊尼阿斯一笑置之。他和皇帝一起到了罗马，在皇帝的随从人员之中扮演高级教士的角色，代表皇帝回答各位枢机主教和前来迎驾的头面人物提出的问题。

5 皇帝在城外过了夜。第二天，艾伊尼阿斯被召到尼古拉的私人卧室。他让教皇放心，皇帝是一片诚心，这一诚心不会变，又说他感到非常吃惊，如此真诚的一位伟大君主竟然遭到质疑。教皇把他接到的很多禀报说了一遍，又说小心谨慎的人比过于相信别人的人要少犯错误。

6 皇帝进了城，在圣彼得大教堂的门前吻了教皇的脚。艾伊尼阿斯遵照皇帝的命令发表了演讲。他还在其他场合代表皇帝讲话，如腓特烈正式请求得到米兰君权即伦巴第冠的时候，教皇亲自主持腓特烈和莱奥诺拉的婚礼、二人接受贺喜祝福的时候，以及最后腓特烈在大教堂祭坛上加冕为皇帝的时候。[①] 每一次艾伊尼阿斯都依照命令给予适当的回应。他还处理了皇帝与教皇之间的很多私事。

7 现在我不能忘记提到一件事，这件事与梦有关，好像值得记

---

① 3月9日腓特烈和莱奥诺拉进城，16日举行婚礼，19日举行皇帝加冕礼。3月24日，一行人离开罗马前往那不勒斯。——原编者注

录下来。

加冕礼之后的第二天，教皇正式接见腓特烈，皇帝带了三个顾问，包括艾伊尼阿斯。交谈了一会儿之后，皇帝说："圣座，还记得吧，加冕礼之后我打算告诉你我做的梦。我的梦是这样的。上次在维也纳您与我分手之后的那天夜里，我梦见我到了罗马，您把一顶皇冠戴在我头上。我在梦里对此感到吃惊，觉得我的加冕礼不合法，因为给我加冕的不是罗马主教，而是博洛尼亚主教。我醒了以后就把这个景象忘得一干二净，但艾伊尼阿斯写信说您已成为枢机主教，随后又当选为教皇，我马上意识到会由您加冕。后来果然是由您加冕的。"

8尼古拉回答说："君主的梦常常成真。尤金去世前一天的夜里，我也梦见我来到了这个房间，你知道，艾伊尼阿斯，当时这个房间是分隔成两部分的。尤金脱掉袍服给我穿在身上，又从头上脱下一顶高帽，就像我们的士兵戴的那种帽子，然后戴在我头上。尤金拉住我的手，指着这个椅子对我说："我要从这个座位上去找圣彼得。"第二天他就死了。他的遗体被抬到圣彼得大教堂，他的灵魂甚至现在就愉快地与他光荣的前任做伴呢。十二天以后，我就继任为教皇。"

24

教皇承诺要任命艾伊尼阿斯为枢机主教，
但只任命他为教皇使节。
拉迪斯拉斯试图逃走。
博尔索得到一个公国，
艾伊尼阿斯发表演说。

1 发生这些事的时候，舆论认为艾伊尼阿斯好像既得到教皇的青睐，也得到皇帝的青睐，肯定不久就会当上枢机主教。

这话可不是随便乱说的，因为尼古拉曾对腓特烈许诺，下一次只要他任命枢机主教，第一个就会提名艾伊尼阿斯。尼古拉并没有食言——他还没有任命一个枢机主教就死了。

这样的荣誉并不总是由配得上的人来享有，而是常常由配不上的人夺了去。有些人在得到晋升之前确实应该晋升，而有些人则在晋升之后才配得上自己的职位。有些人把得到的荣誉带进了坟墓，但从未做过任何配得上这一荣誉的事情。

2 随后皇帝离开罗马去了那不勒斯，而艾伊尼阿斯生了病，又在罗马待了几天照看幼王拉迪斯拉斯，另外还办了其他一些事情。

这时，有人向教皇禀报，说小国王想逃走。没有卫兵监视他，他想逃回家。夜里五点 ① 到他计划逃走的时候，教皇把艾伊尼阿斯叫来，要他严密监视小国王居住的屋子。艾伊尼阿斯来到宫里，劝卫兵们不要饶恕背叛行为，皇帝回来时还要他们负责安全保卫工作。后来没有发现阴谋活动的确凿证据，虽然小国王的教师在佛罗伦萨策划一项更为严重的犯罪活动。

3 皇帝回来后又与教皇和枢机主教团见面时，艾伊尼阿斯就以

---

① 即日落之后的第五个小时。参见译者在前文第 19 章的注释。——译者注

皇帝的名义对公众发表两次演讲。在一次演讲中，他对教皇和枢机主教团给予皇帝的盛情雅意表示感谢。在另一次演讲中，他恳求教皇宣布并准备建立一支十字军打击基督教世界的敌人，以此防止希腊和东方的基督徒再受苦。^①最后艾伊尼阿斯跟随皇帝一起离开罗马时，教皇任命他为教廷使节，具有兼管波希米亚、西里西亚、奥地利、摩拉维亚、施蒂里亚、卡林西亚和卡尼奥拉的权力。不久之后，由于腓特烈一再坚持，教皇把艾伊尼阿斯的职权范围扩展到匈牙利王国。

4 皇帝回到锡耶纳后，不知是否应该去佛罗伦萨，他担心他在那不勒斯的停留引起了佛罗伦萨人的怀疑。艾伊尼阿斯提前到那里恢复了民众的信心，为皇帝铺垫了一条安全通道。

匈牙利和奥地利的特使在佛罗伦萨等待皇帝。他们邀请拉迪斯拉斯的老师卡斯帕和他们见面，劝卡斯帕把小国王从皇帝的监护下诱拐出来。他们的计划大致如下：皇帝离城时，让小国王跟随皇帝到城门口，然后撺掇着小国王说想在佛罗伦萨多待几天。提出这一要求之后，小国王要拨转马头，他们会安排城里的行政官员让士兵走上前去，如果皇帝想对小国王动用武力就阻止他。

佛罗伦萨元老院被这一粗暴的计划吓得目瞪口呆。他们刚正不阿，制止了这些中间人的行为，极为隆重体面地把皇帝送走了。

5 腓特烈到达费拉拉以后，很多人向他施加压力，要他把侯爵博尔索晋升为公爵。皇帝不想晋升他的爵位，但艾伊尼阿斯和其他顾问都劝他晋升。于是皇帝从摩德纳和雷焦的领土上切割出一个公国，任命博尔索为这一公国的公爵。整个意大利都说这是一个妙招，领地也选得好。但他们还不知道这位新君主的性格。

① 4月22日，腓特烈返回罗马，四天后和艾伊尼阿斯一起离开。——原编者注

6 依照习俗，新公爵被公开授予他的爵位标志。随后由艾伊尼阿斯发表演讲，赞颂皇帝的仁慈、埃斯特家族的荣耀、博尔索的能力及其荣升的职位。到达威尼斯后，只有艾伊尼阿斯得到授权，代表皇帝就一些重要问题在元老院和总督面前发言。

25
奥地利的战争；
艾伊尼阿斯出任使节，参加君主会议；
他的演讲及和约。

1 皇帝最后回到国内。于是奥地利人就出动一支大军攻打他，在诺伊施塔特把他围困了一些日子，用大炮及其他武器轰击城墙。在这一过程中，艾伊尼阿斯始终勇敢地不离腓特烈的左右。

随后双方达成停战协议，拉迪斯拉斯国王被送回，在维也纳召开会议商讨和平问题。[①] 皇帝派了好几个著名的使节参加会议，但艾伊尼阿斯最有权威。每一个德意志邦国的特使、高级教士、显赫的伯爵及著名的贵族都到他屋里聚会。他在那里代表皇帝讲话，两次是对来自匈牙利王国各地的贵族讲，一次是对波希米亚人讲。他两次去拜会拉迪斯拉斯，这位国王已经亲政。

2 这时，一个重要案件被提交到皇宫。勃兰登堡侯爵阿尔贝特和纽伦堡市针对一些棘手问题进行激烈争辩，只能由帝国的各位君主才能解决。阿尔贝特以富有感染力的语言和灵活的外交策略，把

---

① 1452 年 11 月至 12 月。作者在这里几乎没有提到皇帝的危险处境。奥地利反对派首领艾辛格已经和匈牙利摄政王匈雅提和波希米亚捷布拉迪的乔治兵合一处了。他们在诺伊施塔特城下展示兵力，很快迫使腓特烈提出停战，把拉迪斯拉斯交给叛军。——原编者注

奥地利的一位公爵、巴伐利亚的两位公爵、萨克森的一位公爵、西里西亚的两位公爵及其他几位君主争取到自己一边。看样子皇帝有可能被迫做出一项不公正的决定。但就在这时，艾伊尼阿斯出面干预了。他自从担任锡耶纳主教以来，皇帝就把他当成是帝国的一位君主了。

3 在争求艾伊尼阿斯的意见时，他说，必须首先维护皇帝的名誉，因为决定是以皇帝的名义做出的。但做出的决定要是不公平，就不能维护他的名誉。由坐在这里的人做决定是不行的，这些人在这一诉讼案件中被点了名，也参加过阿尔贝特发动的攻打纽伦堡的战争。其余的人，也就是坐在皇帝旁边的那些人，都是一些没有经验的年轻人，人数也太少，不能对一个重要问题做决定。以他的看法，既要做到公平，又要考虑到人们的心情，把这件事推迟到以后再说是明智之举，届时可能有更多的与这一案件没有牵连的君主来协助皇帝。

4 这时，艾希施泰特主教约翰觉得艾伊尼阿斯的这番话是暗指他的，因为他也对纽伦堡宣战了。醒悟过来之后，他转而支持艾伊尼阿斯的动议，雷根斯堡主教、巴登侯爵卡尔也是如此。巴登侯爵卡尔的妻子虽然是阿尔贝特的妹妹，但侯爵也表示他不会把家族关系凌驾于公平正义之上。这是个乐于领路的年轻人，他杰出的父亲的优秀继承人。

5 其他人也都被艾希施泰特的发言说服了，虽然他们还不理解其含义。此事就这样推迟了，皇帝也就保住了面子。这事并不怨他，但险些让他蒙受耻辱，因为给他出主意的那些君主意见不一，判断力差，险些让他宣布一项不公正的决定。

后来，拉迪斯拉斯的使节来到腓特烈这里商讨和解（在维也纳时他们放弃了停战的一切希望），艾伊尼阿斯发表公开讲话作为回应。谈判持续了很长时间，但仍看不到成功的希望，好几位顾问和内侍都劝艾伊尼阿斯把这一情况告诉皇帝。有乌尔里希·索南伯格在他旁边，他坚定地说和解是光彩的，应该接受。第二天，和解就达成了。[①]

26
君士坦丁堡陷落。
雷根斯堡议会。
勃艮第公爵到达。
艾伊尼阿斯出使罗马，
在教皇面前发表演说。

1 在此期间，土耳其人包围了君士坦丁堡。君士坦丁堡是东罗马帝国的首都，也是色雷斯地区反抗穆斯林统治的唯一城市。土耳其人已经占领小亚细亚和希腊大部分地区好多年了。他们的一支大军从陆地和海上包围了君士坦丁堡城，围城持续了十三天。然后土耳其人发起猛攻，夺取并洗劫了君士坦丁堡，杀死了皇帝君士坦丁，屠杀了几乎所有的贵族，把民众贬为奴隶，把著名的圣索菲亚大教堂和城里所有其他大教堂都用穆斯林信仰加以玷污。[②]

对于基督教世界来说，这是个噩耗，尤其是对于教皇尼古拉和皇帝腓特烈三世来说是噩耗，基督教的这一奇耻大辱在他们的统治

[①] 1453 年 4 月 10 日，艾伊尼阿斯向卡瓦哈尔寄去了对这件事的描述，其中包括他和皇帝的谈话内容。——原编者注

[②] 1453 年 5 月 29 日，君士坦丁堡被奥斯曼苏丹穆罕默德二世占领。君士坦丁堡的丧失让艾伊尼阿斯深感不安。从这一时刻直到他在安科纳去世，他一直希望欧洲各国君主组建一支新的十字军攻打土耳其，这一想法在他的演讲、政治哲学和政策之中占据支配地位。——原编者注

记录上留下了一个严重的污点。君主门前什么灾难没有出现过！每一个灾难都可归罪于统治者的疏忽。"希腊人需要的时候本来可以帮助他们的，"人们说，"希腊人遭到奴役之前，本来可以为他们提供援助的。统治者并不在乎。他们不配统治。"

2 皇帝看到这种情况，试图洗刷掉这一耻辱。但到头来他招致更大的耻辱，因为他并没有完成他开始做的事情。他召开基督教大会来商讨这一问题，但他本人并没有出席。

3 他命令德意志人在雷根斯堡聚会①。雷根斯堡位于多瑙河畔，是巴伐利亚的一座城市，皇帝也把勃艮第公爵菲利普召到了这里。这位强有力的著名君主已到佛兰德去镇压一场叛乱，但一接到皇帝的信便离开了战场，踏上了去雷根斯堡的漫长征程。在基督教世界的君主之中，唯有他一人公开表达了对土耳其人的痛恨。他这样做或是渴望替父报仇，土耳其人曾俘虏过他父亲，索要了一笔巨额赎金；或是出于对宗教的虔诚，认为这是获得永生最可靠的路径；或是为了把舆论争取过来，几乎所有的人都被舆论所左右。

由于勃艮第公爵的到来，雷根斯堡大会的影响力大大增强。巴伐利亚的路德维希、勃兰登堡的阿尔贝特及其他几位君主听说勃艮第公爵正在路上，也动身去了雷根斯堡，否则他们会待在国内。

4 皇帝给了大家充足的理由说他一定会来，但他在最后一刻改变主意而留在了奥地利，他担心邻邦匈牙利的大火最终会烧掉他自己的房子。

当时，土匪首领吉勒斯和亨赫罗特尔正在匈牙利边境地区劫掠，那里离奥地利和施蒂利亚很近，匈牙利王国总督约翰·匈雅提可能很快就会与他们交战。无论哪一方获胜，皇帝都有理由担心。他当然想自行处理自己的私事，通过使节处理国事，所以他派出一

---

① 1454 年 4 月 23 日。——原编者注

个阵容豪华的使团到雷根斯堡，包括他宫里的两位贵族、两位主教（古尔克的乌尔里希和锡耶纳的艾伊尼阿斯），还有"戴镣铐的圣彼得"教堂枢机主教尼古拉，此人当时在布里克森他自己的教堂。教皇尼古拉派了帕维亚主教乔瓦尼，让他把保护天主教信仰的任务托付给大会并提供帮助。[①]

5 代表们聚集在市政厅参加全体大会，其中有很多高级教士和基督教世界的君主。艾伊尼阿斯代表皇帝发表讲话，简单明了地谈到君士坦丁堡的陷落对整个基督教世界是个多么沉重的打击，谈到如果不采取行动阻止土耳其人会有多么危险，然后号召大家拿起武器捍卫共同的利益。他还表达了皇帝的歉意，皇帝不得不待在国内，尽管他所有的借口听起来都站不住脚。

帕维亚主教乔瓦尼代表教皇发言，图勒主教让代表勃艮第发言，后来庇护二世把让调到图尔奈教堂[②]。圣彼得枢机主教也在发言中支持组建十字军。其他还有很多人竭尽全力慷慨陈词，这种情况在大会上很常见。

6 菲利普听到艾伊尼阿斯的发言后说："再讨论还有什么用？该怎么办艾伊尼阿斯已经说得够清楚了。别人想咋说就咋说，我就发表个人意见。我知道基督教世界正面临一场重大危机。要想保护我们的信仰、自由和生命，我们就要到战场上打击土耳其人，不等他们发展壮大起来就把他们消灭。为此我愿献出我所有的财力和我的生命——也就是说，只要还有另一位合适的君主准备和我一起去从事这一事业。"

---

① 皇帝使团的成员有约翰·翁纳德、格奥尔·福尔肯斯托尔夫、乌尔里希·索南伯格、艾伊尼阿斯和库萨枢机主教尼古拉。教皇的代表是帕维亚主教乔瓦尼·卡斯蒂廖内。——原编者注

② 显然是 1449—1460 年间担任图勒主教的纪尧姆·菲拉斯特尔，后来从那里调到图尔奈。——原编者注

7 整个会场一片欢腾，大家纷纷赞扬菲利普是唯一有能力、配得上治理一个国家的人。人人都发表了意见之后，大家对艾伊尼阿斯的动议付诸表决。没有一个人反对发动十字军打击土耳其人。不过他们决定请法兰西人帮助派出骑兵，请意大利人派出一支强大的舰队到希腊和亚细亚，封锁土耳其的主要港口。至于德意志人，他们还要在美因河（莱茵河的一条支流，在美因茨附近注入莱茵河）畔的法兰克福开一次会，以征召军队并募集资金用来资助远征军。

雷根斯堡议会上通过了这些措施，也通过了有关德意志的其他很多事务。

27
艾伊尼阿斯敦促法兰克福议会参加打击异教徒的
战争。

1 休会以后，艾伊尼阿斯回到皇帝那里。他已打定主意返回意大利，在家乡度过余生。他请皇帝批准，但遭到腓特烈拒绝。腓特烈挽留艾伊尼阿斯在法兰克福议会上做他的发言人，艾伊尼阿斯好像是皇宫里唯一关心捍卫信仰的人，也是唯一说话富有感染力的人。

2 议会召开的日期临近了，皇帝任命了他的代表：古尔克主教、勃兰登堡侯爵、巴登侯爵和艾伊尼阿斯。到了法兰克福，他们发现那里只有几个人，而且这几个人都对皇帝和教皇有敌意。

几天以后，美因茨主教西奥多里克到了，一起来的还有特里尔大主教雅各布，以及德意志几乎每个地方的代表。来自意大利的有教皇代表、埃斯特侯爵和曼托瓦侯爵。

但西西里国王阿方索和威尼斯人行动迟缓，等到他们的使节抵达德意志时，议会已经结束了。匈牙利人和勃艮第人也派来了代表，匈牙利人是来请求的，勃艮第人是来提供援助的。出席会议的还有小兄弟会①修士乔瓦尼·达·卡皮斯特拉诺，此人以虔诚的性格、不遗余力地宣讲上帝的福音而闻名。民众把他当作先知，但他在敦促大家参战打击土耳其人一事上收效甚微。

3 这时，德意志人已经改变了主意：没有一个人赞成组建十字军。好像有人在他们耳朵里滴了毒，只要一提到皇帝或教皇就让他们受不了。他们说，这两个人都是贪得无厌的撒谎者，所感兴趣的是利益而不是圣战。以宣布组建十字军打击土耳其人的方式来诈骗德意志人的钱财是个花招，好像德意志人只不过是没开化的野蛮人似的！这两位世界霸主正在贪婪地分赃。

但议会上将要出现的变化与他们期望的不太一样。德意志人既不出钱，也不出人服兵役。每个人都接受了这一观点，大家都咒骂皇帝和教皇，骂他们的使节，嘲笑勃艮第人（勃艮第人好像赞成出兵），猛烈攻击匈牙利人，说他们一开始没有保卫自己的国家，现在又想把德意志拖下水。

4 雷根斯堡通过的决议当即被推翻，想要个好结果似乎是不可能的。但议会一正式开始，艾伊尼阿斯一讲话，原来组建十字军的热情又突然在每一个人心中重新点燃，说起来真是不可思议。艾伊尼阿斯的演讲持续了将近两个小时，但听众被他完全吸引住了，连清嗓子的人都没有，也没有一个人的视线从演讲者的脸上移开。没有一个人觉得讲话太长，而是听完以后都觉得遗憾。②他们听了很多代表讲话，但都是听得无精打采并嘲笑一通，尤其是教皇使节帕维亚主教的讲话。帕维亚主教在讲话中说，他梦见一个美人（以

---

① 即方济各会。——译者注
② 这篇演讲稿广为流传，在 15 世纪印刷了三次。——原编者注

美人来比喻教会）因为不幸而痛哭，这一比喻被认为有些轻浮，不合时宜。而艾伊尼阿斯的讲话却受到所有人的赞扬，被很多人传抄。

正是由于艾伊尼阿斯的讲话，雷根斯堡议会上通过的战争宣言得以确认，匈牙利人得以许诺援助（大约一万骑兵、三万两千步兵）。大家一致同意，几位选帝侯和其他德意志君主在即将到来的圣灵降临节聚会，对远征军做出最终安排。

这样议会就结束了，皇帝使节们都回到了奥地利。

28
维也纳诺伊施塔特议会，艾伊尼阿斯讲话。
教皇尼古拉去世。
萨尔扎纳市和尼古拉的生涯。
教皇选举秘密会议。
加里斯都当选和就职。

1 下次议会召开的时间很快就要到了①。特里尔大主教雅各布、勃兰登堡侯爵阿尔贝特、巴登侯爵卡尔及其他几位德意志君主，来到维也纳的诺伊施塔特见到了皇帝，其余的君主派来了代表。匈牙利一些主教及主要的贵族来寻求援助，详细描述了打击土耳其人的十字军及胜利的前景。

意大利来的是教皇使节，和雷根斯堡议会与法兰克福议会召开时一样，来的都是帕维亚主教乔瓦尼。乔瓦尼自以为极其聪明、极其能说会道，虽然在别人看来，他顶多可以说是算不上傻，说起话

---

① 1455 年 2 月 26 日。——原编者注

来也并非完全语无伦次。

在他之后来到的是米凯莱·里乔，他代表西西里和阿拉贡国王阿方索，讲起话来骂人比夸人更起劲。乔瓦尼·达·卡皮斯特拉诺也来了，不知疲倦地动员大家拿起武器打击土耳其人。

2 在这次议会上，艾伊尼阿斯按照皇帝的旨意发表公开讲话，回答了匈牙利使节提出的问题。这次讲话后来出版了，收录在他的《演讲录》里。

然后，就像每件事将要办成时那样，正当人们有足够的理由希望来年夏季一支大军就要出发迎敌时，传来消息说教皇尼古拉五世死了①。转瞬之间，织了那么长时间的网破碎了，由此证明人的心思都是虚幻②，不值得费这功夫。对未来我们能知道什么呢？我们的计划还靠得住吗？没有上帝援手相助，人的一切努力终将失败。天意注定现在还不该土耳其帝国垮台。为了惩戒我们的罪孽，土耳其帝国还要再维持一段时间。

3 尼古拉在教皇宝座上已坐了大约八年。他之所以显赫凭借的不是出身，而是博学和天赋。他生于托斯卡纳的一个小镇萨尔扎纳，离马格拉河不远，不过他的祖籍是卢卡。他主持了禧年节的庆祝仪式，朝圣者蜂拥而至。他册封锡耶纳的贝尔纳迪诺为圣徒。在罗马，在众使徒之首圣彼得的大教堂，他为腓特烈加冕为皇帝，为葡萄牙的莱奥诺拉加冕为皇后。他在城里建起了富丽堂皇的建筑，虽然他开工的多，建成的少。他任命了七位枢机主教，其中有他兄弟博洛尼亚主教菲利波，一个非常有魅力的人，一个最忠诚的朋友。教会统一之后，他承认了教会分裂时期任命的好几位枢机主教。一个出身高贵的罗马人斯蒂法诺·波尔卡里想在罗马城发动革

---

① 1455 年 3 月 25 日。——原编者注
② 参见《圣经·诗篇》94:11。——原编者注

命，逮捕并杀死耶和华的受膏者时，他挫败了这一阴谋，并将波尔卡里处死。①

尼古拉办成了几件大事，赢得了声誉，但君士坦丁堡陷落是他一大灾难。这一灾难出现在他任职期间，给他的声誉留下了污点。他正想将其抹去，却突然得了痛风。他一死，其雄心勃勃的打击土耳其的计划便夭折了。

4 将尼古拉安葬之后，枢机主教们开始考虑继承人问题。依照习俗，他们来到秘密会议室，马上分成好几派。任何人要得到枢机主教团三分之二的票数都极其困难，因为每个人都想选自己当教皇。投了两次票之后仍然没有结果，一些枢机主教就到投票地点之外商量，决定推选尼西亚枢机主教贝萨里翁②，因为他好像是最适合做政治领袖的人物。有足够多的人同意选举他，下一次投票时他获得三分之二的票数似乎没有悬念。实际上已经有人请求选举他了。

5 然而，反对派得到这个消息之后，阿维尼翁枢机主教阿兰③开始在房间里绕圈走动，先在这个人耳边悄声说几句，又在另一个人耳边悄声说几句。他说："如此说来，我们要把拉丁教会交给一个希腊教皇吗？让一个刚受圣职的人担任教会首领吗？贝萨里翁连胡子都没有刮过，想要当我们的首领？我们怎么知道他说的是真心话？几天以前他还在攻击罗马教会的信仰，而现在就凭他一转念就

---

① 这一阴谋出现在1453年。——原编者注
② 著名希腊学者和神学家（1403—1472），尼西亚大主教（1437），费拉拉/佛罗伦萨公会议（1438—1439）上推动希腊东正教与罗马天主教联合的设计师之一。1439年12月，为表彰他为罗马做出的贡献，尤金五世任命他为枢机主教。他从1440年到去世一直都在西方，积极倡导组建十字军打击土耳其，成为拜占庭很多流亡学者的朋友和赞助人。1463年，他成为名义上的君士坦丁堡宗主教。——原编者注
③ 罗马教廷法兰西派的首领之一。——原编者注

能当我们的主子，就能统帅基督教大军了吗？拉丁教会就这么缺人，除了希腊人就找不到合适的人来当教皇了吗？各位大人，你们就选吧，爱选谁选谁。而我，还有那些和我有同样想法的人，绝不会接受一个希腊人为教皇。”

6 他的话影响了很多枢机主教，原本有三分之二的枢机主教支持贝萨里翁，现在这一机会荡然无存。那天夜里普遍认为能当教皇的人，第二天早上起来之后还是枢机主教，甚至比以前的权力还要小。那些本来希望很大而后来又失去希望的人，通常都是这一下场。

7 大家又来到投票处，用人称“议决”①的方法再次投票时，三分之二的票数集中到一个人身上——一个大家普遍认为最不可能当选的候选人。此人是四殉道堂枢机主教阿方索②，来自瓦伦西亚的一名西班牙贵族，著名法学家，在很多领域有丰富的经验，但早已过了盛年，实际上已是老迈年高，已经七十多岁了。几年以前，教皇位置空缺时，他几乎逢人便说他要当选，说他非要当教皇不可。但没有人相信他的话，那更像是人老了在胡说八道。现在他的预言实现了。他说，那是他的老乡“享受天国之福的”文森特对他说的，文森特已经死了，后来被他封为圣徒。

8 阿方索登上教皇宝座后，取名为加里斯都三世，发誓要竭尽全力消灭邪恶的土耳其人。他立即对土耳其人宣战，凡是应征入伍者一律赦免其罪孽，并派使节到法兰西和匈牙利招募军队。

---

① 见下文第 36 章第 5 段的说明。——原编者注
② 1455 年 4 月 8 日当选为教皇，号称加里斯都三世。——原编者注

29
艾伊尼阿斯代表教皇表态;
出使罗马表示德意志人归顺。

1 新教皇当选的消息禀报到奥地利时，很多人都劝皇帝，说现在该对罗马教廷施加压力了，这样可以削弱教廷在德意志的权力。他们说，与尤金四世签订的协议遭到违反，所以不应该对新教皇表示臣服，除非他答应德意志提出的请求。德意志长期以来一直都被看作是奴仆，现在终于应该享受自由了。这是特里尔大主教雅各布一再坚持的策略，他期待着从这一争辩中获益。

2 而艾伊尼阿斯则认为，攻击教皇的权威会让皇帝一无所获，尤其是为了争取舆论而攻击，而舆论在本质上是变化无常的。政权绝对不能交给民众，他知道民众痛恨君主的统治。君主之间有时候可能存在友谊，但民众与国王之间只有仇恨永恒不变。教皇与皇帝需要相互支持，伤害一个你希望帮助你的人是愚蠢的。新教皇上任之初对他示好，是赢得教皇好感的好机会。要是一开始就猛烈抨击他，再想得到他的好感就困难了。腓特烈要像他的先人那样表示顺服，与新教皇谈成一项体面的条约。一旦达成协议，德意志人就会跟随皇帝走了。

3 艾伊尼阿斯的建议占了上风，他和法学家约翰·欣德巴赫一起被派去执行这一计划。不过在去罗马之前，他们接到命令，要在弗留利解决奥地利与威尼斯之间的边界领土争端。他们在波代诺内花了几天时间来讨论这一问题，威尼斯使节寸步不让，他们就去威尼斯找元老院陈述意见。到了元老院，虽然总督弗朗切斯科·福斯卡利反对皇帝的论点，他本是个巧舌如簧、说话很有气势的人，但艾伊尼阿斯还是说服元老们撤销了命令，该命令禁止波代诺内人与威尼斯人有任何接触。

4 两位同僚又去了罗马，在那里受到更为体面的欢迎，因为大家焦急地等待了他们那么久。二人到了以后参加了一场公开会议，艾伊尼阿斯依照古老的习俗行礼之后发表了演讲，赞扬了皇帝和帝国，同时号召组建十字军打击土耳其人。后来，这一演讲稿广为流传。

<h2 style="text-align:center">30</h2>

艾伊尼阿斯要当枢机主教的传言。
他的谦虚，萨莫拉主教的过度颂扬。
加里斯都提拔其他人。

1 大约这个时候，有传言说加里斯都要在即将到来的降临节期间新任命一些枢机主教，大家认为其中会有艾伊尼阿斯。这一说法流传甚广，无论他走到哪里，人们都会指着他，说就是他很快就要当枢机主教了，好像是加里斯都亲口这样说了似的。

2 降临节一到，举行了一次秘密会议来任命枢机主教。从宫里传出来的消息说，任命了好几个枢机主教，艾伊尼阿斯是其中之一。艾伊尼阿斯正躺在床上遭受痛风的折磨，一群人进来向他表示祝贺。听到这一消息他无动于衷，脸上没有露出一点表情。他说："要是真有这么一回事，一两个小时以后就传开了。同时我要对两种结果做好准备。我既不会伤心欲碎，也不会大喜过望。"

另一方面，萨莫拉主教胡安① 也得到了同样的消息，他大叫起来："终于当上了！等了三十九年了！我总算等到这一天了！"然后他给了报信人赏钱，跪在圣母像面前表示感谢，感谢她和圣子终于

---

① 1456 年，胡安与艾伊尼阿斯一起被任命为枢机主教。——原编者注

答应了他的请求。

人性是多么奇怪！有些人轻而易举地就能想象到他们想要得到的东西，而另一些人则只能想象到他们担心的东西。

3 然而，经过很长时间的争执之后，教会会议任命了三位枢机主教，其中两个是教皇的侄子（四殉道堂长老路易、圣尼科洛助祭罗德里戈）[①]，第三个是一位葡萄牙亲王（圣欧斯塔基奥助祭雅伊梅）。

这几个人都很年轻，虽然都很有出息。人们开玩笑说，这三个枢机主教的岁数加起来，也没有一个枢机主教的岁数大。他们有一个共同点：任命这几个枢机主教显然不是让他们帮助教会，倒是要让教会帮助他们。这是一种常见的毛病：为某人找个工作，不是为某个工作找个合适的人。

4 任命枢机主教的消息并没有马上公布，而是解散了会议，像是什么事也没有发生似的。所有的枢机主教都接到命令，对此事要守口如瓶。不过教皇家的一些人猜到了发生的事情，因为枢机主教们索要文具，从他们的姿态上也可以看出一些端倪。保密很难。枢机主教们想让选举沉寂一段时间，以减弱教皇任命所产生的影响，他们想等教皇死了以后再宣布。

但实际上是教皇耍弄了枢机主教们。第二年夏季，绝大多数枢机主教都去避暑了，只有一个在场（此人不敢提出任何反对意见），加里斯都公布了任命结果。这件事让枢机主教团蒙受了耻辱。教皇除了提议提拔他的两个侄子之外，还想提拔一些岁数较大、富有经验而且对罗马教廷做出很大贡献的人，而枢机主教们则推举了似乎不太合适的人，把那些大家公认为最配得到这一荣誉的人拒之门外。

---

① 罗德里戈后来当选为教皇，称亚历山大六世。——原编者注

加里斯都也没有躲过责备，大家说他任人唯亲，不考虑教会的利益。

31

皮奇尼诺对锡耶纳宣战；

皮奇尼诺落荒而逃。

艾伊尼阿斯到阿方索处担任使节取得成功。

卢克雷齐娅的恋情，阿方索的预言。

1 就在各国都放下武器，整个意大利都在更为自由地呼吸时[①]，一股新的旋风刮起，给这片罪恶的土地制造麻烦。

尼科洛·皮奇尼诺的儿子雅各布在威尼斯当了多年的佣兵队长，对退役感到无法接受，便率领一大队骑兵渡过了波河，穿过罗马涅，从那里进入托斯卡纳，继续推进到锡耶纳，那是整个意大利最弱的国家。他打算夺取政权，自己成为那座名城的专制君主。他已经让人称他为锡耶纳公爵了[②]。

2 西西里国王阿方索对锡耶纳人很恼火，因为双方虽然是铁杆盟友，但锡耶纳人未经他允许就与米兰、佛罗伦萨和解了。由于这一原因，皮奇尼诺蹂躏锡耶纳时，阿方索给予了支持。

此前不久，锡耶纳人与皮蒂利亚尼伯爵伊尔代布兰多交战时，雇了两个以背信弃义而闻名的队长：罗伯托·科里贾诺和恶魔之中

---

① 1454 年 4 月 9 日签署了洛迪和约，作为对土耳其人占领君士坦丁堡的回应。教廷、威尼斯、米兰、佛罗伦萨共同休战，联合对付外族入侵。——原编者注

② 洛迪合约让这样的佣兵队长处于一种危险的无业状态。——原编者注

的恶魔西吉斯蒙多·潘多尔福·马拉泰斯塔①。这时，这两个人都向皮奇尼诺承诺，要倒向他这一边。罗伯托被召到宫里，立即就被处决了，其尸体从一扇窗户被扔到了广场上。但西吉斯蒙多逃跑了，捡回一条命。他是整个意大利的祸害，后来为害更甚。

3 皮奇尼诺已经夺取了锡耶纳重镇奇托尼奥、蒙特马拉诺及其要塞。在这种情况下，要不是米兰公爵弗朗切斯科·斯福尔扎、威尼斯人及教皇加里斯都派遣的援兵及时赶到，锡耶纳人是不可能把皮奇尼诺赶回去的。这些军队由名将率领，把皮奇尼诺打得落荒而逃。

面对强大的力量，皮奇尼诺只好屈服，吓得慌里慌张地逃到卡斯蒂廖内才感到安全。卡斯蒂廖内是锡耶纳海边的一个镇，是阿方索从佛罗伦萨人手里夺来的。他在这里躲了好几天，全靠野李子充饥。

4 皮奇尼诺被一个名叫卢卡·斯基亚沃的人救了。锡耶纳人让卢卡·斯基亚沃负责守卫奥尔贝泰洛。斯基亚沃被收买了，让要塞指挥官落入圈套并将其囚禁起来，然后把皮奇尼诺的队伍及皮奇尼诺本人放进来，这些人是从海上来的。

皮奇尼诺在这里又遭到围困，但城池很难攻破，尤其是对于那些并不真想攻下来的人来说。意大利雇佣兵们心里明白，要是打败皮奇尼诺并将其拿获，他们就得回家种地，因为天下就太平了。只有皮奇尼诺能提供打仗的机会，所以他们把他奉若神明。皮奇尼诺饿的时候给他面包，把作战计划也泄露给他，连自己的军官他们也

---

① 里米尼霸主，另一位强有力的佣兵队长，以残忍、无法无天、不尊重教会而闻名。不过他也是个慷慨的文学艺术资助人，一个令人畏惧的佣兵队长。大多数意大利强人，包括尤金四世，都曾雇佣过他。第2卷第32章对他的性格有生动的描述，也许对后来的传记作家产生了极大的影响。——原编者注

拒不服从。阿方索也从海上给他运送给养。围城一天天地拖下去，每一次攻城的尝试都以失败而告终。

5 这时，锡耶纳人又缺钱又缺粮，攻城已经撑不下去了。加里斯都也对费用越来越发愁，盟友运送援助物资也不像一开始那样及时了。现在，围城者和被围者陷入了同样危险的境地。对锡耶纳人来说，摆脱困境的唯一出路似乎是请求阿方索休战——求一个他们唾弃了的盟友帮忙，因为阿方索是唯一能够制服皮奇尼诺的人。当面子与利益发生冲突时，谁还能顾得了面子！

6 艾伊尼阿斯已经回到了锡耶纳，正准备动身前往德意志时，被城里的最高执政官和"巴利阿"①负责人叫去了。他们再三求他代表家乡去找阿方索，求阿方索在托斯卡纳实现和解。（但艾伊尼阿斯先要请求加里斯都允许锡耶纳派一个使团去觐见国王。）艾伊尼阿斯答应了。在这样一个危急关头，他不想让家乡失望：要是不能立即休战，锡耶纳肯定会失去独立。

于是艾伊尼阿斯回到罗马，费了一番周折才说服教皇去向阿方索说情。加里斯都根本看不起阿方索，也不认为这样做会对他的声誉带来多大好处。但即便是他，也只好服从自然规律，自然规律是万物的主宰。他派艾伊尼阿斯和乔瓦尼·索列拉（著名神学家，庇护后来派他到巴塞罗那的教堂任职）一起，以教皇的名义参加和谈。锡耶纳另派了两位使节：法学家加尔加诺·鲍格才和莱奥纳尔多·本沃林特——要是有哪个名字不合时宜，就是这一个②。

7 到了出发的时间，艾伊尼阿斯的痛风病又发作了，他不得不在罗马停留了八天。他的同僚先走一步，在特拉耶托见到了阿方

---

① 负责作战的一个临时市民委员会。——原编者注
② "本沃林特"的意思是"仁慈的"。——译者注

索。那里可以见到征服非洲的大西庇阿 ① 的坟墓，离坟墓不远处就是利里河，现在人称加里利亚诺河。阿方索听加尔加诺和莱奥纳尔多说完以后，用非常难听的语言回答了他们，埋怨了半天锡耶纳人。他回顾了他给予锡耶纳人的种种好处，又列举了锡耶纳人的忘恩负义行为。他说，锡耶纳人不值得任何人同情。对这两位使节，他连正眼都不看一下。而艾伊尼阿斯一来，迎接他的却是一张笑脸和彬彬有礼的欢迎话语。国王阿方索一看见他就大声说："朕喜欢的使节到了！朕可以谈和解了。"谈判马上就开始了。②

8 但和谈进展得并不顺利，每天都出现新问题。结果一谈就是几个月，今天在那不勒斯，明天在普佐利，有时候又转移到托雷－德尔格雷科——卢克雷齐娅在哪里就去哪里。卢克雷齐娅是个美女，父母都是贫穷但出身高贵的那不勒斯人，如果有贵族贫穷的话。国王阿方索不顾一切地爱着她，在她面前完全控制不住自己的感情，除了卢克雷齐娅之外什么也听不见，什么也看不见。他的视线不能离开她，夸奖她说的每一句话，赞叹她的智慧，赞赏她的一举一动，认为她美若天仙，给了她数不清的礼物，下令所有的人都要待她如女王。他完全沉溺于她的美色之中，不经她同意，谁都没有机会在他面前说一句话。

9 爱的力量是惊人的。一位伟大的国王，西班牙最好地区的霸主，巴利阿里群岛、科西嘉岛、撒丁岛和西西里本土的主人，征服了意大利的好几个地区，打败过最强大的将军，最后在爱情面前低了头。他像个奴隶一样为这个女人吃苦受累！

然而他从来都没有和她同床共枕过，这一传言是真实的。据说

---

① 大西庇阿（公元前235－前183），古罗马统帅，政治家，第二次布匿战争时在扎马战役中打败迦太基统帅汉尼拔。——译者注

② 1456年3月初。——原编者注

她经常吹嘘："我永远都不会让国王破我的处！他要是想强行破处，我就不是卢克雷齐娅了。科拉提努斯的妻子①受辱之后自杀身亡。但我要死在受辱之前。"

不过做大事可没有说大话容易，后来她并没有兑现诺言。阿方索死后，她来到皮奇尼诺的军营，在那里可没有落下贞节的名声。有传言说她成为皮奇尼诺秘书的情妇，怀上并生下他的孩子。但阿方索却认为，世界上没有任何人比她更圣洁。阿方索虽然在其他事情上很聪明，但在这件事上——还有在打猎上——却完全是个疯子。

10 艾伊尼阿斯跟着阿方索辗转各地想敲定和约期间（连国王骑马外出纵狗打猎他也跟着），他游览了巴亚海湾、库迈和一些古代城市的废墟。他还去了萨勒诺和阿马尔菲，见到了使徒安得烈和马太的圣墓，二位圣徒的圣骨以渗出的甘露而闻名。他还见到了萨尔诺河的源头，那是一汪冰冷的泉水，深色的葡萄酒浸入水里很快就变白。不久以后他当选为教皇，他的军队和费兰特国王的军队战线拉得过长，就是在这里被法军打得大败而逃②，教皇军将领西莫内托就是在这里被弩炮发射的一块石头击杀。附近有个小镇叫萨尔诺，以河的名字命名。他还游览了诺拉，这里以忏悔者保利努斯③的虔敬生活、马塞勒斯之死④以及在罗马历史上的地位而

---

① 卢克雷蒂娅，被罗马国王"高傲者"塔克文的儿子强暴后自杀，由此导致布鲁图斯和她丈夫科拉提努斯等人驱逐了塔克文，建立了罗马共和国。卢克雷齐娅（Lucrezia）是卢克雷蒂娅（Lucretia）的意大利文拼写。——译者注

② 1460年7月7日，安茹与阿拉贡为争夺那不勒斯王位而兵戎相见。——原编者注

③ 公元4至5世纪时的诺拉主教。——译者注

④ 在第二次布匿战争中，马塞勒斯挽救诺拉免遭汉尼拔的毒手。——原编者注

闻名。

11 回到那不勒斯之后，有一天他到新堡去看望国王阿方索。他刚走进凯旋门，在路对面大厅里正和廷臣们散步的阿方索看见了他，然后转身对几位贵族说："让你们看看教皇怎么样？"大家同意了，他说："往那边看，锡耶纳主教，刚走进凯旋门，上帝注定要让他当教皇。加里斯都一死，枢机主教团就会选他当继承人。除了他之外，别人谁也不会选。"廷臣们把这话告诉了艾伊尼阿斯并向他祝贺，他回答大家说："枢机主教们总是要选一个枢机主教的。不要相信这话，除非你们看见我戴一顶红帽子——我知道，这我配不上。"

32

土耳其人失败，与锡耶纳和解。

1 在此期间，有传言说一支土耳其大军由苏丹亲自率领，装备有数不清的大炮，从陆地和海上包围了陶伦努姆。这是塞尔维亚的一个小镇（以前名叫"上美西亚"），位于多瑙河与萨瓦河的汇流处，现在叫作贝尔格莱德，有时叫作第二阿尔巴。

阿方索听到这一消息后感到不安，问身边的人如何向被围困者运送援助物资。艾伊尼阿斯说："考虑援助没有意义。匈牙利人和土耳其人不像我们一样打仗。意大利人'打仗'基本上达不到激战的程度——我们的士兵把打仗叫作'谈判'并非毫无道理！就在我们说话这功夫，不是敌人在逃跑，就是匈牙利人在逃跑，我们很快就会听到消息。"

2 一个星期之后，真的从匈牙利来了一封信。信里说，被围困在贝尔格莱德的基督徒士兵成功突围，冲出去打击土耳其人，他们得到了天助而不是人助，赢得了一场最辉煌的胜利。[①] 敌人损失惨重：苏丹胸部受伤，其军队四散奔逃，所有的大炮都丢弃了，他本人也落荒而逃，只有几个人跟随他。信里提供的消息非常准确，不再需要其他证据了。

3 这一喜讯传来后不久，与锡耶纳人和解了。根据和谈条件，皮奇尼诺要把奥尔贝泰洛交还给锡耶纳，从托斯卡纳撤军，在阿布鲁齐和拉奎拉附近的地区过冬，作为交换他可以得到一笔现金。[②]

这些事情一办完，艾伊尼阿斯就回罗马了。他想到故乡看看，然后再回到德意志见皇帝，但教皇加里斯都把他拦住了。教皇许诺说，如果他留在罗马，就任命他为枢机主教。艾伊尼阿斯答应了，虽然他料到枢机主教团会阻止教皇兑现诺言，因为他们最担心的就是任命新的枢机主教，尤其是任命那些有实力当选教皇的枢机主教。

33
艾伊尼阿斯被任命为枢机主教。
来自世界各地的祝贺。
接受埃尔默兰教堂。
保卫波兰。

1 基督降临节几乎成了选举枢机主教的日子。在降临节这天，教廷元老院爆发了激烈冲突，原因是加里斯都想任命新的枢机主

---

① 1456 年 7 月 21 日。——原编者注

② 与阿方索的合约实际上是在 1456 年 5 月 31 日签订的，在贝尔格莱德的最后决战之前。——原编者注

教，但枢机主教团不同意。一些成员反驳道，现有的枢机主教已经太多了，还有人大肆咒骂和诋毁提出的候选人。

一般来说，他们抱怨最厉害的是那些有可能当上教皇的候选人。但加里斯都得到三个他已经册封的枢机主教的强力支持，最后还是占了上风，足以证明他还是教会的首脑和主人。

加里斯都一共册封了六位枢机主教：那不勒斯大主教雷纳尔多·德·皮希切利，也是卢克雷齐娅的叔叔，阿方索力荐此人，把晋升此人看作是给他本人的面子；萨莫拉主教胡安，西班牙人，以精通法律而闻名，以其智慧和诚恳为教廷效力三十九年；帕维亚主教乔瓦尼，出身于米兰贵族卡斯蒂廖内家族；锡耶纳主教艾伊尼阿斯，极力推荐他的不仅有皇帝，还有匈牙利国王拉迪斯拉斯和德意志几乎所有的君主；蒙特费尔特罗主教雅各布，罗马人，医生西莫内的兄弟；库唐斯主教里夏尔，诺曼神父，由法兰西国王查理提名。[①]

除了那不勒斯主教和蒙特费尔特罗主教之外，其他人选大家普遍赞同。据说这两位主教当选不是凭借其功绩或体面的人推荐，而是为了讨好一个放荡的女人和一名医生。

2 与此形成对照的是，人们一听到艾伊尼阿斯当选的消息，便说加里斯都为自己找了个继承人，整座城市一片喜气洋洋。

锡耶纳人也是一样。一听说他们的主教获得了这么大的荣誉，锡耶纳便宣布全城放假一天，并下令全民举行庆祝活动。而在私下里，掌权的一派则忧心忡忡，担心（实际上确实如此）艾伊尼阿斯有朝一日当上教皇，他就会恢复贵族的公职，而掌权者痛恨这些贵族，早就把他们从政府里全都赶走了。

不过皇帝腓特烈听到消息后很高兴，他的使节和顾问被选进枢机主教团了。阿拉贡和西西里国王阿方索也很高兴，他知道这是他

---

① 这批人的任命于 1456 年 12 月 17 日公布。——原编者注

的预言得以实现的第一步。德意志所有的君主都写信向艾伊尼阿斯表示祝贺，好像是德意志自己得到了这一荣誉似的。他们没有错，艾伊尼阿斯总是以德意志人的拥护者和捍卫者而闻名——不仅是当枢机主教的时候，后来当上了教皇也是如此。在涉及德意志的事务上，加里斯都通常都是听他的，而不是听其他枢机主教的。

3 在普鲁士，波罗的海附近有个地方叫乌尔默里吉亚，那里有一个又有名又很富有的教堂，位于一个叫埃尔默兰的地方。这座教堂拥有好几座城堡和小镇，还有广阔的领地。但圣玛丽的条顿骑士团与波兰国王之间爆发一场血腥大战之后，这座教堂便被毁坏了。条顿骑士团当时占领着普鲁士，普鲁士人转而效忠波兰国王。条顿骑士团和波兰人将教堂瓜分，把教堂所属的所有小镇和农庄都洗劫一空。

在此期间，主教弗朗兹去世了。大多数教士都想让艾伊尼阿斯来取代他的职位。其余的教士意见不一，有些人赞成波兰国王秘书厅厅长卢尔康尼斯，另外一些人则支持与条顿骑士团站在一边的一个神父。教堂一开始交给了卢尔康尼斯，但加里斯都答应了多数教士的要求 ①，把主持教堂的任务交给了艾伊尼阿斯，他的副职也得到了原来由卢尔康尼斯占有的那一部分，卢尔康尼斯不敢与一个枢机主教作对。但后来艾伊尼阿斯当上教皇以后，任命保罗·莱金多福来管理这座教堂，至今仍然由他管理，无人反对。

4 大约这个时候，普鲁士一个叫作切姆诺的地方，一座大教堂的职位出现了空缺。波兰人想让一个人担任这一职位，条顿骑士团则推选另一个人。费尔莫枢机主教多梅尼科一贯维护骑士团的利益，成功说服教皇和除了艾伊尼阿斯之外的所有枢机主教反对波兰人。

---

① 当时的教士分为三派，六个人赞成艾伊尼阿斯，七个人赞成他们自己的候选人，三个人选了另一个。所以这里的描述有误。——原编者注

艾伊尼阿斯注意到，枢机主教团的意见倾向于不理会波兰人，并推出一个不可能当选的人。轮到艾伊尼阿斯发言时，他又回顾了条顿骑士团与波兰人开始争吵时的情况。他说，波兰人进入外国领土，这肯定是不对的，但并非没有人性，因为他们来不是凭借武力，而是应民众的邀请，而这些民众条顿骑士团正以傲慢和残忍的方式统治着。这座教堂现在由波兰人占据。如果骑士团的一个朋友当上主教，无论是他这个主教还是这个教堂，都不会受待见，因为他不受欢迎。另一方面，波兰人入侵了外国领土，不应该仅仅因为想要教堂就得到教堂。说实话，双方都不该向枢机主教团申辩，枢机主教团反倒应该找个第三方把教堂先代管起来，等解决问题的条件改善以后再说。

5 然后艾伊尼阿斯讲了很长时间，证明费尔莫枢机主教的计划不值得付诸实施，尽管这个计划大多数枢机主教都支持，加里斯都本人似乎也欣然接受。加里斯都听了以后说："费尔莫枢机主教的计划我觉得不错，艾伊尼阿斯，但你改变了我的看法。就按你说的办，就这样定了。"

费尔莫枢机主教怒火中烧。几天以后叫他到大会上发言，他一句话也不说。他对艾伊尼阿斯恼怒至极，但伤害更多的是他自己而不是他的同僚，因为人人都赞扬艾伊尼阿斯，嘲笑费尔莫枢机主教。所以，事情的结局总是高傲的人、不问青红皂白先考虑自己的人必然失败，坏了自己的名声，最终成为笑柄。

34
艾伊尼阿斯成为枢机主教团的杰出成员，
由他解决纷争。
卢克雷齐娅游览罗马。

1 大约这个时候，帕维亚枢机主教乔瓦尼也遭遇了类似的尴尬，他想煞一煞艾伊尼阿斯的威风，诽谤艾伊尼阿斯不忠诚。

巴伐利亚多瑙河畔的雷根斯堡教堂出现了空缺。这原来是著名哲学家阿尔贝特的教堂，德意志人称他为"伟大的"阿尔贝特，据说他教过基督教权威神学家圣托马斯·阿奎那。皇室的一名贵族、巴伐利亚的鲁珀特要得到这座教堂，但教士团选了他们自己的教士长，并要求让他当主教。艾伊尼阿斯支持鲁珀特，认为他是个更合适、更优秀的人选，但帕维亚枢机主教却力挺教士团推出的人选。帕维亚枢机主教不是觉得这个人怎么样，而是要在有关德意志的事务上压艾伊尼阿斯一头。

2 加里斯都让艾伊尼阿斯和帕维亚枢机主教共同处理这件事。他们要考虑选举规定，考虑两位候选人的长处，然后把了解到的情况向教会会议汇报，并发表自己的看法。

正讨论这件事的时候，帕维亚枢机主教又去找其他枢机主教，在他自己家里一个一个地见他们。他夸奖推举出来的那位候选人，说这个人的条件比鲁珀特的条件好得多。另外，不考虑教士团的意见似乎不公平，尤其是（他注意到）这一选举形式是德意志议会强力支持的。而且推举出来的这位候选人年龄正合适，而鲁珀特还不到二十五岁。他把这些理由也对教皇讲了。

3 枢机主教们开始转向帕维亚枢机主教的立场，加里斯都自己开始拿不定主意了。但他们开会时一听艾伊尼阿斯发言，马上就改变了主意，加里斯都也不再疑惑了。艾伊尼阿斯说，那次选举是不光彩的，有人行贿受贿，推选那位候选人的时候，此人并不在那个教堂的管辖范围，其品行远非无懈可击，不适合在如此重要的一个教区担任圣职。而鲁珀特有能力，品德高尚，其家族长期为教会服务，这些条件弥补他年龄的不足后还绰绰有余。

4 等待会议结果的有一大群人，足有等待选举枢机主教的人那么多。教廷内部也意见不一，有人赞成这个，有人赞成那个，但大多数赞成那个推选出来的候选人。然而，经艾伊尼阿斯据理力争，鲁珀特占了上风，被任命到雷根斯堡教堂，虽然他的年龄还不够。

这件事大大提高了艾伊尼阿斯在枢机主教之中的声望。他在两次争辩中击败了对手，挽狂澜于既倒。

5 这时，前面提到的卢克雷齐娅来到罗马，其随从浩浩荡荡，场面足以配得上女王。加里斯都当着诸位枢机主教的面在会议室接待了她，以多种方式给了她面子。艾伊尼阿斯以及很多人不赞成这些做法，觉得一个国王的情妇竟然在圣座面前得到如此抬举，真是不合体统。艾伊尼阿斯虽然忠诚于阿方索，但也没有在罗马拜访他的情妇。不过其他很多枢机主教拜访了，包括圣马可的彼得罗 [①]，表现得与其说是像个司仪，不如说是像个追逐名利的高手。

[①] 尤金四世的侄子，后来成为教皇保罗二世。——原编者注

35

那不勒斯大地震。

瑞典政变。

阿方索去世。

费兰特继承阿方索，违背了加里斯都的意愿。

有关艾伊尼阿斯的预言，加里斯都去世。

1 这时，那不勒斯王国连续几天发生大地震，其剧烈程度多少世代以来都没有见到过，也没有听说过。在那不勒斯市区，有好几座漂亮的建筑垮塌了，阿里亚诺和其他很多小镇被完全摧毁。据说有三万多具尸体被埋在废墟下面。各地的城里人都逃到了乡下。

随后出现了一段时间的公开悔罪活动，男女都斋戒，用鞭子抽打自己。与此同时，爱琴海里又冒出来一个新岛。岛只有一丁点大，但露出水面大约有四十肘尺。岛燃烧了好几天，一直烧到没有沥青续到火苗上为止。

2 与此同时，瑞典国王查理被推翻，此事的主要推手是乌普萨拉大主教，此人率领一支军队打击国王。查理极其残酷地对待国内的神职人员，成为贪婪和欲望的奴隶。他由克里斯托弗继承，现在仍然在位①。

3 在此期间，艾伊尼阿斯的痛风比以前更严重。经加里斯都允许，他到维泰博去洗温泉，不是想去治病，只是想放松一下。因为这种病一旦患上，到死也治不好。洗温泉期间，他写出了《波希米亚史》，把它献给了阿拉贡和西西里国王阿方索。后来证明这是个

---

① 文中提到的继承人是克里斯托弗，但这是不正确的。1458年，也就是阿方索去世那一年，瑞典国王查理八世被罢黜，由奥尔登堡前伯爵克里斯蒂安一世继任。然而，查理八世在1440—1448年间将王位让给了巴伐利亚的克里斯托弗——很可能就是这里提到的克里斯托弗。——原编者注

不祥之兆——艾伊尼阿斯还没有把书写完，国王就死了。[①]

4 艾伊尼阿斯洗温泉时，阿方索的健康状况已开始恶化。他的病情发展缓慢，阴不死阳不活地熬了四十天，到最后一命呜呼。他指定他的私生子费兰特为继承人，尼古拉和尤金两任教皇都宣称费兰特有资格为王。国王死时是圣洁的，像个虔诚的基督徒一样忏悔了自己的罪孽，行过圣礼之后才去另一个世界。他嘱咐儿子送给教皇六万金达克特，用以组建十字军打击土耳其人。他遗留下一大笔钱用于宗教事业，命人把他的遗骸运回家乡阿拉贡。但由于战争爆发，所有这些计划都推迟了。

5 阿方索死时，他统治之下的所有君主和国家都承认费兰特为王，并发誓效忠于费兰特。而加里斯都一直都恨阿方索，现在便开始迫害他儿子。他下令西西里王国回归罗马教会。大家都说，教皇想让他自己的侄子博尔贾登上王位。

人的这些阴谋诡计是多么无聊！加里斯都正为国王阿方索这个仇敌之死而幸灾乐祸，想象着道路已经畅通，他所有的计划都会实现时，他自己却病倒了。他因年老而衰竭，四十天后就死了。

6 米兰公爵弗朗切斯科·斯福尔扎的特使乔瓦尼·卡伊莫，途经维泰博时去拜访艾伊尼阿斯。交谈中乔瓦尼提到，他奉命去告诉加里斯都，说费兰特要是从父王的王位上被罢黜，斯福尔扎会不高兴；教皇如果也有这样的打算，他要知道米兰公爵会反对他。艾伊尼阿斯听了以后大声说："你这个消息会要他的命！"

事情果然如此。加里斯都一听说弗朗切斯科在西西里王国一事上反对他，很快就病死了。他几个侄子把他埋葬在圣彼得大教堂的一个附属小教堂，人称"发烧的圣玛丽"，以前曾是一座阿波罗神

[①] 《波希米亚史》是艾伊尼阿斯当选教皇之前的最后一部作品，1475 年首次印刷。阿方索死于 1458 年 6 月 27 日。——原编者注

庙。他死于 1458 年 8 月 6 日。枢机主教们依照习俗，为他举行了隆重的葬礼。

36

枢机主教团在秘密会议室聚会。

会议议项和激烈辩论。

艾伊尼阿斯晋升教皇，称"庇护二世"。

1 博洛尼亚枢机主教菲利波在巴纽列吉欧避暑时，听到了加里斯都去世的消息。他去了维泰博，和艾伊尼阿斯一起从那里去罗马，选举下一任教皇。

二人快进城时，发现教廷的全体人员和大多数民众都在城墙外迎接他们。大家一致认为，这二人之中必有一人要当选为教皇。在罗马周围一百英里以内的所有枢机主教也都回来了，共有十九人在城里。

然而，在举行葬礼时，费尔莫枢机主教发起了低烧。他急不可待地，甚至是太急不可待地要追随加里斯都，结果也就是追上了加里斯都——进了坟墓①。这个人要不是野心大、脾气暴烈，本可以成为一个道德楷模。他一生清白，学识渊博，经验丰富，但是一个狂热的皇帝党成员。

2 加里斯都死亡十天之后，其余的十八位枢机主教参加了秘密会议。整座城市都悬着一颗心，等待着选举结果。但大家都说，锡耶纳主教艾伊尼阿斯会成为教皇。没有人比他更受尊重。

3 秘密会议在圣彼得大教堂旁边的圣座宫殿举行，有两个大厅、

---

① 1458 年 8 月 14 日。——原编者注

两个小礼拜堂被封锁起来用于选举。在那个大一些的小礼拜堂里建
有单人小房间，供枢机主教们在里面吃饭、睡觉。小一些的那个名
叫圣尼古拉礼拜堂，用来评议、投票。两个大厅可以让他们随意
走动。

4 进入会议室那天，他们根本就没有选举。第二天，他们公布
了一些协议。大家一致认为，这些协议新教皇必须遵守。每个人都
发誓，一旦自己当选就要遵守。第三天，望弥撒以后，大家投了一
次票，发现博洛尼亚的菲利波和锡耶纳的艾伊尼阿斯得票相等，每
人都是五张。其余的没有一人超过三张票。这一轮选举中，或是出
于策略，或是出于反感，没有一个人投鲁昂枢机主教纪尧姆
的票[1]。

5 依照习俗，每一轮选票的结果宣布以后，枢机主教们都要坐
下来议论一下，有时候有人想改变主意而转投另一个人的票。这一
方式人称"议决"，因为这比较容易达成共识。第一轮选票投过之
后，这一方法没有采用，因为第一轮没有得到选票的人表示反对，
他们不能成为议决的候选人了。

大家休会吃午饭，然后很多人就在私下里议论。更富有、更有
影响力的枢机主教把其他人叫到自己面前。为了替自己或替朋友拉
选票，他们又是哀求、又是许诺，甚至还会威胁。有些人把所有的
斯文都抛到一边，不顾脸面地为自己拉票，说自己有权利当教皇。
这些人之中有鲁昂枢机主教纪尧姆，有圣马可枢机主教彼得罗，还
有帕维亚枢机主教乔瓦尼，莱里达枢机主教也没有忽略自己的利

---

[1] 纪尧姆于 1439 年被尤金四世册封为枢机主教，是个富裕、有影响力的人
物，为教会做出过辉煌的业绩。尤金和尼古拉五世都把出使法兰西的重要
任务交给他，他在执行任务时通常都是捍卫教廷的利益，反对瓦卢瓦王朝。
下面几章把他完全描述为一个法兰西政策的工具，这一评价并不完全公
正。——原编者注

益。每个人都说自己说了半天。他们竞争心太强，精力太旺盛，白天不休息，夜里不睡觉。

6 不过鲁昂枢机主教所担心的不是这些人，而是艾伊尼阿斯和博洛尼亚枢机主教，因为他发现大多数票都投给了这两个人。但他尤其害怕艾伊尼阿斯。别看艾伊尼阿斯默不作声，他相信这比其他人大声咆哮都管用。于是他一会儿把这个叫过来，一会儿把那个叫过来，这样训斥道：

"艾伊尼阿斯和你是啥关系？你为啥认为他该当教皇吗？你是想给大家选个乞丐、选个瘸子当教皇吗？一个穷教皇咋能复兴一个穷教会呢？一个病秧子教皇咋能复兴一个有病的教会呢？他刚从德意志来——我们不了解他！他要是把教廷搬到德意志咋办？再看看他写的都是啥东西！我们要让一个诗人登上圣彼得的宝座，用异教徒的法律来管理教会吗？

"你是想选博洛尼亚的菲利波？一个硬脖子的家伙，没本事控制自己，也不听别人良言相劝。我是资深枢机主教。你知道我并不傻。我学过教会法，还有王室血统。我有很多朋友，财力雄厚，可以用来帮教会脱贫。而且我身兼好几个圣职，我一辞掉就分给你和其他人。"

7 然后他就说一大堆好话，要是不管用就威胁。要是有人把他以前买卖圣职的丑事抖搂出来，暗示在他手里教皇职位也能卖，他就会承认以前有过这一污点，但发誓以后他的手肯定干净。

纪尧姆得到阿维尼翁枢机主教阿兰的支持。阿兰是个鲁莽、贪心不足的人，全力帮助鲁昂枢机主教。这与其说是法兰西人帮法兰西人，不如说是一个想在纪尧姆当选以后期待着在罗马得到房子、得到鲁昂的教堂、得到教廷秘书厅副厅长职位的人在帮忙。好多枢机主教都被鲁昂枢机主教的甜言蜜语给忽悠住了，像苍蝇一样成为贪婪的牺牲品。基督的衣服就要卖掉了，基督没有卖。

8 一群枢机主教聚集在厕所里。厕所就像个秘密会议室似的，他们就在这里制订出计划，要选纪尧姆为教皇，并把誓言写下来依计划行事。纪尧姆觉得他们的支持靠得住，马上就许诺圣职和官位，把几个地区拿出来分给他们。选这样一个教皇，这真是一个完美的地方：做一笔肮脏的交易，哪里还有比厕所更好的地方！

9 明确表态选纪尧姆的枢机主教有两个希腊人、热那亚枢机主教、圣西斯托枢机主教、阿维尼翁枢机主教、科隆纳枢机主教、帕维亚枢机主教和那个秘书厅副厅长[①]。奥尔西尼枢机主教、博洛尼亚枢机主教和圣阿纳斯塔西亚枢机主教还摇摆不定，好像稍微一点压力就能让他们点头似的。

鲁昂枢机主教觉得马上就会大功告成。他们已经拉过来了十一个人，好像马上就能拉来第十二个。到了这个关头，总会有人跳出来说："我选你当教皇。"说这话总是能赢得好感。所以他们认为大局已定，只等着天亮以后赢得选票了。

10 到了半夜，博洛尼亚枢机主教匆匆来到艾伊尼阿斯的小屋，把他叫醒说："艾伊尼阿斯，你看看！你不知道教皇已经选出来了吗？一群枢机主教凑到厕所里，决定要选纪尧姆。他们只等天亮了。我看你还是起床吧，在他当选之前投他一票，他当选要是得不到你的支持，他会让你记住一辈子。我不会再掉进圈套里了。我可知道教皇反对你是个啥滋味。我经历过加里斯都的统治，他从来都没有给过我一次好脸色，只不过是因为我没有投他的票。看来还是事先讨好未来的教皇为上策。我给你的这个建议我自己是要接受的。"

11 艾伊尼阿斯回答说："上一边去吧，菲利波，还有你的建

[①] 即罗德里戈·博尔贾，1457 年由其叔叔加里斯都三世任命现职，历经四任教皇之后，于 1492 年当选为教皇，称亚历山大六世。——原编者注

议！谁也不能让我去投票选一个我认为完全不配当教皇的人。我绝
对不造这样的孽！别人要是想选他，就让他们自己看着办。我的双
手不会沾惹罪恶，良心不会折磨我。你说教皇反对你很难受。这我
并不担心。他不会因为我没有投他的票而谋害我，这一点我清楚。
但你说'他不会对你好，他不会给你礼物，他不会对你有好感。你
会尝到贫穷的滋味'。贫穷对于一个熟悉贫穷的人来说并不可怕。
我以前穷过，我死时是个穷人又有啥关系？他夺不走我的诗才，时
运不济时诗意反而更浓，

12 "尽管如此，我还是不相信上帝会让教会毁在鲁昂枢机主教
手里，教会是上帝的新娘。一个教宗沦落到买卖圣职、利欲熏心的
地步，还有比这更违背基督教诲的事吗？仁慈的上帝不会把这座宫
殿变成一个贼窝①，也不会让它变成一座妓院，这是那么多教宗住
过的家。使徒的身份是上帝赋予的，不是人赋予的。他们这些人密
谋把教皇职位送给鲁昂枢机主教，人的意念不过是虚妄而已②——
这又有谁不知道呢？他们在厕所里密谋策划好啊，阴谋都冲到阴沟
里了！就像阿里乌斯派的异端那样，这些最邪恶的诡计终有一个肮
脏的结局。明天真相就会大白，罗马主教是上帝选出来的，不是人
选出来的。至于你，你要是个基督徒，就别把一个你知道是恶魔爪
牙的人推到圣座上去！"

听了这一番话，菲利波吓得再也不敢选鲁昂枢机主教了。

13 天一麻麻亮，艾伊尼阿斯碰见了秘书厅副厅长罗德里戈，
便问他是不是卖身投靠鲁昂枢机主教了。"你能叫我咋办？"他回
答说，"事情已经定了。很多枢机主教聚在厕所里决定要选他。和
少数人站在一边，失宠于新教皇，这是没有意义的。我考虑到自己

---

① 典出《圣经·耶利米书》7:11。——原编者注
② 典出《圣经·诗篇》94:11。——原编者注

的利益，就和多数人站到一边了。我不会丢掉厅长的职位，我有鲁昂枢机主教的一封信，他答应我了。我要是不选他，别人还是会选他，我的职位就保不住了。"

14 艾伊尼阿斯对他说："小傻瓜！你要把你们国家的敌人扶上教皇宝座？相信一个毫无信誉的人给你的一封信？信会在你手里，厅长的职位就要落到阿维尼翁枢机主教手里了。你得到的许诺，阿维尼翁枢机主教也得到了，他还得到确认了。鲁昂枢机主教会对他讲信誉吗？会对你讲信誉吗？一个法兰西人会和一个法兰西人更友好，还是会和一个加泰罗尼亚人更友好？他是更在乎一个外国人，还是更在乎一个本国同胞？你这个毛头小子！傻瓜！你要当心！即便你一点也不考虑罗马教会，即便你一点也不尊重基督教，看不起上帝——你要给上帝选这样一个代理人——你起码也要考虑一下你自己。要是一个法兰西人当上了教皇，你就会沦落到最底层做人下人了。"

秘书厅副厅长耐心地听着朋友的话，然后完全改变了主意。

15 随后，艾伊尼阿斯又见到帕维亚枢机主教，对他这样说："我听说你也和那些要选鲁昂枢机主教的人拉扯到了一起，是真的吗？"帕维亚枢机主教回答说："不错。我答应投他的票了，免得让人家抛下我。你知道，这事已经定了。很多枢机主教都要选他。"

16 艾伊尼阿斯回答道："你不是我以前认识的那个人了。你比你的祖先差得太远了！看看你叔叔（或是你舅舅？）皮亚琴察枢机主教布兰达①。教廷在山那边的德意志时，约翰二十三世召开康士坦茨会议，把整个教廷搬到阿尔卑斯山那边时，他马不停蹄地做工作，直到教廷搬回意大利。多亏了他的外交斡旋、敬业精神和技巧，让所有争着当教皇的人都退出，罗马科隆纳家族的马丁五世才

———————————————
① 1350—1443，康士坦茨会议上的主要人物之一。——原编者注

当选为教皇。

"布兰达把教廷从德意志搬回意大利，你这个当侄子的要把教廷从意大利搬到法兰西？一个意大利人不喜欢意大利而喜欢法兰西？鲁昂枢机主教先考虑的是他本国的利益，不是意大利的利益。这个法兰西人要飞回法兰西，有最高职务在他翅膀下面。

17 "你说'他发过誓，没有枢机主教团的允许他不会离开这个地方，他就是要走我们也不会同意。'他一旦坐上教皇宝座，有哪个枢机主教敢反对他？你要是得到一个有油水的圣职，你就会第一个说'圣座，您想上哪就上哪'。我们的意大利要是没有了罗马主教，那它还算个啥？我们失去了帝国，但我们还有教廷。在教廷的光中，我们必得见光①。现在我们马上就要失去教廷了，因为你的支持，你的劝导，你的帮助。

"一个法兰西教皇要么去法兰西，让我们可爱的祖国失去辉煌，要么待在我们中间，让万国首邑意大利为一个外国主子效劳。我们会沦为法兰西人的奴隶。西西里王国会落到法兰西人手里。法兰西人会拥有教会所有的城市和要塞。你可能听加里斯都说过，他当教皇时，没有加泰罗尼亚人得不到的东西。加泰罗尼亚人的厉害你尝过了，你还想再尝尝法兰西人的厉害？你一尝就会后悔！你会看到枢机主教团里全是法兰西人，教廷再也回不来了。这会给你的国家永远套上枷锁，难道你蠢得连这都看不出来？

18 "这个人叫我咋说哩？你不脸红吗？把基督的继承人交给这样一个油滑的人、一个会出卖自己灵魂的人？你真是为基督的新娘找了一个好新郎！你是在把羊交给狼！你的良心哪儿去了？追求正义的热情哪儿去了？常识哪儿去了？你就这样彻底出卖自己吗？你一遍又一遍地说，教会要是落到鲁昂枢机主教手里就毁了，你就是

---

① 典出《圣经·诗篇》36:9。——原编者注

死也不会投他的票，这话我们不是都听到过吗？为啥又变了卦？难道他一夜之间就从魔鬼变成光明的天使①了吗？或者是你变了（从天使变成了魔鬼！），喜欢上他的欲望、他的肮脏、他的贪婪了吗？你的爱国心哪儿去了？对意大利而不是对其他国家始终不渝的支持哪儿去了？我以前认为，即便是所有的人都抛弃了对意大利的忠诚，你也绝对不会抛弃。但你辜负了我。不对，更准确地说，你辜负了你自己，辜负了你的祖国意大利！——除非你醒悟过来。"

19 帕维亚枢机主教被这一番话震惊了，又悲伤又羞愧，结果哭了起来。然后他止住哭声说："我确实惭愧，艾伊尼阿斯。但我有啥办法呢？我已经答应了。我要是不投鲁昂枢机主教的票，人家会说我背信弃义。"

艾伊尼阿斯回答说："在我看来，你现在到了无论咋办都会背信弃义的地步。这是你的选择：你是要背叛你的祖国意大利和教会，还是要背叛鲁昂枢机主教？"

帕维亚枢机主教被说服了：背叛鲁昂枢机主教，耻辱会小一些。

20 圣马可枢机主教彼得罗听到法兰西人搞阴谋的消息后，觉得自己当教皇没有希望了。于是在爱国热情和痛恨鲁昂枢机主教这两种情绪的共同驱使下，他串联了所有的意大利枢机主教，对他们又敦促又诱导，叫他们不要抛弃自己的祖国。

彼得罗一刻也没有停息，把所有的意大利人都叫到热那亚枢机主教的小屋，除了科隆纳枢机主教之外。他在这里向大家披露了厕所里策划的阴谋。他说，要是让鲁昂枢机主教当了教皇，教会就毁了，意大利永远都成了奴隶。他恳求每一个人做事都要像个男人，保护罗马教会的利益，保护可怜的意大利的利益，大家相互之间不要争，选个意大利人为教皇，不要选外国人。另外，大家要是会考

① 典出《圣经·哥林多后书》11:14。——原编者注

虑他的意见，就首选艾伊尼阿斯。

在场的有七位枢机主教：热那亚、奥尔西尼、博洛尼亚、圣马可、帕维亚、锡耶纳和圣阿纳斯塔西亚①。他们全都同意了帕维亚枢机主教的计划②，除了艾伊尼阿斯之外，艾伊尼阿斯觉得自己配不上这一荣誉。

21 随后他们去望弥撒，完了之后开始投票。圣坛上放了一只金圣餐杯，指定三位枢机主教监视着防止作弊，分别是基辅主教、鲁昂长老、科隆纳助祭。其余的枢机主教坐在座位上。然后，枢机主教们按照身份和年龄依次站起来走到圣坛，把票投到金杯里，票上写有投票者所选择的教皇的名字。

等到艾伊尼阿斯来投票时，鲁昂枢机主教脸色苍白，颤抖着大声说道："艾伊尼阿斯，看着！我就把自己托付给你了。"这个时候说这话属于鲁莽行为，因为谁也不许更改已经做出的选择。但野心压倒了谨慎。艾伊尼阿斯回答说："你把自己托付给我这样一个可怜虫？"然后就不再多说，把票投到杯里就回到座位上去了。

22 所有的票都投完以后，屋子中间摆了一张桌子，那三个负责监督的枢机主教把杯子里的票都倒在桌子上。然后他们开始唱票，一张接着一张，把票上写的名字记下来。没有一位枢机主教不记名字的，这样就不可能作弊。

这样做对艾伊尼阿斯有利。所有的票都统计完以后，计票人鲁昂枢机主教宣布艾伊尼阿斯得八票。其余的人都没有提漏计了一张票，但艾伊尼阿斯不让人家蒙他。"再仔细看看票，"他对计票人说，"我有九张票。"其他人表示同意。鲁昂枢机主教一句话也没有

---

① 不过圣阿纳斯塔西亚枢机主教在第一轮投票时并没有选艾伊尼阿斯，但后来选他了。——原编者注
② 如前所述，实际上是圣马可枢机主教的计划。——译者注

说，好像他只是出了个差错似的。

23 票上是这样写的："我，彼得（或约翰，或任何一个名字），选举锡耶纳枢机主教艾伊尼阿斯和里斯本枢机主教雅伊梅为教皇。"每个人都是亲笔写。允许提交一个人、两个人甚至更多人的名字，条件是排名第一的优先。但如果排名第一的这个人得票不够，无法当选，计票时再计下一个人的名字。这样更容易达成一致。

但有些人会用一种有效的办法让自己占便宜，拉蒂诺·奥尔西尼那天就用了这个办法。他写了七个人的名字，希望这七个人因为他的好意而改变主意，或是在那一轮投票时选他，或是在下一轮投票时选他。但大家都知道谁是在舞弊，这种卑鄙的花招起不到多大作用。

24 唱票结束之后，情况就明朗了。如前所述，九位枢机主教选了艾伊尼阿斯：热那亚、奥尔西尼、莱里达、博洛尼亚、圣马可、四殉道堂、萨莫拉、帕维亚、葡萄牙。[①]鲁昂枢机主教只得了六票，其余的得票更少。

鲁昂枢机主教看到艾伊尼阿斯得的票远超过他，惊得目瞪口呆。其余的人也都大吃一惊，因为在人们的记忆中，从来没有一个人一轮得过九张票。由于没有一位候选人获得绝对多数票，大家决定还回到座位上，用"议决"的办法再试一回，看当天能不能选出教皇来。这一回，鲁昂枢机主教又是空欢喜一场。

25 所有的人都坐下来，一个个面色苍白，一言不发，呆若木鸡，像是昏睡过去了似的。半天没有人说话，没有人张嘴，除了眼睛一直眨着之外，身体其他部位一动不动。安静得出奇，一幅奇怪的景象，人坐在那里如木雕泥塑一般，一点声音也听不到，一点动作也看不到。大家就这样过了一段时间，资历浅者等待资历深者开

---

① 这些人全是意大利或伊比利亚的高级教士。——原编者注

始议决。

这时，副厅长罗德里戈站起来说："我同意锡耶纳枢机主教。"这句话像一把匕首扎在鲁昂枢机主教的心口上，他的脸一下变得煞白。又静了下来，每个人都看看邻座，用微妙的动作表示自己的想法。

这时，艾伊尼阿斯当教皇似乎已成定局。担心这一结果的人离开了会议室，假装出去方便，但实际上是想阻止命中注定那天要发生的事。这样离开会议室的有基辅枢机主教和圣西斯托枢机主教。但没有人跟随，所以他们很快就回来了。

然后，圣阿纳斯塔西亚枢机主教雅各布说："我也同意锡耶纳枢机主教。"

26 这句话在会议室里引起了更大的震动。所有的人都惊呆了，像是大地震晃动了大厅似的。现在艾伊尼阿斯只差一张票了，因为十二张票就能当教皇了。看到这一形势，科隆纳枢机主教普罗斯佩罗决定争取到拥立下一任教皇的荣誉[①]。他站起身来，正要说他投谁的票——一本正经地说，也是依照程序说——尼西亚枢机主教和鲁昂枢机主教突然把手按到他身上，厉声斥责他想投艾伊尼阿斯的票。普罗斯佩罗坚持要投，二人就要强行把他拉到会议室外面去，一个抓住他的右胳膊，另一个抓住左胳膊。他们甚至要用这种办法，一定要把教皇职位从艾伊尼阿斯手里夺回来。

不过普罗斯佩罗虽然投了鲁昂枢机主教的票，但看在老朋友的分上向着艾伊尼阿斯。他不顾二人的谩骂和吓唬人的话，转身对其他枢机主教大声说："我也同意锡耶纳枢机主教，我选他当教皇！"

27 大家一听这话，反对者泄了气，他们的一切阴谋都失败了。

[①] 这次秘密会议的一个主要信息来源显示，科隆纳枢机主教已事先表态支持艾伊尼阿斯了。——原编者注

所有的枢机主教都拜倒在艾伊尼阿斯脚下，拥立他为教皇。然后大家又回到座位上，一致批准选举结果。枢机主教贝萨里翁接着发言，既代表他自己，也代表那些拥护鲁昂枢机主教的人：

28 "圣座"，他说，"我们荣幸地选择了您，我们毫不怀疑这是上帝的旨意。我们以前就认为您配得上这一职位，现在仍然这样认为。我们不投您的票只是因为您有恙在身。实际上在我们看来，您的痛风是您唯一的遗憾，因为教会需要一个充满活力、体力充沛的人来忍受长途跋涉，来面对土耳其人给我们带来的严峻考验。而你则需要休息。就是这一原因让我们支持鲁昂枢机主教。您要是身体强壮，我们肯定不会选旁人。但既然上帝满意，我们当然也满意。我主亲自选择了您，他就一定会弥补您脚部的不足，他也一定不会惩罚我们的无知。我们敬拜您为教皇，再次选了您。只要您掌着权，我们就会忠实地为您效劳。"

29 艾伊尼阿斯回答说："尼西亚阁下，依朕之见，你对朕的看法要比朕对自己的看法好得多。你说朕除了脚之外并无缺陷。朕并非不知道，朕的不足远不止脚病。朕知道，朕的缺点之多简直难以计数，因此诸位本可以不让朕当教皇。至于让朕配得上这一职位的美德，朕一点也没有。朕若是不惧怕上帝的圣裁（是他让朕担任圣职的），就应该声明朕完全不配，并拒绝接受给朕的这一荣誉。凡是枢机主教团三分之二成员所做的事情，肯定是受到圣灵的启示，这一启示是不可抗拒的。

"所以，朕顺从神裁，尊重尼西亚阁下的选择，尊重那些和你一起投票的人的选择。假如你凭良心觉得朕不配当选，你在朕面前仍然是受欢迎的。召唤朕就任圣职的不是你，也不是他，而是整个枢机主教团，是上帝，'各样美善的恩赐和各样全备的赏赐'① 都是

---

① 语出《圣经·雅各书》1:17。——原编者注

来自上帝。"

30 说完这番话，艾伊尼阿斯脱掉旧衣，穿上基督的白法衣。有人问他想让人如何称呼他，他回答道："庇护"，随即被称为"庇护二世"。他发誓要遵守两天前公布的协议后坐上圣坛，再次受到枢机主教们的敬拜，大家亲吻他的脚、手和面颊。

这一切结束之后，选举结果对外公布。有人透过一扇高窗宣布，锡耶纳枢机主教现在成为教皇庇护二世。

31 参加秘密会议的枢机主教们的随从把艾伊尼阿斯的小屋洗劫一空，不知羞耻地拿走了他的银子（虽然少得可怜）、衣服和书。在罗马城，一群不顾脸面的乌合之众不仅抢了他的家，还竟然把房子拆了，把大理石都搬走了。

其他枢机主教也遭受了损失，民众焦急等待的时候已是传言四起，一会儿说这个枢机主教当选了，一会儿又说那个枢机主教当选了。说谁当选，人们就到谁家抢东西。热那亚枢机主教被错当成锡耶纳枢机主教了，结果损失了一部分财产。

虽然提到了很多人的名字，但谁都没有锡耶纳枢机主教受欢迎。有人高喊鲁昂枢机主教、热那亚枢机主教或莱里达枢机主教（传说当选的就是这几个人）当选时，每个人的脸都沉了下来。人们耷拉着脑袋看着地面，嘴里咒骂着枢机主教团。只有这几个人的朋友高兴，其他人全都感到伤心。

32 但大家一确定艾伊尼阿斯坐上了圣彼得的宝座，人人都加入到庆祝的行列。你会想象不仅是人，连牲畜、罗马的建筑都高兴昏了，到处都是笑声和欢呼声："锡耶纳！锡耶纳！快乐的锡耶纳！拥护锡耶纳！锡耶纳，欢呼吧！"以前全城都武装起来，似乎人人都只相信剑。而现在听到艾伊尼阿斯当选教皇的消息，气氛完全变了。以前的战神之城立即变成了和平之城、安宁之城——我就不说维纳斯之城了，维纳斯是特洛伊的艾伊尼阿斯（埃涅阿斯）的母亲。到处都是高兴与安宁。

33 发生这一切的时候，新教皇稍事休息，然后被护送到圣彼得大教堂。他被安置在圣坛，在诸位使徒的遗体之上，过了一会儿便依照习俗坐在圣座上。诸位枢机主教、主教和很多民众在那里吻他的脚，敬拜他为基督的代理人。这持续的时间并不长，因为天色已经暗了下来，所以大家又把他护送回宫殿。

黄昏时分，每个角落和塔楼顶都点燃篝火，歌声响起，邻居之间相互喊着，到处都是嘟嘟的号角声和喇叭声，全城没有一处没有人参加庆祝。老人们都说，他们从来也没有看见罗马人这么高兴过。

37

罗马及各国庆祝庇护当选。
各国君主派出特使表示祝贺与臣服。
消息以惊人的速度传开。

1 第二天夜里，城里的主要居民来到教皇宫问候教皇。他们骑着马，拿着点燃的蜡烛，排成一支长长的队伍，从圣彼得大教堂一直排到哈德良陵墓①。

并非只有罗马兴高采烈地庆祝庇护登基，意大利的很多国家和君主也都庆祝。锡耶纳人尤其高兴，因为他们之中的一员晋升到世界第一人的高位（不过贵族的很多仇敌则感到伤心）。

2 在离罗马大约八十英里的科西纳诺，在教皇当选的那一刻，村民们从地里回来，向庇护的妹妹拉奥达弥亚表示祝贺。他们都用

———————
① 即台伯河畔的圣天使城堡。——原编者注

惊人相似的语言，向她报告了锡耶纳的艾伊尼阿斯晋升到最高职务、当上教皇的消息。第二天，这一惊人的预言由朋友的来信证实了。

更不可思议的是，枢机主教们还在秘密会议上庆祝选举结果时，一个加泰罗尼亚人就把艾伊尼阿斯的一些仆人和医生叫过来说："你们的主人这一刻就要当选。"他们想知道他是如何得知的，他回答说："昨天夜里我做了个梦。我看见枢机主教们走进举行选举的小教堂。他们一起把你们的主子领进去，好像他就要当教皇似的，但有两个人反对。他们想把他赶出小教堂，但没有成功。你们就放心吧，很快就会听到有人公布锡耶纳枢机主教的名字了！"不久之后，这一预言就实现了。那两个反对他的枢机主教，我们已经说过了。

3 西西里国王费兰特欢迎这一消息，因为他父亲的一位朋友登上了圣彼得的宝座。弗朗切斯科·斯福尔扎虽然想让其他人当教皇[1]，但听到艾伊尼阿斯当选的消息后还是很高兴。他曾经在米兰城外的军营里隆重接待过艾伊尼阿斯[2]。

摩德纳公爵博尔索隆重表示他的兴奋之情，宣布举行军事比武。他与艾伊尼阿斯的友谊，可以追溯到他得到皇帝腓特烈授予的公爵头衔那个时候。他能时来运转，艾伊尼阿斯起了不小的作用。他希望艾伊尼阿斯当选教皇后他能名利双收，所以他让费拉拉及所有的领地在新教皇登基时充分展示喜悦之情。

投资获利有多少种方式！曼托瓦侯爵、蒙费拉托侯爵、萨卢佐侯爵也同样高兴，他们都认识艾伊尼阿斯，把自己当成他的朋友。

---

[1] 斯福尔扎希望卡普拉尼卡当教皇。据说卡普拉尼卡一死，米兰就感到希望破灭了。——原编者注

[2] 参见第 1 卷第 19 章。——原编者注

4 意大利人之中，只有威尼斯人和佛罗伦萨人听到这一消息后不高兴。威尼斯人不高兴是因为他们认为，艾伊尼阿斯在代表皇帝来到他们的元老院发言时说话难听，说他们实行僭政。佛罗伦萨人不高兴当然是因为他们恨锡耶纳人。他们对艾伊尼阿斯当选极为恼火。过路者像通常那样欢呼"愿上帝保佑你们"时，他们就会愤怒地回应："他太忙，没工夫为锡耶纳祝福！"但这两个邦国都把他们的真实想法掩盖住了。他们也像意大利其他地方一样，派显赫的使节到罗马向新教皇表示祝贺，也表示臣服。

5 北方的君主之中，皇帝腓特烈尤为高兴，因为艾伊尼阿斯是在为他效力期间晋升为枢机主教，然后又荣登圣彼得宝座的。西班牙所有的君主（也就是信奉基督教的君主）都很满意，但苏格兰、丹麦、波兰、法兰西、匈牙利、塞浦路斯听说后不高兴，因为皇帝的一个朋友当上了基督的代理人。波希米亚国王尤其苦恼，他知道教皇认为他是个异端分子①。勃艮第的菲利普和萨伏依的洛多维科对老朋友艾伊尼阿斯晋升也感到高兴。

---

① 1458 年 3 月 2 日，波德布拉迪的伊日当选为波希米亚国王，在拉迪斯拉斯去世几个月之后。——原编者注

第 2 卷

1
庇护加冕。
土耳其人的原籍及其崛起。

1公元 1458 年 9 月 3 日，教皇庇护二世在罗马圣彼得大教堂
加冕。

同一天，他跟随庄严的行进队伍来到拉特兰宫，在那里险些死
在一帮暴徒手里，这些人为争夺他骑的马正拿剑拼杀。仁慈的上天
救他一命。望弥撒之后，他大排盛宴，不仅款待枢机主教，还款待
各国君主的使节及当时在罗马的所有贵族和大人物。当天夜里，他
回到梵蒂冈宫。

2庇护心里最为牵挂的事，莫过于动员基督教世界各国人民组
建一支十字军共同打击土耳其人了。土耳其民族早就兴起于锡西厄
东部，攻击和征服了卡帕多奇亚、本都、卑斯尼亚以及现在人称小
亚细亚的几乎所有地区。不久之后，他们渡过达达尼尔海峡，占领

了希腊大部，其战旗一直挥舞到著名的萨瓦河与多瑙河。①

3 色雷斯中部是帝都拜占庭。君士坦丁大帝重建并大大扩建了这座城，将其命名为新罗马。但民众非得按该城第二个建造者的名字叫它君士坦丁堡不可。尼古拉五世任职期间，该城被土耳其苏丹穆罕默德围困，这在前面已经描述过了。他炸破城墙，攻进城里把它洗劫一空。最后一个叫君士坦丁的皇帝或是被杀死，或是像一些人所说的那样，让骑兵的马蹄给踩死了②。

4 穆罕默德让这场胜利冲昏了头脑，开始想统治整个欧洲。他召集了一支大军，打算穿过上默西亚入侵匈牙利。但在加里斯都三世任职期间，一支基督教十字军在阿尔巴（萨瓦河与多瑙河交汇处的一个镇，古代叫作陶伦努姆）挡住了他。这些十字军由以虔诚著称的小兄弟会修士乔瓦尼·达·卡皮斯特拉诺和匈牙利总督约翰·匈雅提率领③。穆罕默德损失惨重。他从军营里被赶出来，被迫耻辱地匆匆撤退。但他仍然不死心，也没有忘记对基督徒的仇恨。他继续招募军队，日益扩大军队的规模，一会儿攻击阿尔巴尼亚人，一会儿攻击塞尔维亚人，一会儿又攻击邻近的其他基督徒。他决心彻底毁掉《圣经》和基督的律法。

5 土耳其人鄙视三位一体。他们追随一个名叫穆罕默德的假先知，这是个异教错误思想和犹太人的背信弃义熏陶出来的阿拉伯

---

① 11世纪时，塞尔柱王朝时期的土耳其人兴起于亚细亚中部，即"锡西厄东部"，占领了拜占庭帝国安纳托利亚的很大一部分地区。1300年前后，接替塞尔柱王朝的奥斯曼王朝兴起于安纳托利亚北部。1352年，觊觎拜占庭皇位的约翰·坎塔库泽努斯招募一支奥斯曼雇佣军，派他们去了色雷斯，夺取了好几个要塞，不久就交给其主子了。1361年，他们占领了阿德里安堡，即现在的埃迪尔内，将其定为奥斯曼帝国的首都，直到1453年穆罕默德二世攻陷君士坦丁堡为止。——原编者注

② 他的遗体一直没有找到。——原编者注

③ 1456年的贝尔格莱德战役。——原编者注

人，学到的是景教①和阿里乌斯教派的异端邪说。他勾搭上一个富有的寡妇而发了财，以对妻子不忠而臭名远扬。他的名声吸引过来一帮土匪，在土匪的帮助下，他成了阿拉伯人的霸主。

穆罕默德既熟悉《旧约》，也熟悉《新约》，这两部书他都滥用。他还自称先知。他声称能与天使交流。他用魔法迷惑了这个愚昧的民族，说服他们抛弃了救世主基督，让他们接受了他所发明的宗教。为了达到这一目的，他施用魔法，玩弄诡计，允许人们以各种说不出口的方式来淫乱。这样他就轻而易举地诱使民众堕落下去，沉溺于淫乐而不能自拔。除了酒之外，他在动员民众加入他的邪教时，允许他们享用任何东西。

穆罕默德的教义虽然承认基督来自上帝，由童贞女所生，能够创造奇迹，但否认他是神圣的，否认他为了救赎人类而被折磨致死。这一教义既不承认众先知，也不关注十二使徒或福音传道者的教诲②。这一教义影响极大，几乎整个亚洲和非洲都中了它的毒。它随着土耳其人流传到希腊，随着摩尔人流传到西班牙的巴蒂卡。罗马历任主教多次发起运动打击这一祸害，但它仍然不断发展壮大，至今已渗透到我们的命脉。

---

① 继承东方教会主教聂斯脱利学说的基督教宗派之一，盛行于中亚地区，唐朝时曾传入长安一带，被罗马视为异端。——译者注
② 作者在这里利用了中世纪基督徒攻击伊斯兰教的大多数常用话题。——原编者注

2
庇护关注土耳其问题。
他呼吁在曼托瓦召开会议。
对曼托瓦的描述和一次预言。

1 教皇庇护担心这一祸害，决心在它进一步蔓延之前采取行动。

但他不愿只靠一己之力（也就是只靠教廷的力量）。他知道，征服土耳其不是这个国家的任务，也不是那个国家的任务，而是整个基督教世界的任务。他认识到，他要让那些他很快就要用得着的人给他出主意，所以就决定召开一次各国君主及各共和国参加的大会，讨论这一涉及大家共同利益的问题。不过他先要确定会议在哪里召开。有些枢机主教建议在罗马，还有些建议在阿尔卑斯山那边的某个地方，在德意志或法兰西。

2 这些建议都不能让庇护满意。他认为，让君主们从大老远的北方一路来到罗马，这样并不合适。另一方面，在法兰西或德意志开会没有意义，教皇由于健康原因不能去参加。他觉得最好在阿尔卑斯山附近开会，在教皇和北方君主之间的某个地方。

有两个地方提出来供选择：威尼斯属下弗留利的一个镇乌迪内，山南高卢的曼托瓦。如果一个地方不让去开会，他们就去另一个地方。教皇担心威尼斯人害怕土耳其人，不会让他去乌迪内。后来证明威尼斯人就是不让去。

3 据说在古代有关教皇统治的预言书上，对庇护二世的神谕是："曼托瓦，你的地位要提高。这是神意。神灵不会错。曼托瓦的维吉尔歌颂特洛伊的埃涅阿斯（艾伊尼阿斯）的故事，而锡耶纳的艾伊尼阿斯使维吉尔的城市变得富有。"

但让教皇做出这一决定的原因并不是神谕，而是这个地方方便。曼托瓦是个大城市，坐落在一个肥沃的平原上，靠近将法兰西、德意志与意大利分隔开的高山，在明乔河形成的一个湖畔。明乔河从加尔达湖流入波河，这样山南高卢所有的货物都能用船运输到曼托瓦。

4 长期以来，教皇与枢机主教们都在教会会议上争论这一问题。很多高级教士都反对他，因为他们非常满足于现状，喜欢首都的安逸生活。但教皇一再坚持，他的计划终于被大家接受了。于是他邀请各地的主教、修道院院长、文书、各国君主使节及教廷所有的官员到皇宫小教堂开会，也听听他们的意见。他在会上公布了他想了很久的计划。

5 他描述了土耳其人给基督教世界带来的巨大灾难，说明了他们是如何密谋破坏宗教法的。一个基督教国家垮台，对他来说是一个可以想象的最沉重的打击。他负责维护神圣的宗教，他决定主动出击，打击土耳其人。由于没有基督教各国君主的帮助这件事办不成，他决定召开一次大会，或是在乌迪内，或是在曼托瓦，以听取大家的意见，他想得到大家的帮助。他很难离开罗马，罗马是使徒圣彼得的大本营，是基督教信仰的避难所。但更难的是让他看到神圣的福音在他任职期间遭到破坏。为了挽救福音，他决心不仅拿圣彼得的圣城和遗产打赌，还要拿他自己的健康打赌，甚至拿他的性命打赌。所以，他虽然年老体弱，还是打算越过亚平宁山，渡过波河，和基督教各国君主商量拯救基督教信仰的办法。他又很严肃地谈了更多这一类的话题。

6 人人都赞赏他的勇气和意志，把他吹捧到了天上，说他是世界上唯一关注基督教信仰安全的人。然后，他们根据惯例召开公开会议，教皇发表一封公开信，确定了大会日期，召集各位君主到乌迪内或曼托瓦。（这封信由教皇口授，和其他书信一起收录在单独一卷之中。）①

7 罗马人得知教皇的这一决定后极为不安，因为这意味着他们会失去来自教廷的收入。他们无法想象年老有病的教皇还会不会回来。有人说，他真正的目的地不是曼托瓦，而是锡耶纳。他只是谎称大会在曼托瓦召开，这样可以在半道上停在锡耶纳，以此给他的家乡带来好处。还有人说，他并不是只去曼托瓦，还要去德意志，那是他青年时期待过的地方。他很想回到那里去，即便是把教廷搬到阿尔卑斯山那边去，他一点也不会感到不好意思。所有的人都对他返回罗马不抱希望。妇女儿童在大街上哭泣，大人诅咒，老人谩骂。通情达理一些的成群结队地去找教皇求情，坚决不让他离开，求他留在罗马，只要他留下来就许诺他很多好处。

8 教皇试图安慰民众。他说明了去的原因，并答应很快就会回来，但他一说就哭。一切都笼罩在悲伤之中。庇护当选时公众的欢庆，在程度上也比不上现在的悲伤，因为他离开的决定是正式的。喜悦过后，绝对不会没有悲伤。

教皇的行程变得更困难、更危险了，因为西西里问题仍然没有解决。

3

西西里：位置，幅员，知名人物。

那不勒斯王国：争执与争斗。

加里斯都为何反对费兰特。

1 西西里岛在古代名叫特里纳克里亚，由一条狭窄的海峡将其

---

① 1458年10月13日，教皇发布诏书，确定大会召开的日期是1459年6月1日。——原编者注

与意大利隔开，该海峡据说是两个海妖斯库拉和卡律布狄斯埋伏的
地方。不过现在我们常说两个西西里王国，一个在岛上，另一个在
意大利本土。位于本土的这个西西里王国，其周边有超过四分之三
的地方被亚得里亚海和第勒尼安海所包围，其余的地方由山脉、河
流与意大利隔开。它从"意大利肚脐"雷阿蒂内平原开始，由拉奎
拉一直延伸到布鲁提和阿尔米角，全长大约四百英里。①

2 西西里王国有很多漂亮的城市，但最大的是帕斯诺普，成了
神的奥古斯都将其命名为那不勒斯。古代时它的首都是卡普阿，在
遭到罗马军队和汉尼拔的军队洗劫之前以第二个罗马著称。西西里
王国在法律上属于罗马教会，虽然长期以来成为法兰西人的封地，
法兰西人每年向教皇缴纳八千盎司的黄金作为贡金。②但女王乔万
娜二世与安茹的路易（她的义子）闹翻以后，她就把阿拉贡国王阿
方索召到西班牙做她的继承人。于是一切都变了，加泰罗尼亚人和
阿拉贡人取代了法兰西人，登上了舞台。③

3 路易和阿方索在战场上几次兵戎相见。命运女神依照习惯，
一会儿捧这一个人，一会儿捧另一个人。路易死于热病以后，他的
权利转移给了弟弟勒内。女王有时候支持阿方索，但有时候又看不

---

① 布鲁提人是古代意大利的卡拉布里亚人，阿尔米角在那里形成意大利
  "靴子"的足尖。——原编者注

② 11世纪时，诺曼人征服了那不勒斯，并发誓效忠于教皇。但在1265年，
  乌尔班四世宣布安茹的查理为国王，以此作为他将曼弗雷德和康拉丁排挤
  出王国的一个举措，曼弗雷德和康拉丁是腓特烈二世及其诺曼祖先的继承
  人。后来法兰西人宣称对那不勒斯拥有主权，其最终依据便是乌尔班对安
  茹的查理的任命。——原编者注

③ 乔万娜二世是安茹的查理的直系传人。1420年，乔万娜放弃了远亲路易，
  接受了阿拉贡的阿方索。自13世纪以来，阿方索家族就占据了西西里的部
  分地区。然而不到三年，她又与路易言归于好。路易死于1434年，留下弟
  弟勒内在1435年乔万娜死后与阿方索争夺王国。1443年，尤金四世承认
  阿方索为国王，当年阿方索凯旋进入那不勒斯。——原编者注

起他。女王一死，勒内来到她的王国，很多人热情欢迎他，称他为
国王。他与阿方索争王位争了好几年，但最后被打败，不得不退出
竞争，而阿方索继续待在王国。

　　然而，阿方索无法从尤金四世那里正式获得封地，因为教皇支
持勒内——勒内并不把许诺当一回事，违背了诺言，这到以后才显
露出来。于是尤金加冕阿方索为王。阿方索登上王位后并没有忘恩
负义。他把曾经强迫皮切尼人反抗教会统治的弗朗切斯科·斯福尔
扎从这一地区赶了出去，恢复秩序后把它交还给了教皇。

　　4 阿方索有个儿子费兰特，其生母出身高贵，但不是阿方索的
妻子。尤金宣布阿方索有继承权，下一任教皇尼古拉五世也是这
样，确认阿方索为国王。所以，只要尤金和尼古拉还健在，阿方索
的统治就风平浪静，无人反对。

　　尼古拉死后，由加里斯都三世继承教皇职位。加里斯都在阿方
索宫里待了很长时间，欠了阿方索很大的人情，他是经阿方索国王
求情才当上枢机主教的。阿方索以为教皇曾是他的臣民，在他的帮
助之下才得以晋升的，所以绝对不会拒绝他的请求。他的自信不仅
促使他要求得到王国作为他的封地，而且还要求安科纳的边界地区
以及属于教会的其他几个地方。

　　5 教皇则有不同的看法。他现在是基督代理人，没有理由向国
王屈服，也没有理由让渡教会的合法财产。于是二人反目成仇，一
直到死。有人 ① 认为这都是演戏，尤其是佛罗伦萨的头面人物，这
些人的巨额财富为他们赢得了有智慧的名声。他们认为，这两个年
迈的外国人，已经成了意大利将近三分之二领土的主人，他们只是
假装有仇恨，这样可以更容易地征服意大利的其他地方。但实际上
他们的仇恨确凿无疑、不共戴天，一直跟随他们进入坟墓。

----

① 指美第奇家族，尤其是科西莫。——原编者注

6 阿方索死于加里斯都之前大约四十天 ①。加里斯都听到这一消息后，既忍不住泪，也忍不住笑。他哭人的脆弱，笑仇人的死亡。他像先知一样大声说道："网罗破裂，我们逃脱了！" ② 他对费兰特继承父亲王位的要求置若罔闻，说那些承认阿方索为王的君主和民众都错了。他把各位枢机主教和教廷里以博学而著称的高级教士召集过来，宣布西西里王国回归罗马教会了。他打算以武力将其夺回（前面已经提到过），然后交给他侄子。他已经募集了一支大军，但死亡既没有让他完成计划，也没有让他满足侄子的愿望。

4
皮奇尼诺进攻和入侵教皇国。
占领几座要塞索要赎金。

1 枢机主教们还在召开秘密会议选举下一任教皇时，雅各布·皮奇尼诺夺取并占领了翁布里亚一座要塞阿西斯城。

皮奇尼诺是一位著名的骑兵统帅，先是为阿方索征战，攻打西吉斯蒙多·马拉泰斯塔，后来又为费兰特效命沙场。这座要塞的指挥官是个加泰罗尼亚人，受贿以后把城交出去了。高尔多和诺塞拉的居民也向皮奇尼诺投降了，因为他们敬重他父亲的英名，他父亲曾经统治过他们。但高尔多要塞却保住了，多亏了要塞指挥官的忠诚和警惕。福利尼奥与斯波莱托的民众，以及翁布里亚其他地方的人还算忠诚，但就在教皇职位出现空缺的当口突然出现这么一支大军，可把他们吓坏了。

---

① 阿方索死于1458年6月27日，加里斯都死于8月6日。——原编者注
② 语出《圣经·诗篇》124:7。——原编者注

2 庇护当选马上鼓舞了人们的士气，教会的臣民们实际上抱有很大希望。斯波莱托要塞以一万六千金达克特^①赎回。纳尔尼、索拉、奥维耶多、维泰博、奇维塔－卡斯泰拉纳（有些人以为建在古代维爱的旧址上，不过我们并不这样认为）以及其他很多城镇，只是通过花钱得到其指挥官的好意才得以收复。枢机主教团以两万达克特的价钱，从加里斯都侄子博尔贾手里赎回了哈德良陵墓，该陵墓以前叫克雷申蒂欧城堡，现在叫圣天使城堡。博尔贾撤到琴托切莱附近一个坚固的城池奇维塔韦基亚，在那里不久就染上热病死了。

3 庇护派他的秘书厅副厅长（这位博尔贾的兄弟）和司库一起去接管奇维塔韦基亚，不久就收复了圣彼得的全部遗产，除了皮奇尼诺入侵的地方之外。当地民众对事态的发展表示热烈欢迎，因为他们急于挣脱加泰罗尼亚人的枷锁，还接受意大利人的统治。

人都是这样，接受本国人的统治要比接受外国人的统治容易得多。在教会的所有领土上，只有皮奇尼诺拒不服从庇护的命令，想在战场上碰运气，尽管他声称他夺取的城池在法律上属于他父亲。

5

费兰特加冕，受一定条件的制约。

1 与此同时，费兰特的几位使节前来觐见教皇。他们详细回顾了阿方索的生平，提醒庇护当年他是如何受到阿方索国王热情接待的，当时庇护还是锡耶纳主教，代表皇帝来到阿方索的王宫。他们恳求庇护既不要拒绝一位老朋友的儿子，也不要拒绝这个儿子继承

---

① 当时欧洲各国通用的金币名。——译者注

父亲的王位，尤其是这个儿子还受到臣民的一致支持。

2 庇护回答说："朕非常喜爱阿方索，也钦佩他高尚的人品，这对费兰特会有很大帮助，只要他对教会尽到义务。"使节问教皇费兰特应该怎么做，庇护回答说，费兰特每年要向教廷财政部缴税；只要教皇提出要求就马上提供援助；要尊重各个教堂的权利；要命令皮奇尼诺从教会的领土上撤出，皮奇尼诺要是拒绝就用武力迫使他撤出；要按照教皇提出的条件与西吉斯蒙多·马拉泰斯塔和解；要立即将贝内文托归还给教会；要在十年之内交还泰拉奇纳，在此期间每年要向罗马主教缴纳贡金，作为占据这个地方的费用。

3 这些条件对费兰特好像很苛刻。费兰特又多次派出使节，试图说服教皇把条件降低一些。庇护回答说，他不是市场上的商贩，要价很高而成交价却很低。他在双方第一次见面时所说的，就是最后敲定的条件；国王不要指望得到更好的条件，即便是教皇马上就离开罗马也不行；费兰特要想得到王国就必须接受这些条件，否则就别想得到。

费兰特最后泄气了，而教皇的主意始终未变，就像他回答的那样。

问题又提交到枢机主教团。除了法兰西籍的枢机主教之外，其余的枢机主教都同意教皇的意见，法兰西籍的枢机主教更忠诚于他们的国王而不是教廷。最后，理智甚至迫使法兰西人也做出让步，还是把王国给费兰特为好。不过他们没有在教令上签名。

4 当时，沙特尔大教堂的教长在罗马，他以前曾以法兰西国王特使的身份来和加里斯都商量过土耳其问题。教长小心地维护着国家的利益，坚称费兰特不能得到王国。他一再说，这样做会把法兰西国王激怒，国王肯定会对教廷进行报复。

马赛主教当时也在罗马。这是个饶舌而又傲慢的人物，是代表国王勒内来的。他想替主子得到王国，便在会议上大肆许诺，只要

他们答应他的请求。他宣称，如果他们不答应，教廷就毁了。庇护
几次接见他，听到他的很多许诺。但一问他勒内能不能派兵把皮奇
尼诺赶走，皮奇尼诺正威胁着教会的生存，他回答说不能。庇护大
声说："他要是在朕最困难的时候不能帮助朕，朕能从他那里指望什
么？说到西西里王国，朕需要有人既保护他自己的财产，也保护朕
的财产。你们失去西西里王国已经有很长时间了，还要更长的时间
才能再一次得到它，除非你们能把敌人赶走。这样你们才能得到朕
的支持。至于现在，你们就给更强大的人让路吧！"听到这话，这
个多嘴多舌的使节无话可说。

5 依据枢机主教团的教令，西西里王国给了费兰特。枢机主教
拉蒂诺·奥尔西尼被派到阿普利亚给国王送王冠，听他向庇护及其
继承人宣誓效忠。和他一起去的有尼科洛，去和国王商量一些有点
微妙的问题。尼科洛是泰阿诺主教当选人，后来成为枢机主教①。

6
教皇国恢复秩序，教廷规划。

1 教皇接下来把罗马领土上所有的显贵都召到城里开会。他发
出严厉警告，教皇离开期间不许闹事。显贵们发誓要维持秩序，胆
敢破坏者严惩不贷。由于罗马人非常担心教皇一走就永不回教廷，
庇护宣布（经枢机主教团同意）万一他死于罗马以外，他的继承人
必须在罗马选举。他还确定一个期限，一旦过了这一期限，身在罗

---

① 尼科洛是庇护母亲维特多利亚的亲戚，1460 年 3 月被任命为圣塞西莉亚
枢机主教。他的秘密使命是商谈教皇的侄子安东尼奥·皮科洛米尼与费兰
特的私生女订婚一事。——原编者注

马的枢机主教就不必等待不在的枢机主教回来。他下令，一部分枢机主教、教廷法院法官、法学家等人，在他离开期间要待在城里，教廷要和这些人在一起，就像和他在一起一样。

2 教皇国的所有城市和公国都在罗马派驻有使节。庇护向他们确认了前任教皇给予他们的特权，只要他们没有争议，愿意享受这些特权。另外，他还免除了他们以后三年的相当大一部分贡金，一共超过八万金币。他重新任命了曾为他的前任效力的审查官，又在每个国家任命了几个新审查官。他严肃警告他们，让他们起誓绝不因自己的服务收取钱财或礼物，他特别厌恶买卖圣职罪。①

3 他当选之后的一段时间，依照长期以来的做法，每天都在午饭后让他的秘书到他面前。他对这些秘书完全信任，秘书把书信拿到他面前时，他问也不问就签上名字。然而一旦他发现有人对他不诚实，办些不光彩的事以收取钱财，他就再也不愿见这个人。他只有两次破例：卢卡的雅各布和他自己的表亲格雷戈里奥·洛利。雅各布后来被任命为枢机主教。他们的人品无懈可击，毋庸置疑。②

4 他拒绝直接接受枢机主教的申诉。如果有人向他提出申诉，他就让他们直接去找审查官，这样他们就无法施加不正当的影响。他让斯波莱托主教贝拉尔多负责有关各派权利的申诉。贝拉尔多是个著名法学家，因廉洁和享有公正的名声而非常受人尊重，后来也被任命为枢机主教③。这样，国务的管理很顺利，管理的方式很真诚。

---

① 审查官接受申诉并向教皇禀报，是个很容易受贿的职务。——原编者注
② 雅各布，人文主义学者，庇护的门徒。1460 年，庇护任命他为主教，1461 年又任命他为帕维亚枢机主教，收养他为皮科洛米尼家族的成员。雅各布也写有《闻见录》，作为庇护作品的后续，严格模仿庇护的风格。格雷戈里奥·洛利自庇护在锡耶纳上学时起就是他的好朋友，是庇护的姑姑巴尔托洛梅亚·托洛梅伊的儿子。——原编者注
③ 1460 年被任命为枢机主教。——原编者注

这一变化受到那些来罗马教廷办事的人的欢迎，他们不必在枢机主教门口等待几天几夜提出申诉了。

7
庇护恢复了乔瓦尼·索列拉被前任教皇剥夺的主教职务。
罗韦里奥因忘恩负义而受到惩罚。
庇护的正直。

1 大约这个时候，乔瓦尼·索列拉来到罗马。他是个优秀的阐释经典的人，这在前面已经提到过。阿拉贡国王阿方索统治期间，加里斯都派乔瓦尼到巴塞罗那教堂任职。但国王死后，加里斯都又在违背他意愿的情况下，把乔瓦尼调到西西里王国的另一座教堂，任命自己的司库巴尔托洛梅奥·雷加斯到巴塞罗那顶替他的位置，雷加斯基本上没有廉洁的名声。乔瓦尼控告对他的伤害，想把他原来的教堂要回来，他还回顾了当年在那不勒斯与庇护的友谊，当时庇护还没有当上教皇。

教皇聆听了这位老朋友的控告后，撤销了加里斯都的教令，又把他派到原来的教堂。乔瓦尼把教堂管理得非常好，不忘记教皇对他的好意，随时都会表露出感激之情。

2 贝尔纳多·罗韦里奥对加里斯都的态度却大不一样。老教皇让这个人进了审查院，尽管他并不够格，称不上个学者；老教皇还给了他很多圣职和荣誉。加里斯都临死时却受到最恶毒的咒骂。罗韦里奥给瓦伦西亚教堂的教士会写信，说加里斯都终于死了，加里斯都是他那个时代的耻辱，丢尽了他家乡教会的脸；加里斯都曾是个无耻的枢机主教，是个最为邪恶的教皇；加里斯都贪污腐败，玷污了罗马教会；加里斯都临死时知道自己是地狱的奴隶，所以拒绝像基督徒那样忏悔或领受圣礼；教会终于摆脱了这个可怕的恶魔的控制，值得庆贺。

3 教皇庇护无法容忍这样的忘恩负义行为。他命人把这个撒谎的恶棍抓起来交给他侄子[①]，把他囚禁在圣天使城堡。但教皇这个年轻的侄子听信了谗言，经圣彼得枢机主教求情，在芬科利把罗韦里奥交给了圣彼得枢机主教。庇护把侄子大骂一通，决定不饶恕他，尽管他侄子在教廷一再辩解，说一个枢机主教声称是在执行教皇的命令，你不能不相信——不过城堡的指挥官不能理会这一套。教皇立即命令把罗韦里奥抓起来，再次投入监狱。

这样做严重得罪了圣欧斯塔基奥枢机主教和圣彼得枢机主教。但教皇不理会他们的抗议，认为不值得考虑。

4 圣欧斯塔基奥枢机主教[②]来找教皇。王室血统让他很傲慢——他是葡萄牙国王的表亲——他气得话都说不清楚了："教皇，我要你把罗韦里奥交给我。你不交出来我就不走了。"教皇回答说，这个罪犯不受到惩罚他绝不会释放。圣欧斯塔基奥枢机主教一再向教皇施加压力，说了一大堆难听话，根本没有枢机主教通常表现出来的对教皇的尊重。

5 于是教皇回答说："朕不生气，你还年轻。（这位枢机主教只有二十三岁）你还不知道对圣座该如何称呼。你有王室血统就看不起基督的代理人了？基督要比你高贵得多。你以为你一走（如果真让你走的话！）罗马教廷就毁了，好像没有你的亮光教廷就一片黑暗？你能傻成这样吗？是教廷给了你荣耀，不是你给了教廷荣耀。即便是你没有出世，教会仍然会照亮世界。教会是美德之母，是教

---

① 即尼科洛·皮科洛米尼，庇护任命他为圣天使城堡的指挥官。——原编者注
② 葡萄牙亲王佩德罗的儿子雅伊梅。——原编者注

人美德的导师，是宗教的法律，是真理的章程。你走开！加里斯都的几个侄子是受害方，他们要是不饶恕罗韦里奥，朕绝不释放他。"

6 说完这话，教皇就回卧室了。圣欧斯塔基奥枢机主教气呼呼地回家了。但他仔细想想教皇的一番话，很快就醒悟过来大哭了一场。几天以后，他又去找庇护，求教皇原谅自己的过错。教皇马上就原谅了他。圣欧斯塔基奥枢机主教又说服加里斯都的几个侄子宽恕罗韦里奥的冒犯行为，和罗韦里奥一起恳求教皇放人。结果罗韦里奥获得了释放，不过他的名声被玷污了。圣欧斯塔基奥枢机主教的名誉也受到了伤害，因为他胆敢挑战教皇的权威。

8
圣马可枢机主教彼得罗的愤怒，
庇护的大度应对。

1 大约这个时候，圣马可枢机主教彼得罗也举止无礼，也同样碰了钉子。

彼得罗是为庇护当选教皇出力最大的几个枢机主教之一，所以他以为庇护不会拒绝他的任何要求，无论他的要求是正当还是不正当。现在庇护对提出无理要求的人是严词拒绝，即便是朋友也不行。

就在这个时候，有消息传来，说佛罗伦萨境内因普鲁内塔的圣玛利亚教区教堂首席神父死于维泰博。这个教堂里有一尊圣母像，吸引了很多人前来祈祷，人们相信圣母能够根据需要或是让下雨、或是让放晴。这座教堂很富，以人们还愿时上的供品多而闻名。

2 枢机主教彼得罗听说这座教堂的职位空缺了。他来到教皇面前，恳求教皇把这座教堂给他。他提出这一要求并没有其他理由，只是说死后留下职务空缺的人是他的一个家人。但即便是这一说法也难以成立，因为这位枢机主教只要有人拜访他一次，他就会将其视为家人。

庇护认为这一要求没有道理，就回答说，这座教堂经常去的人很多，尤其是有俗界的资助人，不应该分配给一位枢机主教。另外，他还提醒彼得罗将来有可能得到更大的好处，不应该为没有得到这些小恩小惠而生气。

3 枢机主教彼得罗很不高兴，像是受到奇耻大辱似的。他大声说道："我要是得不到小恩小惠，怎么能指望得到更大的好处？我没有必要在这里游荡下去了。我可以在维琴察我自己的教堂里更好地为上帝效力。让我回家吧，工作我已经做完了，该退休回家了。"

4 教皇回答说："那就走吧。你走了罗马教会也不会失去光彩。如果不是真想走，谁也不要请求离开，否则他会后悔！谁走我都不会拦着，没有任何人是无可代替的。朕还有同样优秀的人，甚至还有更优秀的。"

5 枢机主教彼得罗听到这话，便做出像是第二天就要离开罗马教廷的样子。他吻了教皇的脚，然后回到圣马可的宫里，下令准备动身。

但那天夜里，彼得罗又仔细想了想他的打算，想到那些不住在罗马教廷的枢机主教（除非是出使在外）是多么籍籍无名，那些教皇不喜爱的枢机主教是多么声名狼藉。就像地球挡住阳光之后月亮就会陷入黑暗一样，一个失宠于教皇的枢机主教也会黯然无光，成为无名之辈。于是他请博洛尼亚枢机主教菲利波从中斡旋，让他与庇护和解。他本人不久之后也去了，向教皇承认了错误，重新得到了教皇的青睐。

6 但事后不久，彼得罗又犯了错。他派管家托马索带着一封信去找教皇，要求与威尼斯辖区之内的事物有关的决议都要暂停，如果这些决议在起草时没有征求他意见的话。他说，这是以前加里斯都给他的特许权。

庇护看了信以后大声说道："这么说，威尼斯人应该拜圣马可为教皇而不是拜我为教皇了，是吗？加里斯都可能不在乎，但庇护不能容忍任何人骑到他的头上！朕只臣服于上帝和《圣经》。"说完，他就把信扔到火里去了。

枢机主教彼得罗听说以后一声也不敢吭，害怕招来更刺耳的话。

9
贝尔纳多晋升到阿格里琴托教堂；
弗朗切斯科·韦尼耶的沉浮。

1 这时，西西里的阿格里琴托大教堂出现了空缺。阿格里琴托原是座名城，古代历史学家经常提到它。庇护把这座教堂给了贝尔纳多·博斯科，一位著名的法学家，也是审查院的审查员，尽管贝尔纳多本人并没有要，甚至根本就不知道这份礼物就要送上门来。

贝尔纳多很受人尊重，巴塞尔宗教会议期间曾是庇护的同僚。庇护这样做既让朋友感到满意，也让其他审查员产生了希望。审查员们看到同僚的辛勤付出得到了回报，他们自己也就期待着同样的回报。他们并没有失望，庇护后来又把好几位优秀的审查员任命到主教座堂。

但教皇的好意到头来却毁了贝尔纳多。贝尔纳多虽然竭尽全力去要他的教堂，但被一个不讲信用的国王给阻止了。工作和忧虑把他拖得筋疲力尽，他患上病折了寿数，最后一命呜呼。当然，一个好人总是死得其所。

2 威尼斯人弗朗切斯科·韦尼耶在加里斯都的宫里是个有影响力的人物。他想为教皇尽可能多地筹集资金，就要求检查银行家的账簿。然后他说，银行家对教廷的财务管理不善，就以此为借口索要一大笔罚金。

加里斯都死后，银行家们向庇护投诉，把他们的钱都要回来了。科西莫·德·美第奇得到一千五百盎司黄金，安布罗焦·斯帕诺基得到的也不少于这个数目，其他声称遭到弗朗切斯科乱罚款的人也得到类似的赔偿。

加里斯都晚年把弗朗切斯科·韦尼耶监禁到圣天使城堡。庇护把他从城堡里放出来，让一名罗马市政元老监管他，以便让他还债主的钱，但他的事情还没有查清他就死了。

10
庇护离开罗马；
对朋友的反对毫不理会。

1 教皇安排好城里的事，把这些事都交给圣彼得枢机主教尼古拉负责照管。1月20日深夜，预定出发的日子到了，他离开了梵蒂冈山上的圣彼得宫，到埃斯奎里山上的圣玛利亚－马焦雷教堂。第二天他待在那里，满眼泪水地为一群也是满眼泪水的民众祈福。

次日，他从戴克里先温泉旁边下了苏布拉山，到达佛拉米尼门，现在叫作"波波洛门"，从那里到米尔维安大桥。枢机主教们就陪他走到这里，另外还有很多罗马贵族和平民。

2 骑兵在那里等待着护送教皇上路。民众都回去了，选了六个枢机主教陪教皇一起走：鲁昂的纪尧姆，出身王家的亲王；阿维尼翁的阿兰，布列塔尼贵族；博洛尼亚的菲利波，教皇尼古拉的兄弟；圣马可的彼得罗；普罗斯佩罗·科隆纳；副厅长罗德里戈。最后三人分别是尤金、马丁和加里斯都三位教皇的侄子。庇护命其余的枢机主教在他离开期间待在罗马，至少等到春天天气暖和了再出找教皇，因为他们之中有些人健康状况不太好。

庇护可以体谅别人的小毛病，但对自己的病却没有耐心。他虽然患有痛风和其他一些病，但他宁可冒生病危险，也不愿推迟出发的日期。朋友们劝他，用各种理由拖住他，提醒他说那里的冬天可怕，亚平宁山上有雪，一路上会遇到各种危险云云。

3 这些阻止的办法都不奏效时，人们又对他说："圣座，您想一想，如果对您健康的担忧不能让您留下来，至少您要考虑一下托付给您的罗马教会吧。看看有人为教廷下的圈套吧！您不在，还会有谁保护圣彼得的遗产？您一渡过波河，一群饿狼就会扑向您的王国。哪个地方的篡位者有您这里多？强盗就不用说了。有人会在比切诺兴风作浪，有人会在翁布里亚兴风作浪，还有人会在其他地方兴风作浪。他们会把您的新娘脱得一丝不挂。等您回来后就没有您的容身之处了，连放枕头的地方都没有了①。"

4 教皇回答说："朕是去为上帝辩护的，他老人家做出的安排比你说的情况好。但即便是上帝允许诸位担心的事情发生，朕还是宁愿看到教会的财富被抢走，也不愿看到教会的荣誉被玷污。如果朕不守信，朕的名誉就丧失了，谁还会再信任朕？基督教信仰也命悬一线，遭到土耳其人的攻击，召开这次大会就是要与土耳其人战斗的。

"当然，如果朕去参加会议，朕的世俗权力可能受损。但世俗权力经常失去，也经常失而复得。如果朕抛弃精神王国，就不知道还能不能失而复得了。世俗权力如过眼云烟，丢就丢了，只要朕能抓住真正重要的东西就行。"

教皇不再多说，马上就出发了。

———————————

① 典出《圣经·马太福音》8:20，《路加福音》9:58。——原编者注

11
教皇的旅途。
收复阿西斯城。
埃弗索的奸诈命令，
庇护对皮奇尼诺的答复。

1 教皇在坎帕尼亚诺过了第一夜，那是属于奥尔西尼家族的一个镇，离罗马大约十六英里。拉蒂诺枢机主教的兄弟特拉尼大主教①在这里盛情接待了教皇庇护及教廷的随从人员。

2 皮奇尼诺还没有把阿西斯交出来，但教皇不愿改变路线，即便他要穿过仍然被皮奇尼诺占领的地区。他满怀希望动身了，丝毫也不怀疑他捍卫的上帝会不支持他。

教皇对神的信任并没有错。第二天，他还在从内皮到奇维塔－卡斯泰拉纳的半道上，就得到收复阿西斯、高尔多和诺切拉的消息。

3 他刚有机会阅读简报，安圭拉腊伯爵埃弗索的秘书厅厅长便飞马赶到，对教皇说他带来了伯爵的重要消息。教皇命他启禀，他说："您上路时我的主人提醒您：8月1日之前您的王国会出大乱子，然后您就知道谁对您忠诚了。"

教皇回答说："去对派你来的人说，阿西斯已经回归教会了。"说完这话，他很伤心地把信使打发走了，他知道这一消息会让埃弗索感到不安。埃弗索常说，皮奇尼诺一旦被人从坚固的阿西斯城里赶出去，就可以把他称为婊子。

4 皮奇尼诺在交出他夺取的几座城池之前，派了好几个信使去对教皇说："圣座，您拿起武器去打击命运女神的宠儿时，先考虑一下您在做什么！"教皇对每一位信使都是这样说："皮奇尼诺要是想与朕比

_____

① 乔瓦尼·奥尔西尼。——原编者注

命运，他就是个傻瓜。人如果是靠命运得到地位的，那登上圣彼得的宝座就要比指挥几个骑兵中队的运气好得多。但说实话，给予领地和地位的是上帝。命运只是个虚名，是异教徒的一个无聊的发明。"

12
埃弗索的出身与性格

1 既然在这里提到了埃弗索，在本书中还有理由要提到他，我们就有必要谈谈他，这样后人就能明白教皇庇护是和什么样的恶魔争斗的[①]。

2 安圭拉腊是一座古城，离罗马约有十四英里。该城俯视着一个湖，人们从湖里捕鳗鱼，城的名字就是来自鳗鱼。很久以前，该城被一伙出身高贵的德意志入侵者占据。后来他们又有钱又有权势，最终被人称为安圭拉腊伯爵。

他们与奥尔西尼家族友情甚笃，双方签署有正式条约，关系紧密。到我们这个时代，伯爵家族只剩下两兄弟，一个叫杜尔乔，一个叫埃弗索。杜尔乔是个有经验的指挥官，战功卓著，死后留下两个儿子。埃弗索承担起养育侄子的职责，但他更像个土匪而不是监护人，能给他带来最大乐趣的事莫过于抢劫了。

3 埃弗索是个有经验的老兵，既攻击敌人，也攻击亲朋。教皇虽然是他的领主，他总是敌视教皇。他死保自己的财产，贪求别人的财产。他根本就不在乎宗教或上帝，常说世界是由运气支配的，人和兽的灵魂都不是不朽的。他亵渎上帝，残酷无情，杀一个人就像杀一只羊一样随便。为了延长他所鄙视的俘虏的痛苦，他发明了

---

① 埃弗索，安圭拉腊伯爵，死于 1464 年。——原编者注

令人苦不堪言的折磨人的方式。

4 对那些愿意在他军中服役的臣民，埃弗索以抢劫和偷窃的方式供养他们，其余的人都受到他最为残暴的压迫。他们每个星期在地里劳作六天，累得筋疲力尽，以向他缴纳贡金，也为自己挣口饭吃，而他还强迫他们在第七天为他干活。这一天叫作"主日"，因为它是属于主的，而照他的说法，"主"就是他。

埃弗索在宫里强奸其臣民的妻子和女儿，经常通奸乱搞女人，甚至还有人说他有乱伦行为，根本不把他亲生女儿的贞节当一回事。他经常用鞭子抽打几个儿子，还用剑威胁他们。他抢劫教会的财产。面对强人他是个懦夫，面对懦夫他是个强人。必要时他可以忍饥受累，但和平年月他又成了个大吃海喝的醉鬼，馋得要命。

埃弗索解除了与奥尔西尼家族的联盟关系，转而与科隆纳家族联手，因为他在谁应该继承塔利亚科佐伯爵问题上与奥尔西尼家意见不一。他与奥尔西尼家打仗打了很长时间，双方互有胜负，最后两家商定休战三十年。他从两个侄子手里夺得了安圭拉腊，理由是他们支持奥尔西尼家族，尽管安圭拉腊是侄子合法继承的遗产。

5 对于埃弗索，现在说到这里就行了，后面还要经常提到他。现在转谈庇护。教皇听说没有动武就把阿西斯收复了，心情高兴了许多，意识到这是上帝助了他一臂之力，上帝显然站在他一边。他的计划确实开始得极为顺利。不过他还是觉得不从托斯卡纳走为好，他不想路过锡耶纳，等到他与家乡的民众和解以后再去不迟。让他烦心的是，锡耶纳人仍然不让贵族从政，尽管他一再要求他们这样做。

13
锡耶纳的起源及其疆域。

1 锡耶纳是托斯卡纳的一座名城，疆域辽阔。关于锡耶纳的创建有很多离奇的传说，但实际情况是人们把它的起源追溯到罗马，从罗马接受了一对双胞胎吃狼奶的说法。

有些人认为，高卢人入侵罗马时，锡耶纳人与高卢人混血了，卡米卢斯打败了锡耶纳人，把他们赶跑了。据说两支队伍的残部都定居在现在的锡耶纳所在的位置，建了两座城，后来到了查理大帝时代，这两座城合二为一，形成了一座大城市。这个说法的一个证据是，直到现在，锡耶纳城三分之一的地方叫作"卡米利亚"，这是以卡米卢斯的名字命名的。还有人认为，丰泰布兰达泉是以高卢酋长布伦努斯的名字命名的，只是稍微改动了几个字母。

2 这些古代的传说我们既不能证实，也不能否认，但有一点是确定无疑的：很多有权势的贵族在这里住过，在统治期间建起了宏伟的宫殿、高塔和富丽堂皇的教堂。但后来其中的名门望族之间就政治问题发生了争执，有时甚至动起武来，于是贵族们决定把城市的治理交给民众，他们自己只保留少数几个职位。他们认为，尽管民众控制了城市，但民众仍然畏惧贵族的威严，没有贵族的允许，他们什么事也办不成。

过了一段时间，情况确实如此。但民众一旦习惯了发号施令，一旦品尝到当官的甜头，得到权力带来的好处，既发了财又出了名，他们就不理会贵族了。他们把一些贵族家庭驱逐出城，把其余的贵族奴役起来，尽管还让他们担任几个微不足道的职务。

3 城里有五派（如前所述）[1]：九人集团，因为这一派单独控制

---

① 参见第 1 卷第 22 章。——原编者注

政府时任命九个主要行政官；十二人集团，得名的原因与前面相同；改革派，据说在治国方面引进了一些改革措施；贵族派，以前的称号，因为他们出身世家，有权势，现在至少在名义上还是如此；剩余的一派叫大众派。

4 十二人集团早已被罢免，在政治上不起任何作用了。贵族派还让占据着四分之一的职位，但不许他们指挥要塞，不许在宫里担任最高执政官，不许保管城门钥匙。所有的政治权力都掌握在九人集团、改革派和大众派手里。

时间一长，三派之间产生了严重矛盾。加里斯都三世统治期间，很多官员遭到诬陷，说他们密谋把城市出卖给皮奇尼诺。受到这一指控后，一些人被斩首，一些人被流放，一些人被驱逐和罚款。整座城市由于内讧而四分五裂，所有的人都断定，锡耶纳很快就会失去自由。

5 但全能的上帝以慈爱的目光注视着这座供奉他母亲玛利亚的城市。加里斯都死后，庇护继承了教皇职位，立即关注他心爱的家乡。他挫败了破坏家乡的种种阴谋，以他的权威震慑住了敌人。他还认为，如果那些被免职的人由贵族取而代之，会对锡耶纳城大有好处。庇护本人也是贵族出身。如果贵族在他的家乡被视为奴隶，这与他现在的尊贵身份很不相称。

锡耶纳人审时度势，推选庇护的皮科洛米尼家族出任公职，想预先阻止再有人抱怨。他们以为庇护不会再有别的要求了。但庇护关心的不是他自己的家族，而是整个国家。他宣称，如果不恢复所有贵族的权力，他是不会满意的。他还派使节去提出要求：所有的贵族家庭都要恢复职位，与皮科洛米尼家平起平坐。

6 民众对这一要求暴跳如雷。他们说，教皇的要求他们无法容忍，锡耶纳城绝不会屈服，即便是遭到围困，饿到吃自己孩子的分上也不会屈服。但庇护坚定不移。他发誓，他们要是抗命不遵，他就不再支持锡耶纳城，因为锡耶纳拒绝了合理要求。

　　就是由于这一原因，庇护改变了行进的路线。他绕开托斯卡纳去了翁布里亚，以此警告锡耶纳人：如果他们不按照他的要求做，他会完全不理会家乡，经由佩鲁贾、阿雷佐和佛罗伦萨去曼托瓦。

14
奇维塔－卡斯泰拉纳和台伯河桥；
纳尔尼；斯波莱托及其要塞。

　　1 于是庇护去了奇维塔－卡斯泰拉纳。如前所述，这座城被有些人认为是古代维爱城所处的位置，卡米卢斯遭到忘恩负义的故乡的判决后就在这里避难。它坐落在平地上，但四周全是悬崖峭壁，看起来像是一座高山，简直是固若金汤。

　　这里的主教是一位博学、讨人喜爱的人，庇护担任低级教职时曾是他的好友。主教在他的邸宅热情接待了教皇。（这座邸宅是一座豪华的宫殿，由教皇尼古拉五世所建，遭遇敌人攻击时用作避难所。）庇护从马格里亚诺附近的一座木桥上渡过台伯河，马格里亚诺是萨宾人的一个镇，属于罗马。木桥是最近才建起来的，装饰有常春藤和带叶的树枝。

　　2 一路上民众涌过来迎接教皇。神父们拿着圣徒的遗物，祷告着祈求教皇一路平安。小伙子和姑娘们头戴桂冠，手拿橄榄枝，祝愿伟大的教皇长寿幸福。那些够得着教皇衣服边的人觉得自己有福了。每一条路上都挤满了人，铺上了新鲜的秸秆。在大小城镇，广场上都铺满了珍贵的织物。无论是私人住宅还是教堂，都挂着漂亮的装饰物。就这样，庇护一路走过纳尔尼和特尔尼（他在特尔尼险些丧命，居民们用剑争抢他的马），然后去了斯波莱托，在那里受到类似的礼遇。

3 斯波莱托建在一座山上。枢机主教埃伊迪乌斯的著名要塞建在山顶，防护要塞的既有天然地形，也有人工建造的高墙，固若金汤。从这里可以看到人称斯波莱塔纳的山谷全貌，确实是个迷人、有益于健康的地方。附近有一座又高又陡的山峰，很多隐士在那里服侍上帝，像是一个完全用于宗教活动的沙漠。还有好几座修道院，修士们以生活圣洁而闻名。

哥特人、伦巴第人和法兰克人统治意大利时，斯波莱托是个极为重要的城市，是翁布里亚的首府和公爵的住地，"斯波莱托公国"的头衔延续至今。

教皇在这里住了两天。他设宴款待了随从人员之中的枢机主教，和他们一起愉快地享用美食。

15
向皇帝那里派出特使；
教皇对匈牙利王位继承提出建议。

1 离开罗马之前，教皇派罗马法学家巴蒂斯塔·布伦多到皇帝腓特烈那里，邀请皇帝参加在乌迪内或曼托瓦召开的大会。他派一位德意志侍臣马蒂亚斯·福盖尔担任顾问和巴蒂斯塔一起去，马蒂亚斯熟悉当地的道路和习俗。

这时，巴蒂斯塔已经见到了皇帝，在格拉茨的施蒂里亚镇与皇帝协商之后，他派马蒂亚斯回去禀报。马蒂亚斯在斯波莱托见到了教皇。他禀报的大意是，皇帝在奥地利有要事脱不开身，另外召他去"两个地方之中的这一个或另一个"他也不是非答复不可。教皇又派马蒂亚斯带着一封回信去见皇帝，信里谈到以下几点：

2 奥地利可能有很多事情需要皇帝留在那里，但他也不能忽视真正的信仰的利益。教皇也需要在罗马，但他离开了罗马城，离开了整个教皇国，去参加一次拯救基督教的大会。罗马不比格拉茨或帝都诺伊施塔特更接近提到的那两个地方。教皇年事已高，又患有疾病，但还是愿意走更远的路。而皇帝年轻力壮，却不愿意走更近一些的路，这好像不太合乎礼仪。皇帝应该想一想自己的名声，想一想基督教，不要做出任何让后人认为基督教毁于他疏忽的事情。他不应该在无谓地纠缠法律字眼上浪费时间，在是否要去"两个地方之中的这一个或另一个"这一问题上吹毛求疵。他应该记住："法律越多，正义越少。"[1] 现在不是诡辩的时候，基督教世界处于危险之中，现在所需要的是虔诚的信仰。实际上并没有召皇帝到一个不确定的地方，他在动身之前会得到明确的信息，告诉他去两个地方之中的哪一个地方。他不要找这些正经人都觉得荒唐的借口，也不应该对他的律师乌尔里希[2] 比对自己的良心更关注。

3 皇帝也送去了一封更私密的亲笔信，征求教皇对他是否应该接受匈牙利王冠一事的意见，匈牙利王国的王公贵族们可能要选他。庇护这样回复道："如果你能够信任那些选你为匈牙利国王的人，如果他们有权授予王冠，朕并不建议你拒绝。但如果他们给予你的是争夺和发动战争的借口，朕就反对你接受。另外，朕建议你千万要当心，不要做出任何妨碍组建十字军打击土耳其人的事。再见。"[3]

---

① 西塞罗语。——原编者注
② 乌尔里希·里德雷尔。——原编者注
③ 这封回信含糊不清，反映了庇护所处的困境。马蒂亚斯·科维努斯实际上拥有匈牙利的王权，所以在腓特烈三世眼里就是个篡位者，但马蒂亚斯已经和土耳其人交战了。为了基督教世界的利益，庇护在试图得到不情愿的腓特烈的援助时，并不愿意让这位积极踊跃的盟友成为敌人。——原编者注

16

与锡耶纳和解。

威尼斯与土耳其签订的无耻条约。

1 在此期间，锡耶纳人听说教皇生了他们的气，就担心教皇会不理睬他们，取道佛罗伦萨到曼托瓦，于是就决定采取温和一些的立场。

锡耶纳人任命了使节，很客气地去问候教皇，劝他从家乡走。而威尼斯人虽然由驻罗马使节答应教皇支持攻打土耳其，但他们还是拒绝选择乌迪内作为召开基督教大会的会址，因为他们不敢得罪土耳其人，他们与土耳其结了盟。当年穆罕默德占领君士坦丁堡时，威尼斯人并没有把握能抵挡住他。他们对其他基督教国家的援助不抱任何希望，就与土耳其人签订了一份条约，其条款如下①：

2 在亚细亚，在希腊各地，直至亚得里亚海，威尼斯与土耳其和睦相处。凡是航行至马尔马拉海的威尼斯船只，在看到拜占庭时都要降下船帆，以此向帝都致敬。如果威尼斯人带的奴隶愿意皈依伊斯兰教，他就要将其释放。逃避土耳其人攻击的基督徒，不得在威尼斯人的堡垒里躲避。面对基督徒的进攻而撤退的土耳其人，在威尼斯领土上的城镇里应有安全保障。

3 这样，威尼斯就与土耳其绑在一起了。就像最卑鄙的小人遇到任何危险都不敢做善事一样，威尼斯人也不愿在自己的领土上接待教皇。由于害怕土耳其人，他们对基督的爱已荡然无存。

庇护得到这一消息后，虽然对一个强国竟然干出这种可耻的勾当感到伤心，但还是充满勇气，把希望寄托在救世主身上。他放弃了在乌迪内召开会议的想法，便送信给各国君主，召他们到曼托瓦去，他本人则去了福利尼奥。

---

① 该条约签署于 1454 年 4 月 18 日。——原编者注

17
福利尼奥、阿西斯和圣方济各大教堂。

1 在尤金四世任职期间，福利尼奥从僭主统治下解放出来，回归了罗马教会。

据说很久以前，城里的君主问一位有预言能力的圣人，说他的继承人将来会不会被人赶下台。圣人回答说，等到牛绕着城墙飞的时候，他的继承人就要下台了。这简直是不可能的事，僭主就相信他和子孙后代会永远统治这座城市。

然而，这位君主的侄子继位后，亚历山大宗主教乔瓦尼·维泰莱斯基率领一支大军来围城[①]。乔瓦尼打出军旗，旗上面有一对牛的图案，风一吹把旗展开，像是牛在飞似的。福利尼奥人吓坏了，因为城里的长老都知道那个预言。没过几天，他们就把城池拱手相让，直到今天一直属于教皇，僭主被迫逃亡。

2 庞护从这里去了阿西斯。他站在当年出卖给皮奇尼诺的要塞里，感到很惊奇：一个沉迷于命运和革命（皮奇尼诺常常这样说）的人，竟然放弃了一个非常坚固的堡垒，而且这个堡垒又坐落在易于破坏意大利和平的理想位置。他想，这肯定是上帝的仁慈把那个军人吓坏了，是上帝的仁慈成全了曼托瓦大会。

3 阿西斯因方济各会创始人圣方济各而闻名，圣方济各把贫穷看作最宝贵的财富。这里有一座富丽堂皇的教堂，以圣方济各的名字命名，据说他的遗骨就埋在里面。实际上有两座教堂，一座建在另一座上面，装饰有佛罗伦萨的乔托[②]制作的壁画，大家一致公认

[①] 1439 年。——原编者注

[②] 乔托（1267—1337），佛罗伦萨画派的创始人，文艺复兴的先驱者之一，享有"欧洲绘画之父"的美誉。——译者注

乔托是他那个时代最伟大的画家。

这里还埋葬着西班牙枢机主教埃伊迪乌斯，我们在前面提到过他①。多亏了他能力出众，教皇国在四分五裂、几乎完全落入篡位者手里之后又得以恢复和回归。但也有人说，埃伊迪乌斯的遗骨埋在维泰博上面奇米诺山上的圣马蒂诺教堂。附属于圣方济各教堂的修道院被认为是整个方济各会的总部，世界上没有一座方济各会建筑能与它相比。

4 庇护察看了要塞，发现只有一个地方可以被攻破。他下令在那里建一座塔楼。后来花了很多钱把塔楼建起来了，把要塞加固得坚不可摧。

18

佩鲁贾及其了不起的居民。
布拉乔的命运和性格。

1 庇护再次渡过台伯河，前往佩鲁贾，在那里享受到人能想象出来的所有荣誉。当时虽说是隆冬，整座城市却装扮得像是春天已经来临似的。城里到处都悬挂着绿色植物，男男女女都兴高采烈地瞻仰着教皇的风采——那里的人过了八十年才再次见到基督代理人。每一条街上都悬挂着教皇的纹章和金黄色的月牙，有军事表演，到处都是一片喜气洋洋的景象。各位枢机主教和教廷的所有成员都受到热烈欢迎。

2 佩鲁贾历史悠久，是古代历史学家提到的伊特鲁里亚十二个城市之一。现在仍然可以看到当年奥古斯都大帝修建的一部分城

---

① 参见第2卷第14章。——原编者注

墙。佩鲁贾城很久以来就以其军人和学者而闻名，尤其是在法律领域，巴尔托洛及其弟子巴尔多和安杰洛是出类拔萃的人物[①]。

佩鲁贾最著名的军人是蒙托内的布拉乔，一个出身高贵的人，但也是教会的敌人，成为他自己城市的僭主，后来又征服了翁布里亚的很多城镇。[②] 最后他围困拉奎拉十四个月，被教皇马丁的军队打败，被俘后遭到处决。这一战绩给弗朗切斯科·斯福尔扎带来很高的荣誉，因为这是他父亲死后他指挥的第一场战役。布拉乔的遗体被运到罗马，像牲畜一样被掩埋了。但后来尤金又把他的遗体挖出来运到佩鲁贾，埋在那里的教堂里，这一命令没有给尤金带来好名声。

3 布拉乔身体左侧瘫痪，但很有风度。他的谈话令人愉快、富有魅力，但心肠冷酷无情。他会笑着下令用最折磨人的方式对人严刑拷打，把可怜的囚犯从塔楼顶上扔下去，以这种方式来取乐。在斯波莱托，有一次一个信使给他送来一封有敌意的信，他命人把这个信使从一座大桥上头朝下扔了下去。在阿西斯，他下令把三个人从广场上的高塔上往下扔。方济各修道院的十八个修士冒犯了他，他下令把他们的睾丸放在铁砧上砸成了肉酱。

在维泰博，布拉乔下令把一个俘虏扔进沸腾的佩拉卡努姆温泉里。最令人震惊的是，这个人漂在水面上没有受伤。所有的人都祈求布拉乔饶他一命，连上帝都没有要他的命。但他对行刑者吼道："再把他扔一次，这一次再浮上来就放了他。"这一次囚犯再也没有

---

① 巴尔托洛·萨索费拉托（1314—1357），中世纪后期最著名的法学家，巴尔多（1327—1400）和安杰洛（死于1423）两兄弟是他的得意门生。——原编者注

② 安德烈·多多·福尔泰布拉乔，蒙托内伯爵，1416年占领了佩鲁贾，从其领土上为自己分割出一个国家。1424年试图占领拉奎拉未果，不久后死去。——原编者注

浮上来。

　　要描述布拉乔的很多残忍行为需要很长时间。他既不相信天堂，也不相信地狱。他是教会和信仰的敌人，根本就不配得到基督徒的葬礼。

　　4 布拉乔的战友尼科洛·皮奇尼诺也同样以勇猛著称，但出身没有布拉乔高贵（皮奇尼诺的父亲出身于最下层，在佩鲁贾肉食市场上谋生）。他也在自己的城市夺了权，让罗马教会遭受重大损失，当时尤金担任教皇。尼科洛虽然比布拉乔更尊重宗教，但对教会的迫害同样残酷。尼科洛在米兰公爵菲利波·马里亚军中服役过一段时间，几次打败威尼斯人和佛罗伦萨人，像是意大利最幸运、最有能力的一个军事首领。但最后他在一场与佛罗伦萨和教会的战役中失败，打仗的地点是在托斯卡纳阿雷佐附近的安吉亚里[①]。

　　5 之后，尼科洛没有做出任何值得一提的事，在米兰默默无闻地死去，埋在那里的大教堂里。据说他在托斯卡纳的安吉亚里战败以后，经常说他当时看见了教会的旗帜，旗上绘有圣彼得的钥匙（当时正是圣彼得的节日），这让他惊恐不安，放弃了任何胜利的希望。上帝确实要为自己受到的伤害报仇，坏人的成功绝对不会长久。

　　尼科洛·皮奇尼诺的两个儿子弗朗切斯科和雅各布继承了他在军队的指挥权。弗朗切斯科虽然是个勇敢杰出的军人，但毁在酗酒上，父亲死后不久也死了。他的士兵投奔了雅各布的队伍，下面我们会经常提到这位雅各布。

　　6 布拉乔的亲戚尼科洛·斯特拉也是个非常勇敢的指挥官，继承了其家族攻击教会、亵渎上帝的传统。但他很快就遭到报应，从马上栽下来折断了脖子。还有很多著名的佩鲁贾军人，我们知道的有切科利诺，还有洛多维科·米凯洛佐，此人得到了抓捕布拉乔的

———————————

① 1440 年。——原编者注

荣誉，因为他们属于对立的派别。

7 佩鲁贾有两派：贵族派和平民派，总是拼得你死我活。平民派统治了佩鲁贾很长时间，但后来被布拉乔赶下了台，从那以后贵族派就一直掌权至今。（前面提到皮奇尼诺曾在这里统治过。他是平民，但也属于贵族派。）平民派掌权时，曾把一个四兄弟之家拉入他们的阵营。据说四兄弟的母亲是个很聪明的女人，她说四个儿子之中，比奥尔多能说会道，办事能力也强。切科利诺能办事，但不善言谈。安东尼奥能言善辩，但办事拖泥带水。而埃加诺既不会做也不会说。

8 教皇庇护于圣母净化节①前夕抵达佩鲁贾城，在节日当天，他按照传统仪式敬献了蜡烛。几天以后，他为宏伟的圣多明我大教堂揭幕。

乌尔比诺的费代里科来看望教皇，受到热烈欢迎。萨伏依公爵洛多维科的使节依据古老的习俗，也来向罗马主教表示臣服。锡耶纳的使节也来请教皇去他们的城市。庇护很高兴地接待了他们，也很乐意应邀回到可爱的家乡。但他说，他回到城里时不希望看到有武装，想自由地与元老院就政体问题进行协商。他们答应了，尽管很不情愿。

19
特拉西梅诺湖，丘西，萨尔泰阿诺。

1 教皇在佩鲁贾住了三个星期，然后动身去了锡耶纳，让居民们非常伤心，他们希望主人能多住一些时日。

庇护取道特拉西梅诺湖，该湖以汉尼拔的胜利而闻名，这场胜

---

① 每年的2月2日，也叫"圣烛节"。——译者注

利成为罗马人的灾难。近年来，该湖没有出水口，很多小河里的水流了进去，逐渐抬高了水位，淹没了周围一些城镇的很大一片地方。布拉乔穿山开挖了一些深渠，把多余的水排出去灌溉山谷，否则山谷里会很干旱。他还建了几座磨坊。就凭这一项功绩，他就应该扬名。

2 教皇到来之前，湖面上刮了好几天大风，根本不可能行船。而现在像是顺从神意似的，大风停息了。教皇下船的时候，湖水像是驯服的野兽一样向他低头。风平浪静之后，他们上岛的时候捕了很多鱼，庇护和方济各会的修士们在岛上过了夜。

从那天晚上到夜里，再到第二天早晨，天气一直很好，直到他们的船再次来到岸边。然后阵阵大风呼啸而来，跟随教皇的那些人险些丧命。特拉西梅诺湖在冬季总是风大浪急，难以行船，竟然让教皇航行自如，当地的人惊叹不已。

3 庇护随后来到基亚纳河，或者更准确地说是一片沼泽，这条河将佩鲁贾和锡耶纳的领土分隔开来。锡耶纳的一个使团在这里极为隆重地欢迎教皇。他们陪着教皇来到古城丘西。丘西是国王波森那的出生地，以前曾很富裕，也有名气，现在却成了一个小村，只有几户人家。老普林尼说，这里曾有个迷宫，位于世界奇迹之列。而现在已经无迹可寻，这倒成了个奇迹。

庇护从这里前往萨尔泰阿诺。这座城以前属于奥维耶多，现在是锡耶纳的盟友，而不是臣属于锡耶纳。西西里国王拉迪斯拉斯率领一支大军攻打佛罗伦萨时，锡耶纳人不让他过去，他就在这里停留了十三天，每天都攻城。[①] 但他的一切企图都没有得逞，一是因为守卫萨尔泰阿诺的人勇敢，二是因为保罗·奥尔西尼吃里扒外，派人把国王的一切计划都告诉了守城的人。

---

① 这事发生在 1414 年。——原编者注

20
科尔希纳诺，现在叫皮恩扎。

1 教皇从萨尔泰阿诺去了科尔希纳诺。奥尔恰河谷有一座大山，顶部是一个狭窄的高原，大约一英里长。东南角有一个小镇，值得一提的地方不多，但气候有益于健康，出产美酒和各种必需品。从锡耶纳到罗马，要穿过科尔希纳诺到拉迪科法尼，就在圣奎里科城堡后面。小镇位于一个平缓的斜坡上，离大路有三英里。

2 小镇的大部分以前属于皮科洛米尼家族。庇护的父亲西尔维奥的祖产就在这里，庇护就是在这里出生的，在这里度过了童年。现在又回到了这里，他想和儿时的朋友说说话，看看以前熟悉的地方，痛快地玩一阵子。

但让他失望的是，他的同代人大部分都死了，活着的都待在家里，因年老有病而直不起腰了。即便是那些露面的也面目全非，简直认不出来了，残疾，衰弱，散发出死亡的气息。教皇每走一步都显露出老态，不得不承认他老了，离死也不远了。连那些他离开时还是儿童的人，现在也都是有成年儿子的父亲了。

3 整个小镇装扮一新。人们喜气洋洋，对教皇的到来十分高兴。他们因教皇出生在他们中间而自豪。他们对教皇看也看不够，不停地向他欢呼。

庇护在科尔希纳诺度过圣彼得御座节并主持弥撒①。他决定在镇里建一座新教堂和邸宅，作为对他出生地的永久纪念。为此他雇了建筑师和工匠，花了很多钱。他还在每年的圣十字架节那天②大赦任何到访教区教堂的人，这座教堂后来成为大教堂。这些事情我们在适当的时候再谈。

---

① 2月22日。——原编者注
② 5月3日。——译者注

21
帕多瓦教堂。
布翁孔文托。
庇护进入锡耶纳，对民众发表正式讲话。

1 教皇离开科尔希纳诺以后在路上得到消息，说帕多瓦教堂因主教死亡而出现空缺。庇护立即把圣马可枢机主教叫来，对主教说："你觉得朕不领你的情，因为朕很长时间都没有给你圣职了。朕不想给你微不足道的好处，朕要等待一个肥缺，这样你会看出来你对朕是多么重要。现在机会来了。帕多瓦教堂出现了空缺，这是个富裕、享有盛誉的教堂。你要是愿意去，朕会把你从维琴察调到那里，再委派朕的文书格雷戈里·科雷尔到维琴察教堂去。现在格雷戈里在维罗纳修道院，朕再把这座修道院给朕的外甥。"[1]

2 圣马可枢机主教对教皇的馈赠感到很高兴，向他表示了感谢。他们来到布翁孔文托，据传说皇帝亨利七世就是在这里被一个教士给毒死了[2]。教皇召集当时在场的枢机主教开会，重申了他的命令，但在抵达锡耶纳之前要保密。

人的打算是多么盲目，对未来是多么无知![3]庇护以为威尼斯人对这一决定会感到非常高兴，因为圣马可枢机主教就来自他们的贵族阶层。但没有比这更让他们恼怒的事了。他们妒火中烧，闹得四分五裂，而教皇对此却毫不知情。[4]

3 那天夜里，教皇下榻在圣玛利亚名叫库纳的客栈，离锡耶纳

---

① 庇护的这个外甥1503年成为庇护三世。——原编者注

② 1313年。——原编者注

③ 维吉尔：《埃涅阿斯纪》1:209。——原编者注

④ 威尼斯元老院都是指定自己的候选人，对庇护插手传统上由他们控制的教会任命感到愤怒。——原编者注

六英里。第二天他进了城。一大群居民迎接他，民众的喜悦之情令
人吃惊，城里洋溢着节日的气氛，装扮得很漂亮。他在其他地方从
未见过如此兴高采烈的人群。但城里的长老之中仍有人不愿见教
皇，他们知道教皇支持贵族。不过他们因害怕民众而按耐住自己，
把痛苦埋藏在心底，脸上还是露出笑容。他们知道，如果不表现出
热情欢迎教皇的样子，就会激起民众对他们的愤恨。

4 不久就到了四旬斋星期日，也叫玫瑰星期日。为了给锡耶纳
城增光，教皇亲自把传统礼物金玫瑰授予"大长老"，一个担任三
天的职务。然后他发表演讲赞美锡耶纳，命枢机主教们护送接受金
玫瑰的人到宫里。大长老名叫博宁塞尼，正好是改革派家族的。博
宁塞尼走在队伍的最后面，有两个枢机主教走在他两边。

5 随后，庇护提出了召回贵族的问题。他把元老院的成员召集
起来，对他们这样说：

"锡耶纳人，朕对你们非常感激，你们允许朕的皮科洛米尼家
族的亲属参政。你们对朕也是一样，朕担任基层职务时，你们经常
帮助和保护朕。朕并非忘恩负义，也不会成为家乡的负担。朕长期
住在异国他乡，远离家乡（在米兰住在菲利波·马里亚那里；在巴
塞尔住在大会上；在萨伏依住在阿梅迪奥那里，半个世界都尊他为
基督代理人，号称菲利克斯；在奥地利住在皇帝腓特烈那里；在那
不勒斯住在国王阿方索那里；在罗马住在教皇加里斯都那里）。朕
无论是在担任枢机主教之前，还是担任枢机主教期间，都尽全力支
持你们，维护你们的利益。近来也是一样，朕依顺神意担任了教
皇，采取了一些措施来保护你们脆弱的独立，保护你们的国家，维
护你们的权威。朕心里最为牵挂的莫过于祖国的自由和安全。自从
朕承蒙天恩晋升教皇以来，你们就得到了自由与安全。

6 "但如果你们不接受一种不同的生活方式，不改革你们的政
府，这种好日子不会持续长久。真理不会说谎——福音书上的真理

说'凡一国自相纷争，就成为荒场'[1]。还有像你们争斗得这么厉害的国家吗？当然，在其他城市，也常常有两派争斗带来灾难的。而你们的情况是，一部分社会成员放弃了执政的任何希望：贵族虽然还享有一些特权，但被排斥在政权之外。另一方面，那些掌权的人（无论是九人集团、改革派还是大众派）不妒忌、不争斗就无所作为。一派总想超过另一派，希望能比别人强。毫无疑问，五花八门的名称在民众之中造成了分裂，促成了动乱。

7 "而且更严重的是，朕担任教皇之前就出现了新的分裂。[2] 你们处决了很多在政府中和你们一起任职的人，其他人你们将其流放，或开除并重重地罚款。对这些人的处罚可能是公正的，但国家也付出了代价。死去的人永远也回不来了，但遭到流放的人、被开除的人还想回国。他们夜以继日地密谋反对你们，城里有他们的同党，血缘关系和感情把他们联系在一起。实际上你们赶出城的人越多，你们现在的敌人就越多，这些敌人正准备发动革命推翻政权。这些还有其他很多隐患存在于你们的政治体内。你们在国外也树敌很多，你们自己都知道。恨你们的人近在咫尺，而朋友却远在天涯。一个内忧外患的国家，还会有希望吗？

8 "但上帝把朕扶上了圣彼得的宝座，为你们提供了抵御外敌进攻的安全保障。只要朕坐在这个宝座上面，谁也不敢公然对你们宣战。你们的敌人知道教廷的力量，知道朕是这个国家的居民，他们害怕攻击你们就像害怕攻击朕一样。在朕的祖护之下，你们没有外敌攻击之虞。

"而对于国内的敌人，朕感到无能为力，保护不了你们。朕只

---

[1] 《圣经·路加福音》11:17。——原编者注
[2] 1457年年初揭露出来的一个阴谋显示，贵族们和皮奇尼诺一起密谋夺取政权。在那些遭到罚款和流放的人之中，有庇护的朋友和亲戚。——原编者注

能给你们提出一个建议，这一建议肯定能保护任何一个国家，那就是你们要互爱，要团结一心治理国家。民众和谐是一道坚不可摧的屏障。你们知道萨卢斯特是怎么说的：'和谐，幼小者能长大；不和谐，庞然大物会分裂。'只有和谐，城市才能生存下去。

9 "一样东西能让你们永远团结，让你们的国家永远有安全保障：你们要维护正义，因为正义是美德之母。正义是一种公平原则，依据人的功过给人以奖赏和处罚。一个在正义指导下的国家是幸福的。锡耶纳人，如果你们依据人的功绩来分配官职，你们也会幸福。

"这项原则你们已经疏忽了。五十多年来，你们把贵族当成了奴隶——是这些贵族的祖先创建了这座城市，他们把政权交给你们不是被迫的，而是自愿的。现在你们要回到正义的道路上来。贵族必须受到尊重，必须把他们推选到你们将其流放或处决的人的岗位上。空缺的位置必须补上。你们以前树多少敌，现在就要交多少友。注意不要让一个人恨你们。如果做不到这一点，起码也要让你们的朋友比敌人强大。

10 "贵族们做到这些会轻而易举，如果把他们提升到你们将其罢免的职位。这个建议既能维护面子，又能带来好处。贵族们的父辈创建了我们的城市，把国家大权交给了你们，虽然受尽你们的凌辱，但从不反抗，而是逆来顺受，随时准备服从你们的命令。如果你们不给他们面子，你们如何显示感激之情？你们自己相互争吵的时候，他们本可以趾高气扬的。他们宁可在和平环境中为国效力，也不愿在动乱中掌权。又有谁会认为这样的人不配执政呢？

"一个治理得井然有序的国度，一个想要把根深深扎下去的国度，必将惩恶扬善。但凡神志正常的人，谁都不愿待在一个美德得不到奖赏的城市。如果你们的神志还算正常，就应该欢迎贵族们分享政权。既然现在不担心他们的财富了，他们和你们的状况一样，甚至比你们还要寒酸，你们就不应该让他们占据一个比你们低的位置。

11 "这是最可靠的保护，可以保护你们的自由，维护你们城市的安全。这就是朕给予亲爱的祖国的建议。如果你们拒不接受，朕对这个国家的未来就不抱多大希望。一个分裂的城市，离灾难就不远了。正义得不到伸张的地方，就没有和平。但如果你们给了贵族他们应该得到的东西，即便出现一点危险，不仅朕会随时提供帮助，而且你们的保护者、全能的上帝也会帮助你们，上帝总是站在正义者一边。"

22
贵族恢复职位。
拉迪科法尼划归锡耶纳。

1 教皇说完以后，在场的枢机主教们各尽其能，也以同样的口吻发了言。他们得到的答复是，城里的长老们会召开一次正式的元老会议，然后把决定向教皇禀报。

大家散去之后，一些居民窃窃私语，咒骂教皇。他们挑他说话的毛病（虽然一些人认为教皇讲得好），提出各种狂妄的要求。贵族们在位时所犯的每一个错误都被抖搂出来。人们都说，再没有比分享政权更难的事了，谁掌握国家大权应该靠武力来决定，不是靠言语来决定。一些人不愿分配职位，一些人不愿分享利益。一些人认为，如果接纳了贵族，他们自己就没有份儿了，因为贵族更应该得到。野心限制住了每一个人，谁也不欢迎有人来分享权力。贵族有时候会把职位让给别人，但平民绝对不会。率领民众走上正义之路决非易事。如果他们看不到有利可图，不动用武力他们就不为所动。

2 元老们觉得很难拒绝教皇提出的要求，但更难答应他的要求。依照法律规定，通过一项决议至少要有三百位元老出席会议，而且要有三分之二的人投赞成票，这样就更难满足教皇的要求了。而民众因仇恨、贪婪和野心而堕落，也认识不到什么是他们的最大利益。

3 元老院的辩论漫长而又毫无结果。资深的元老和那些最有权势的人决定答应教皇的请求。而年轻没有经验的成员则持反对态度，这些人在数量上远远超过资深议员。他们在私下里开会，用流放和死亡来威胁其他议员。

明智一些的人对国家的这种惨状感到伤心。其中一些有钱有势的人私下里找到教皇，劝他动用武力去得到凭借商谈得不到的东西。他们说，如果民众武装起来，支持教皇的人就肯定会占据优势，因为所有没有参政的人（这部分人数量巨大）都会支持他。教皇可以确信，一旦打起仗来，他一定能获胜。

不过教皇回答说："朕不会对家乡动武。如果朕遭到家乡同胞的拒绝，朕不再支持他们就是了。对于一个忘恩负义的城市来说，这样惩罚就足够了，也足以为朕报仇了。"

4 庇护的这番话泄露到民众之中，很多人害怕了。元老院反复开会，一遍又一遍地投票，但支持教皇提议的票数仍然达不到三分之二。庇护催得更急了，要求在他离开之前得到答复。后来看样子教皇要是达不到目的真的要动怒，元老院最后决定接纳贵族进入每一个部门，部分特权贵族可以分享四分之一，其他特权可以分享八分之一。

5 法令颁布以后，全城欢呼庆祝。整个元老院和所有的行政官员都去告诉教皇所发生的事情。教皇心里明白，他的要求并没有完全得到满足，但为了不让大家扫兴，他装出高兴的样子，向元老院表示了感谢，赞扬了他们的做法，说他从曼托瓦回来时希望看到更大的进展。

那天夜里，到处都能看到喜庆的表现。城里到处都燃烧起篝火，响起令人愉快的铃声和喇叭声。贵族与平民相互打招呼，相互拥抱和邀请。

6 为了表达对家乡同胞的感激之情，教皇把阿米亚塔山上的要塞拉迪科法尼镇给了锡耶纳，这个镇本是教会的遗产。依据修士们的建议，他赋予锡耶纳对这个镇的永久使用权。作为回报，锡耶纳每年要向教廷财政部缴纳一笔数目固定的钱（时间期限是由庇护的前任定的，这一期限快要到了）。这个镇是著名军官南尼·皮科洛米尼从一个土匪手里夺来的，然后把它送给了锡耶纳。这样，皮科洛米尼家族把这个镇的占有权和名分都给了家乡。

23
锡耶纳成为大主教区。
为教皇的父母西尔维奥和维特多利亚修建一座宏伟的陵墓。

1 这时，锡耶纳教会也晋升为大主教区，格罗塞托、马萨、苏瓦纳、丘西都隶属于锡耶纳。教皇就这样提升了家乡的地位。第一位大主教是安东尼奥·皮科洛米尼[①]。庇护晋升为教皇时，就指定安东尼奥为自己在这个教区的继承人。

2 教皇回锡耶纳四年之前他母亲就死了，母亲去世四年之前父亲也死了。双亲都埋葬在方济各修道院里，父亲葬在科希那诺，母亲葬在锡耶纳。

很久以前，皮科洛米尼家族有一个名叫皮耶罗的骑士，为自己和后裔在城门口附近的小兄弟会修道院里修建了一座豪华的大理石墓。他家族的很多成员都埋葬在这里。修士们把庇护的母亲也埋进了这座陵墓（当时庇护是锡耶纳主教，远在德意志）。她死在教区里的一个要塞克勒拉，想葬在一座方济各修道院里。这激怒了第一

----

① 庇护的另一个亲戚。——原编者注

个皮耶罗的孙子皮耶罗，他觉得让一个陌生人的遗骨和自己祖先的遗骨葬在一起是无法容忍的，因为庇护的母亲维特多利亚虽然嫁到了皮科洛米尼家，但其娘家是福尔泰圭里家族的。所以，皮耶罗下令，把她的遗体挖出来埋到其他地方。

3 修士们把老夫人的遗体葬在教堂里祭坛的旁边，但上面盖的只是土，没有大理石板，因为他们觉得她儿子有朝一日会厚葬母亲的遗骨。这一想法并非胡思乱想。庇护回到家乡以后（他以前听说过母亲去世并下葬的消息），让人把他父亲西尔维奥的遗体从科希那诺迁移到锡耶纳，用漂亮的利古里亚大理石为双亲建了一座宏伟的陵墓。[①] 他亲自撰写了一个对句作为墓志铭：

我，西尔维奥，葬在这里，我妻子维特多利亚在我身旁。
我们的儿子教皇庇护把我们葬在这座陵墓。

24
几位君主派来大使，首先是波希米亚国王。
他的异端邪说。

1 教皇在锡耶纳期间，皇帝腓特烈、卡斯蒂利亚国王亨利、匈牙利国王马蒂亚斯、葡萄牙国王阿方索、波希米亚国王伊日、勃艮第公爵菲利普、奥地利公爵阿尔伯特、勃兰登堡侯爵腓特烈和阿尔伯特等君主的大使，依据古老的习俗前来拜见基督代理人。这些大使里有一些显赫人物，其中两人不久之后就成为枢机主教：阿拉斯

---

① 这座位于圣方济各教堂的陵墓在 17 世纪时被大火烧毁，但夫妇二人的半身雕像保存了下来，仍然摆放在教堂的唱经楼里。——原编者注

主教让和萨尔茨堡教区长布尔夏德，分别代表勃艮第和皇帝。

2 布尔夏德及其同僚、法学家约翰·欣德巴赫和哈通·卡佩尔来到佛罗伦萨以后，在这里住了一段时间。他们被激怒了，教皇竟然承认马蒂亚斯为国王，教廷接待他的使节时用了通常是给予国王大使的礼节，尽管匈牙利的贵族选择皇帝为他们的国王，皇帝也接受了这一头衔。

教皇听说以后声称，他们的抱怨没有道理，因为依照教廷的习俗，实际拥有王位的人要被称为国王，在他之前加里斯都就是这样称呼马蒂亚斯的。皇帝的使节听了以后感到满意，然后就在圣母大教堂公开表示顺从。不过波希米亚国王的使节是在一次秘密会议上表态的，他是担心如果公开表示臣服于罗马教廷，王国的一部分可能会脱离他的主子。

3 波希米亚王国分为两个教派：一派信奉罗马教会，另一派反对罗马教会。反对罗马教会的这一派叫胡斯派[①]，以其很多异端邪说而臭名昭著，庇护本人在其《波希米亚史》里有记载[②]。波杰布拉迪的伊日是个胡斯派教徒。他沾染上这一派的毛病，在他们的帮助和支持下，在阿尔伯特的继承人拉迪斯拉斯统治期间夺取了政权，国王死后他自立为王，把瓦茨主教和拉布主教从匈牙利召来为他加冕。两位主教拒绝把这样一个荣誉授予一个被认为是异端分子的人，除非他先宣布放弃自己的错误信仰，公开表示服从罗马主教。

4 于是伊日召来一些见证人和秘书，来到他宫里的一个秘密处所，或真（这种可能性更大一些）或假地正式宣布放弃胡斯派信仰，服从罗马教廷的权威和管辖。两位主教真诚地承认了公开发表

---

① 胡斯，14世纪捷克宗教改革家，反对罗马教会和德意志帝国对捷克的控制，1415年被判异端罪处死，由此引发了胡斯战争。胡斯在宗教观点上深受英格兰的威克里夫的影响，二人同为16世纪欧洲宗教改革的先驱。——译者注
② 参见第1卷第21章。——原编者注

出来的对这件事的记录，然后加冕他为国王。不久之后，整个波希米亚都接受了他的统治，而摩拉维亚进行了微弱的抵抗之后，也接受了他的统治。

西里西亚的抵抗更顽强一些。弗罗茨瓦夫人向庇护派了一个使团，说他们绝对不会接受一个他们怀疑其正统性的国王。这些使节在锡耶纳见到了庇护。他们严厉谴责伊日，说伊日既不对上帝守信，也不对人守信。他不配得到国王的头衔，这一头衔是罗马教廷在书信里授予他的。

5 教皇宣布要在曼托瓦召开大会时，对是否称呼伊日为国王有点拿不定主意。问题的双方都有可取之处。加里斯都承认了伊日的国王头衔，伊日本人放弃了异端邪说。另一方面，人们普遍认为这不过是个虚套。最后，他接受了枢机主教们的建议，决定不仅给伊日写信，而且还用了国王的头衔。

但庇护要把信寄给皇帝，皇帝如果愿意的话会把信送交给伊日的。波希米亚王国是帝国的封地，王位空缺时，皇帝有权为波希米亚人任命一位新国王。腓特烈马上就把教廷的信寄给了伊日。伊日收到信以后极为满意，下令把信在全国的主要城市张贴公布，既满足他自己的虚荣心，也让所有的人都知道教廷把他当成一个虔诚的天主教徒，所以给了他国王的头衔。

6 很多人对此感到气愤，尤其是弗罗茨瓦夫人。我在前面讲过，弗罗茨瓦夫人向庇护那里派了使节。教皇向他们解释了这一决定的理由，但他们仍然求教皇给予援助，免得伊日软硬兼施，让他们放弃基督教信仰。庇护回答说，为了防止国王动怒伤害到他们，他打算给伊日写信不许他动武，命他依照教廷的仲裁来解决与弗罗茨瓦夫人的争端，弗罗茨瓦夫人是西里西亚的主要居民。伊日要是拒不接受，教皇会采取其他措施。这样回答以后，他就让弗罗茨瓦夫人的使节回去了。

25
很多人劝阻庇护不要下定决心。
塔兰托人的背信弃义行为。

1 庇护然后决定继续赶往曼托瓦，虽然很多人试图劝阻他。锡耶纳人眼看就要失去教廷给予的好处，便提醒教皇说，一路之上有千难万险在等着他：穿过佛罗伦萨的路上充满了危险，佛罗伦萨人比谁都狡猾，他们看不起所有的锡耶纳人，对身为锡耶纳人的教皇怀有仇恨，教皇必须防范有人下毒或设计各种圈套。

有人说，教皇去曼托瓦一点用也没有，因为不会有人到那里去开会，教皇只会招来各国君主的敌意，君主们会怀疑教皇是要指责他们不听话；教皇还是待在锡耶纳比较好，不要再往前走了；再走的话他会付出很高的代价而一无所获，只会招来君主们的敌意，他像是要指责他们冷漠、懦弱。

2 还有人说，意大利正在出现大动乱。教皇一旦越过亚平宁山，就永远回不了托斯卡纳了，他就会失去罗马和教会的全部遗产。有些人嘲弄和鄙视教皇庇护。他们说，他是在意大利各地逛麦田的；不先让各国君主表明态度就召开大会是荒唐的；他应该在家里安静地等待着君主们的明确答复。这样的闲言碎语到处都能听到。

枢机主教们不敢公开指责教皇的计划，因为他们事先同意过，但一些人却毫无顾忌地在私下里攻击他。有几个人写出长篇大论来反对他。有一个人给法兰西国王写了一封信，但这封信落到了教皇手里。信里这样说：

3 "一位枢机司铎[①]向法兰西国王查理致意。一届基督教大会

[①] 庇护虽然没有披露写信人的名字，但其头衔"枢机司铎"似乎指向阿维尼翁主教阿兰，此人为教廷里法兰西派的首领。——原编者注

已确定在曼托瓦召开。教皇庇护正在去曼托瓦的路上。他最为迫切地希望皇帝腓特烈能出席。这必然会给您带来侮辱和伤害。您要是还明智，就阻止这次大会召开。再会。"

4 庇护知道枢机主教中有人这样玩弄阴谋后感到震惊，但他觉得惩罚这一罪行必然会招来流言蜚语。他对这些闲话不屑一顾。他认为他一点也不害怕佛罗伦萨人，佛罗伦萨人都是头脑清醒、通情达理的人。阴谋诡计也吓唬不住走正道的人。他也不应该害怕人类的敌人，敌人总是反对善举。他倒是希望得到上帝的帮助，他就是为了上帝才到北方去的。如果君主们不来参加大会，那是他们的过错。如果他去参加会议，他就会因为自己的坚持不懈而赢得荣誉，其他人也就不能以教皇无动于衷为借口而迟迟不动。

那些劝庇护小心的人说，他应该先征求君主们的意见，然后再召开大会或再上路，但在庇护看来这显得愚蠢——这样征求意见需要很长时间，君主们永远也不会在开会的时间和地点问题上达成一致。一国之主应该鄙视闲言碎语，鄙视民众说的坏话。罗马教皇在万人之上，应该对诽谤他的人表现出宽容。他没有忘记救世主的话，救世主说，"人若因我辱骂你们，逼迫你们，捏造各样坏话毁谤你们，你们就有福了。"[1]

5 圣彼得枢机主教[2]是激烈反对过亚平宁山的人之一。他从罗马给教皇写信，劝教皇不要给德意志君主们提供口实，他们会以为教皇去曼托瓦而他们不去是对他们的侮辱。教皇回信说："很聪明，以让我丢脸的方式来减轻你自己国家的耻辱！"他不再耽搁，信心毫不动摇，离开了他的家乡。民众跟随他来到市郊，哭得像是再也见不到他似的。

---

① 《圣经·马太福音》5:11。——原编者注
② 德意志的库萨的尼古拉。——原编者注

6 他刚过第二个里程碑，就得到塔兰托亲王的消息。塔兰托亲王以前抛弃了费兰特国王，在拉韦纳大主教巴尔托洛梅奥（庇护派他去那里观察局势）的干预和威尼斯使节的斡旋之下又与主子言归于好。由于塔兰托亲王的背信弃义行为，双方的和解并没有维持多长时间，我们在下面就要说明。

26
波吉邦西。
加莱亚佐派人护送进入佛罗伦萨。

1 庇护一进入佛罗伦萨的领土，就在波吉邦西受到城里主要人物的欢迎，他们对基督代理人表现出十二分的尊重。

波吉邦西现在是个无名小镇，坐落在瓦尔德埃尔萨。但以前的波吉邦西是在山上，俯视着它现在的位置，面积大，人口多，很难攻破。波吉邦西曾经与皇帝派站在一边，给佛罗伦萨人造成很多麻烦，所以佛罗伦萨人先是摧毁了它的城墙，后来又把它夷为平地，把它搬到了刚才提到的位置。

2 教皇在这里过了夜。第二天，他在圣卡夏诺又遇见一拨使节，比上一拨人还多，身份也更显赫。这些使节陪着他来到离城不远一座漂亮的庄园，这是一家私人的产业，教皇在这里过了一夜。第二天，在去切尔托萨的路上，他碰到了法恩扎、弗利、伊莫拉的领主，随后又碰见米兰公爵弗朗切斯科·斯福尔扎的长子加莱亚佐·斯福尔扎。

3 这个英俊的小伙子还不到十六岁，但他的性格、口才、智力和勤奋都不比寻常，好像连很多成年人都赶不上他。他在谈吐和仪表上有君主的威严，说起话来出口成章，大多数人经过长时间的准备也很难说过他。听到一个乳臭未干的毛孩子说出一个饱经沧桑、头发花白的人才能说出来的话语，确实让人吃惊。

他父亲派他和五百盛装华服的骑兵护卫队从米兰到佛罗伦萨来迎接教皇。加莱亚佐过了切尔托萨还没走多远，就在第三个里程碑附近遇见了庇护。加莱亚佐滚鞍下马，依照习俗吻了庇护的圣脚。

4 在修道院，午餐为教皇端了上来。饭后他匆匆去了城里，在城门外大约有两个赛跑场①远的地方遇见了教皇派的首领们、正义旗手②和城里的很多官员。城门口站着执政团成员，他们谦恭地向教皇表示问候，吻了教皇的脚，把整个城市及其居民都托付给了教皇。

5 教皇患有痛风，不能骑马，而是坐在一把金椅子上由随从抬着。他一进城，手拿圣徒遗物的神职人员接受他的祝福并走到行进队伍的前头之后，西吉斯蒙多·马拉泰斯塔以及我前面提到的其他几位主教代理便接过教皇坐的椅子放在自己肩上，将主子抬了一段路程。西吉斯蒙多嘴里一直不停地嘟嘟囔囔说着气话——"看看我们这些城里的大人们压得有多低！"加莱亚佐个子太低，两条腿也没有劲，承受不住椅子的重量，但他把手放在椅子上，看起来也像个抬家。城里的执政团成员走在教皇的两侧。抬轿子的走过一定的距离之后就换人，最显赫的人物也要参与效力。

6 加莱亚佐刚走了几步路，就依照教皇的命令重新上马，不一会儿其他几位主教代理也上了马。城里到处都是人，既有本地居民，也有外地人。他们来自各地，有附近城镇里的，也有乡下的，来看看新教皇。妇女穿着各种鲜艳的服装，有本地式样的，也有外国式样的，但脸都涂成了白色，显然是用了化妆品。

教皇走访了圣雷帕拉塔教堂和圣乔瓦尼洗礼堂，在这两个地方都为民众祝福。他下榻在新圣玛利亚，在他之前马丁和尤金都曾在

----

① 指古希腊罗马的赛跑场，长度为 607 英尺。——译者注
② 佛罗伦萨政府名誉首脑。——原编者注

这里受到款待①。

27
佛罗伦萨的起源、历史和内战。

1 佛罗伦萨以前叫作"佛罗蒂亚",因阿诺河"流"过这里而得名②,现在是托斯卡纳的首府。它是在菲苏莱的废墟上建起来的,菲苏莱被哥特国王托提拉摧毁了③。佛罗伦萨征服了沃尔泰拉、皮斯托亚、阿雷佐、科尔托纳和比萨,夺走了卢卡的很大一片领土,重创了锡耶纳,有时候也受到锡耶纳的伤害。

佛罗伦萨好几次都与德意志皇帝作对。亨利七世在城墙外搭起帐篷,把佛罗伦萨围困得好苦。眼看着他就要把城拿下来了,他又被迫转战那不勒斯与国王罗贝尔交锋,结果率领着部分队伍在半道上中了毒,死于布翁孔文托,这件事我在前面已经提到过④。查理四世率领一支军队来到佛罗伦萨城门口,帮助被流放在外的皇帝派复辟。⑤

2 历任米兰公爵都对佛罗伦萨人恨之入骨,让佛罗伦萨人损失惨重,不过他们自己也遭受了损失。佛罗伦萨人帮助弗朗切斯

---

① 庇护从 4 月 25 日到 5 月 5 日待在佛罗伦萨。——原编者注
② 在意大利语中,"佛罗蒂亚"(Fluentia)与"流"发音接近。——译者注
③ 庇护的描述所依据的是莱奥纳尔多·布鲁尼的《佛罗伦萨人史》,从他提到托迪拉可以看出。布鲁尼认为,在古代,摧毁佛罗伦萨的是托迪拉,不是匈奴王阿提拉。——原编者注
④ 参见第 2 卷第 21 章。——原编者注
⑤ 皇帝查理四世(1346—1378 年在位)于 1355 年和 1368 年两次途经托斯卡纳,都没有真正靠近佛罗伦萨城。他这两次行程都是出于政治动机,用花言巧语鼓励爱国者抵御外敌入侵。——原编者注

科·斯福尔扎夺得米兰公国，斯福尔扎一直是佛罗伦萨人忠实的朋友。有时候佛罗伦萨人把那不勒斯国王当成朋友，有时候又当成敌人。那不勒斯一度统治过佛罗伦萨。雅典公爵也占领佛罗伦萨一段时间[①]，最后他被赶走了，民众又赢得了独立。实际上直到那时，佛罗伦萨人才开始体会到什么是真正的受奴役，就在他们以为自由的时候，因为他们赶走了一个主子又接受了很多主子。佛罗伦萨经常受到内讧的折磨，上层阶级互相争权。

3 大家普遍认为，现代最有名的佛罗伦萨人是帕拉·斯特罗齐、尼科洛·乌扎诺和鲁道夫·佩鲁齐。帕拉最富有，尼科洛最有智慧，鲁道夫最有军事才能。

28
科西莫的财富和权力。

1 科西莫·德·美第奇挑起一派反对这些人，结果遭到流放。乌扎诺已经死了，科西莫在外流放了一段时间。后来，教皇尤金在佛罗伦萨上朝，各派开始争斗，科西莫就趁机从流放地返回。

科西莫趁城里发生动乱制服了反对派，恢复了以前的权力，将鲁道夫、帕拉及其他很多人流放。[②] 这些人再也没有回来，只有鲁道夫得到尼科洛·皮奇尼诺的帮助与佛罗伦萨作对，在穆杰洛一带抢劫掠夺，但后来在流放中死去。帕拉在逆境中并不气馁，晚年在帕多瓦研究哲学，年近九十时死在那里。帕拉本不该遭到同胞的流放。

---

① 布里埃纳的沃尔特于 1342—1343 年统治佛罗伦萨。——原编者注
② 科西莫·德·美第奇（1389—1464）于 1433 年遭到流放，但第二年便胜利归来。——原编者注

2 这样处理掉他的对手以后，科西莫以他认为适当的方式治理国家，积累的财富连大富豪克罗苏斯也难以企及。他在佛罗伦萨为自己修建的宫殿如同王宫。他修复了很多教堂，又建了很多教堂。他创建了宏伟的圣马可修道院，将希腊语、拉丁语手稿收藏到修道院的图书馆。他把自己的别墅装饰得富丽堂皇。

凭借这些宏伟的工程，科西莫好像没有什么可妒忌的了，但民众永远都是看不起风云人物。有人宣称科西莫的僭政无法忍受，千方百计阻挠他的工程，有些人甚至辱骂他。

3 这时，到了对每个公民的财产进行估价的时候了。佛罗伦萨人把这一程序叫作 "catasto"，锡耶纳人叫作 "libra"。行政官员们可以凭借这一程序判定公民的财力，以此公平分摊每人的税额。科西莫赞成实行一种新的估价方式，他的对手则表示反对。于是决定召开一次全城大会。

人们正在聚集时，一伙武装分子按照科西莫的命令，从四面八方围拢过来把广场包围了，显然任何反对科西莫计划的人都会有危险。在暴力威胁下，新估价方式得以批准。反对者有的遭到流放，其他人遭到罚款。①

4 从此以后，科西莫有求必应。在战争与和平问题上，他的决定是最终决定，他的话就是法律。他与其说是城里的公民，不如说是城里的主人。政府会议在他家里召开，他提名的候选人被推选担任公职，他享受的完全是王权，只是没有国王的头衔和王宫。

就是由于这一原因，庇护问奥尔泰主教对佛罗伦萨的看法时，奥尔泰主教回答说，这么漂亮的一个女人没有丈夫，真是可惜。教皇说："是的，但她有个情夫。"意思是她有个僭主而没有国王。庇

---

① 导致 1458 年 8 月召开议会的政治问题和财政问题，要比庇护描述的更为复杂。——原编者注

护指的是科西莫，他身为非法领主，残忍地将佛罗伦萨及其居民变成他的奴隶。庇护待在佛罗伦萨期间，科西莫病了或（很多人认为）假装病了，这样他就不用服侍教皇了。

5科西莫的祖上是从穆杰洛来到佛罗伦萨的。他父亲乔瓦尼成为美第奇家的门客，就采用了这一家的姓。① 他为两个儿子科西莫、洛伦佐留下了巨额财富，这笔财富在科西莫手里又增加得令人难以置信。他的商业利益遍布整个欧洲，生意一直做到埃及。

科西莫身材好，身高在中等以上。他神情和言谈都很温和，比一般的商人有文化，懂一点希腊语。他头脑敏捷，对身边发生的一切都很留心。他的胆量既不懦弱也不鲁莽，很能吃苦，能忍饥挨饿，经常整夜不睡觉。意大利发生的事情没有他不知道的。实际上他出的主意指导了很多城市和君主制定政策。外国发生的事也瞒不住他，因为他和全世界的人做生意，世界各地的书信源源不断地寄到他手里，这使他能够了解各国的情况。

科西莫晚年患了痛风，他在世时几个儿子和孙子都患了这种病。教皇路过佛罗伦萨时，科西莫已年过七十。

29
佛罗伦萨主教安东尼奥的圣洁和死亡。

1就在这时，佛罗伦萨大主教安东尼奥去见造物主了。② 他是多

---

① 科西莫的祖父阿维拉多姓"比奇"，阿维拉多的儿子乔瓦尼名叫"乔瓦尼·迪·比奇"。他们是美第奇家族的旁系，但说他们是收养的并不符合事实。——原编者注

② 安东尼奥·皮耶罗齐死于1459年5月2日，1523年被封为圣徒。——原编者注

明我会的成员，是个值得纪念的人物。他制服了贪婪和高傲，没有
丝毫的欲望，饮食、饮酒有度，从来都不发火，从来都不妒忌，也
没有任何其他激情。

安东尼奥是个杰出的神学家，写了好几部受到学者称颂的著
作。他是个很受欢迎的布道者，虽然他猛烈抨击违反教规的行为。
他对神职人员和平信徒的道德规范进行了改革。他苦口婆心地解决
纠纷，竭尽全力消除世仇。他把教会的收入分配给穷人，但一点也
不给他的亲戚，除非他们非常需要。他只用玻璃和粘土烧制的餐
具，希望他的家人（人数很少）不要嫌少，要依照哲学箴言来
生活。

安东尼奥死后享受到隆重的葬礼。在他家里人们只见到他平常
骑的那头骡子，还有几件廉价的家具，其他东西都让穷人拿走了。
所有的佛罗伦萨人都相信，他已经到天国享福去了，我们也不应该
认为这一想法没有根据。

2 城里的主要行政官员 ① 听说失去了这样一位神父，这样一位
孤儿寡妇的保护人，他们找到教皇庇护，求他任命一位（他们并没
有具体指明是哪一位）配得上的人来继承这么一位伟人。教皇称赞
了佛罗伦萨人，说他们不像威尼斯人那样指名道姓地推出一个候选
人，并答应批准他们的合理要求。

30
佛罗伦萨的名人。

1 佛罗伦萨历史上很多杰出人物至今仍享有盛名，但其中最伟

----

① 即市政委员会。——原编者注

大的人物非但丁·阿利盖利莫属。他辉煌的诗篇描述了天堂、地狱和炼狱的景象，显示出的简直是神的智慧，虽然在生活中他有时也犯错误。

其次是弗朗切斯科·彼特拉克，如果他的拉丁语作品写得像他的意大利语作品一样好，世上就很难找到能与他匹敌的人。

排在第三位的是乔瓦尼·薄伽丘，我这样排位是公正的，虽然他有点轻浮，风格不是那么精美。

2 接下来是科卢乔。他既写诗歌也写散文，风格适合于他的时代，虽然在我们看来有点粗糙。他是佛罗伦萨的秘书厅厅长。佛罗伦萨当时与米兰为敌，所以米兰公爵詹加莱亚佐常说，科卢乔手里的笔对他的杀伤力超过了佛罗伦萨的三十个骑兵连。[①] 科卢乔是个精明人，虽然风格不典雅，但仍然熟练掌握了能够触动人心的语言艺术，并在作品中充分展现了这些技巧。

几年以后，科卢乔的职位被莱奥纳尔多所接替。莱奥纳尔多生于阿雷佐，但后来成为佛罗伦萨公民。他精通希腊语和拉丁语，其口才接近西塞罗。他把很多希腊语作品翻译成拉丁语，以此而享有盛名。然后是卡洛，在散文方面几乎与莱奥纳尔多不相上下，在诗歌方面要胜他一筹。卡洛生于阿雷廷，但经同意成为佛罗伦萨人。波焦也是个著名的佛罗伦萨公民。他担任教皇秘书多年，写了好几部非常好的书，最后回到家乡担任秘书厅厅长，和家人一起度过余生。

3 军功卓著的佛罗伦萨人之中，最著名的有菲利波·斯科拉里。他统治匈牙利王国多年，在那里好像比国王本人权力还要大。尼科洛出生于阿恰约利家族，以西西里王国的总管而闻名。他儿子率领一支远征军抵达希腊，征服了底比斯和雅典，将其留给了子孙，直

---

① 詹加莱亚佐·维斯孔蒂（1351—1402），米兰公爵。——原编者注

到最近才被土耳其苏丹穆罕默德赶走。[①] 还有更多的人值得一提。这些人的才干增强了佛罗伦萨的影响力，传扬了佛罗伦萨的英名。

31

佛罗伦萨的宏伟建筑和庆典盛况。

1 要赞美佛罗伦萨的人不仅要提到它最著名的人物，还要提一提城市的规模。

在整个意大利，佛罗伦萨的规模仅次于罗马，居第二位。它周围的城墙又高又厚，广场和街道典雅，又宽又直。宏伟的教堂和宫殿，无论是公共的还是私人的，都装饰得富丽堂皇。

在所有的建筑物之中，最值得一提的莫过于圣雷帕拉塔教堂[②]，其圆顶差不多有罗马万神殿的圆顶那么大。其次是执政宫，第三是科西莫的宫殿。值得一提的还有圣乔瓦尼洗礼堂，以及科西莫建造的圣洛伦佐教堂。

2 然后是连接阿诺河两岸的几座桥，众多的人口，男女穿的漂亮服装，各种商铺，大庄园，城墙外豪华的别墅，建这些别墅的花费相当于建这座城的花费。最后是居民的头脑机智，虽然他们最大的才能是经商，而哲学家觉得经商是肮脏的。

佛罗伦萨人好像对赚钱特别感兴趣。由于这一原因，头面人物从民众手里搜刮到大约一万四千达克特用来接待教皇，结果大部分他们都留作自己用，一部分用来帮助加莱亚佐及其随从。他们在教

---

① 菲利波·斯科拉里（1369—1426）为匈牙利的西吉斯蒙德效力多年。尼科洛·阿恰约利（1310—1365）的养子内里于1388年从加泰罗尼亚人手里夺走了雅典公国。雅典于1460年被穆罕默德二世所征服。——原编者注
② 该教堂建于4世纪，后在其原址上建成圣母百花大教堂。——译者注

皇身上花得很少，花在娱乐上的钱也不多，虽然他们把狮子弄到广场上与马和其他动物搏斗，还举行了马术比赛，比赛中喝的酒要比流的血多得多。

　　教皇在佛罗伦萨住了一个星期，其间西吉斯蒙多·马拉泰斯塔请庇护调解他和西西里国王费兰特之间的争端，费兰特刚对他宣战。

32
西吉斯蒙多·马拉泰斯塔及其无法形容的罪行。

　　1 贵族马拉泰斯塔家族的西吉斯蒙多[①]是个私生子。无论是精神还是身体，他都极为强壮，能言善辩，武艺高强，深谙历史，对哲学也并非仅仅是粗通。凡是他想做的事情，他像是天生就会做似的，但他最看重的莫过于作恶。

　　西吉斯蒙多贪婪无比，又抢又偷，纵欲无度，既强暴女儿，也强暴女婿。小时候他经常扮演新娘。后来，经常扮演女人角色的他又把男人当妓女。任何婚姻他都不放在眼里。他既强奸基督教修女，也强奸犹太女人。反抗他的男孩和女孩，他或是杀掉，或是残忍地折磨。他要是当了一个孩子的教父，常常迫使孩子的母亲通奸，然后再把她丈夫杀掉。在残酷程度上，他超过了任何一个野蛮人。他那双血淋淋的手既折磨有罪的人，也折磨无辜的人。

　　2 他压迫穷人、抢劫富人，连孤儿寡妇也不放过。在他的残暴统治下，没有一个人是安全的。一个人要是有了财富，有个漂亮的妻子或好看的孩子，就会面临一个捏造的刑事犯罪指控。他恨神

[①]　参见第1卷第31章的注释。——原编者注

父，鄙视宗教，对来世毫不关心，认为灵魂会和躯体一起死亡。

他倒是在里米尼建了一座供奉圣方济各的教堂，但他在里面摆满了非基督教艺术品，把教堂搞得与其说是基督教圣所，不如说是异教徒崇拜魔鬼的庙堂。他在教堂里面为他的情妇竖起一通壮观的大理石墓碑，工艺精湛，上面以异教徒的风格刻着碑文："敬献给神圣的伊索塔"。

3 在有伊索塔这个情妇之前，他有两个妻子都被他相继杀掉了，用暴力或是下毒。第三个妻子是在那两个之前娶的，还没有和她同房就把她休了，但把她的嫁妆留下了。

有一次，在离维罗纳不远的地方，他遇到一个从德意志到罗马参加禧年节庆典活动的贵妇人。他强奸了她（她长得非常漂亮），把她扔在路上不管了，她由于挣扎而受了伤，还流着血。

4 他嘴里几乎从来都没有实话。他是个弄虚作假的老手，一个发伪誓的人，一个骗子。他背弃了西西里国王阿方索及其儿子费兰特，背弃了米兰公爵弗朗切斯科，背弃了威尼斯人、佛罗伦萨人和锡耶纳人。他一再欺骗罗马教会。

最后，他把意大利人背叛完了，就接着去背叛法兰西人。法兰西人出于对教皇庇护的仇恨而与西吉斯蒙多结盟，但他们的下场并不比其他君主好。有一次，他的属下问他最终是否会隐退过安生的日子，这样也好让饱受战乱的国家缓一口气，他回答说："滚蛋，别装孬种！只要我还活着，你永远也不得安生！"

5 这就是西吉斯蒙多，一个不能忍受过安生日子的人，一个追求享乐、不能吃一点苦的人，一个热衷于打仗的人，一个世上曾经有过、将来永远也不会再有的最坏的人。他是意大利的耻辱，是我们这个时代的耻辱。

6 阿方索在与佛罗伦萨打仗时，雇西吉斯蒙多为他的佣兵队长。他付给西吉斯蒙多一大笔钱，但西吉斯蒙多很快就有更多的钱来炫

耀了：他投靠了佛罗伦萨人，转而攻打阿方索。他为自己背叛找的
理由是：他的全部酬金没有按时支付。这对阿方索国王是个沉重打
击，他以前雇来冲锋陷阵的人成了他的敌人，他现在不得不面对这
样一个敌人。

毫无疑问，西吉斯蒙多的背叛就是佛罗伦萨人的解放。所以，
最后达成全面和解，意大利各国君主签署一份条约时，西吉斯蒙多
就和热那亚人以及法恩扎的阿斯托雷一起被排除在外了。阿方索国
王保留对那些背叛他的人宣战的权利。

7 所以，阿方索装备了一支强大的舰队攻打热那亚人。在他生
命的最后一年（也是教皇加里斯都的最后一年），他派遣一支由尼
科洛的儿子皮奇尼诺率领的大军攻打西吉斯蒙多。这一举措得到乌
尔比诺公爵费代里科的大力支持，费代里科恨西吉斯蒙多有他自己
的理由。战争持续了一段时间，不仅在阿方索的有生之年一直在
打，甚至他死后也没有结束，因为费兰特和他父亲一样恨西吉斯
蒙多。

这个僭主的属下由于其主子的罪行而遭了罪，对他的傲慢和不
敬行为愤怒不已的是穷人。他的地盘在整个意大利都有名气，在法
律上属于罗马教会（虽然受到僭政的管制）的财产，现在正变为
废墟。

8 如前所述，教皇庇护对这一局面感到痛惜。费兰特得到西西
里王国时，庇护给他规定了一些条件，其中有一项条件是：费兰特
要按照教皇亲自制定的条件与西吉斯蒙多和解。然而庇护收复阿西
斯以后，他制定条件的自由受到了限制。依照做出的决定，必须按
照一些具体条件实现和解。如果西吉斯蒙多不同意这些条件，他们
必须宣告教皇在不受约束时签署的条约无效。另外还规定，这一条
约的效力不得超过二月底，不过这一最后期限后来延长到三月，之
后又延长到四月。

9 庇护在佛罗伦萨时，条约的有效期只剩下四天，国王的代理人没有在那里说明他的情况。不过乌尔比诺公爵费代里科的特使和雅各布·皮奇尼诺在场，由于国王把这件事托付给他们了，教皇就命四个枢机主教听取双方的陈述，让他们达成协议。

但协议没有达成，教皇就亲自听取每一方陈述自己的理由和要求。西吉斯蒙多肯定犯了背叛罪。于是决定西吉斯蒙多要以付钱的方式加以赔偿，他要是没钱就以他的城堡来抵押。但国王代表要的多，西吉斯蒙多愿意掏的少，看样子问题难以解决。几位使节宣称他们赢了，西吉斯蒙多宣称他没有输，他宁可忍受任何形式的痛苦也不会答应这些要求。

10 西吉斯蒙多越说越激动，最后庇护大声说道："闭嘴！朕说的不是你，而是你管辖的地盘。朕可怜的不是你，而是你的属下。看看你的所作所为，你没有资格提出要求让朕考虑。无论如何惩罚你，都不足以抵消你犯下的罪行。看看你这辈子到现在所作的恶，任何想象得到的惩罚形式对你来说都不算过分。无论你如何为自己辩解，人人都相信你背叛了阿方索。你的罪恶行径会让你受到指控，要判你的刑。

"唯一对你有利的是你的先人所提供的服务（他们对罗马教会有功）。朕花费时间想惩罚你的罪行时，无辜的人却受到惩罚，这一点也对你有利。在这件事上朕想让你与你的敌人和解，但该做的事你要是不做，朕就不管你了。如果仁慈的上帝让穷人再多受一会儿罪，同时让你这个最该受到诅咒的人受到惩罚，或是死在战场上，或是失去财产而流落他乡，朕并不会感到吃惊。"

11 西吉斯蒙多听到这话以后吓坏了，便答应了一些看上去好像可以接受的条件。而另一方获胜之后就傲慢起来，坚决不同意任何妥协方案。在有关西吉斯蒙多的事情上，教皇有权做出任何决定，但他觉得将胜利置于公正之上是不光彩的。他用了很长时间来解决争端，想让双方都满意。失败之后，他放弃了让国王和西吉斯蒙多达成协议的努力，不知道是这样打起仗来对教会更有利，还是和解对教会更有利。因为大家都知道，皮奇尼诺是不会刀枪入库的，如果他不再与西吉斯蒙多交战，就很有可能把矛头对准教会。于是庇护下结论说，和解无法实现是上帝的旨意。

佛罗伦萨人同意他的看法，认为恶魔该受到应有惩罚的一天终于到了，为此他们感到很高兴。

33
奥地利及其公爵。

1 与此同时，奥地利公爵西吉斯蒙德的特使来提醒教皇，说瑞士人很快就会拿起武器攻击奥地利公爵家族。如果真是这样，德意志大部地区都会受到影响，教皇攻打土耳其人的一切希望和计划都会化为泡影。

2 在德意志各个公国之中，奥地利公爵家族是最高贵的，所统治的领土也最大。这一家族产生了五位神圣罗马帝国皇帝：两位阿尔伯特，两位腓特烈（第一位腓特烈打了败仗之后，就把皇位让给了巴伐利亚的路德维希），还有几位鲁道夫之中的第一个，此人是士瓦本的小伯爵。鲁道夫当选为皇帝之后，就向波希米亚国王奥托卡尔宣战，奥托卡尔也统治着奥地利和施蒂里亚。鲁道夫打败并杀死了奥托卡尔，然后把奥地利留给了他自己的继承人。① 奥地利是个漂亮的地方，以多瑙河为中心，还包括其他很多地区。多瑙河这

① 哈布斯堡的鲁道夫 1273 年当选为皇帝，1278 年在马希费尔德战役中打败了奥托卡尔。——原编者注

一边的地盘曾被诺里克人和潘诺尼亚人占领，另一边居住着野蛮人，一部分是萨尔马托人，一部分是德意志人。

3 我们这个时代，奥地利有三位君主：腓特烈和恩斯特两兄弟以及他们的堂兄弟阿尔伯特。[①] 阿尔伯特继承的一份是奥地利的核心区域，包括维也纳，古人称为弗拉维亚努姆。这是一座名城，以其贸易和人文学派而闻名。腓特烈统治的是山区，那里是两条重要的河流阿迪杰河与因河的发源地，也蕴藏着丰富的盐和银。恩斯特是施蒂里亚的领主，那里以前叫作瓦莱里亚。他把自己的领地扩展到卡林西亚和卡尼奥拉，一直延伸到亚得里亚海。阿尔伯特成为波希米亚人和匈牙利人的皇帝，最后也成为罗马人的皇帝，但没过多久就死了。他的遗腹子拉迪斯拉斯继承了父亲的所有王国，除了罗马帝国之外。罗马帝国被别人从他手里夺走了，但他还是个孩子时就死在了波希米亚（据说是被毒死的）。

4 恩斯特有两个儿子[②]：腓特烈和阿尔伯特，兄弟二人在父亲死后一再兵戎相见，争夺继承权。帝国落到了腓特烈手里，虽然几经波折，但仍然在他的掌控之中。老腓特烈撇下一个未成年的儿子西吉斯蒙德，由小腓特烈来监护。西吉斯蒙德甚至年满十八岁以

---

① 三人都是奥地利公爵鲁道夫的孙子，鲁道夫把哈布斯堡家族在奥地利的财产分给了他的子孙。恩斯特（死于 1424 年）是施蒂里亚领主，腓特烈四世（死于 1439 年）是蒂罗尔摄政，二人的堂兄弟是奥地利公爵阿尔伯特四世（死于 1404 年）。不过庇护在这里很可能是指他儿子阿尔伯特五世（死于 1439 年）。1438 年，阿尔伯特五世当选为皇帝，称阿尔伯特二世，是拉迪斯拉斯的父亲。——原编者注

② 即奥地利的腓特烈五世（1415—1493）及其弟弟阿尔伯特六世（1418—1463）。1439 年，腓特烈五世的叔叔、蒂罗尔的腓特烈四世，以及他父亲的堂兄弟、皇帝阿尔伯特二世相继去世。腓特烈五世立即担任了他两位小堂弟的监护人：腓特烈四世的儿子、蒂罗尔的西吉斯蒙德和阿尔伯特的遗腹子拉迪斯拉斯（1440—1457），成为哈布斯堡大家族的首领。1440 年，他就是凭借这一身份当选为罗马人的国王，号称腓特烈三世。——原编者注

后，仍然没有解除对他的监护，直到这个地区的居民用武力把地方官员赶走，这些官员是腓特烈在阿迪杰河与因河河谷任命的。即便如此，解除对他的监护还是有一定条件限制的，他和他的朋友都觉得这些条件太苛刻。不过他接受了这些条件，因为不接受他就不能得到独立。[①]

5这样一来，西吉斯蒙德与腓特烈多次争吵，到现在也没有平息。一个声称他的监护人做得不光彩，另一个抱怨被监护的人从来都不尊重双方商定的条件。西吉斯蒙德的领土与瑞士交界，好像是瑞士人要攻击奥地利人，西吉斯蒙德对教皇就是这么说的，我在前面已经说过。

34
瑞士人，他们的历史和性格，与王太子的战争。

1瑞士的领土虽然位于法兰西，他们的语言和习俗却是源于德意志。他们的祖先是彪悍的山民，居住在卢塞恩湖畔的一个小镇上。

2一个人要是从米兰到巴塞尔的路上在卢塞恩湖上航行（也就是从戈特哈德翻过阿尔卑斯山），他右边就是一条山谷，里面居住的人不足五十，他们唯一的财富就是羊群。这些人与奥地利君主因为鸡毛蒜皮之类的事发生了严重分歧，最后拿起了武器。瑞士人在开始交战时占了上风，打败了奥地利人，杀死了他们的将领利奥波德[②]，既壮了胆，又结交了盟友。

附近山里的所有居民以及邻近的几个城镇都寻求他们的保护，

---

① 此事发生在 1446 年。——原编者注
② 1386 年。——原编者注

其中主要有卢塞恩、措芬根、巴塞尔、索洛图恩和伯尔尼，另外还有很多虽然人口多也很强大但并不耻于被称为瑞士人的城镇。这样，瑞士人覆盖的范围就从日内瓦湖附近和罗纳河延伸到康斯坦茨湖和莱茵河，从意大利的阿尔卑斯山延伸到巴塞尔。必要时，他们可以轻而易举地把三万轻步兵拉到战场上，这些士兵根本就不知道什么叫逃跑。

3 瑞士人主要关注的是正义。他们严惩窃贼，对强盗惩罚得更厉害。他们严格遵守殷勤好客的规矩，尊重神父，信奉他们的宗教，热爱和平，满足于现状，不受到挑衅绝不动武。在战场上开小差是最严重的犯罪行为。阵亡者的遗孤和遗孀由集体出资来赡养。他们勇敢，精神不屈不挠。

瑞士人越过阿尔卑斯山去攻打米兰公爵菲利波·马里亚，在贝林佐纳附近被打败。[①]对米兰来说，这是一场惨烈的胜利，但安杰洛·佩尔戈拉仍然把瑞士人消灭了。在这场战役中，一个巨人被杀死了，其身材极为高大，遗体被运回米兰。苏黎世人抛弃了联盟去投靠皇帝腓特烈，瑞士人便发动战争攻打苏黎世人，结果大不相同，一次交手就杀了八百人。

4 瑞士人多次大败奥地利人，吞并了他们一部分领土。最后他们签署一份为期五十年的停战协定[②]，但法兰西国王的长子、维也纳王太子率领一大队骑兵攻打了巴塞尔[③]，停战协定遭到破坏。当时他们的奥地利臣民看到了希望，便撕毁了停战协定，加入王太子一方。瑞士人派四千人去增援巴塞尔的盟军，但还没有到达巴塞尔就被消灭，不是因为敌人勇敢，而是因为他们自己太轻率，不假思

---

① 1422年。——原编者注
② 1412年。——原编者注
③ 1444年夏。——原编者注

索就去（下文再解释）迎击一支强大的骑兵。但他们并没有白死，而是消灭了很多法兰西人以后才死。

5 王太子走了以后，瑞士人对奥地利公爵阿尔伯特宣战，双方互有胜负。最后双方师老兵疲，都留了很多血，又续签了五十年停战协定。续签的意思不是说从签署之日起和解五十年，而是说原来规定的五十年之中，在剩余的日子里实现和解。

但看样子连这一份协议也难以遵守，因为很快就有了新的冲突理由。瑞士人比以前更有信心了，而且他们觉得自己是受害方，便威胁要开战。奥地利公爵西吉斯蒙德获悉他们的意图以后，对自己的实力没有把握。如前所述，他派人去找教皇，希望教皇出面制止可能爆发的战争。

庇护觉得这件事不容忽视，便派他的文书斯特凡诺·纳尔迪尼去德意志，以扑灭这场危险的战火。斯特凡诺·纳尔迪尼是个杰出的人物，后来被任命为米兰主教。

35
亚平宁山：范围及其名称的由来。

1 教皇离开佛罗伦萨以后，在一座非常漂亮的别墅里过了第一夜。这座别墅坐落在穆杰洛，属于科西莫。第二天，他越过亚平宁山脉，在菲伦佐拉镇过夜。

2 亚平宁是一座高山，从阿尔卑斯山一直贯穿整个意大利，其右边是利古里亚、托斯卡纳、翁布里亚、坎帕尼亚及其他一些地区，左边是山南高卢、弗拉米尼亚、比切诺、阿布鲁齐、阿普利亚及其他一些意大利地区。溪水从山顶滚滚而下，注入亚得里亚海和第勒尼安海。

有人说，"亚平宁"这一名字来自"迦太基"，因为汉尼拔在翻越这座山时瞎了一只眼。还有人说，这个名字来自伊利里亚语里表示"山顶"的一个词"pianina"，只改动了几个字母。这两个看法我们都不赞成。我们认为，名字的起源和意义问题是一个最难的问题。但如果要冒险猜一猜的话，说"亚平宁"是意大利语里"阿尔卑斯"的昵称似乎不无道理。

3 离开菲伦佐拉镇以后，教皇翻过亚平宁山的另一道山岭，经过一番相当程度的颠簸和劳累之后到达皮亚诺罗。走过卡普仑诺不远，他遇到博洛尼亚的几位使节，卡普仑诺就在佛罗伦萨和博洛尼亚的交界处。

36

博洛尼亚和巴伐利亚人。

桑特的僭政和城里的派别。

1 博洛尼亚以前叫"博约尼亚"，一度由一个高卢部落波伊人占领，波伊人把伊特鲁里亚人赶走了。波伊人又被罗马人打败了，他们翻过阿尔卑斯山，赶走了诺里奇人，占领了多瑙河沿岸和整个因河河谷的土地。

有很长一段时间他们都叫波伊人，后来被称为"博亚奥里人"，再后来又叫"巴奥里人"。到我们这个时代，其名称又演变为"巴伐利"。他们的东边与奥地利接壤，西边与斯瓦比亚接壤（斯瓦比亚包括古代的雷蒂亚），南边与意大利的阿尔卑斯山接壤，北边与弗兰肯和波希米亚接壤。有人认为弗兰肯人是波伊人的残余，但其历史显示他们是斯拉夫人。

2 博洛尼亚的领土位于亚平宁山与波河之间，这一地区罗马人叫作"艾米利亚"，但现在人称"罗马诺拉"，因为伦巴第人入侵意大利时，他们给山南高卢仍然忠于罗马的那一部分起了这么一个名字。博洛尼亚城坐落在亚平宁山脚下，一条小河雷诺河穿城而过。这一地区盛产小麦和葡萄酒，蚕丝产量也高，气候宜人，有益于健康。博洛尼亚有一所著名的法律和哲学学校。但在道德行为方面，它教外国人要比教本国人教得好一些。

3博洛尼亚城在法律上隶属于罗马教会，但民众不服管束，分成不同的派别。博洛尼亚人既不知道如何统治，也不知道如何服从统治。他们掠夺成性，随时准备流血。近代发生过几次革命，本蒂沃利奥家族、卡内托里家族和赞贝卡里家族先后挣脱教会的统治，夺取了政权。马丁五世失去了这座城，尤金四世又夺了回来，但由于他下令处死了高贵的骑士安东尼奥·本蒂沃利奥（或至少默许了这一罪行），博洛尼亚城再一次脱离了教会。安东尼奥的儿子阿尼巴尔以及巴蒂斯塔·卡内托里赶走了教皇的守备部队，让尼科洛·皮奇尼诺及其骑兵进了城。

但皮奇尼诺也没有得势很长时间，他儿子弗朗切斯科被逮捕，受到严重虐待。于是巴蒂斯塔伏击了阿尼巴尔并把他杀掉，不久以后又发生一场革命。卡内托里派被流放，巴蒂斯塔被人从他避难的地方揪出来连扎几刀，终于为他所犯的罪行而受到了惩罚。他的遗体被扔给了猪狗撕成碎片，还有人竟然像发了疯的野兽一样喝了他的血，把他的心也吃了。[1]

4这样，本蒂沃利奥家族、马尔维齐家族和马雷斯科蒂家族成了城里的主人。但由于本蒂沃利奥家族没有一个首领（家族里没有一个适合做首领的人），阿尼巴尔的儿子还需要一个监护人，他们就从佛罗伦萨

---

[1]　1445年，巴蒂斯塔·卡内托里杀了阿尼巴尔·本蒂沃利奥，三年以后被处决。——原编者注

请来一个名叫桑特的织工，认为这个人是本蒂沃利奥家的一个私生子。

这真是一件离奇的事：一个无名之辈，靠织布为生，而且织的是非常廉价的布，由于命运不可思议的捉弄，竟然当上了一个年轻贵族的监护人，当上了一个凶猛强悍民族的统治者，这让他自己都大吃一惊。他这两项职责与其说是为他以前从事的低贱职业提供了证明，不如说是为他所传说的血统提供了证明。让他当国家的领导人似乎是完全正确的，好像他在放弃以织布为业的同时，连性格和精神都变了。

后来，教皇尤金死后由尼古拉继任（尼古拉在博洛尼亚度过青少年时代，后来成为博洛尼亚主教），博洛尼亚与教皇又言归于好。博洛尼亚提出几个条件之后接受了教皇使节。这位使节应该叫作"被绑起来的人"更准确①，因为城里所有的权力都在以桑特为首的十六个人手里。他让国家沦落到奴隶的悲惨地步，因为没有其他办法来制服这一残忍、不安分的民族。

5 桑特听说教皇庇护决定去曼托瓦，就把他这一派的各位首领叫过来对他们说："我们怎么办？如果教皇从我们这里绕过去到曼托瓦开会，人们就会以为他恨我们。这会让那些被我们流放的人产生希望和勇气，他们的朋友就会帮他们，把我们从城里赶出去。但如果他来这里，恨我们的人就会把政权交给他，我们的政府就垮了。"

6 这一问题在会议上争论了很长时间，因为这是件微妙、危险的事。他们征求米兰公爵斯福尔扎的意见，按照斯福尔扎的建议，他们把雅各布·因格拉托派到罗马。因格拉托接到的命令是用一切可能的手段，求教皇在去曼托瓦的路上在博洛尼亚停留。因格拉托还说，博洛尼亚的行政官员以及整个国家都热烈欢迎教皇来访。但

---

① 庇护的这一文字游戏无法传译。在拉丁语里，"legatus"（使节）与"ligatus"（被绑起来的）发音相似。——译者注

由于很多博洛尼亚的流放者都躲在费拉拉，他们每天都在策划新的阴谋，而且城里下层阶级之中的不满分子有时候会关注他们，所以需要有一支强大的卫队来确保教皇的光临不会对博洛尼亚带来危害。所以，他们决定从米兰请一支守备部队。

7 教皇明白这一信息的意义。他从两个方面仔细考虑了这一问题，认为他在博洛尼亚有武装戒备的情况下进城不合适，但从一个属于教会的国家旁边绕过去也不合适。最后他回答说，他本打算在去开会时路过博洛尼亚，不知道博洛尼亚人为什么有顾虑。不过他们应该做些必要的准备来打消顾虑，如果可能的话用武力来壮胆，觉得合适就用军队来守城——只要他们请来的士兵宣誓效忠庇护。

8 博洛尼亚人答应了这一条件。他们派人到米兰请来一大队骑兵，在教皇到达之前在城里部署了十个连的兵力。军官们在皮亚诺罗见到了教皇，向他宣誓效忠。他们的总司令加莱亚佐在佛罗伦萨已经向庇护宣誓效忠了。

加莱亚佐去了博洛尼亚，在那里接管了他父亲的骑兵，然后带着全副武装的士兵去见教皇，像是去打仗似的。马身上披着盔甲，士兵们手拿明晃晃的剑，十分引人注目。

37

教皇进入博洛尼亚。

博尔尼奥发表演讲。

居民们无法无天。

1 庇护进入博洛尼亚，受到民众的热烈欢迎。[①] 他坐在一把椅子

---

① 庇护 5 月 9 日至 16 日在博洛尼亚。——原编者注

上，由国家的头面人物抬着。

第二天，在圣彼得罗尼奥大教堂望弥撒之后，他向民众祝福，然后回到宫里，给聚集在那里的民众一个机会畅所欲言。大家来到这里向教皇表示感谢，感谢他屈尊访问他们的城市。

2 发言的任务交给了法学家博尔尼奥，一个学识渊博、谈吐文雅的人。他发表了长篇演讲，说的都是他想说的话，不是别人让他背诵的话。他首先赞颂了教皇，他觉得话说够了以后就转谈别的话题。他用优美的语言，长篇大论地赞美博洛尼亚肥沃的土壤、温和的气候，赞美城里的大学、教堂、城墙以及公共建筑和私人建筑。

接下来，他对民众进行了不同寻常的攻击，说他们是法律的敌人，是一切美好和正义的敌人。他们是难以管束的恶棍，眼馋别人的东西，糟蹋自己的东西，既不遵守婚姻法，也不遵守待客之道，对一切都不在乎，鄙视宗教，不尊重誓言。有人是僭主，有人是奴隶，有人偷，有人抢，有人残杀敌人，有人毒死敌人，有人通奸，有人拉皮条。各种罪行、各种丢人现眼的事，在博洛尼亚都能找到，没有一个城市如此下流。教皇承蒙天恩，总算安全到达了这里，所以他请求教皇关注一下自己的财产，采取措施铲除邪恶，对这个国家进行改革。

3 他的演讲大胆、勇敢，连珠炮似的语言得罪了在场的民众，但给外国人留下了深刻的印象，有谁会想到有人能对自己的国家说出这样的话来？所有的人都为自己的国家开脱，因为他们认为国家的任何耻辱都是他们自己的耻辱。但博尔尼奥的讲话听起来真实，他本人看上去与其说是一个演说家，不如说是一个预言家。教皇夸赞了他的口才和学识，答应如果可能的话，即如果民众能够受到法律制约的话，就会采取措施对这座城市进行改革。

4博洛尼亚大学不仅闻名于整个意大利 ①，在国外同样有名。在那里上学的很多学生既有博洛尼亚人，也有外国人，都晋升到法律界的最上层，他们的观点在有些方面具有法律效力。哲学研究在这里也很活跃，博洛尼亚的毕业生在很多地方都被提名担任教授。

博洛尼亚人在战场上没有取得什么辉煌的战果。大家普遍认为，他们对内残忍而不是勇敢，对外则懦弱无能。

我们这一代有两个人，他们享有虔诚的名声，值得一提。一个是圣克罗切枢机主教尼科洛，加尔都西会的成员，另一个是米兰主教弗朗切斯科·皮佐尔帕索。② 圣克罗切枢机主教尼科洛促成了法兰西与勃艮第的和解，米兰主教弗朗切斯科在一场战争中代表教皇马丁，教会的敌人布拉乔就是在这场战争中被杀死的。③

38
奥兰多被任命为佛罗伦萨主教，但死得毫无意义。

1庇护在博洛尼亚住了六天。他在那里举行的第一次宗教会议上，为佛罗伦萨任命了一位新主教奥兰多，佛罗伦萨本地人，也是梵蒂冈听审案件的审查员。④

奥兰多听到这一消息后大哭一场。他虽然是个很有正义感、很

---

① 博洛尼亚大学创建于 1088 年，是世界上第一所大学，享有"大学之母"的美誉。——译者注

② 这二人都是艾伊尼阿斯早期的赞助人。尼科洛与法兰西和勃艮第的谈判，促成了艾伊尼阿斯出使苏格兰。——原编者注

③ 参见第 2 卷第 18 章。——原编者注

④ 任命奥兰多的教皇通谕上签署的日期是 1459 年 5 月 11 日。——原编者注

博学的人，但一辈子贫困。他希望得到庇护的提拔，但从来也没有要求当主教，觉得担任个低级职务，一年能挣三百弗罗林运气就不错了。但一听说让他负责管理佛罗伦萨大教堂，他就开始发疯，就像个一登高就想登得更高的人似的，像个刚得到祝福就惨不忍睹的人似的。

2 奥兰多认为，主教的法冠不可能这样轻而易举地突然落到他头上，除非很快再落下一顶枢机主教的帽子——他为教皇的好意而深感自豪。好像他自己胡思乱想还不够似的，他的亲友也煽动他，一再说他想要什么庇护都会给他，庇护是远离教廷时任命他为大主教的，他根本就没有想到。

这个可怜的家伙被这一希望冲昏了头脑，一看见教廷来的信使，就以为是来任命他为枢机主教的。就是由于这一原因，当他发现下一份任命名单上没有他的名字后，便因伤心而一命呜呼。

庇护提拔了他的朋友，结果把朋友害死了。事情的结果，凡人是很难预测的。

39
费拉拉的起源，埃斯特的罪恶之家。

1 教皇离开了博洛尼亚，沿着雷诺河与波河前往费拉拉①。罗马教会在那里的代理人博尔索率领一大队贵族在边界处迎接他。

2 费拉拉建在波河里的一座岛上，在成为一个独立的国家之前隶属于拉文纳教会。据说拉文纳主教用三种金属的名字命名他的三个城镇：奥里奥洛是"金"，阿真塔是"银"，费拉拉是"铁"，因

---

① 庇护从 5 月 17 日至 25 日待在费拉拉。——原编者注

为费拉拉的价值好像不如那两个地方。

意大利总督、贵族斯马拉杜斯首先为费拉拉修了城墙，伦巴第人入侵意大利时，费拉拉坚定地支持拉文纳和整个帝国。查理大帝获胜之后，把费拉拉列为拉文纳总督管辖的城市之一，并把它献给了圣彼得和罗马教会。[①] 有几任德意志皇帝对教会宣战时，费拉拉都站在他们一边，但著名女伯爵玛蒂尔达动用武力，把费拉拉从亨利三世手里夺了回来，然后把它交还给了教会。[②]

3 后来，一个名叫萨利姆格拉的平民用阴谋手段夺取了政权。他受到埃斯特侯爵的鼓励和腓特烈一世的支持，但教皇英诺森四世把他赶走了。不久之后，埃斯特侯爵进了城，把教皇的守备部队赶走，在那里统治了六十八年，然后又被威尼斯赶走了。

克莱门特五世是埃斯特家族统治者的狂热捍卫者，他把威尼斯人逐出教会，其财产任人掠夺，整个法兰西到处都是。连这也不能制服他们时，他又派使节攻击费拉拉，成功将其收复。[③] 克莱门特五世任命埃斯特侯爵为他在那里的代理人，对侯爵在战场上所提供的宝贵援助和帮助给予了奖赏。从此以后，埃斯特侯爵就成为教会的附庸。尤金四世把他们每年应缴给教廷财政部的钱从一万弗罗林减少到四千弗罗林。他还在费拉拉召开过一次拉丁教派和希腊教派的会议[④]，极大地增加了城里的财富。

4 埃斯特侯爵说，他们的祖先是法兰克人，法兰西国王对此并

----

① 1438 年，费拉拉 - 佛罗伦萨会议在费拉拉召开，1439 年转移到佛罗伦萨召开。会议的主要任务是实现希腊东正教和罗马天主教的联合。参见第 1 卷第 7 章。——原编者注

② 1101 年时，皇帝是亨利四世（1056—1106）而不是三世。托斯卡纳女伯爵玛蒂尔达（1046—1115）与教廷结盟，在主教叙任权之争中与帝国作对。——原编者注

③ 1240 年。——原编者注

④ 1309 年。——原编者注

不否认，还把百合花徽章颁给了他们家。有人说他们来自美因茨，其祖先就是那个冈隆①，据传说此人在那场灾难性的与撒拉逊人②的战争中背叛了法兰克人。这件事的真相我们留给更勇敢的人去探讨——不过冈隆据说也是法兰克人。

这是有关这一家族的一个不同寻常的事实：近年来在人们的记忆中，没有一个合法婚姻所生的儿子曾继承过侯爵头衔，命运明显偏爱情妇所生的儿子，不偏爱妻子所生的儿子。这种情况不仅有悖于基督教的教义，也有悖于几乎每一个国家的法律。

5 在我们这个时代，撑门面的私生子是尼科洛，一个很有能力的人，但也是个花花公子。他要是没有发现妻子和儿子一起躺在床上，没有用剑把二人都杀死，大家就会觉得他运气好了。这正是上帝的报复：一个老是破坏他人婚姻的人，会发现儿子玷污自己的婚床。

尼科洛有好几个子女，有的是婚生，有的不是婚生。他不让婚生子继承他，而是让一个锡耶纳情妇生的儿子廖内洛来继承。廖内洛先是娶了贡扎加家族的一个女儿，后来又娶了国王阿方索的女儿，阿方索的这个女儿也是私生的。继承廖内洛的是和他同母的亲兄弟博尔索，不是他自己的儿子。他儿子继位的要求被忽略，或是因为他是婚生的，或是因为他尚未成年。③

---

① 中世纪传奇中的一个武士，他的叛变导致查理大帝打了败仗。——译者注
② 泛指信奉伊斯兰教的阿拉伯人。——译者注
③ 尼科洛死于1441年，廖内洛死于1450年，博尔索的统治时期是1450—1471年。——原编者注

40
博尔索及其可疑的道德品质。
教皇进入费拉拉。

1 博尔索是个长相英俊的人，比大多数人都要高，一头漂亮的头发，一张有魅力的脸庞。他爱说话，喜欢自己的嗓音，说话是为了自己高兴，不是为了取悦听话的人。他嘴里既有甜言蜜语，也有诳言大话。他想显露出慷慨大方的样子，而不是真的要慷慨大方。

尽管如此，皇帝腓特烈先是去罗马路过费拉拉，然后回来也路过费拉拉时，博尔索都给了他足够的面子和大量的礼物，以此劝说皇帝把摩德纳从伯爵领地提升到公爵领地，然后任命自己为公爵，这在前面已经提到过。

博尔索从未结婚，主要精力都用于狩猎。他在世时，居民们在广场上为他竖立了一尊雕像，表现的是他坐着主持司法审判，上面的铭文都是溢美之词，因为博尔索最喜爱的就是赞美。他倾尽财力购买宝石，不戴珠宝从不在公共场合露面。他把家里装饰得富丽堂皇，连在乡下吃饭用的都是金银餐具。

2 庇护当选为教皇时，博尔索显露出非常高兴的样子。他举办比武大会，为优胜者颁奖。传递消息的信使他送给礼物。他下令在他的整个领地上燃起篝火，设宴款待朋友，对朋友们吹嘘说庇护是他的一个亲戚，因为他母亲是锡耶纳托洛美家族的，而托洛美家族与皮科洛米尼家族是亲戚。他感谢上帝给了他一位对他有求必应的教皇。他要是提出合理的要求，他这样说是不错的。但他提出无理要求时，就会发现对庇护来说荣誉比仁慈更重要。

3 博尔索请求教皇任命他为费拉拉公爵，免除他应缴纳的贡金，把费拉拉主教弗朗切斯科从教堂里赶走，尽管从未有人证明弗朗切斯科主教犯有任何过错。

他的请求教皇没有答应，因为教皇不愿放弃罗马教会的收入，也不愿不经审问就罢免这样一个重要人物。教皇倒是给了他公爵的头衔，但仍然要他缴纳贡金，这一头衔博尔索嗤之以鼻。不过他还是得到一些有价值的特许权，而且他每天都想得到更多。

由于这一原因，也由于他知道别人的先例，他就以最高的礼节接待了教皇，试图超过那些教皇已经走过的地方。他在城门口把城里的钥匙送给了庇护，走在庇护的椅子旁边和为庇护抬椅子的人之间，直到接到让他上马的命令。

4 通往大教堂的街道上从头至尾都铺着地毯，洒满了鲜花，房子上装饰着花彩，到处都是歌声和欢呼声，人们不停地喊着"教皇庇护万岁！"枢机主教们和教廷的全体成员由宫里的人献上点心，人们表演着各种节目，很多口才好的人在演讲。那一天是圣体节，一支庄严肃穆的行进队伍走过广场，教皇在广场上为民众祝福，高高地举着圣饼。

5 庇护在费拉拉住了一个星期。在私下里的交谈中，博尔索不停地抱怨，说他的请求遭到拒绝，但教皇三言两语就把他的论点给驳倒了。他还把与主教的一番争论摆到会议桌上，让教皇去定夺。教皇对这件事做了一番调查，然后对公爵许诺说，一有机会就会把主教调到另一个教堂去。这件事后来在锡耶纳办妥了。公爵承诺一定到曼托瓦参加大会，说基督教在各国民众中平安无事是他最大的心愿。

41
演说家瓜里诺、奥里斯帕、波焦、詹诺佐去世。

1 维罗纳的瓜里诺年高望重。我们这个时代在人文学科有些名气的学者，差不多都上过他的学校。他也来到教皇这里发表一次演讲，无愧于他的声望和品格。

西西里人乔瓦尼·奥里斯帕也向教皇演说一番。奥里斯帕是个著名的希腊语和拉丁语学者，当时已年近九十，不久以后就死了。

这一年有三位伟大的演说家去世。前面提到的波焦死于佛罗伦萨，詹诺佐·曼内蒂死于那不勒斯。詹诺佐也是佛罗伦萨人，一个最为博学的人，不仅精通希腊语和拉丁语，还熟悉希伯来语。[①] 他们谁都不能指责大自然不公平，因为他们全都年过七十，超过了正常人的寿命。谁都不能指望活得更长。[②]

<h1 style="text-align:center">42</h1>

<h2 style="text-align:center">波河的源头和长度。</h2>

1 离开费拉拉以后，庇护乘船沿着波河去了雷韦雷，那是隶属于曼托瓦侯爵的一个镇。

波河发源于科蒂安山脉[③]，流经山南高卢。波河有很多支流，大多数都通航，最后经三个不同的河口注入亚得里亚海。希腊人把这条河叫作"埃里达努斯"[④]，有关太阳神的女儿和法厄同死亡的神话使这条河出了名[⑤]，据说"波江"的水浇灭了法厄同的火焰。欧

---

① 维罗纳的瓜里诺（1370—1460），著名的人文主义教育家和翻译家。乔瓦尼·奥里斯帕（1376—1459），人文主义者，因把大量的希腊经典作品手稿带回意大利而享有盛名。詹诺佐·曼内蒂（1396—1459），佛罗伦萨外交家，演说家，希腊语和希伯来语学者。——原编者注

② 依照《圣经》的说法，人的正常寿命是七十岁。——译者注

③ 西阿尔卑斯山的支脉，位于法兰西和意大利交界处。——译者注

④ 即"波江星座"。——译者注

⑤ 据希腊神话，太阳神的私生子法厄同刚愎自用，非要驾驶父亲的太阳车不可，结果死在"波江"之中。——译者注

洲没有一条河比波河更大，虽然莱茵河与多瑙河比它更长，支流也
比它多。

2 教皇乘船航行的时候，公爵的船队遇见了侯爵的船队。公爵
的船队是送庇护的，侯爵的船队是想接庇护的。双方的号手吹起了
号，嘹亮的号声在附近的山谷里回荡。他们高举起无数面旗帜在风
中飘扬。当地人聚集在河岸上求教皇赐福，教皇赐福以后，他们就
高呼"万岁！"

船只驶进侯爵的领地以后，教皇登上新主人的船。博尔索向侯
爵打了招呼，经教皇允许之后就走了。第二天他们在雷韦雷过夜。
那里有一座豪华的宫殿，虽然才建成一半，其布局和建造工艺就已
显示出建筑师无与伦比的天才。

43
明乔河与维吉尔的家乡。
曼托瓦的起源，玛蒂尔达征服曼托瓦。
贡扎加家族的长相。
洛多维科的成就。

1 第二天，教皇来到明乔河的河口，从那里乘船逆流而上，一
直航行到湖里。左边岸上有一座山，曼托瓦人把它看作是一座圣
山，说这就是伟大的维吉尔的家乡，山脚下的一个小村庄就是这位
伟大的诗人出生的地方。教皇在公爵的一座庄园里过了夜，离这里
大约有两英里，这样第二天上午他就能进城了。

2 明乔河从加尔达湖流出，流到围住大半个曼托瓦的一片沼泽
地里。曼托瓦城就坐落在沼泽地里，只能从桥上或乘船进去。这是
个辽阔的地方，能供养很多人口，有很多富丽堂皇的房屋和宫殿，

堪比王宫。但居民们夏天受到灰尘的困扰，冬天受到泥浆的困扰。民众很善良，也很好客。有很多修道院，既有男修道院也有女修道院，里面住着虔诚的修士和修女。

3 伊特鲁里亚人在亚平宁山那边的高卢建立了十二个殖民地，波河两岸都有，曼托瓦是其中之一。创建曼托瓦这一伟业的人是提比略国王与曼托的儿子比亚诺尔。曼托瓦城多次受灾。除了维吉尔所说的"可怜的曼托瓦，离讨厌的克雷莫纳太近了！"之外，曼托瓦还受到过匈奴人、哥特人、伦巴第人和巴伐利亚人的入侵，有时候遭到洗劫，有时候完全丧失了防御能力，城墙成了废墟。

据记载，在查理大帝统治时期，我主耶稣基督的圣血奇迹般地出现，教皇列奥看过之后，承认这一奇迹确有其事。查理大帝的儿子秃头查理就是在这里被一个犹太医生毒死的。教皇尼古拉二世在这里召开过一届宗教会议，决定教皇要由枢机主教选举产生。[①] 当时，杰出的玛蒂尔达统治着曼托瓦城，我们在前面提到过她。玛蒂尔达死后，多次出现政治动乱，在这里行使统治的一会儿是德意志皇帝，一会儿是罗马教皇。最后，在民众的支持下，贡扎加家族得到了统治权，在这里统治了很长时间。

4 贡扎加家族中，第一个夺权的成员是洛多维科·贡扎加。[②] 他的后代享有仁慈的名声，将僭政转变为公正，被皇帝任命为在曼托瓦的代理人。在我们这个时代，能力出众、军功卓著的詹弗朗切斯科，在皇帝西吉斯蒙德从罗马回到德意志以后被册封为侯爵。[③] 他妻子葆拉人品出众，学识渊博。多亏了她的努力，曼托瓦的修士直到今天仍然

---

① 尼古拉二世是在 1059 年召开的这次宗教会议，不过会议地址是在罗马的拉特兰教堂。——原编者注

② 洛多维科·贡扎加（1267—1360）于 1328 年夺权。——原编者注

③ 1433 年。——原编者注

遵守前辈的戒律，像有人 ① 所说的那样遵守得"分毫不差"。

5 他们的儿子洛多维科在教皇庇护任职期间统治曼托瓦。洛多维科以文武双全而闻名，其军功不亚于父亲，其学问几乎可以和他的恩师、修辞学家维多里诺相媲美。② 他性情温和，但在主持正义方面非常严格。他娶了勃兰登堡的芭芭拉为妻，一位精神饱满、聪明伶俐的人，非常熟悉管理艺术。她为丈夫生的孩子都很漂亮，虽然长大以后有的驼了背、甲状腺肿大。这事发生在一开始许配给米兰的加莱亚佐的女儿身上，正是由于这一原因，他不与这个女儿来往。她当了修女，这样就腾出了位置，由妹妹来顶替她。

这一灾难被认为是上帝对他们家祖先犯有罪孽的报复：最漂亮的孩子长大以后常常变丑。在其他方面，这一家的运气还算不错，享受到臣民的恭顺和邻邦的亲善。

44
米兰公爵夫人比安卡，
她女儿伊波利塔和几个了不起的儿子。
教皇驾临曼托瓦。
伊波利塔发表精彩演说。

1. 5 月 27 日，庇护来到曼托瓦，比预定的日期提前了五天。城里到处都是外国人，成群结队的人从周围的城镇来到这里。其中有米兰公爵夫人比安卡，已故的公爵菲利波·马里亚的女儿、弗朗

---

① 指贺拉斯。——原编者注

② 维多里诺·达·费尔特（1397—1446），著名的人文主义教师，从 1423 年起至去世一直经营着曼托瓦的宫廷学校。——原编者注

切斯科·斯福尔扎的夫人，一个精神饱满、智慧超群的女人。她带来了几个儿女，四个儿子漂亮得像天上的天使，一个女儿名叫伊波利塔，面容姣好，性格可爱，已许配给西西里国王的儿子[①]。跟随她的还有很多姑娘、贵妇人和重要的绅士。

2 比安卡和芭芭拉在大教堂前面搭起的一个平台上等待教皇。庇护跟随着一支行进队伍进了城，其顺序如下：

首先是教廷的仆人和枢机主教的随从；后面跟着教廷的低级官员；然后是十二匹没有人骑乘的白马，装饰着金鞍和金缰绳；随后是三面旗帜，第一面闪耀着十字架的标志，第二面闪耀着教会的钥匙，第三面闪耀着五个月牙，那是皮科洛米尼家族的标记。举旗者是身穿盔甲的贵族，骑着装饰有马衣的马。

接着是一顶黄色和红色的华盖，华盖后面是城里的神职人员，身穿漂亮的法衣，手拿圣徒的遗物。他们后面跟着各国君主的使节，还有一些副助祭、宫廷的审查员、抄写员、法学家围在一个金十字架四周。接着是一匹白马驮着一顶金帐篷，金帐篷上面是一顶丝华盖，周围是好几把火炬。这里摆放的是我主基督的圣餐。米兰的加莱亚佐和侯爵洛多维科骑着马走在后面，身后跟着尊贵的枢机主教团。

最后是教皇本人，身穿法衣高高地坐在御座上，法冠上的宝石闪闪发亮。他由几位贵族用肩膀抬着，边走边为民众祈福。他后面是他寝宫的侍从和贴身仆人，随后跟着主教、文书、修道院院长和一大群神职人员。

3 洛多维科在城门口下了马，把城门的钥匙送给了教皇。教皇一路上走访的每一座城都有这一仪式，除了锡耶纳和佛罗伦萨之外。这两座城虽然在民众的僭政统治之下，但想显示自己的独立，便不交出自己的钥匙。

---

① 即费兰特的儿子阿方索二世。——原编者注

从城门口直到圣彼得罗大教堂，每一尺土地都覆盖着地毯，一街两厢都挂着鲜花。女人、姑娘和小伙都挤在窗户旁和房顶上，但大街上仍然是成群的人，所有的路上都挤满了人。一路上好几座祭坛上香烟缭绕，除了"教皇庇护万岁"的欢呼声之外，其他任何声音都听不到。

4 行进队伍来到教堂后祈祷、唱圣歌，赦免了在场所有人的罪过。然后，在一座豪华的宫殿里为教皇举行了欢迎仪式，随后每一个人都回家了。

第二天，教皇接见了比安卡和芭芭拉，二人吻了教皇的脚，得到了她们所要的祝福。比安卡的女儿伊波利塔在教皇面前用拉丁语发表了演讲，风格典雅华丽，所有的听众都赞叹不已。①

---

① 伊波利塔是文艺复兴时期最著名的女人文主义者之一，据说这篇演讲词是她自己起草的。——原编者注

第 3 卷

1

大会开幕。

教皇的第一次演讲。

比安卡离开。

1 6 月 1 日，大会预计开幕的这一天，教皇从宫里出来，和各位枢机主教、主教、所有的神职人员及城里各个修会的修士一起进了教堂，他也邀请这些人来参加会议。大家严肃地列队望弥撒，人人都表现得十分虔诚。

然后，以学识和品性而著称的科龙主教①发表讲话，阐明了教皇的目标、召开大会的依据以及采取行动的必要性。他敦促与会者做好准备，自愿支持教皇的计划。大家就要起身时，庇护示意保持安静，坐在座位上开始发话：

---

① 很可能是巴尔托洛梅奥·拉帕奇·里穆贝尔蒂尼，不过他于 1457 年 7 月 1 日辞去了科龙教区的职务。——原编者注

2 "教友们，孩子们：朕来到此地时，想看到各国君主事先派来的众多使节，但朕看到的却寥寥无几。朕受骗了。基督徒并没有朕想象的那样关注自己的信仰。朕早就确定了会议日期。[①]谁也不能说时间仓促，谁也不能说道路不畅。朕已老迈，身体有病，但还是在冬季翻过了亚平宁山。可爱的罗马城留不住朕，虽然它被土匪包围，非常需要朕守在那里。

"朕冒着一定的危险离开了教皇国，本打算挽救天主教信仰，不让土耳其人将其控制，而土耳其人是想把它摧毁的。朕看到土耳其人的势力与日俱增。他们的军队已经占领了希腊和伊利里亚，又要进攻匈牙利，对虔诚的匈牙利人造成巨大伤害。朕担心匈牙利一旦失守，德意志、意大利甚至整个欧洲都会沦陷，这一灾难会毁掉我们的信仰——我们要是不醒悟，我们的信仰肯定会消失！朕考虑如何阻止这一灾难，朕在这里召开大会，朕把各国君主和民众召来，大家共同捍卫基督教世界。朕满怀希望而来，却伤心地看到这一希望破灭了。

3 "基督教世界冷漠的严重程度令人震惊。有些人因为生活舒适而感到满足，其他人则因为贪心而止步不前。土耳其人为了他们那可恶的邪教而不怕死。而我们为了基督的福音，就不能花费一点点钱、就不能忍受一点点不便吗？我们要是这样继续下去，必定是死路一条！要是不转变态度，我们很快就完了。所以，朕要求各位神职人员不停地向基督祈祷，求他老人家让信奉基督教的君主们改变想法，让上帝的子民鼓起士气，让虔诚的教徒迸发出热情，直到大家最终拿起武器，洗刷掉土耳其人每天给我们的信仰带来的耻辱。

---

① 庇护在 1458 年 10 月 13 日发布的教皇通谕中确定的。——原编者注

4 "行动起来，教友们，孩子们！一心归向主①。总要警醒祷告②，以禁食和施舍来赎罪③，你们要结出果子来，与悔改的心相称！④上帝感到满意⑤，必定怜悯我们⑥。如果朕采取行动，上帝就会把敌人交到朕手里。朕就待在这里，看看各国君主下一步有何打算。如果他们要来，朕就和他们一起制定捍卫基督教世界的计划。如果他们不来，朕只能回家，接受上帝安排的这一命运。但只要朕还有一口气，就决不放弃捍卫信仰的目标。如果局势要朕为了教徒而献出生命⑦，朕也决没有怨言。"

5 诸位枢机主教和主教极为认真地听着教皇的讲话，对他的观点表示赞同。然后教皇又赦免了所有忏悔者的罪过，证明他们的良心是清白的。大家觉得对他的计划来说，这是一个良好的开端。

比安卡对她看到的一切感到高兴。她与教皇几次见面，精神上感到非常满足。她又恳求教皇宽恕她、她丈夫和几个孩子，然后就回到米兰，继续侍奉上帝。⑧

---

① 参见《圣经·约珥书》2:12。——原编者注
② 参见《圣经·马太福音》26:41。——原编者注
③ 参见《圣经·但以理书》4:24。——原编者注
④ 参见《圣经·马太福音》3:8。——原编者注
⑤ 参见《圣经·出埃及记》32:14。——原编者注
⑥ 参见《圣经·弥迦书》7:19。——原编者注
⑦ 参见《圣经·约伯记》10:15。——原编者注
⑧ 比安卡·斯福尔扎，米兰公爵弗朗切斯科·斯福尔扎的妻子，来到曼托瓦参加大会开幕式。——原编者注

2

教皇受到很多荒唐可笑的侮辱，

尤其是受到阿奎莱亚宗主教的侮辱。

有人试图劝阻教皇。

1 几天以后，只有几个代表到会，也没有其他人上路的报告，有人开始质疑教皇的计划。他承担的这个艰巨工程泡汤了吗？教廷的职员开始在私下里嘀咕。枢机主教们骂教皇刚愎自用，缺乏判断力。他们的笔也没有闲着，批评报道在整个意大利以及阿尔卑斯山那边满天飞。（写文章不敢署真名的人，就让朋友或侍从捉刀代笔。）他们说，庇护来到曼托瓦是犯傻，没有几个君主派代表来，亲自来的君主更少。这里是个沼泽地，对健康有害；天气太热；酒很糟糕，食物也很糟糕；大家都生了病，很多人患上致命的热病；能听到的声音只有青蛙咕呱咕呱的叫声。有几个人甚至给法兰西国王写信，说大会应该换到另外一个地方开；有人四处放风，说开会的日期推迟了。

2 据说对教皇最为鄙视的，莫过于阿奎莱亚宗主教洛多维科。他当着他的职员和各位枢机主教的面批评教皇的使命，说这是幼稚的疯狂行为，说教皇没有经验、胆大妄为；庇护放弃了罗马，从一个陌生的地方到另一个陌生的地方；他自以为仅凭三寸不烂之舌就能让君主们拿起武器，消灭不可战胜的土耳其人；他还是待在家里照看教会更好一些。洛多维科劝威尼斯人说，不要派使节来参加一场注定要失败的会议。

3 圣阿纳斯塔西娅枢机主教雅各布，也恶嘴毒舌地在朋友中间说难听话。他公开批评教皇，说教皇来到曼托瓦是让自己的臣民受穷，是把钱塞进外国人的口袋，真是个白痴。"最糟糕的车轮响声最大"，诚哉斯言。雅各布被任命为枢机主教不是凭借自己的本事，而是因为他兄弟是加里斯都的御医。[①]他个子小，心胸更小，没有经历过事，也没有任何学问和品性。他的家族也很平庸。他从翁布里亚一个名叫"科利斯奇波利"的小地方来到罗马，这个地名的意思有人认为是"西庇阿之山"，也有人认为是"洋葱之山"。

4 这时，几个枢机主教来见教皇。"你是要干什么？"他们说，"让我们待在这里毫无意义，除非你想让这里有害的高温把我们热死。为什么不走呢？你按照指定的时间来到了这里，赶在了最后期限之前。君主们待在家里，既羞辱你，也羞辱我们。人人都知道你要捍卫信仰。你问心无愧。如果你单枪匹马打不过土耳其人，谁能指责你？我们还是该回到哪儿就回到哪儿吧。真正关心基督教世界利益的人，无论你走到哪里都会跟随你的[②]。"

5 面对这些闲言碎语，教皇立场坚定、毫不动摇。他重视灵魂的得救甚于闲谈，力图得到上帝的喜悦[③]而不是取悦于民众。

也有很多枢机主教表达了更明智的看法，劝教皇坚持下去，其中包括希腊的尼西亚枢机主教贝萨里翁和西班牙的圣西斯托枢机主教。还有一些人试图讨好教皇，就假装不介意留下来，虽然心里另有想法。

那些想走的人发现自己理亏，就分散到附近山上的镇子里躲避城里的酷暑。阿奎莱亚宗主教以游览温泉浴场为借口去了帕多瓦。他又从那里去了威尼斯，在威尼斯千方百计阻止圣马可枢机主教继承帕多瓦教堂。他还毁谤曼托瓦大会，诋毁大会的所有议程。

---

① 雅各布被任命为枢机主教的情况见第 1 卷第 33 章的描述。——原编者注
② 参见《圣经·启示录》14:4。——原编者注
③ 参见《圣经·希伯来书》11:6。——原编者注

3

在伯罗奔尼撒，即穆雷亚。
穆雷亚专制君主的使团到达，庇护和比安卡派出军队。
季米特里奥斯的背叛。

1 在此期间，教皇见到了穆雷亚专制者托马斯派来的使节。这个地方以前叫作伯罗奔尼撒，长期以来一直被认为是希腊的堡垒。

这是个半岛，周围是爱琴海和爱奥尼亚海。这里有高贵的科林斯；有以运动会而著名的埃利斯；有古代阿伽门农和斯巴达王墨涅拉俄斯所在的斯巴达，他们摧毁了特洛伊城，为被夺走的海伦报了仇。这里还有更古老的阿尔戈斯，有贤明长老内斯特的城市皮洛斯。这些城市以前都很辉煌，而现在全都湮没无闻，除了科林斯在地峡上还可以看到一点遗迹，还有阿尔戈斯的堡垒。

君士坦丁堡被土耳其人攻陷时，这在前面已经提到过，皇帝君士坦丁·帕里奥洛加斯被杀，他的两个兄弟托马斯和季米特里奥斯在这里避难。他们有时候向土耳其人进贡，有时候又对土耳其人发动攻击，凭借的是意大利的援助和地形的保护。

2 不过后来两兄弟闹翻了，季米特里奥斯投靠了土耳其人，并把他女儿许配给了穆罕默德。托马斯向阿尔巴尼亚人求助（伯罗奔尼撒半岛上有很多阿尔巴尼亚人），把他兄弟的王国夺走了很大一部分。土耳其人便成立了一支远征军攻打托马斯，被托马斯一举击溃，很多人被俘虏。托马斯从俘虏之中挑选出十六个人，托前面提到的使节转交给庇护，求教皇在他胜利的时刻给予他援助。托马斯说，他并不需要一支大军，一支意大利小分队就足以把土耳其人从半岛上赶走。

3 这件事被提交到大会上，会议决定派一支由三百人组成的中队。米兰公爵夫人比安卡支付一百人的费用，其余的费用由庇护支付。教皇觉得基础太薄弱，大动干戈是不明智的，但他又不便拒绝贝萨里翁，贝萨里翁的心思都在这一计划上。

一中队全体人马来到曼托瓦向教皇跪拜——全是健壮的小伙子，士气高昂。比安卡征集的兵员由身经百战的步兵将领、克雷莫纳的詹诺内指挥，其余的由锡耶纳的多塔指挥，多塔是锡耶纳内乱中被流放的人。全体士兵得到教皇的祝福以后，沿着波河到拉韦纳，由拉韦纳走陆路到安科纳，由安科纳上船，顺风航行到伯罗奔尼撒半岛。

一行人在伯罗奔尼撒半岛受到希腊人的热烈欢迎。在第一场战斗中，他们攻陷了佩特雷城，然后又斗志昂扬地去攻打其他城镇。但就在这节骨眼上，不知是出于妒忌别人的战功，还是贪求战利品，一帮人发生内讧，很快就放弃了军事行动，各奔东西，丢尽了脸。对于未来的行动来说，这是个不祥之兆！

4
德意志的冲突。
一位使节制定与瑞士人的休战协定。

1 与此同时，德意志各国君主正在酝酿一场严重的争端。拥有巨额财富、与显要人物关系密切的巴伐利亚公爵路德维希攻击了皇城多瑙沃尔特，迫使其投降。[①] 皇帝腓特烈极为愤怒，命勃兰登堡侯爵阿尔贝特拿起武器，煞一煞他的死敌路德维希的威风。

阿尔贝特满心欢喜地接受了命令，因为他也对路德维希怀恨在心，起因是处理纽伦堡案件的方式。[②] 双方都请来了盟友。阿尔贝

---

① 1458 年 10 月 19 日。——原编者注
② 参见第 1 卷第 25 章的描述。——原编者注

特找来的军事盟友是萨克森公爵、符腾堡伯爵、美因茨主教、班贝格主教、乌兹堡主教以及大多数皇城。支持路德维希的有巴拉丁伯爵腓特烈，还有他自己家族里几个显要的成员。阿尔贝特被任命为皇帝军队的总司令，已经接受了帝国的军旗，还有来自各地的军队和军需品。看样子整个上德意志①很快就会投入战斗。双方都急于打仗。一方的腓特烈和另一方的巴伐利亚公爵正在煽起熊熊大火，没有一个人能安然无恙。

2 教皇听到这一消息后非常不安，他知道这意味着十字军计划会失败，德意志美丽的国土会变成废墟。德意志各方都急切地请求援助，要求教皇帮助他们。除了教皇之外，谁也扑不灭这场可怕的大火。帝国的君主们分为两派：一派支持皇帝，一派支持巴伐利亚。没有介入战争的人不宜商定和约。

3 教皇正在忧虑时，得到了一些鼓舞人心的消息。他的使节纳尔迪尼在康斯坦茨帮助瑞士人和奥地利的阿尔贝特公爵、西吉斯蒙德公爵签署了一份协议。拉珀斯维尔要归还给两位公爵，以前签署的五十年休战协议剩下的三年还要遵守。与此同时，在教皇庇护和法兰西国王查理方便时，要确定一个日期让双方的代表会面，或是在康斯坦茨，或是在其附近，听取国王和教皇是如何解决争端的。

听到这一消息，教皇命纳尔迪尼立即到纽伦堡，德意志各国君主要在那里聚会。教皇派施派尔主教和一位侍臣海因里希·森夫特莱本和纳尔迪尼一起去，尽一切努力使德意志君主们和解，不等战争爆发就将其制止。

4 即将兵戎相见的路德维希和阿尔贝特已经和大批的支持者一起到达了纽伦堡。奥地利的两位公爵西吉斯蒙德和阿尔贝特也在那里，另外还有艾希施泰特主教约翰和条顿骑士团团长，公爵召他们

---

① 即德意志南部。——译者注

来做调解人。① 但教皇特使让大家更有信心，也赢得更多的尊重，受到的怀疑也更少。

5 大家忙碌了几天试图达成和解，但形势很艰难——实际上是毫无希望。双方的火气都很大，都在准备打仗。阿尔贝特在战场上有两万四千兵力。他满怀胜利的希望，坚信战争给他带来的好处要超过和平给他带来的好处。路德维希虽然还没有做好打仗的充分准备，但仍然相信自己的防线能够抵挡住敌人的进攻。由于他很有钱，他坚信马上就能招募到更多的人马。双方都固执己见，不愿和解，直到教皇的代表在会上说了如下一番话：

5
教皇派到德意志的特使申明和约的性质。
巴拉丁伯爵出言不逊。

1 "各位君主大人，我们奉劝各位把争端搁置一旁实现和解——我们经常奉劝，不厌其烦地奉劝！但你们还是准备打仗。你们要践踏庄稼地，烧毁农庄，洗劫城市，让基督徒流血。邻邦的权利阻止不住你们，对祖国的热爱阻止不住你们，对宗教的尊重也阻止不住你们。无辜的人被杀害了，少女被强暴了，妇女被玷污了，教堂被烧毁了，另外还有战争带来的数不清的罪恶——所有这一切都阻止不住你们。盛怒之下，你们根本看不到你们的宿怨是如何削弱整个基督教世界的。

2 "教皇庇护对现在所发生的一切看得更为清楚，对辽阔的德意志感到同情。看到这么多伟大的军人自相残杀他无法忍受，这些

---

① 这次会议于 1459 年 7 月召开。——原编者注

勇士都是基督教军队的主力。他很清楚，德意志的毁灭对土耳其人来说是好消息，你们消耗的精力越多，土耳其人就越强大，你们的争端就为他们打开了大门，他们就可以野蛮地攻击基督徒了。

"教皇为你们感到悲伤，为我们的共同毁灭感到悲伤，基督教信仰就这样被踩在脚下了，这让他感到伤心。教皇在尽自己的职责，让基督徒实现和解。他要确保神圣的福音书安然无恙。他是你们所有人的神父和审判官，是天主教会的首领。不听他的话就是不听上帝的话，就会成为魔鬼的奴隶！庇护希望整个基督教世界平安无事，而你们却摆好架势，要往对方胸口上扎一刀！

"庇护命令你们放下武器，像兄弟一样和解，把注意力放在十字军上。务必这样做，否则他就把你们逐出教会，禁止你们在自己的领土上参加圣事活动。你们就会成为地狱之子①，遭到上帝和人类的鄙视，你们的子孙后代都会蒙受耻辱。我们按照教廷的命令说了这番话。从现在起，我们就不再过问你们的杀戮。"

3 君主们被这一番讲话感动了，很快就签署了一份和约，其条件是：停止敌对行动，恢复和平；多瑙沃尔特归还给皇帝管辖；阿尔贝特保留对纽伦堡的管辖权，路德维希任由皇帝发落，但经庇护说情可免于处罚。巴拉丁伯爵腓特烈要立即付给其寡嫂一万五千弗罗林，以后在她余生中每年付给她三千弗罗林；他要归还美因茨全体教士九千弗罗林，那是他以前强行剥夺的，还要归还贝格匝本这一封地，释放人质斯特法德伯爵，人质是他违反皇帝给予的安全通行权而扣押的。其余的问题由一个法官委员会来裁决，该委员会将在圣十字架节②在纽伦堡再次开会。

4 这样达成一致之后，双方解散了军队，相互握手表示一言为

---

① 参见《圣经·马太福音》23:15。——原编者注
② 9月14日。——原编者注

定。巴拉丁伯爵腓特烈没有出席会议，他的发言人也没有表态同意。巴伐利亚公爵路德维希、奥地利公爵阿尔贝特以及艾希施泰特主教约翰，都保证会遵守这些条件。但腓特烈伯爵收到条约之后，给路德维希送信说：

5 "巴拉丁伯爵腓特烈向路德维希公爵致意。你与敌人握了手，你接受的和约让你本人蒙受了耻辱，让我们的家族蒙受了耻辱。你回避了武力冲突，看到出鞘的剑以后退缩了，你想让人家把你当成个了不起的情人吗？现在有哪个女人会爱你呢？你是我们这个时代的耻辱，是巴伐利亚宫廷的耻辱。你要么撕毁协议，要么把我当成你的敌人——一个比阿尔贝特敌意强烈得多的敌人。你放心，我既不会被说服，也不会被迫去做你以我的名义答应去做的事情。再见。"

6 路德维希看到这封信以后放声痛哭。出于悔恨，他开始想方设法找借口来违背协议。腓特烈则派埃伯施泰因伯爵贝尔纳德去见教皇，为他没有参加曼托瓦大会找借口，他以前是答应参加的，教皇也是希望他参加的。他还解释他为什么认为纽伦堡协议不公正，他为什么不会接受，还建议这一争端应提交给皇帝或教皇来裁决。

6
东方的多个使团到达。
奸诈的波斯尼亚人出卖斯梅代雷沃。

1 在此期间，来自塞浦路斯、罗德岛、莱斯博斯岛的使节到了，连小亚细亚的使节也到了。随后阿尔巴尼亚、伊庇鲁斯、波斯尼亚以及伊利里亚海岸各国的代表都来请求援助。整个曼托瓦挤满了东方人，都是来请求帮助打击土耳其人的。

于是就有了这样的说法：东方人是"兴起者"，灵活而又聪明；

西方人是"没落者"，迟钝而又懒散。这等于是说提供援助的人爱
挑剔、难相处，而请求援助的人行动迅速。他们到西方来请求援
助，而西方却没有几个人露面。抵达的东方使团没有一个不是满腹
牢骚。只有拉古萨人答应，在打击土耳其人的战役中，他们会尽全
力提供援助。

2 波斯尼亚国王已经与土耳其人暗中达成协议，但他也派代表
到教皇这里来，请求援助攻打土耳其人。山国波斯尼亚与塞尔维
亚、匈牙利接壤，国内有很多摩尼教徒，他们虽然自认为是基督
徒，但远远算不上正统。摩尼教徒是亵渎神灵的人①，是持异端者，
是圣奥古斯丁谴责的一类人。他们与生活在亚得里亚海岸的拉古萨
人和特劳人是近邻，在种族上肯定是伊利里亚人。他们的西面和南
面是克罗地亚人，也叫达尔马提亚人。

3 罗马人称其君主为"恺撒"或"奥古斯都"，埃及人称其君
主为"法老"或"托勒密"，波斯尼亚人则称其君主为"史蒂芬"
或"斯捷潘"。派使节到曼托瓦的斯捷潘②是个翻手云覆手雨、靠
不住的人。在此之前不久，他去找匈牙利国王马蒂亚斯（通过教皇
使节、圣安杰洛枢机主教胡安的调解），并与马蒂亚斯签署一份协
议，夸下海口要大力支持打击土耳其人的行动，后来证明全是谎言。

4 当时，塞尔维亚人在抵御土耳其人的进攻时遇到了麻烦，匈
牙利国王就命斯捷潘的儿子负责守护多瑙河畔防卫森严的城池斯梅
代雷沃。占据这一地方几个月之后，斯捷潘的儿子就把这一城池出
卖给了土耳其人，换来了巨额黄金。这对匈牙利人的士气是致命的
打击，其严重程度就像当年君士坦丁堡陷落一样。斯梅代雷沃就像
是从塞尔维亚到瓦拉几亚的门户，成为攻打匈牙利的一个理想基

---

① 参见《圣经·提摩太后书》3:2。——原编者注
② 1443—1461 年在位。——原编者注

地，有大量的船只可以渡河，而且河对岸很容易登陆。

5 波斯尼亚使节在这一背叛行为曝光之前就离开了曼托瓦。此事先通报给了匈牙利的几位使节，有乔纳德主教和曾格主教，还有来自罗马弗兰吉帕内家族的一位克罗地亚伯爵斯蒂芬（这一家族曾出过圣格里高利，所有教皇的骄傲和楷模），以及博学的学者特雷维索，后来庇护把特雷维索任命到达尔马提亚的一个主教辖区。

7
庇护对有关级别的争论做出裁决，
反对将文书的级别提升到主教之上。

1 各国国王和君主的代表陆续来到曼托瓦，就座次问题展开了激烈争执。国王不向国王让步，公爵也不向公爵让步，人人都想坐上首，争执起来又动口又动手，直到最后教皇裁定（为了处理手头的事务）：坐在后排并不意味着没有面子，坐在前排也不意味着更有面子。即便这样也没有让人人满意，后面我们再解释①。

接下来，主教们对罗马教廷的礼仪有意见，礼仪规定教廷文书有优先权。不过很多人认为，教廷惯例已经成为神圣不可侵犯的法律，在任何情况下都不能改变。他们说，任何贬低文书的决定都会引起巨大的公愤，整个世界几乎都会崩溃。

2 但庇护考虑到主教制度的崇高地位，主教是教会中最高贵的人，而且教皇本人身为基督的代理人，也乐于被人称为主教，于是就做出裁定：文书优先于主教是出于误解，并非出于惯例。所以，他以教令的形式禁止了这一习俗，受到大家几乎一致的好评。文书

---

① 参见第 3 卷第 32 章。——原编者注

们虽然极力反对这一决定，游说枢机主教团支持他们，还经常发牢骚对教皇不满，但还是满心委屈地接受了这一决定。

8

美因茨市，迪特尔的贿选事件。

1 几天之前，美因茨大主教迪特里希死了。[①]迪特里希是个不学无术、沉溺于酒色的人。不过他有一件事值得纪念：在巴塞尔宗教会议上出现分裂时，他站在教皇一边。但他在发昏时也把道德抛在脑后，背信弃义，在政治上播弄是非。

2 美因茨是一座名城，坐落在莱茵河与美因河汇流处的左岸，其名称即是从美因河而来。美因茨以前是高卢人的，现在则属于德意志人。俗话说，"美因茨，自古就邪恶"。很久以前，城里的居民建了一座富丽堂皇的教堂，教堂的大主教在选帝侯之中名列第一。教堂有十三个副主教，管理着从意大利一直到萨克森的所有堂区。勒蓬廷的阿尔卑斯山脉上的库尔，还有萨克森的希尔德斯海姆国，都属于美因茨大主教教区管辖。它的世俗权力管辖的范围非常大，就像一个辽阔的王国一样。所以，这座教堂的职位一空缺，很多要人都想得到它。其中最急于得到它的是贵族出身的迪特尔·冯·伊森伯格，此人的家世名气不是很大，但背信弃义、利欲熏心的名气倒是不小。

3 加里斯都任职期间，迪特尔试图以重金购买特里尔教堂，但没有成功。然后他又打美因茨教堂的主意，他是这座教堂的一名教士。他心里很清楚，全体教士投票时他得不到多数票（贿赂多数教

---

① 迪特里希死于 1459 年 5 月 6 日。——原编者注

士并不容易），于是就把这事交给少数几个人，让这几个人做决定。

选举主教一事委托给了一个七人委员会。其中三个事先被收买的委员投票选举迪特尔，还有三名委员选举拿骚的阿道夫。阿道夫出身显赫，品性突出，其先人曾坐过帝国的皇位。第七名委员投了另一名候选人的票，但最后收了三千弗罗林改投迪特尔的票。迪特尔就这样当选了，以行贿的方式得到了这座教堂的财产。①

4 迪特尔派使节到曼托瓦，以不容置疑的口气要求确认他的当选。庇护对此事还一无所知，说"朕正在这里开会，商量天主教信仰问题。朕邀请了迪特里希，他当时是大主教。身为一座大教堂的神父，面对邪恶、不信教的土耳其人，他可以提出建议支持天主教信仰，而土耳其人要摧毁这一信仰。他要是死了，就让推选出来接替他的人来到这里，朕马上就确认他。"

5 使节说，迪特尔正发烧，他没有钱，路途又远又危险。教皇回答说，他会等待迪特尔康复，但贫穷和路途不便不是正当的理由。使节回去了，然后又回来了。不虔诚者战胜了虔诚者，温顺屈服于固执。迪特尔不听从来参加会议的劝告，尽管是为了这样一个神圣的目的。

教皇接受了圣马可枢机主教的建议，在迪特尔缺席的情况下确认他当选，条件是他要在一年之内亲自到罗马教廷来，接受教廷的行为规则，宣誓承认他授权的代表以他的名义答应下的一切誓言。但（下文还要说明）野蛮人的荣誉并不把承诺当一回事，也不把神圣的誓言当一回事。②

---

① 迪特尔于 1459 年 6 月 18 日当选。——原编者注
② 迪特尔没有到曼托瓦来，这引起一场旷日持久的争执。在此期间，迪特尔成为德意志反教皇派最激进的首领。——原编者注

9
皇帝的使团级别不够高。
庇护给他送去一封信。

1 在此期间，皇帝腓特烈派了三位代表来参加会议：的里雅斯特主教安东尼奥、特伦托教士长约翰·欣德巴赫和布雷斯劳教长海因里希·森夫特莱本。

这几个人足够显赫，教皇本人也愿意接受这几个人，他们被赋予全权代表皇帝讲话，但在人们的印象中，其权威性似乎还达不到如此重要的一届大会的要求。所以，教皇派海因里希回去，给皇帝带了这样一封信：

2 "在曼托瓦召开的这届大会，关注的是大敌当前如何捍卫信仰的问题。除了匈牙利人之外，您应该最关心如何粉碎敌人的威胁。教皇庇护离开了教皇国来到这里，既不考虑危险，也不考虑花费，只要他有机会让教会受益。他希望您在这里见到他，因为您的路途绝没有他远。

"但您没有来，您派来的使节既配不上您本人，也配不上这一场合。看到这种情况的人肯定会以为您吝啬，想省钱，或是您根本就不在乎如何捍卫真正的宗教。他们怀疑您是不是基督徒的统治者。您不仅抛弃了教会，甚至连基督教信仰都不放在心上，您怎么能称得上是教会的保护人，怎么能为教会谋利益呢？

"您对庇护有怨恨吗？您认为庇护篡夺了本应由您得到的荣誉吗？这是您不来见他的原因吗？您错了，庇护更在乎的不是他自己的荣誉，而是您的荣誉。他把您看得比他自己的灵魂更重要。他考虑的是您的声誉，他要您来商谈大家的安全问题正是为了维护您的声誉。如果您不能来，至少也要派身份显赫、掌握大权的使节来。不要因为您的漠不关心（能说是贪婪吗？）而让上帝的教会毁于一旦。"①

10

勃艮第公爵改变主意，
派了一个阵容强大的使团。
法兰西国王被激怒。
勃艮第人受到接待和尊重的方式，
行走的路线。

1海因里希带着这封敕书走了以后，勃艮第公爵菲利普改变了主意，决定留在国内。他原来传话说要参加会议，大家也认为他是攻打土耳其人最热心的支持者。留在国内这一决定实际上不是他的选择，是他的一些朋友劝他不要去，他们担心法兰西会找麻烦。

法兰西国王对菲利普非常生气，因为菲利普收容了他的长子、维耶努瓦太子路易，路易跑到菲利普那里避难，不愿与父亲和解。而菲利普声称，法兰西国王做得不光彩，夺走了卢森堡公国的几个城镇（也就是在皇帝的管辖范围之内），破坏了古老的图勒条约。依据法兰西国王和罗马帝国皇帝都同意的这份条约，皇帝不得声称对法兰西王国的任何领土拥有主权，国王也不得声称对帝国的任何领土拥有主权，即便是臣民们愿意改换门庭也不行。国王违反了法律，破坏了条约，胆敢入侵卢森堡公国，而卢森堡公国是菲利普的封地。

2国王与公爵就这样相互指责，谁都没有屈服的迹象。双方争吵得日益激烈，最后演变成公开的敌对关系。由于这些原因，勃艮

---

① 这封敕书上签署的日期是 1459 年 6 月 1 日。——原编者注

第人认为公爵出国是不明智的。有人说路上有遭到伏击的危险，有人说困难太多，一个老人受不了。有人说，意大利的气候和夏季的炎热很可怕。有人说，路上还有其他困难，不能去。

3 菲利普被这些理由说服了，决定留在国内。他打算派他外甥克莱弗公爵让和克罗伊的让一起去，克罗伊的让是一个打过多次胜仗的老兵，据说是整个法兰西最优秀的骑士。陪伴他们的有很多骑士，有很多著名的教会法和民法专家，还有阿拉斯主教让。阿拉斯主教让担任教皇咨询官一职，学识渊博，很受庇护青睐。[①]

4 克莱弗公爵从菲利普的宫廷出发，取道佛兰德、皮卡第、巴黎、法兰西南部和萨伏依。法兰西人看到使团一行，那是他们所看到的最为壮观的阵容，便到国王那里禀报，把阵容吹得比真实状况还要壮观。他们夸勃艮第信仰虔诚，指责查理不把信仰放在心上。他们说，教皇召开大会商讨重要问题，虽然老迈但仍然离开罗马去参加会议，还说一个称职的国王不会不参加这样一届大会。

这些刺耳的话把查理激怒了，他也决定派一个阵容庞大、身份显赫的使团。

5 克莱弗公爵一行取道萨伏依和朱庇特山（现在一般叫作圣伯纳德）抵达奥斯塔，然后走伊夫雷亚、维切利、诺瓦腊到伦巴第都城米兰。他在这里待了几天，极受公爵弗朗切斯科的尊重。随后他继续赶路，取道洛迪和克雷莫纳去参加会议。

6 大会商量如何隆重地迎接他进入曼托瓦。教皇想派两个枢机主教去迎接他，但枢机主教们不愿屈尊，说派职位高的去迎接职位低的做法没有先例可循，而且也不合适。枢机主教被认为与国王级别相当，让枢机主教去迎接公爵是降低身份。

---

① 克莱弗公爵让、克罗伊的让和阿拉斯主教让于 8 月 18 日一起抵达曼托瓦。——原编者注

对于枢机主教的级别问题，教皇并不反对，因为枢机主教在级别上仅次于教皇，但他觉得到城外不远的地方去迎接公爵并不会对他们造成伤害。他经常见皇帝出来迎接来访的公爵和侯爵，而皇帝在级别上当然是不低于枢机主教的。克莱弗公爵应教皇之邀来到曼托瓦，他是从海边，从法兰西最偏远的地方一路走来的。有人因私来见教皇，有人因公来见教皇，二者没有可比性。响应号召前来捍卫天主教信仰的人，应该得到特别的尊重。他建议倾听他说话的人放下傲慢的架子，做出谦恭的姿态，大家都鄙视傲慢，都赞美谦恭。没有人喜欢枢机主教的高傲。他们自以为是神，比凡人高出一等吗？他们必须克服自身的傲气，只有谦恭的行为才能将傲气清除。

教皇的意见占了上风。推选了两位枢机主教拉蒂诺·奥尔西尼和普罗斯佩罗·科隆纳出去迎接公爵，教廷的其他成员拜会使团。克莱弗公爵受到最为隆重的欢迎，人人都赞美高贵的使节及其豪华的贵族和学者阵容。

11
勃艮第人讲话。庇护的回应。

1 第二天，庇护主持一次公开会议，阿拉斯主教在会上讲话。他热情洋溢地谈到教皇捍卫信仰的意图，谈到菲利普的热心，谈到他的使团规格高，谈到他的君主家系，谈到勃艮第人的历史，包括古代和现代的历史。他说明了菲利普没有亲自来参加会议的原因，并向教皇保证说，公爵会做大家对他期待的一切来捍卫基督教。热情的听众聚精会神地听着，大家对公爵的信念报以热烈的掌声。

2 教皇在御座上作出回应。菲利普显赫的祖先无人不知，其先人既有勃艮第血统，也有法兰西血统。这两个民族以其丰功伟绩而远近闻名,不过菲利普没有必要提到他那么多的先人,他本人的功绩就足以为他的时代增辉。庇护在巴伐利亚的雷根斯堡见过菲利普好几次,也与菲利普交谈过,从此以后他就知道公爵对土耳其问题的看法,知道公爵是多么虔诚地参加宗教活动,多么热切地希望捍卫信仰、传播信仰。他坚信,公爵并没有改变主意。从公爵使节的发言中可以看出,公爵既没有变卦,也没有违背誓言。他希望菲利普会亲自来,因为菲利普让大家觉得会亲自来,如果来的话,菲利普就会明白罗马教廷是多么尊重他。但教皇能理解他留在国内的苦衷,他是担心有人暴动,而且他还派了那么多的要员来代表他。

3 教皇还夸赞克莱弗公爵不避路途遥远艰辛前来参加会议,商讨捍卫信仰问题,土耳其人千方百计地要摧毁我们的信仰。克莱弗公爵尽到了自己的职责,履行了一个基督教君主应尽的义务。要是其他人也承担起这样的义务,土耳其人现在就不会攻击基督徒了,撒拉逊人也不会占有圣墓了。也许上帝怜悯他的子民,也许其他基督徒会以菲利普公爵和克莱弗公爵为榜样,会受到他们的鼓舞。至于那些贬低曼托瓦大会的人,那些对大会所有议程都不屑一顾的人,也许上帝会让他们难堪,证明他们说了谎。其余的事情改日再议。

说完这话,教皇就宣布散会。欧坦枢机主教[①]为表示尊重,就护送克莱弗公爵到他的住所。

12
克莱弗公爵与科隆大主教因索斯特和克桑滕问题发生争执。

1 克莱弗公爵早就与科隆大主教迪特里希发生争执(更多的时

---

① 让·罗林,欧坦主教,1449 年被册封为枢机主教。——原编者注

候是不折不扣的仇恨）。[①]双方冲突的核心问题是名城索斯特，这座城脱离科隆教区之后就得到克莱弗公爵的保护。

2 索斯特是威斯特伐利亚的一座城，地域广阔，地位重要，在那里找贼比找傻瓜还要容易。它坐落在莱茵河与威悉河之间，由埃姆斯河分为两部分，埃姆斯河发源于阿诺比安山（托勒密所用的名称），这座山将威斯特伐利亚与黑森隔开。

据说伦巴第人就来自这里，离开此地后他们穿过德意志和匈牙利，最后应东罗马帝国皇帝查士丁尼的宦官纳尔塞斯的邀请进入意大利。这一地区以前叫作山南高卢，后来就以他们的名称命名为伦巴第，这一名称一直沿用至今。索斯特所在的威斯特伐利亚北面与乌得勒支和沼泽地接壤，现在享有公国的地位，依照封建权利属于科隆教堂。

3 索斯特所在的位置以前只是个贫穷的田庄，后来被一位科隆主教买走。这里吸引了一些定居者，过一段时间之后规模显著扩大。后来，几位主教在四周建起一道围墙，成为一个镇。它几次造反，但还是被迫屈服。

然而，迪特里希就任主教以后，又爆发一次更严重的暴动，接着就是在皇帝腓特烈的宫廷旷日持久地打起了官司。索斯特人输了官司，但对判决置若罔闻，这时迪特里希就诉诸武力。他请波希米亚人帮忙，招募一支大军，血洗了索斯特的领土，将索斯特城团团围困。于是索斯特人就向克莱弗公爵求援，前面已经提到他了。

4 克莱弗是一座名城，人口众多，皇帝西吉斯蒙德把它从伯爵领地升格为公国。它的面积不是太大，但土地肥沃富饶。公爵统治着莱茵河里的一个岛，很久以前岛上住的是荷兰人。这些荷兰人尚武，身体非常强壮，能全身穿着盔甲游过莱茵河。克莱弗公爵从这

---

① 参见第1卷第18章。——原编者注

些人里招募了一个连，把他们派去援助被围困的索斯特。

科隆大主教正在用各种大炮猛力攻城，甚至用梯子爬上了一部分城墙。但居民们顽强抵抗，又得到公爵派来的增援队伍，阻止了大主教没有把城攻下来。围攻持续下去，造成很多人伤亡。为了避免索斯特陷落，克莱弗公爵攻击了科隆教堂的人，迫使迪特里希放弃攻城并转而攻占克莱弗的领土。双方都去烧对方地里的庄稼。

5 克桑滕城离克莱弗不远，城的一部分属于科隆教堂，一部分属于克莱弗公爵。那里有一座著名的教堂，据说是由君士坦丁大帝的母亲海伦娜创建的。庇护在担任枢机主教的时候曾是那里的教士长，晋升教皇以后把它送给了侄子①。克莱弗公爵占领了整座城，但他自己的很多城都被大主教占领并投降了大主教。冲突逐步升级为一场可怕的战争，并一直拖延下去，造成双方死伤惨重。

最后教皇尼古拉派来了使节，命令双方放下武器。"戴镣铐的圣彼得"教堂枢机主教尼古拉和圣安杰洛枢机主教胡安安排双方达成休战协议，条件是：双方都要放下武器并释放俘虏；保留各自的战利品直到审理这一案子，由尼古拉在勃艮第公爵菲利普的协助下解决这一争端。

6 官司打来打去，一直拖了很长时间。证人出来为双方作证，证词被送到教廷，还征求菲利普的意见。但很多人插手此事，妨碍案件的审理，结果在教皇尼古拉任职期间并没有做出裁决。加里斯都三世在位时没有机会审理，因为他曲意逢迎有权势的克莱弗公爵。

7 科隆的使节来找庇护要求伸张正义，教皇觉得一个著名教堂的要求不能置之不理，要奉劝索斯特人和克桑滕人：效忠于合法主人的时候到了。

索斯特人和克桑滕人完全明白教皇信里的意思、明白信里暗含

———————
① 弗朗切斯科·皮科洛米尼。——原编者注

的威胁口气之后，就找到克莱弗公爵说，要是受到信仰之剑的打击，用钢铁之剑赢得的胜利就没有任何意义了。他们害怕教皇不让参加圣事活动的禁令，他们不能放弃圣事，要是不回归以前的主子，教皇就不让他们参加圣事活动了。

8 克莱弗公爵听到这一消息非常生气，到了曼托瓦就不参加任何公共事务的讨论，非把这件私事先解决了不可。他说，教皇对他不公正。庇护曾在一封信里说，不事先听取公爵的意见就不会采取行动处罚他，但教皇却让索斯特人和克桑滕人回归科隆教堂，否则就要受到严厉处罚，事先却根本就没有传唤公爵。

教皇回答说，他信守了诺言，因为他并没有对克莱弗人或公爵的臣民下达这样的命令，而是对索斯特人和克桑滕人这样说的，这些人都是科隆教堂的臣民，这是个不争的事实。另外，这一命令也有传票的效力。

而克莱弗公爵坚称，索斯特人和克桑滕人都是他的臣民，他们是依照战争规则从属于他管辖的，所以他要求教皇收回成命。要是达不到这一目的他就回家，根本不管捍卫信仰的事。说话这样傲慢，根本配不上一个高贵的君主！①

---

① 教皇与克莱弗公爵的这一分歧，是西方中世纪政教冲突的一个典型案例。从理论上说，教会负责管"天上"的事，国王、贵族等俗界领袖负责管"地上"的事，表面上分工明确，但实际上却纠缠不清。无论是"天上"的事还是"地上"的事，最终都要落实到广大的民众头上，因为民众既是教会的信徒，又是国王、贵族的臣民，具有双重身份。另外，即便是"天上"的事，还是要由"地上"的人来做，如庇护最为关心的组建十字军打击土耳其一事。也就是说，教俗两界实际上管辖的是同一批人，很多事情也难以分清究竟属于"天上"还是属于"地上"，由此引起各种利益冲突也就在所难免了。在此之前的"主教叙任权"之争，以及本书中所描述的庇护与各国君主的争执，其根源都是这一尴尬的现实。到了文艺复兴后期，随着封建体制的衰落，教会的影响力大为下降，君主的权力大大增强，政教冲突便逐渐消失。——译者注

9 出席会议的还有科隆大主教的使节，以高贵的维尔讷堡伯爵罗伯特为首的一批显赫人物。罗伯特仪表堂堂，品性突出，智慧过人，还不到二十五岁。（他死于回家的路上，离巴塞尔不远的一个地方。这对他的臣民来说是个重大损失，更是让迪特里希悲伤。）罗伯特以充分的证据为科隆教堂辩护，说克莱弗公爵的所作所为不仗义、邪恶。公爵本人就是科隆的附庸，就是在科隆的一个堂区出生的。他拿起武器打他的母亲和女主人，既不尊重她的权威，也不敬畏上帝，应该像个重罪犯或背叛主子的人那样受到惩罚。要他来商量公事，却把个人的私事拿了出来，这样一个人是多么有德性！哦，他们应该照他的要求做，对这件私事进行判决——做出对公爵不利的判决。科隆大主教会完全同意，他只求公平合理。

10 教皇让克莱弗公爵做出选择：是接受仲裁还是接受审判。公爵心里一清二楚，哪条路都不好走，庇护宁可答应他提出的任何要求，也不会让他办不成事就走人，叫他来这里就是要他办事的。所以公爵两个选择都拒绝了。

事情到了这样一个节骨眼上：如果不（暂时）放弃正义，整个会议就不得不解散，什么事也办不成。如果克莱弗公爵愤然离会，威尼斯人以及其他很多人就会以此为正当的借口待在国内，拒不前来参加会议。

11 教皇心里很纠结，不知如何是好。无论是谁要他伸张正义，他都不愿拒绝，但他觉得把这个案子暂时搁置起来比较好，这比让基督教信仰面临危险所承担的风险要小一些。实际上如果伸张正义会在社会上引起风言风语，罗马主教都会将其拖延下去，直到合适的时机出现，这一做法由来已久。司法机构也不会禁止这样做，因为先要面临的灾祸总是更大一些。

所以，为了满足克莱弗公爵，庇护撤消了这一命令，但又向科隆的使节承诺说，一旦信仰问题处理好，还会重新发布命令。阿拉斯主教在其同伴不知情的情况下，偷偷地劝教皇这样做。这件事处理好以后，他们开始关注公事。

13

勃艮第的指令，庇护引用《圣经》予以反驳。

1 有人问克莱弗公爵及其同僚，菲利普会提出什么建议或给予什么援助。他们回答说，主子派他们来听取教皇的想法，然后把这些想法向菲利普禀报。

他们接到指令再次发言。这一次他们说，菲利普经常和朋友们讨论教皇的计划，这一计划虽然神圣，但似乎很难实现，如果不是不可能实现的话。一支打击土耳其人的十字军需要异乎寻常的实力。土耳其人多年来所向无敌，其威力令基督徒胆寒，甚至提起土耳其人就让基督徒胆寒。以前的人领军攻打东方时，是从法兰西、德意志和英格兰招募军队的。现在这些国家内讧，陷入内战之中，要不然就是与邻邦就领土问题发生争执。对土耳其宣战之前，这些国家必须和解，因为一个打自己人的国家是很难拔出剑来打击外敌的。只要各国君主联合起来宣战，菲利普会执行教皇发出的任何命令。

2 庇护回答说，他完全知道需要一支大军才能推翻土耳其人。就是为此，他才召集基督教国家的君主们来这里开会，这样他们才能联手组建一支十字军。土耳其人在人力和策略上都有优势，但他们并不像传说的那样可怕。他们和匈牙利人打了七十年才取得部分胜利，他们取得的最大胜利是由于希腊人胆小，希腊人在土耳其征服时没有武装起来，弱得像个女人。但土耳其人要是和德意志、法兰西、意大利或西班牙的军队打仗，就会发现和他们交手的是男人。看到一度让全世界都畏惧的基督徒在这样一个卑劣的民族面前发抖，庇护感到惭愧。

3那些要招募军队的地区必须局势稳定，菲利普这样说是对的。除了法兰西人之外，很少有十字军去过东方，这一看法庇护也同意。为信仰而战，这好像是法兰西特有的责任。庇护会采取措施，以解决法兰西和英格兰之间的争端，并确保德意志的和平。但处理这些事情需要很长时间，需要派遣使节，需要把冲突各方从远处传唤过来，需要争论，需要诱导，需要各种艰难的谈判。世世代代结下的冤仇，怎么可能在几天之内就化解呢？

4与此同时，匈牙利已师老兵疲，肯定会灭亡。土耳其人已威胁他们。毫无疑问，第二年夏季，土耳其人肯定会发动全面进攻。土耳其人已经把塞尔维亚人争取到自己一边。由于波斯尼亚人背信弃义，土耳其人又占据了斯梅代雷沃，从那里军队可以轻而易举地渡过多瑙河。如果匈牙利人向土耳其投降，土耳其人的军力几乎就会翻一番，他们就可以长驱直入德意志和意大利。可以肯定的是，如果匈牙利人被基督教教友们抛弃，他们要么被消灭，要么去投敌。无论是哪一种结局，都是致命的。

5古代的教训应该牢记：匈奴人、哥特人、汪达尔人、埃吕利人、格皮德人、伦巴第人、匈牙利人及其他野蛮人，在他们去意大利和德意志的路上，曾无数次从潘诺尼亚（现在的匈牙利）冲过去，然后进入法兰西和西班牙。这样的事情不能再发生了。土耳其人显然想征服整个西方帝国。西方人只要还有一次打败土耳其人的机会，就要冲出去迎击他们——当然是在匈牙利人投降之前。

6千万不要认为土耳其人已经强大得不可战胜了。三年前，土耳其的一支军队在贝尔格莱德被击溃，他们顶不住基督徒的攻击，尽管他们是手拿武器来打没有武器的人，一支大军对付少数基督徒。土耳其人已经被基督徒在战场上表现出来的英雄气概吓坏了。

基督徒除了因为被人出卖，或是打过胜仗之后人困马乏、在人数上完全处于劣势，或是我主基督对我们的罪孽感到生气之外，还从来没有被打败过。

7 再对比一下实力。仅仅一个意大利，如果整个意大利联合起来的话，就足以把土耳其人消灭，更不要说整个幅员辽阔的基督教世界了。对敌人帮助最大的，莫过于基督徒内部的分裂。基督徒宁可因私事而相互攻击，也不愿纠正与大家都有关的错误，对信徒一家①的攻击比对敌人的攻击还要厉害。现在，指望法兰西人、德意志人或其他任何人招募一支十字军去打土耳其人，就像以前戈弗雷②、康拉德③和其他很多人出兵攻打异教徒那样，已经完全不可能了。现在，你找不到任何一个君主不担心邻邦的，找不到任何一个君主出门不带卫兵不害怕的。

8 情况就是这样。但他们仍然不能放弃对基督教世界的希望，也不能拒绝援助盟友。帮助匈牙利人的路是敞开的，只要各国君主决定帮助他们。他们要派出使团，尽一切努力让交战的君主们和解。一旦做到这一点，就要宣布成立一支联合十字军。

9 在此期间（把所有这些事都做完需要很长时间），他们必须向匈牙利提供援助。必须组建一支军队，兵员由各方均摊。无论是法兰西、勃艮第还是英格兰，如果其对手分摊得和他们一样多，他们谁也不会担忧。他们以及很多人都认为，要完成这一任务需要二十万或三十万兵力，这样说也不对。熟悉土耳其国情的人说，需要征募的兵员不超过五万，最多不超过六万，人再多的话会很难训导，食物供应也有困难，打起仗来也难以调遣。

---

① 参见《圣经·加拉太书》6:10。——原编者注
② 11 世纪时第一次十字军东征的将领。——译者注
③ 11 世纪时的神圣罗马帝国皇帝康拉德二世。——译者注

让基督教各国提供这个数并不算多，每个国家派一些很快就能凑够。君主们也可以出资，从匈牙利、德意志、波希米亚和波兰招募雇佣兵。这些士兵由一名教皇使节指挥，可以保卫匈牙利及其周边地区，直到各方兵合一处，组建一支更大的队伍，如果他们愿意这样做的话。

10 如果不采取行动，他们肯定担心失去匈牙利，给整个基督教世界带来灾难。菲利普应该考虑以下问题：他积聚的力量越强，就越是应该为上帝效力[①]。他命中注定要打土耳其人，因为土耳其人在战场上俘虏了他父亲，在支付了很大一笔赎金之后才得以释放。[②]他决不能忘记听到君士坦丁堡陷落的消息时发下的誓言，当时他向上帝承诺，要率领一支军队攻打土耳其。他要是不兑现诺言，就会面临上帝惩罚的威胁。

14
勃艮第人做出承诺。
克莱弗公爵病倒。

1 使节们仔细听着这一番话。他们不敢反驳教皇，尽管有些人是老兵，是能言善辩的人。他们为自己的君主找了几个借口。菲利普没有发誓单枪匹马攻打土耳其，而是有这样一个条件：法兰西国王、皇帝或和他本人地位相当的其他君主和他一起出征。看样子还没有人愿意参战。两位阿方索，即阿拉贡国王和葡萄牙国王，可能把十字架标志缝在了衣服上，但并没有刻在心上。

---

① "一个人不能事奉两个主。"参见《圣经·马太福音》6:24。——原编者注
② 1396 年，无畏者约翰在尼科波利斯被俘虏。——原编者注

2 教皇回答说，人可以和人交涉，但不能和上帝交涉。菲利普应该考虑上帝给予他的厚礼：他统治着好几个富国，生活奢侈，身体健康，还有个儿子做继承人。他被认为是所有基督教君主中最幸福的。他要是不答谢给了他这些厚礼的上帝，他就等着全能的上帝以他对待那些忘恩负义的人一样的方式对待他吧。

3 使节们和教皇就这些问题争长论短，毫无意义地浪费了很多天时间。把枢机主教们拉过来参与讨论也无济于事。使节们只是在与教皇私下里会晤两次之后才做出让步。这时他们才屈服，承诺说菲利普一旦接到教皇的命令，只要战场上有一支基督教军队，他就会派出大约两千骑兵和四千步兵到匈牙利打击土耳其人，或由他出资雇用这些士兵。

4 做出这一承诺之后，克莱弗公爵马上说要回国。但米兰公爵和摩德纳公爵很快就要到了，教皇想让克莱弗公爵等到他们来了以后再走。这样，克莱弗公爵就比他原来打算的多待了八天时间。但其中的博尔索公爵食言了，另一位公爵把履行诺言的时间推迟了，教皇这才允许克莱弗公爵离开。

强大的君主之间没有爱，谁也不愿意妥协，要把他们聚拢到一起，真不是一件容易的事。君主团结极为罕见，有诚意就更罕见。相互较劲把一切都毁了。

5 克莱弗公爵走的时候有点不舒服。克罗伊的让发了高烧，医生们都觉得他没治了，但他毫不理会医生的话，完全恢复了健康。他虽然烧得厉害，感到非常虚弱，但还是上了路，坐车走了几天之后就恢复了原来的体力。菲利普的几位使节留在了曼托瓦，直到大会结束。其中有两位去看望皇帝了。

15
弗朗切斯科·斯福尔扎:
他的背景、成就和非凡的军事生涯。

1 几天以后，在国内和战场上都很著名的君主、米兰公爵弗朗切斯科·斯福尔扎来到了大会上[①]。

弗朗切斯科的父亲是斯福尔扎·阿滕多洛，出生在艾米利亚的科蒂尼奥拉村一个贫穷的家庭。斯福尔扎离开了家里的农田去当兵，加入了弗利的布罗利奥·布兰多利诺的队伍，此人是他那个时代主要的雇佣兵队长之一。[②] 但他既没有武器，也没有马，一开始靠赶骡子干粗活为生。不久他就成为乡绅，随后凭借在战场上浴血奋战，获得了骑士的荣誉。他是个体质非常棒的人，行动敏捷，具有军人的机智和聪明灵活的头脑。他从他那一代雇佣兵中脱颖而出，立下赫赫战功。布罗利奥死后，他被任命为一个中队的指挥官。

2 斯福尔扎是在为埃斯特侯爵效力时开始出人头地的，当时他杀了帕尔马的奥托博内，一个著名的指挥官，被斯福尔扎引诱到鲁别拉附近的一个伏击点。有一首著名的歌曲歌颂这一战功，直到今天仍然有人传唱。

3 斯福尔扎还效力于西西里女王乔万娜，参加她攻打阿方索国王的战争，在战争中他占领了阿普利亚的特罗亚和其他几座城镇。他也为教皇马丁而战，被命名为"教会旗手"。但在打击教皇和乔万娜女王的共同敌人、佩鲁贾的布拉乔一战中，他跳到佩斯卡拉河里去救一个小孩，结果淹死了。他的遗体一直没有找到。

4 斯福尔扎的幼子弗朗切斯科和父亲一起在战场上。弗朗切斯

---

① 9 月 17 日。——原编者注
② 庇护的笔误。布罗利奥与布兰多利诺是两个人。——原编者注

科已经是一个优秀的军人了，很快就继承了父亲的指挥权，父亲手下的人全都支持他。据说他母亲是个情妇，占星家（尤其是星命学家）[1] 经常对他父亲说，弗朗切斯科注定会成为一个杰出的将领。据说阿滕多洛这样说："要是弗朗切斯科能活下去，他的勇气和取得的成就就会超过我。测量星位的人说，他出生时星座的位置非常吉利，他显然能得到一顶王冠，达到荣誉的顶峰。"

5 当时，佩鲁贾的布拉乔占领了自己的故乡，另外还有阿西尼、托迪以及教皇国的其他很多城市。布拉乔率领一支大军，包围了阿布鲁齐地区的主要城市拉奎拉，据说马上就能攻克，然后就进军罗马。

教皇马丁感到担心，决定给被围困的拉奎拉运送救援物资。教皇雇了一支军队，任命弗朗切斯科为指挥官，虽然弗朗切斯科刚刚二十四岁。第一场大战持续了几个小时未分胜负，但最后布拉乔看到自己的人马在退却。他从战场上溜之大吉，想保住自己的性命。但他被一些佩鲁贾老乡认出来了，这些人遭到流放之后正在教会的军队里服役。

布拉乔逃跑时被抓住了，然后被带到获胜将领的军营里，因逃跑时受伤而死。如前所述，他的遗体被运到罗马[2]，埋在城外圣洛伦佐圣殿附近垃圾场的死兽旁边，但不久之后经尤金同意，又把他的遗体掘出来，重新埋葬到他的故乡佩鲁贾。

6 这场胜利使弗朗切斯科声誉鹊起。他受雇于米兰公爵菲利波，长期为菲利波攻打威尼斯人。他与菲利波的女儿比安卡·玛利亚订了婚，但他想娶比安卡时不让他娶（菲利波把婚期一再推迟），弗朗切斯科最后就不再为菲利波效力了。那时佛罗伦萨和威尼斯是盟

---

[1]　星命学家即根据一个人出生时的星位来预测其命运的人。——原编者注
[2]　参见第 2 卷第 18 章。——原编者注

邦，菲利波是与这两国交战。

7 布拉乔身后留下一个儿子奥多，布拉乔死后奥多就逃到佛罗伦萨，由佛罗伦萨人支付给他报酬。但他还太小，不能领军打仗，布拉乔的一位老战友尼科洛·皮奇尼诺就替他指挥军队。奥多被派到拉莫内河谷去攻击菲利波的指挥官，被打败以后让当地的一些农民杀了。尼科洛被俘以后被押送到法恩扎，他劝那里的君主援助佛罗伦萨。但他自己不久以后就投奔了菲利波。

8 两位军官各为其主，互不相容。另外，意大利所有知名的军人这时都选好了自己的阵营，这样就形成了两派：斯福尔扎派（可以说是"违反者"）和遭到激烈反对的布拉切斯基派。一位君主既雇用弗朗切斯科的对手，又不按照承诺把女儿嫁给弗朗切斯科，为这样一位君主效力让弗朗切斯科无法忍受。他在伺机解除婚约。

这时，教皇尤金和巴塞尔宗教会议已经开始大分裂。[①]

16
米兰公爵菲利波与威尼斯和教会交战。
菲利波死亡。

1 菲利波对尤金在上一场战争中援助威尼斯人感到愤怒，所以就站在巴塞尔宗教会议一边。他派弗朗切斯科入侵边境地区，以巴塞尔宗教会议的名义将其占领。他觉得这样还不足以报复教皇，就命令皮奇尼诺以同样的方式进攻教皇国的其他地方。于是教皇国一片大乱，弗朗切斯科劫掠边境地区，尼科洛·皮奇尼诺劫掠翁布里亚。

2 在此之前不久，罗马民众起来造反，尤金被俘，被关押在特

---

① 6月25日，巴塞尔宗教会议发布教令，宣布罢黜尤金。——原编者注

拉斯特维莱的圣玛利亚好几天。他后来偷偷地逃了出去，躲在佛罗伦萨避难[1]。威尼斯人没有援助他，皮奇尼诺在安吉亚里吃了败仗[2]。没有哪一个国家会喜爱一个受害者，基本上都是选择支持幸运的人而不是支持好人。

于是教皇离开佛罗伦萨去了锡耶纳，在那里与菲利波和解并达成一项协议。尤金还想与阿方索结盟，阿方索以武力征服了西西里王国。尤金在这两位君主的帮助下，把皮奇尼诺争取到自己一边，又从弗朗切斯科手里夺回边境地区的大部分领土，尽管弗朗切斯科得到威尼斯人和佛罗伦萨人的大力支持（尤金抛弃菲利波之后就背叛了威尼斯人和佛罗伦萨人，将他以别人名义所占领的城镇据为己有）。

3 弗朗切斯科在边境地区打了很多胜仗，也打败过皮奇尼诺，但后来遭到阿方索的武力攻击，不得不放弃他所征服的地区，除了少数几个地方之外。随后他在意大利北部帮威尼斯人打击菲利波，让他未来的岳父损失惨重。他迫使菲利波把比安卡·玛利亚嫁给他为妻，把克雷莫纳给她作嫁妆，逼着菲利波很不情愿地休战。

然而，后来战争再次爆发时，菲利波向弗朗切斯科请求援助，他在岳父需要帮助时就不能拒绝了。

17
米兰人谋害威尼斯使节，
把米兰城交给弗朗切斯科。

1 菲利波这时陷入绝境，很难自卫。他四处求援，有时候找国

---

① 1434 年。——原编者注
② 1440 年 6 月 29 日。——原编者注

王阿方索，有时候找皇帝腓特烈，有时候找法兰西人。他不知如何是好。

威尼斯人在距离米兰十二英里的地方安营扎寨。他们派出突击队来到城下，近得能听到城里人吹的喇叭声。

弗朗切斯科急忙带着援军从边境地区匆匆赶来，但菲利波经受不住疾病和悲伤的折磨，没有等到弗朗切斯科抵达就死了[①]。他指定阿方索为继承人，但米兰人一旦摆脱暴君的统治就宣布独立。弗朗切斯科带着队伍赶到时，米兰人就雇他效力，并拿起武器打击威尼斯人，威尼斯人刚刚迫使皮亚琴察投降。

2 科摩、洛迪、诺瓦腊、托尔托纳仍然忠于米兰，但不少城镇投靠了萨伏依，其余的又投靠了法兰西。帕维亚向弗朗切斯科投降，弗朗切斯科不顾米兰人抗议而欣然接受了。然后他猛攻皮亚琴察，那里由威尼斯的一支大部队守卫着。在这次进攻中，他胯下的战马被投石器发射的一块石头砸死了。

法兰西人听说菲利波死了，就派出一支远征军到意大利，打算入侵米兰和整个伦巴第。但多亏了贝加莫的巴尔托洛梅奥的勇敢，在亚历山德里亚附近把这些远征军消灭了[②]。

3 威尼斯人被米兰人的胜利所困扰，就敦促弗朗切斯科自立，不要再为别人卖命了，让他自己去占领米兰。为此他们与弗朗切斯科达成一项协议，承诺要支援他。

弗朗切斯科抓住这一渴望已久的机会攻击米兰，将米兰城团团包围。米兰人向威尼斯人求援，而威尼斯人在这节骨眼上变了卦，就像其他国家经常做的那样。威尼斯人就像意大利和平的仲裁人似的，提出了下列条件：

---

① 1447 年 8 月 13 日。——原编者注
② 1447 年 10 月。——原编者注

4 米兰人应该独立自治，保留在他们统治之下的城市；弗朗切斯科占据帕维亚、克雷莫纳、皮亚琴察就行了；佛罗伦萨人、米兰人、弗朗切斯科应该将各自的骑兵和步兵控制在一定的规模。

5 然而，弗朗切斯科和佛罗伦萨人都没有遵守这些条件。弗朗切斯科虽然认为同时与威尼斯人和米兰人作战是个很冒险的主意，但还是宁愿冒战争的危险也不愿接受和平，因为和平显然意味着他的毁灭。他的钱已经花完了，但佛罗伦萨人偷偷地援助他。佛罗伦萨人担心，威尼斯人一旦占据米兰，就会入侵意大利的其他地方——威尼斯人表面上像是在帮助米兰人打弗朗切斯科，而实际上是想让米兰人向自己称臣。

但威尼斯人的希望落空了。他们没有向米兰人提供足够的粮食，饥饿的米兰人一怒之下就杀了威尼斯大使莱奥纳尔多·韦尼耶，向弗朗切斯科打开城门，拥立他为主子和公爵，这在前面已经说过①。

这对弗朗切斯科来说是一大胜利：被威尼斯人抛弃以后，他打了一场艰苦的战役，尽管遭到威尼斯人的激烈反对，他仍然成为一个大国的主人。

18
阿方索和威尼斯向弗朗切斯科和佛罗伦萨宣战。各方言归于好。

1 随后，威尼斯人与国王阿方索达成一项协议：威尼斯人为布拉切斯基派效力并推翻弗朗切斯科时，阿方索要向佛罗伦萨人发动进攻。战争一打响，小规模的冲突不断，但没有任何一方拼尽全力。

① 参见第1卷第19章。——原编者注

弗朗切斯科拼出十足的勇气，一个营地接着一个营地地跟踪敌人，从来不退让。他请求国王勒内增援，曼托瓦侯爵也倒向他们这一边。

2 阿方索侵入托斯卡纳，夺取了沃尔泰拉附近的好几座城堡，但对佛罗伦萨人没有造成多大伤害，这多亏了西吉斯蒙多·马拉泰斯塔诡计多端，这在前面已经描述过①。阿方索包围了伊特鲁里亚海边的皮翁比诺，但攻不下来，只好灰溜溜地打道回府。然后他派儿子②回到那里，用他惯常的拖延战术把战争的时间延长。

3 这样，威尼斯人一面受到土耳其人的围攻，一面受到弗朗切斯科的围攻，便与土耳其人达成休战协议，这在前面已经提到过③。几乎与此同时，他们又抛弃了国王阿方索，与弗朗切斯科达成协议。与弗朗切斯科的休战协议是在洛迪偷偷达成的④，由一位声誉好的修士西莫内托从中斡旋。

弗朗切斯科的征服就这样得到了确认。不久之后，阿方索和整个意大利都与他结盟，他本人也与阿方索联姻，把他女儿伊波利塔许配给了阿方索的侄子。

4 真是世道无常啊！一度富裕强大的伦巴第公国落到斯福尔扎家族手里，这一家族不久之前还没有足够的土地来耕种。命运偏偏喜欢让强人低头，让低贱者高升。但一个人要是没有一点本事，从茅舍爬升到城堡简直是不可能的。帝国是靠毅力、靠勇气、靠审慎来得到的，而丧失帝国则是由于懒惰、懦弱和粗心。

---

① 　参见第 2 卷第 32 章。——原编者注
② 　即卡拉布里亚公爵费兰特，阿方索五世的儿子和继承人。——原编者注
③ 　参见第 2 卷第 16 章。——原编者注
④ 　1454 年 4 月 5 日。——原编者注

19
弗朗切斯科的财产，他的才能，他的命运。

1 弗朗切斯科得到公爵爵位既沾了他父亲功绩的光，也凭借了他自己的本事。他抵达曼托瓦时是六十岁[①]。他母亲还健在，但两年后就死了。他骑起马来像个年轻人，个头很高，威风凛凛，面沉似水，说话温和，举止彬彬有礼。总之，他有君主的派头。他像是我们这个时代命运女神唯一青睐的人。他身强力壮，智慧过人，战场上所向披靡，从一个出身低贱的人荣升到一国之君。

他娶了一个以美貌、血统和品性而闻名的妻子，生的孩子都极为漂亮。他几乎不生病。凡是他真心想要的东西，他都能得到。据说他出生时吉星高照，他证明这颗星没有骗他。

2 不过他也遭受过一些不幸。他疯狂地爱着情妇佩尔佩图阿，他妻子在醋意大发时却把她杀害了。他的战友和老朋友特罗伊洛和布鲁诺罗背叛了他，改投到阿方索门下。他将另一个战友和朋友恰尔佩洛内以叛国罪判处绞刑。他兄弟亚历山德罗背叛了他投奔到法兰西，并试图煽动法兰西人攻打他。他把儿子斯福尔扎·塞孔多投入监狱，说儿子密谋反对他。他在战争中夺来的边境地区，又在战争中失去。

一生完美幸福、从未经受过一点波折的人是不存在的。仅仅经受几次波折的人，就是一个幸福的人。

[①] 斯福尔扎出生于 1401 年 7 月 23 日，抵达曼托瓦是在 1459 年 9 月 17 日，当时实际上是五十八岁。——原编者注

20
弗朗切斯科隆重入城，受到热烈欢迎。
费莱佛发表讲话，得到庇护回应。

1 弗朗切斯科抵达曼托瓦时，两位枢机主教出来迎接他。他是从克雷莫纳乘船，沿波河与明乔河来到这里的。

曼托瓦周围的湖里，小帆船和其他各种船只穿梭往返，成群结队的人涌出城来，一瞻这位著名公爵的风采。他们的目光一直聚焦在他身上，对他的仪表和举止赞不绝口。大家一致认为，他从头到脚都是一个统治者。陪伴他的是一大群体面的随从，每一个人的衣服上都闪耀着金光或银光。

公爵进城时，人们悄声夸赞着教廷的尊严和荣耀，到处都能听到人说"看看罗马主教有多大的势力！这么一位了不起的君主来吻他的脚，他肯定拥有大得惊人的权力和威严！"

2 第二天，教皇在一次公开会议上允许弗朗切斯科来到御前。弗朗切斯科吻过教皇的圣脚，发表几句简短的讲话之后，教皇让他坐在为枢机执事留的座位上。然后公爵让弗朗切斯科·费莱佛代表他讲话。

费莱佛是位著名的讽刺作家和诗人，精通拉丁语和希腊语。费莱佛一开始先赞美弗朗切斯科与教皇，然后大谈土耳其人，接着又更详细地谈希腊人，强调组建十字军的必要性，强调公爵对这一行动的支持，强调公爵保证援助基督教事业的力度。[①]

3 费莱佛讲完以后，教皇赞不绝口，授予他"雅典缪斯"的称

---

① 弗朗切斯科·费莱佛 (1398—1481)，人文主义学者，公爵弗朗切斯科·斯福尔扎的秘书，教过年轻时的艾伊尼阿斯·西尔维厄斯。费莱佛是在 1459 年 9 月 18 日发表这一演讲的。——原编者注

号。然后教皇转向弗朗切斯科·斯福尔扎，说他名不虚传，满足了大家对他的所有期望。弗朗切斯科追随显赫的父亲，他父亲为了罗马教会的利益冒了巨大的危险。他是位杰出的人物，是当代最优秀的军人，是战场上的第二个埃阿斯[1]，是顾问之中的第二个涅斯托耳[2]。他无所畏惧，而是让所有的人都畏惧他。他的业绩得到每个人的赞颂。庇护本人年轻时从舅舅乔瓦尼·托洛梅伊那里就听说过他的业绩，乔瓦尼·托洛梅伊曾在斯福尔扎麾下担任指挥官，对这样一位英雄的勇气和丰功伟绩感到惊奇。

教皇说，儿子超越了无法超越的父亲。他战胜了所有打过仗的人。他赢得了以前古人授予最勇敢的罗马人的头衔，这也是我们当代意大利人最为敬重的头衔。米兰公爵的爵位他不是从父亲手里继承来的，而是民众选出来的。继承只是偶然的运气，而民众选举则是对他品质的确认。他父亲只在一个方面超越了他：父亲总是捍卫教会，而儿子有时候攻击教会。

不过即便是在这一方面，教皇说，他也并不完全屈居于父亲之下，因为最近他经历了从扫罗到保罗的转变[3]。他曾帮助庇护的前任加里斯都打击皮奇尼诺，在庇护任职期间他也经常支持教会。现在他来参加这届大会，慷慨承诺要动用自己所有的资源，不仅捍卫罗马教会，而且还捍卫整个天主教信仰，捍卫基督的名声，打击不信神的土耳其人。他所做的正是一个基督教君主应该做的。如果其他人都像他那样，基督徒不仅没有理由畏惧土耳其人的武力，而且还可以主动进攻，不用费力就能收回希腊和亚细亚，那是他们的先人疏忽大意而失去的地盘。

---

① 希腊神话中的英雄。——译者注
② 特洛伊战争中希腊的贤明长老。——译者注
③ 保罗一开始叫"扫罗"，参与过迫害基督徒的活动。但后来得到耶稣点化并皈依基督教，随后更名"保罗"。参见《圣经·使徒行传》。——译者注

庇护说，他希望弗朗切斯科的榜样会唤醒几位在这次危机中似乎在睡大觉的基督教君主，等他们最终意识到威胁基督教信仰的危险时，会拿起武器打击敌人。如果像他希望的那样出现这种情况，弗朗切斯科就会位居罗马教会和整个基督教世界最应该感激的人之列。

4 教皇说完这一番话，在大家的一片掌声中宣布当天的会议结束。

21
埃斯特的博尔索愚蠢、虚假，让人捉摸不透。

1 如前所述 [①]，摩德纳公爵、罗马教会在费拉拉的代理人博尔索曾经答应，只要庇护叫他，他就会来曼托瓦。等到庇护叫他时，他回答说几天以后就到。但再一次叫他时，他改变了主意，说不去了。他的借口是占星家看了他的星象，断定他要是去曼托瓦必死无疑。

2 教皇训斥了摩德纳公爵，说他听信异教徒信口雌黄，认为看星象就能预知未来。教皇还指责他编出这一瞎话拒不来参加会议。博尔索害怕在心地善良的人中间露面，他宁愿与兽为伍而不愿与人为伍。他要是不愿为了信仰而忍受坐一天的船，那他就是对上帝忘恩负义，配不上他得到的很多祝福。一个人拒不参加捍卫基督名誉的大会，那他既不是一个虔诚的基督徒，也不是一个真正的基督徒。占星家是在三月作出预测的，早在他向教皇承诺参加会议之前。与君主身份最不相称的莫过于食言了。

3 博尔索回答时说了很多，但他的辩解很愚蠢，为教皇所不齿。

---

① 参见第 3 卷第 13 章。——原编者注

然而，他虽然辩输了，但不愿屈服。最后他说自己病了，发烧，需要休息，但他离开了费拉拉去了艾米利亚，在那里冒着酷暑带鹰外出狩猎。听说这件事的人无不嘲笑他。

4 有些君主完全被激情所支配。他们随心所欲，宁可让国家走向毁灭，也不愿放弃自己的丝毫享受。他们信任宫里溜须拍马的人，认为无论自己怎么做都会得到民众的赞美，不管是在当面还是在背后。但实际情况恰恰相反。在当面和背后都受到赞扬的人寥寥无几。无论博尔索和自己任何地方的臣民在一起，都会受到民众的欢呼，但在国外他的名声糟透了，虽然他常说费拉拉是一所学校，意大利人懂得的任何东西都是在这里学到的，他就是这所学校的校长。他相信自己智慧过人，但其他人认为他没有什么智慧。他成为这座城的君主凭的是运气而不是才能。费拉拉繁荣兴旺是因为其邻邦吵个不停，并不是因为它的君主有能耐。

5 信使又送去了好几封信，让博尔索不要打猎了，赶快回来开会，最后他含糊不清地回信说，他到八月底就会来，因为八月是个要命的月份。但他还像以前那样不守信用。人一旦欺骗过，养成了骗人的习惯，再不说谎话就难了。他的确派一个侄子古罗内来替他辩解，另外还有两名法学家，命他们答应拿出大约三十万达克特来支持教会的行动，好像说好话可以弥补行为卑劣似的。

22

多个使团抵达。
捐出资金用于打击土耳其人。
塔兰托亲王变节。

1 这时，佛罗伦萨、锡耶纳、卢卡、博洛尼亚都派来了使节，都是国内显赫的人物，答应为大家共同的事业捐助资金。热那亚派了一个秘密使者，是科西嘉的一位主教，也是个优秀人物。[1]他向教皇保证说，他的政府会参与任何制订出的捍卫信仰的计划，但没有得到法兰西国王的允许就不敢公开站出来。不久之前，他的国家已宣誓效忠法兰西国王。

西西里国王费兰特派来了贝内文托大主教（后来因行为不端而被免职）和安德里亚公爵来担任他的代表。贝内文托大主教在一次公开会议上来到教皇的御前，猛烈抨击热那亚人，说他们背信弃义，傲慢无礼，攻击费兰特国王，违反了他们的条约。教皇严厉训斥了他，说他在一个讨论事关整个基督教世界和平与安全的地方，竟然提到一桩私人恩怨。

2费兰特的信函比他使节的发言给人留下的印象要深刻得多。使节很少提到捍卫宗教问题，而信函则透露了国王捍卫信仰的宏大计划。使节们在大会上一一宣读他们得到的指令，但这些指令都没有费兰特的全面，其中包括他发动战争打击土耳其人的誓言。

不过，国王费兰特虽然决定上战场，但塔兰托亲王的阴谋却让他分了心。大灾大难将要降临到费兰特头上，到适当的时候我们再讲述。

3这位塔兰托亲王也派出自己的使节来参加大会，此人名叫皮罗，是个小兄弟会修士，有些学问。但他来这里与其说是发言，不如说是当间谍。

一天，塔兰托亲王的使节和教皇谈到他的主子，说他主子是教会忠诚的儿子，有不同寻常的美德。教皇回答说："真的吗？你主子是个背信弃义的叛徒，是个拿起武器攻击他主子的人，一个买卖圣

---

[1]　即乔瓦尼·安德烈·布西，实际上他是在 1461 年 1 月 18 日才被任命为科西嘉的阿奇主教。——原编者注

职的人，一个助长犹太人错误的异教徒，一个基督十字架的敌人，一个派使团去煽动土耳其人攻打基督徒的人。我有确实可靠的证据能证明他有这些才能，其他才能他有没有我就不知道了。"教皇就是这样谈起塔兰托亲王的。

4 第二天，庇护给匈牙利人送去两万达克特，匈牙利人与土耳其人的战事非常吃紧，急切地请求援助。这笔钱在威尼斯付给了克罗地亚伯爵斯蒂芬 ①，史蒂芬在回国的路上交给了匈牙利。

23
与西吉斯蒙多达成了长期寻求的和解，
由庇护最终完成。

1 发生这件事时，皮奇尼诺的军队继续步步紧逼西吉斯蒙多·马拉泰斯塔。西吉斯蒙多一会儿找米兰公爵弗朗切斯科寻求和解，一会儿找教皇庇护寻求和解。

费兰特也有同样的想法，便派比通托主教和安东尼奥·钦奇内洛二人到曼托瓦，强烈请求庇护促使交战双方实现和解。比通托主教是个既精明又有魅力的人，安东尼奥·钦奇内洛是王宫里的一名官员。庇护说，如果不给他确定和解条件的完全自由，他绝对不干，因为以前的休战早已到期，现在教皇打算依据公平合理的原则来解决争端。

费兰特、乌尔比诺的费代里科、雅各布·皮奇尼诺都同意和解，虽然条件似乎有点苛刻。这件事争论了好多天，最后大家达成一致，同意让教皇凭借自己的判断力来确定条件。

---

① 参见前面第 6 章。——原编者注

2 究竟是和解对教皇有利，还是战争对教皇有利，这一点还不清楚。人人都知道，即便皮奇尼诺与马拉泰斯塔和解，他还是要留着战场上的军队去打别的战役，他肯定会向教会的领土或锡耶纳的领土发动攻击。他不敢进攻威尼斯、佛罗伦萨、米兰或那不勒斯，因为这些地方比他强大。他也不会攻击摩德纳公爵，他与这位公爵关系友好。教皇国内有很多派别，教皇出国的时候，他们就可能把皮奇尼诺叫过来。

另一方面，如果教皇让战争继续，就会出现两种可能：要么马拉泰斯塔在威尼斯人的帮助下成功捍卫自己的利益；要么他被打败，让皮奇尼诺在战场上称霸。无论出现哪种结果，都会是一场灾难。如果威尼斯人拿起武器援助马拉泰斯塔，整个意大利就会四分五裂，把组建十字军打击土耳其人的事抛在脑后。如果马拉泰斯塔被打败，皮奇尼诺就会成为无可争议的主人，教会就会面对一个最危险的邻邦，就像在口袋里养一只老鼠，或在胸口上养一条蛇。

还有第三种可能：皮奇尼诺和马拉泰斯塔兵合一处，让这支联军在教皇国的土地上四处横行，这样瓜分各个地区——军人都是野心勃勃、靠不住的，做事都是朝三暮四，不顾一切地夺取权力。

3 面对这一进退两难的处境，教皇选择的是荣誉而不是私利。他认为，选择和解更高尚，也更能让上帝满意，走正道的人不必害怕邪恶。遭受战争蹂躏的国家正寻求教会的帮助，广大的臣民需要和平，他必须怜悯那些贫苦的农民，他们被赶出了家园，失去了牛羊，失去了妻子儿女，正在陌生人家的门前讨饭。教皇必须记住：付出代价的人并不是那些犯罪的人，而是那些无辜的旁观者。男孩和女孩无缘无故地受罪，教堂遭到洗劫，到处都是大火和屠杀，上帝的律法和人类的法律都遭到破坏。如果不很快实现和解，这个已经被战争蹂躏一年多的国家就会被完全毁灭。西吉斯蒙多家族确实应该得到某种程度的认可，他的先人无论是在战争时期还是在和平时期，都有过值得称道的表现。

4 教皇虽然担心这样会在多大程度上影响他自己的事务，但还是决定采取行动，维护失利一方的利益，把对未来的希望寄托给上帝的恩典，上帝会让一切都各得其所。

所以，庇护负责任地做出决定，命令双方立即放下武器并释放俘虏。他命令，佩尔戈拉及其他很多地方要向乌尔比诺的费代里科投降。塞尼加利亚、蒙达维奥及其教区、蒙特马尔恰诺由教皇本人占据作为抵押，直到西吉斯蒙多满足教皇即将提出的条件为止。[①]

庇护还承诺说，他会在两个月之内对其余的问题做出裁决，同时保留在他认为合适的情况下延长这一期限的权利，他愿意延长多少次都可以。他还说，西吉斯蒙多必须在一年之内为其犯下的罪行支付五万到六万达克特，否则就把那些作为抵押的城市交给国王作为报偿。在未来的两年之内，他也不得发动战争攻打国王。

5 派去执行这一决定的使节受到冷遇，因为这些条件似乎对双方都很苛刻，尤其是对皮奇尼诺，他清楚地意识到，这是要剥夺他的胜利成果。不过他们还是很快按照教皇的命令放下了武器，把他们的城市都交了出来，除了彼得拉鲁比亚之外。依照西吉斯蒙多的计谋，彼得拉鲁比亚的居民假装要造反。皮奇尼诺把他夺来的一些城市任由其手下人去洗劫。

在其他方面，决议上的条件都得到了遵守。西吉斯蒙多现在占有一个联盟成员的优势，而以前他是被排除在这一联盟之外的。加入联盟让他放松下来，虽然他那焦躁不安和执拗的性格实际上更喜欢战争而不是和平。

---

① 庇护把这些地方交给了他侄子安东尼奥，也就是费兰特未来的女婿，这是为安东尼奥建立公国所做的第一步。所以，教皇对战争受害者的关心，只是他任人唯亲的一块薄薄的遮羞布而已。——原编者注

24

维泰博被埃弗索占领。

拉韦纳被教皇重新夺回。

1 与此同时，安圭拉腊伯爵埃弗索把他女婿、弗利的安东内洛派到维泰博。在当地几个奸诈的居民帮助之下，安东内洛占领了维泰博城。

拉韦纳大主教、后来被任命为枢机主教的巴尔托洛梅奥，急忙调集一支军队，赶去救援维泰博。安东内洛听说来了一支救援部队，就把维泰博洗劫一空，带着掠夺的财物和俘虏撤走了。

这里有个要塞，这一要塞使收复维泰博城成为可能。教皇马丁曾把这座要塞夷为平地，但加里斯都开始了重建工作，庇护将它建成。增援军队从要塞进了城，为教会收复了这座城，否则该城将长期被敌人霸占。

2 庇护听说维泰博城被占领后说："朕在离开罗马时，埃弗索提醒朕将要发生的就是这件事①，但这并不能阻止朕捍卫信仰。上帝会帮助这场运动。他绝不会让邪恶占据上风！"

3 大约四天以后，看，一个信使传来了这一消息：敌人撤退了，叛徒受到了惩罚。教廷的一名文书、佩鲁贾一个叫奥多的人，为罗马教会担任这座城的首领。安东内洛进城时，奥多出去了。听到这一令人震惊的消息后，奥多把城周围地区的人召集起来，与拉韦纳大主教的军队兵合一处，对夺取胜利起了很大作用。

不过后来奥多大肆吹嘘，说是他谋划收复了维泰博城，拉韦纳大主教回想起法比乌斯②的话，历史学家李维认为这是法比乌斯说

的，然后这样回答说："千真万确。要不是你先把维泰博城给丢了，我永远也无法收复！"①

25
波兰使团和萨伏依使团。
威尼斯对大会不予理睬。

1 与此同时，波兰国王卡齐米尔的使节及其一行浩浩荡荡地来到曼托瓦。这位使节是个博学的人，是一度担任克拉科夫枢机主教的兹比格涅夫的侄子。他带了一大帮随员，全都骑着高头大马，穿着同样的民族服装，帽子上装饰着羽毛，背着箭筒和弹弓。

萨伏依公爵路易的使团也来了，包括都灵主教、萨伏依元帅，还有一些贵族和能言善辩的人。

2 整个意大利只有威尼斯缺席。教皇离开罗马之前，威尼斯向罗马派出过几个信使，送去过几封信，向教皇保证他们会最先派出代表，但会议通知下达时，他们却没有去参加会议。

有两个因素阻止了威尼斯人：第一个是他们没有如愿得到帕多瓦教会②，第二个是他们担心到曼托瓦以后，如果其他基督教君主不愿捍卫信仰，他们就要单独与土耳其人交战。另外，教廷里的威尼斯人不断给国内的朋友写信，引导舆论反对这一高尚行动。

教廷成员通常都是恶嘴毒舌，善于诽谤中伤，几乎全是贪得无厌、野心勃勃的人。从这样一群人里，教皇当然只能提拔少数几个人并让他们富有，那些被忽略的人就认为教皇待他们不公，于是就

---

① 实际上这里引用的是西塞罗的话。——原编者注
② 参见第2卷第21章。——原编者注

鄙视教皇，悄悄说他的坏话，写文章攻击他。

只要教皇活着，那些背后说坏话的人和诽谤者说任何人的好话都比说教皇的好话多。不过教皇死了以后，他们有时候会说他的好话，因为无论他的继任者做什么，都衬托得他更有光彩。[①] 所以，教廷里凡是没有意识到教皇这一抱负的人，都在给朋友的信里攻击他，怎么攻击他的计划有效就怎么说。

威尼斯（作为一个共和国倾向于怀疑）对一切都作最坏的解释。商人们尤其持怀疑态度，因为与土耳其人维持和平对他们有好处。

26
有关威尼斯起源、
领土及其最早期居民的重要事实。

1 现在，我们想再谈一些有关威尼斯的事，因为这是个强大的国家，一个海上强国，很有可能（至少从目前形势看）取得他们梦寐以求的那个更大的帝国。

2 "威尼斯"既是这个城市的名称，也是这个地区的名称。古代人用"威尼斯人"来称呼那些居住在格拉多和波河河口之间沼泽地里的人，这个地方人称"阿勒福纳奇"。这一地区沿亚得里亚海岸从南到北延伸大约八十英里，向内陆一直延伸到海水退潮的地方。

3 有些学术权威把拉韦纳也包括在威尼斯的领土之内。斯特拉

---

① 第 1 卷前言里也流露出类似的看法。——原编者注

博①似乎就持这一观点。他在谈到这一沼泽地和布伦塔河形成的大港时这样说:"大城市拉韦纳坐落在沼泽地,完全是用木质材料建成的,多条运河从城里穿过,人要走桥上或乘船才能出去。一有洪水,城就完全被淹没。一边是海水留下的黏糊糊的泥巴,另一边是几条河,产生出一股恶臭的味道。"②

但哈德里亚以前矗立在干地上,现在则沉到了沼泽和海里。而拉韦纳以前浸泡在水里,现在则矗立在高高的干地上。斯特拉博没有把阿奎莱亚包括在威尼斯的领土之内,尽管阿奎莱亚也受到沿纳蒂萨河涌上来的亚得里亚海潮的冲刷。有些学术权威把阿达到布伦塔这一整个地区都包括在威尼斯的范围之内——以波河、大海和阿尔卑斯山为边界的一大块土地。其他权威把维琴察和维罗纳划到威尼斯边界之外。

4 有人说,威尼斯人的起源可以追溯到高卢人,这些人居住在远方的海岸③,也就是现在名城瓦讷所在的位置(庇护在此创建了一所使人类高尚起来的文科大学)。④还有人说,威尼斯人是埃内蒂人的后裔,这些人与安忒诺耳⑤一起逃离特洛伊,从帕夫拉戈尼亚乘船来到这里。这一地区就说到这里。

5 威尼斯城不是由一个地方的人创建的,而是由很多地方的人

---

① 古希腊地理学家。——译者注
② 引自斯特拉博《地理学》第5卷第1章第7节。——原编者注
③ 参见斯特拉博《地理学》第4卷第4章第1节。——原编者注
④ 庇护虽然积极创建大学,如南特大学、英戈尔施塔特大学、瓦朗斯大学,但没有证据显示批准建立瓦讷大学的诏书得到执行,即便这份诏书曾经颁布过。——原编者注
⑤ 希腊神话中的特洛伊长老。——译者注

创建的，这些人于456年聚集在一起。① 匈奴王阿提拉占领并洗劫了
阿奎莱亚以后，附近城市的居民吓得逃离了老家，整个公社的人都
迁移到这里的沼泽地，即古人所说的"威尼斯"，就像前面提到的
那样。这些民族包括阿尔蒂诺人、康科迪亚人、帕多瓦人、蒙塞利
切人、奥德尔佐人、赫拉克利亚人、杰索洛人、格拉多人、卡奥莱
人、洛雷奥人，还有阿奎莱亚陷落后幸存下来的人。

据说维琴察、维罗纳、曼托瓦、布雷西亚、米兰、帕维亚最富
裕的居民，在阿提拉进攻他们的城市时躲到这里避难。这些人不久
以后建立的定居点并不是把房子建在一起的一座城，而是分布在好
几座岛上，像是爱琴海里的基克拉迪群岛一样：托切罗岛、玛佐波
岛、布拉诺岛、穆拉诺岛、康斯坦蒂亚科岛、艾米尔诺岛、里亚尔
托岛、多尔索杜罗岛、马拉莫科岛、阿尔蒂沃尔岛、佩莱斯特里纳
岛、福萨－克洛迪亚岛（最后一座现在叫"基奥贾"岛）。

6 宦官纳尔塞斯是查士丁尼大帝的将领，在拉韦纳人的帮助下
重建了帕多瓦，但不久之后就被伦巴第国王阿努尔夫用战火摧
毁。② 帕多瓦人被迫再次逃离，在威尼斯的沼泽地里避难，落户于
里亚尔托，建了奥利沃洛城堡，也就是现在的卡斯泰洛，一个主教
教区。阿奎莱亚陷落后，宗主教府邸迁移到格拉多。

伦巴第人占领弗留利以后，他们的首领吉苏尔夫得到国王阿吉
卢尔福的祝福，试图恢复阿奎莱亚昔日的辉煌，便任命一个名叫乔
瓦尼的隐修院院长为阿奎莱亚宗主教。这位宗主教与格拉多人争执
了五年，最后教皇征得双方同意，宣布阿奎莱亚宗主教管辖整个大

---

① 庇护在这里所说的威尼斯早期历史，其材料来源于比翁多和14世纪编年
　史家安德里亚·丹多洛。但丹多洛提出的创建威尼斯的年份是421年。——
　原编者注
② 伦巴第国王阿吉卢尔福（并非阿努尔夫）于601年摧毁帕多瓦。——原
　编者注

陆地区，格拉多宗主教管辖威尼斯。

不久之后，伦巴第国王罗塔里摧毁了奥德尔佐。奥德尔佐主教马古莎逃到沼泽地，经教皇塞韦里努斯同意，在赫拉克利亚建立了他的教区。教皇塞维里努斯还允许阿尔蒂诺主教保罗搬迁到托切罗，他的城市被摧毁以后幸存下来的人也和他一起去了。帕多瓦主教也搬到马拉莫科，留下的几乎是一座空城，还沾染上阿里乌斯派的异端习气。

7 伦巴第人与威尼斯人经常就边界问题发生争执，但最后双方达成协议：从阿达到盐水这一带的整个威尼斯更名为伦巴第，而威尼斯这个名称只用于指沿海的盐水沼泽地。

赫拉克利乌斯之子、皇帝君士坦提乌斯①在去罗马时路过这里，将托尔切洛的主要村庄以他的名字命名为康斯坦蒂亚库姆。赫拉克利亚是以他父亲的名字命名的。赫拉克利亚容纳不下越来越多的人口时，君士坦提乌斯命一部分居民搬迁到附近的一座岛上，在岛上创建了杰索洛。赫拉克利亚不久以后被摧毁，然后由总督阿涅洛领导下的威尼斯人重建，此后更名为奇塔诺瓦。

27

威尼斯政体，政府所在地是如何变迁的。
意大利早期的国王，
威尼斯在亚得里亚海的征服，匈牙利入侵。

1 威尼斯人有过多种形式的政府。他们一开始由保民官统治，

---

① 原文如此。赫拉克利乌斯的儿子和继承人实际上是君士坦丁三世。——原编者注

然后由总督统治，接着是由"民兵大师"统治。后来他们又废黜了
"民兵大师"，又由总督统治。

　　保民官的统治持续了大约二百三十二年。废黜保民官以后，保
卢乔成为第一位总督①。他是赫拉克利亚本地人，在赫拉克利亚城
行使统治，因为赫拉克利亚是威尼斯政府的第一个所在地。保卢乔
之后由奥尔索②继任。奥尔索也是赫拉克利亚人，在一次叛乱中被
杀害，随后政府就移交给一位"民兵大师"。推选的第一位"民兵
大师"是多梅尼科·莱昂内，他死后又有四人先后统治威尼斯。最
后一位是乔瓦尼·法布里，在一次政变中被罢黜，双眼被挖了出来。

　　不久之后，政府所在地于 742 年搬迁到马拉莫科，又恢复了总
督制。当选为总督的是奥尔索的儿子特奥达托，奥尔索就是刚才提
到的那个在叛乱中被杀害的总督。特奥达托在布伦塔河口③开始建
一座城堡时，大家以为他要当僭主。他很快就遭遇到和他父亲一样
不幸的命运。他的同胞既剥夺了他的官职，也剥夺了他的视力，他
在痛苦中度过余生。他的继任者加拉也遭遇到类似的命运。

　　2 于是威尼斯人又想出第四种政府形式，每年任命两名保民官
与总督（当时的总督为马拉莫科的多梅尼科·莫内加里奥）一起管
理政府，保民官与总督享有同样的权力。但这种办法既遏制不住总
督的野心，也遏制不住民众的任性。在一次民众起义中，多梅尼科
丧失了官职，也丧失了视力，威尼斯政府再一次落到赫拉克利亚人
手里。毛里齐奥当选为总督④，取代了多梅尼科。第二年，他做出
一项史无前例的举动，任命他儿子和他一起统治。他还胆敢动手打

---

①　可能是个传说中的人物，一般认为他在 697—717 年当政。——原编者注
②　奥尔索·伊帕托（726—737），威尼斯历史上第一位总督。——原编者注
③　这条河斯特拉博叫作"梅多阿库斯"河。参见斯特拉博《地理学》第 5
　　卷第 1 章第 7 节。——原编者注
④　764—787 年在位。——原编者注

格拉多宗主教乔瓦尼，乔瓦尼经受不住打击，不久就死了。

乔瓦尼的继任者福尔图纳托密谋反对总督，想为乔瓦尼报仇，但民众起来闹事，把福尔图纳托赶到法兰克人那里去避难。[①]这事过后不久，父子二人双双被罢黜，马拉莫科的奥贝莱里奥当选为唯一的保民官[②]。但他当年就被推翻，被流放到特雷维索，其他一些来自威尼斯的流放者在那里推选他为总督，他任命他兄弟贝亚托和他一起统治。查理大帝的儿子丕平来到意大利时（教皇哈德良任命他为国王以后），奥贝莱里奥和宗主教福尔图纳托劝他拿起武器打威尼斯人。威尼斯人在特雷维索附近战败投降，但奥贝莱里奥和福尔图纳托并没有恢复以前的职务，而是被流放到马拉莫科。

3 同一年，威尼斯人摧毁了赫拉克利亚，把居民都迁移到威尼斯。与此同时，大批的人从阿奎莱亚涌进城里，威尼斯城像是重建了似的。重建家乡赫拉克利亚城的阿涅洛·帕尔蒂奇帕齐奥[③]，在里亚尔托岛当选为第一任总督。他建造了现在的公爵府邸。当时，奥利沃洛教堂也开始被称为卡斯泰洛教堂，国名也改叫里亚尔托，不叫威尼斯了。这位阿涅洛任命他两个儿子和他一起统治。乔瓦尼·泰尔纳里奥和博诺·布拉加丁策划阴谋反对他，但被抓住后绞死了，其受死的方式是他们本打算胜利后让他们擒获的敌人享受的。

4 阿涅洛死后，朱斯蒂尼亚诺·帕尔蒂奇帕齐奥[④]单独担任总督行使统治。在他任职期间，福音书作者圣马可的遗体从亚历山大

---

① 宗主教遇害大约是在 798 年或 799 年，当时乔瓦尼已经在和总督的儿子小毛里齐奥联合统治，并非如庇护所说是他父亲毛里齐奥的同僚。庇护在这里沿用了丹多洛的说法。——原编者注
② 804—811 年在位。——原编者注
③ 809—827 年在位。——原编者注
④ 827—829 年在位。——原编者注

运到威尼斯。朱斯蒂尼亚诺的继任者是他兄弟乔瓦尼①，他建造了圣马可教堂。乔瓦尼攻打马拉莫科，将流放到那里的奥贝莱里奥处死，摧毁了这座一度是威尼斯首都的城市。他被召到法兰克王国，要他为奥贝莱里奥的死亡而接受惩罚，他就离开威尼斯去了那里。在此期间，由卡斯泰洛主教和里亚尔托的两位居民主政。乔瓦尼一回来，民众便起来造反，罢了他的官。他隐退到一座修道院，在那里伤心而死。

乔瓦尼的继任者是彼得罗·特拉多尼科②，波拉人，他任命其儿子和他一起统治。在他任职期间，斯拉夫人夺取并摧毁了威尼斯的卡奥莱城。彼得罗一死，他儿子乔瓦尼一人担任总督。乔瓦尼从圣扎卡里亚教堂回来时，被一伙暴徒杀害了，然后就埋在这一教堂。③他家人和随从拒绝把府邸交给当选的继任者奥尔索·帕尔蒂奇帕齐奥④，直到他们得到了豁免权，也得到了波韦利亚岛让他们居住。

5 奥尔索任命他儿子和他一起统治。870年，他送给君士坦丁堡的皇帝十二口钟，据说是希腊人第一次见到的钟。他儿子继承他担任总督，单独行使统治⑤。他从拉韦纳人手里夺走科马基奥城，后来让他兄弟彼得罗和他一起统治。但不到三年，二人都退位了。

接替他们的是彼得罗·坎迪亚诺⑥，在战场上第一次遇见斯拉夫人就把他们打败了，但第二次遇见时他被打败并被杀。在此之前退

---

① 829—836年在位。——原编者注
② 836—864年在位。——原编者注
③ 庇护的这一说法与编年史家不同。据桑努多的说法，从圣扎卡里亚教堂回来的路上被杀害的是彼得罗本人，不是他儿子。他儿子乔瓦尼死在父亲之前，所以从来没有单独统治过。——原编者注
④ 864—881年在位。——原编者注
⑤ 881—887年在位。——原编者注
⑥ 912—932年在位。——原编者注

位的乔瓦尼·帕尔蒂奇帕齐奥，为了危难之中的国家再次走马上任，但六个月之后又辞职了。然后，彼得罗·特里布诺①当选，接替了他的职位。就是这个时候，意大利拒绝了法兰克人，选出两个他们自己的人担任国王：弗留利公爵贝伦加尔和斯波莱托公爵圭多。彼得罗从里沃迪卡斯泰洛到圣玛利亚-佐本尼格修建了城墙，他还在那里用铁链封锁了大运河。

6 同一年，匈牙利人入侵意大利，从特雷维索到米兰的整个地区都惨遭战火蹂躏。他们用皮革匆忙做成船，冒险进入威尼斯的沼泽地，洗劫了奇塔诺瓦、基奥贾和卡瓦泽雷。贝伦加尔劝他们返回匈牙利，不是用武力逼迫，而是支付给他们一大笔钱。

7 接替彼得罗·特里布诺的是奥尔索·帕尔蒂奇帕齐奥二世②，在第一位德意志皇帝康拉德③统治期间。接着是彼得罗·坎迪亚诺二世④。在他统治下，威尼斯在利布尔尼亚和达尔马提亚的实力大增。就是这个时候，热那亚遭到从非洲一路航行而来的撒拉逊人的掠夺。民众试图把奥尔索赶下台，他就在府邸里用武力自卫。人们把点燃沥青和硫磺的火把扔进他的府邸，把整个府邸烧成一片废墟。很多教堂和私人住宅也着了火，总督及其儿子和随从悉数被杀。⑤

彼得罗·奥赛罗⑥接替了坎迪亚诺，随后修复了被烧毁的建筑，

① 888—912 年在位。——原编者注
② 887—888 年在位。——原编者注
③ 德意志国王，不是皇帝，911—918 年在位。——原编者注
④ 932—939 年在位。——原编者注
⑤ 烧府邸一事是丹多洛讲述的，但说的不是彼得罗·坎迪亚诺二世，而是叫这一名字的第四个总督，时间是 975 年。在这件事上，庇护漏掉了三位总督。彼得罗·坎迪亚诺二世由彼得罗·帕尔蒂奇帕齐奥（939—942）继任。下面依次是彼得罗·坎迪亚诺三世（942—959）和彼得罗·坎迪亚诺四世（959—975）。彼得罗·坎迪亚诺四世及其儿子在府邸里被烧死。彼得罗·奥赛罗参与了这次阴谋活动，并于 975 年担任总督。——原编者注
⑥ 976—978 年在位。——原编者注

绕着格拉多城建了一道城墙。大约在这一时期，1000 年，哈德利亚人与威尼斯人在洛雷奥交战，结果被完全消灭，所以这座名城的残余部分成为废墟[①]。亚得里亚海的名称就源于这座城的名字。

8 奥赛罗之后，彼得罗·巴尔博拉诺[②]统治威尼斯，直到多梅尼科·奥赛罗发动血腥政变夺取政权。[③]随后威尼斯风平浪静，直到1171 年米希尔总督被其同胞杀害[④]。这件事过后不久，我们听说爆发了一场抗议面粉税的骚乱[⑤]。煽动这场骚乱的人被逮捕并被绞死。想当君主的巴亚蒙泰·蒂耶波洛[⑥]得到城里最显赫的家族的支持时，也出现一阵恐慌。这些家族是奎里尼家、巴洛齐家、多里家、巴多尔家、巴塞吉家。经历一番周折并冒了一定的风险之后，把阴谋分子揭露出来了，并进行了公开处罚。后来威尼斯仍然经常动荡不安，但与以前的麻烦相比就算不了什么了，虽然动用了武力迫使弗朗切斯科·弗斯卡利离职[⑦]。

9 这里我们要简单说一下威尼斯要求独立的问题，因为这个国家并不总是独立的，甚至现在也不能说是完全独立的。在少数几个人的残酷压迫、统治之下，威尼斯的日子过得很艰辛。

---

① 1016 年。——原编者注

② 1026 年，巴尔博拉诺接替奥托内·奥赛罗，不是这里所说的彼得罗·奥赛罗。二人之间还有四任总督，统治时期从 978 年至 1026 年。——原编者注

③ 据丹多洛记载，这次政变发生在 1032 年，但多梅尼科·弗拉巴尼科（1032—1043）在同一年继位。——原编者注

④ 米歇尔总督，1156—1172 年在位，并非死于 1171 年。——原编者注

⑤ 在雷尼尔·泽诺（1252—1268）任职期间。——原编者注

⑥ 1310 年。——原编者注

⑦ 1457 年。——原编者注

28

威尼斯"自由"是最近的事。
甚至现在威尼斯也没有真正的自由。
帝国分裂为东西两部分。
秘密和消息。

1 威尼斯人最初就是拜占庭帝国的一部分，一直都是希腊人的臣民，直到查理大帝时期为止。这时，罗马教皇把帝国的所有权从希腊人手里交到以查理大帝为代表的德意志人手里。罗马教皇是耶稣基督的真正代理人，圣父把掌管天地的全权交给了他[①]。希腊人不仅抗旨不遵，而且还试图保持他们的权力，于是帝国一分为二。东部仍然是希腊的臣民，西部成为日耳曼人的臣民。

在意大利，从那不勒斯、曼弗雷多尼亚到西西里，所有的领土都被希腊人占领，而北部落到日耳曼人手里，除了威尼斯和贝内文托之外。这两个地方虽然愿意接受希腊人的统治而不是德意志人的统治，但被判为并不属于任何一方。据说查理大帝先与希腊皇后伊雷妮签署条约，又与皇帝尼斯福鲁斯签署条约，规定意大利的海洋城市威尼斯要尊重两个帝国，但实行它自己的法律。无论是在战争时期还是和平时期，威尼斯都要保持中立。

2 格拉多宗主教福尔图纳托策划阴谋反对乔瓦尼总督和毛里齐奥总督时（如前所述），他敦促丕平攻打威尼斯人，理由是威尼斯人违背了条约，与希腊人站在一边。奥贝莱里奥和贝亚托担任总督时，贵族尼斯塔斯掠夺了皮翁比诺，并在威尼斯人的支持下，装备了一支舰队攻打丕平。但他试图攻占科马基奥时遭到惨败，当时科马基奥在丕平手里。

---

① 参见《圣经·马太福音》28:18。——原编者注

　　希腊人和法兰克人都同意接受总督为调解人，但最后丕平退出了谈判，他担心有诈。他重新开战，严厉惩罚了威尼斯人，因为他们支持希腊人。有些人说，当时威尼斯实际上被占领了。这一点是清楚的：丕平征服了威尼斯最东部的定居点布隆多洛，另外还有基奥贾和佩莱斯特里纳。然后丕平又去攻打阿尔比奥拉，但他还没有夺下来，总督瓦伦蒂诺就把政府所在地从马拉莫科迁移到里亚尔托。阿尔比奥拉和马拉莫科很快就投降了。

　　3 里亚尔托是否被敌人占领不得而知。有人说，丕平在马拉莫科建了一座木桥通到里亚尔托，但威尼斯人把桥烧毁以后丕平就撤退了。还有人说，舰队载着达尔马提亚和威尼斯军队以及保罗·切法拉诺率领的一支队伍回来以后，丕平就吓跑了。究竟发生了什么事，一直都是个谜。

　　但希腊皇帝尼斯福鲁斯与查理大帝的儿子丕平签署了一份和约。[①] 根据这份条约所规定的条件，威尼斯人保留丕平的父亲给他们的豁免权，丕平则承认他们是尼斯福鲁斯的盟友，无论是在战争时期还是和平时期。这些条件也被米哈伊尔皇帝所认可。尼斯福鲁斯被保加利亚人杀死，他儿子斯托拉修斯被剥夺继承权以后，米哈伊尔继承了皇位。但米哈伊尔不允许威尼斯人在意大利疆域之外享有查理大帝给他们的豁免权。

　　4 我们从书中得知，拜占庭皇帝米哈伊尔二世禁止威尼斯人把西方的货物运到东方，好像威尼斯人是他的臣民似的。我们还知道，米哈伊尔二世命令威尼斯人率领一支舰队打击正在掠夺西西里的撒拉逊人，威尼斯人服从了命令。巴西尔统治时期，威尼斯人与撒拉逊人在海上又打了一仗。他们还遵照希腊皇帝尼斯福鲁斯·博

---

① 810年。前面提到的保罗·切法拉诺身份不明。比翁多与艾因哈德提到的都不是这个人。——原编者注

塔尼阿特斯的命令，攻击了正在围攻都拉斯的诺曼人博厄蒙德。①

5 毫无疑问，威尼斯人曾经是拜占庭帝国的臣民，但拜占庭帝国开始摇摇欲坠时，他们就脱离了拜占庭，从希腊人手里夺走了很多土地。这就是威尼斯人的自由！东部帝国衰落时（威尼斯人经西部帝国皇帝的同意成为东部帝国的臣民），威尼斯人羽翼丰满起来，开始要求独立。这并不是一项困难的任务：希腊人已经无力阻止他们了，拉丁人也不愿阻止了。

29
锡耶纳的亚历山大三世给予威尼斯的恩惠。
威尼斯与热那亚和比萨交战，战果不一。
威尼斯在意大利的战争。

1 多亏了亚历山大三世，威尼斯在世界上的地位大为提高。亚历山大出生于锡耶纳，他在与皇帝腓特烈的一场战役中得到了威尼斯军队的援助，就给了威尼斯人一些明显的好处。威尼斯人抢劫了拜占庭帝国，这时又想征服德意志人和匈牙利人。他们要是不把手伸向罗马教会该有多好！

但在一个共和国，没有任何事物是神圣的。共和国是个没有灵

---

① 米哈伊尔二世，820—829 年在位。巴西尔一世，867—886 年在位。尼斯福鲁斯·博塔尼阿特斯三世是个篡位者，1078—1081 年在位，与合法继承人米哈伊尔·杜卡斯对抗。罗伯特·吉斯卡尔及其子博厄蒙德就是以恢复杜卡斯的皇位为借口，在地中海沿岸攻城略地。所以，威尼斯帮助希腊人阻止诺曼人的推进有它自己的理由。1081 年，尼斯福鲁斯·博塔尼阿特斯三世被罢黜，由亚历克修斯·科姆内努斯继任。——原编者注

魂的东西，既不怕烈火，也不怕地狱 ①。威尼斯人把很多总督流放在外，把一些总督弄瞎，把另一些总督处决，对待保民官和民兵大师也好不到哪里去。威尼斯人是个不肯通融的民族，执法极为严厉。

2 他们经常装备舰队捍卫信仰。他们与撒拉逊人不知打了多少仗，战果不一。但撒拉逊人洗劫了达尔马提亚沿海地带，把舰队派到格拉多以后，威尼斯人在一场海战中打败了他们，迫使他们完全撤出了亚得里亚海。

3 基督徒占领耶路撒冷期间，威尼斯人经常派出军队增援十字军。他们与法兰西人结盟，两次夺取君士坦丁堡。他们还占领了整个爱琴群岛。他们从蒙费拉托侯爵博尼法齐奥手里买下了克里特岛（现在叫作干地亚），拜占庭帝国垮台之后，克里特人就依靠蒙费拉托侯爵的保护。② 威尼斯人经常与匈牙利人打仗，争夺扎拉和达尔马提亚的城市。匈牙利国王安德鲁想派兵支援当时正在叙利亚打仗的十字军时，他就把达尔马提亚割让给威尼斯，以换取运输的船只。但安德鲁的继任者却不让威尼斯人安享这片领土，如刘易斯与热那亚人和奥地利人联合派军队打击他们。③ 到我们这个时代，西吉斯蒙德派佛罗伦萨的皮波 ④ 率领一支大军到意大利。皮波让威尼斯损失惨重，直到最后被打败，很不光彩地收兵撤退。

4 威尼斯人帮助教皇亚历山大三世和格里高利九世攻打腓特烈一世，值得称道。他们援助女伯爵玛蒂尔达攻打罗马皇帝亨利三

---

① 参见《圣经·马太福音》5:22。——原编者注

② 购买克里特岛一事发生在 1204 年。——原编者注

③ 刘易斯是那不勒斯的安德鲁的兄弟，早年试图占领扎拉，但不成功。后来他成为匈牙利国王，继续攻打威尼斯，1358 年迫使威尼斯将达尔马提亚割让给匈牙利。——原编者注

④ 著名的佣兵队长，死于 1426 年。——原编者注

世 ①，使这位了不起的女人占领了费拉拉。不过后来费拉拉人成为教会的臣民。

费拉拉人背叛教皇的时候，威尼斯人并没有拒绝给他们援助，甚至连费拉拉也占领了，为此他们被逐出教会。教会发布的教令规定，无论是谁捉住了威尼斯人，都可以把他当成奴隶，几乎整个基督教世界都看不起威尼斯人。直到他们同意服从教皇的命令，才重新得到大家的认可。

威尼斯人遵照拜占庭皇帝的命令，在都拉斯附近的海域与诺曼人博希蒙德打了三仗，博希蒙德占领了意大利王国。他们打赢了第一仗，但后两仗失败了。然后他们入侵了博希蒙德在意大利的领地，迫使博希蒙德与希腊人和解。

5 克莱门特三世任职期间，威尼斯与比萨结盟。他们把一支舰队派驻到小亚细亚三年以捍卫信仰，但没有取得什么显著的战绩，与盟邦的争夺拖累了他们。舰队回来之后，威尼斯对比萨宣战，因为比萨夺取了伊斯的利亚半岛上的帕拉。他们收复了帕拉，把城墙夷为平地，杀了很多比萨人，在莫顿附近的水域缴获了两艘装满货物的船只。然后他们又和解了。

后来，在腓特烈二世统治期间，比萨装备了一百条桨帆船攻打热那亚，热那亚人向铁杆盟友威尼斯人求援，威尼斯人派了六十条桨帆船援助热那亚人。舰队司令在都拉斯靠岸后，听到比萨舰队被打得逃离科西嘉的消息，便回到了帕拉。

在此期间，帕拉起来造反，舰队司令用火与剑将帕拉摧毁。然后威尼斯与比萨结盟，与热那亚为敌。热那亚人与威尼斯人是打了仗又和解、和解后又打仗，如此反反复复。而比萨人一会儿与威尼斯结盟，一会儿又与热那亚结盟。

① 庇护所说的显然是亨利四世而不是三世。——原编者注

6 热那亚与威尼斯先是交战，当时是马耳他伯爵亨利·皮斯卡托借用热那亚的船只，试图从威尼斯手里夺走克里特岛。双方打了两小仗，威尼斯人占了上风。格里高利九世任职期间，两个共和国又爆发一场更为严重的冲突，双方都想掠夺希腊帝国的领土。教皇把双方召集到一起达成和解，其条件是：任何一方都不得单独把希腊皇帝瓦塔特泽斯视为朋友或敌人，否则就会被逐出教会，并发布停止其参加圣事活动的禁令。[①]

第三次爆发战争是因为托勒密[②]的圣萨巴修道院，有很多威尼斯人和热那亚人在托勒密定居。法兰西总督菲利普将威尼斯人从城里赶走，理由是他们制造麻烦。威尼斯人去了提尔（这座城的三分之一属于威尼斯人），与比萨人结盟后又回到托勒密，把菲利普和热那亚人从城里赶走了。敌人再次向他们挑衅时，他们在托勒密与提尔之间的一场血战中打败了敌人。

7 后来，西奥多·瓦塔特泽斯[③]之子的监护人米哈伊尔·帕里奥洛加斯将皇帝鲍德温赶出了君士坦丁堡，并与该城的居民串通起来占领了该城[④]。后来，米哈伊尔·帕里奥洛加斯杀了受监护人自立为皇帝，与亚加亚领主纪尧姆兵戎相见。热那亚人支持希腊人，威尼斯人支持拉丁人。在接下来的战斗中，热那亚人被打败，然后逃走了。威尼斯人夺走了提尔附近的一条热那亚运输船，在利里贝欧附近截获了三条桨帆船。他们在特拉帕尼附近击溃了一支由二十八条桨帆船组成的舰队，在托勒密与提尔之间打败了第二支热那亚舰队。

8 菲利普死在东方之后，路易继位为法兰西国王。路易来到克

---

① 这份条约签署于 1240 年，其用意是把双方联合起来共同对付皇帝腓特烈二世。——原编者注

② 叙利亚港口阿卡的旧称。这件事发生在 1256 年。——原编者注

③ 原文如此。但庇护实际上指的是西奥多·拉斯卡里斯。——原编者注

④ 1261 年。——原编者注

雷莫纳，召开了一次由威尼斯、热那亚、比萨参加的会议，安排各方达成了一项为期五年的休战协议。① 协议一到期，威尼斯舰队司令尼科洛·皮萨尼就在爱琴海上攻击热那亚人并得胜而归。与此同时，热那亚舰队另一半的司令菲利波·多里亚重创了内格罗蓬特，占领了爱琴海上的另一座岛屿科斯岛。

9 热那亚人这样展示武力，威尼斯感到了威胁，于是就与阿拉贡国王和希腊皇帝结盟。他们共同组建了一支由八十四条桨帆船组成的舰队，让热那亚舰队司令帕加诺·多里亚在色雷斯的博斯普鲁斯海峡一场大海战中打得四散奔逃。②

之后不久，尼科洛·皮萨尼率领一支由阿拉贡和威尼斯船只组成的联合舰队，在科西嘉附近的海域与热那亚人交战。他俘获了四十一条敌船，连人带船全部沉入海底。热那亚人遭受损失后感到沮丧，便投到米兰大主教乔瓦尼的麾下。在乔瓦尼的援助下，热那亚人在伯罗奔尼撒半岛一个名叫萨皮恩察的海角附近的海域，俘获了威尼斯舰队司令尼科洛·皮萨尼，把皮萨尼及其手下的五千人都带走了。这场胜仗之后，大主教也已过世，两国答应在平等的条件下和解。

10 这件事过后不久，又爆发了新一轮的冲突，争夺充满传奇色彩的特内多斯岛。希腊皇帝卡洛约翰内斯先把这座岛屿交给了威尼斯，但他儿子安德罗尼柯又把它许给了热那亚。双方在安奇奥附近交战。③ 热那亚人惨败，威尼斯人又缴获了从塞浦路斯返回的六条热那亚桨帆船，这几条船载着贝尔纳博的女儿去与塞浦路斯国王成亲。

然后，热那亚人突然时来运转，其舰队司令卢恰诺·多里亚在

---

① 指路易九世。克雷莫纳和约签署于 1270 年。——原编者注

② 1353 年。——原编者注

③ 1378 年。前面提到的卡洛约翰内斯即约翰·科姆内努斯二世。——原编者注

帕拉附近的海域攻击了韦托尔·皮萨尼，缴获了皮萨尼的十八条船。这场胜利让热那亚人壮起了胆子，他们封锁了亚得里亚海，不让两支威尼斯舰队驶入，其中一支以边境地区为基地，另一支以扎拉为基地。

威尼斯人也无法进入其本土，因为弗朗切斯科·达·卡拉拉正在围攻特雷维索。热那亚人占领了贝贝、卡瓦泽雷、圣拉扎罗、基奥贾，烧毁了马拉莫科，攻占了洛雷奥。他们的下一个目标是夺取威尼斯，但他们在沼泽地里和浅滩上陷入困境，在威尼斯轻型船只的攻击下损失惨重。他们马上躲到基奥贾，在那里又多次吃败仗，物资供应也越来越少，最后只好投降。

11 威尼斯的这场大捷发生在 1380 年 5 月 22 日 ①。这次胜利首先要归功于总督安德烈亚·孔塔里尼，也要归功于韦托尔·皮萨尼、多梅尼科·米希尔、卡洛·泽诺、塔代奥·朱斯蒂尼亚尼。热那亚一方有四千三百四十人被俘虏。但热那亚人并不要求和解，而是把一支舰队派到伊斯的利亚半岛，在那里煽动的里雅斯特人起来造反，烧毁了科佩尔，然后肆无忌惮地推进到威尼斯本土的泻湖。他们还占领了帕拉和塞尼，费了很大周折才把他们从帕伦佐赶走。

最后，经萨伏依公爵斡旋 ②，第二年双方达成和解。和平协议规定，这次争端的祸根——特内多斯岛上的港口要拆毁，结果也拆毁了。热那亚人在米兰公爵菲利波的指挥下，与威尼斯人进行了最后一次海战，结果战败，其舰队司令弗朗切斯科·斯皮诺拉也被俘虏。

12 从此以后，威尼斯人成为海上霸主。但多年来，他们在意大利的土地上没有占到任何便宜。他们在大陆上首先斩获的是特雷维索，这座城市一直在奥地利和帕多瓦之间归属不定，最后在 1334

---

① 正确的日期是 1380 年 6 月 24 日。——原编者注

② 1381 年。——原编者注

年臣服于威尼斯①。威尼斯还与博洛尼亚打过一场持续三年的战争。博洛尼亚在战场上一度有四万军队，在波河河口建有一座要塞，但威尼斯人把他们打败了，迫使他们将要塞摧毁。

13 威尼斯人经常与安科纳发生冲突。他们吞并了帕多瓦，罢免了卡拉拉家族。他们夺走了斯卡利杰里家族所控制的维罗纳和维琴察，斯卡利杰里家族曾是意大利一个令人敬畏的王朝。他们与米兰领主维斯孔蒂家族长期不和，从陆地和海洋上攻击他们，战果不一。

大主教乔瓦尼、贝尔纳博、吉安·加莱亚佐在某种程度上恐吓过威尼斯人，但威尼斯人与佛罗伦萨人联手，在战场上打垮了菲利波·马里亚。威尼斯人从菲利波·马里亚手里夺走了布雷西亚、贝加莫及其他一些重镇。他们渡过阿达河，一直袭击到米兰城墙脚下。

但菲利波死后，他的继任者弗朗切斯科·斯福尔扎把威尼斯人从皮亚琴察和洛迪赶走了，当时他们正占领着这两座城。直到这时，他们才以公平的条件和解，就像我们所描述的那样。他们与国王阿方索结盟，反对弗朗切斯科和佛罗伦萨人，然后又转而攻击国王。但最后他们又言归于好，因为每一方都畏惧对方，也同样让对方畏惧。

14 威尼斯人甚至把手伸向教会的财产。他们把弗留利宗主教赶走，占领了拉韦纳，一度对尤金四世开战，甚至不顾尤金是他们的同胞。最后，除了热那亚和罗马涅的领主（没有考虑他们）之外，意大利的所有国家都结成联盟，威尼斯人又是第一个违背诺言的。西西里国王费兰特依据协议请求援助他攻打法兰西时，威尼斯人拒绝向费兰特提供援助。

---

① 实际上是在 1338 年。——原编者注

30

威尼斯：城市、武器库、圣马可大教堂及其他建筑，名人。

1 如前所述，威尼斯最初占据了从格拉多到洛雷奥的几乎所有岛屿，几个小定居点组成了一个单一的公民实体。现在整个地区都盖上了房子，形成了一个由多条盐水沟渠贯穿其中的城市。大一些的沟渠足以让桨帆船通过。也有用砖铺就的人行道。

2 货物从世界各地运到这里。整个欧洲没有比这里更好的商业中心了。西方每一个国家的商人，都带着各自的货物来到威尼斯销售，然后再把东方的货物买下来。还有一个宏伟的海军军械库（"武器库"），里面各种机械都有，桨帆船和其他船只昼夜都聚集在这里。据说如果有必要，威尼斯人能够在片刻之间装备起一百条桨帆船，有时候他们也的确这样装备过。

3 整座城都是用砖建造的，但如果整个帝国要继续繁荣下去，就要马上用大理石建城。贵族宫殿甚至现在就是用大理石来修筑外表，闪耀着金光。著名的圣马可教堂是用东方的大理石建造的，其拱顶贴上了他们所说的"马赛克"。他们说，这座教堂的库房里有很多红宝石、钻石和各种宝石，积聚的财宝比任何国王的都要多。

不久之前，这座库房被一个希腊人抢了，他用了一种最巧妙的方法。[①] 最后他被抓住处死了，尽管总督弗朗切斯科·福斯卡里建议不要杀他，理由是这么胆大的一个人应该活着。据说在钟楼顶上镀金花了六万达克特。宏伟的总督府被烧毁后又重建，这在前面已经

---

① 据说此人是在夜里藏在圣乔瓦尼小教堂的洗礼池里，从隔开小教堂和教堂庇护所的墙里挖出石块。他把洞挖得足够大时，就爬到庇护所里偷走了大量的宝石，包括一顶公爵帽。这一罪行由一个希腊人泄露给总督。这件事发生在 1449 年。——原编者注

说过 ①，建在了大理石柱子上，装饰得富丽堂皇。

城里还分布着其他豪华漂亮的教堂和女修道院，城市的规模也与日俱增。没有城墙，水就是屏障，离城最近的大陆在大约三英里开外。

4 现代的威尼斯文学家有奥古斯丁修士保罗，还有弗朗切斯科·巴尔巴罗。保罗是个传道士，其论述逻辑的书极受尊重。弗朗切斯科·巴尔巴罗是个才华横溢的古典学者，将很多希腊语作品翻译成拉丁语。②

31
威尼斯使节抵达。
他们的发言，庇护的回复。

1 对威尼斯较为详细的描述到此为止。威尼斯人早就拒绝派使节参加曼托瓦大会。但他们听说克莱弗公爵已经抵达，法兰西使节很快就到，米兰公爵弗朗切斯科·斯福尔扎也要亲自参加会议，意大利各国之中只有他们没有派代表参会之后，觉得这样可能会坏了威尼斯共和国的名声，于是就派出两位使节③，陪同的有一个年轻贵族组成的精英团队，还有一支大约五百人组成的骑兵仪仗队。

2 弗朗切斯科·斯福尔扎为了表示对威尼斯共和国的尊重，在城墙外会见了使团。他站在两名特使中间，陪他们一起进了城。其

---

① 参见第 3 卷第 27 章。——原编者注
② 保罗（1368—1428），经院哲学家，撰写过很多论述亚里士多德逻辑学和自然哲学的著作。弗朗切斯科·巴尔巴罗（1398—1454），政治家和人文主义者。——原编者注
③ 路易吉·福斯卡里尼和奥尔萨托·朱斯蒂尼亚尼。——原编者注

中的一名使节名叫路易吉，他在一次公开会议上发表了精彩演讲，因为他不仅是个杰出的法理学家，而且还是个能言善辩的演说家。他演讲的大意是：威尼斯谴责土耳其入侵外国领土的行径，而基督教国家表现得很懦弱，不仅没有保护好自己的财产，而且还不敢拿起武器捍卫自己的信仰。教皇应该受到赞扬：出于对公共利益的关心，他既不辞劳苦，又不惜花钱来到曼托瓦。组建一支十字军打击土耳其是可取的，如果这支军队能由基督教世界联合组成的话。威尼斯承诺，要尽全力来达到这一目的。

3 庇护接下来简单谈了一下威尼斯的起源，谈了威尼斯的光荣历史。他赞扬了威尼斯承诺捍卫信仰，尽管他们设定的条件最难满足。他指责两位使节迟到了：住得离会议地点最近的人来得最晚。庇护提醒两位使节，教皇亚历山大三世对威尼斯怀有深情厚谊；他还向两位使节保证，他对威尼斯的情谊一点也不比亚历山大三世少，只要威尼斯在捍卫信仰上发挥应有的作用。

32
会议开始进行。
庇护的精彩演讲，贝萨里翁的回应。
弗朗切斯科·斯福尔扎用本国语发言。

1 大会现在召开全体会议。法兰西人虽然还没有到，米兰公爵却不能久等，所以教皇决定在公爵离开之前对大会发表讲话，敦促大家加入十字军。这样，在大教堂望过弥撒之后，教皇对各国君主和特使宣布正式开会。

2 这时，因座次问题发生一些争执，吵得最厉害的是威尼斯与萨伏依。威尼斯说，他们的帝国是个古老的帝国，强大的帝国。萨伏依说，他们有贵族血统，有传统的力量。争吵越来越激烈，威尼斯使节奥尔萨托摆出一副要动手打人的样子。奥尔萨托是个傲慢的人，不是个聪明人。

眼看着没有解决这一问题的办法，教皇就让威尼斯人坐在勃艮第使节后面，让萨伏依人坐在他御座旁边的凳子上。然后他要求大家肃静，接着发表了三个小时的讲话，大家全神贯注地听着，连一个字都没有漏掉。教皇患严重的咳嗽病好几天了，但他得到神的怜悯，在讲话期间一点也没有咳嗽，也没有露出一点支支吾吾的样子。他详谈了十字军打击土耳其的问题，不仅论证了这一计划的实用性，而且还论证了它的公正性、方便性和必要性。这次讲话后来和他的演讲集一起流传开来。

3 教皇讲完以后，希腊的枢机主教贝萨里翁代表枢机主教团作答，他的答复和教皇的讲话一样长。他在答复中描述了君士坦丁堡陷落使基督教世界遭受的损失，说如果基督教世界不反击土耳其的入侵，还会有更多的灾祸等待着他们。他提醒大家说，胜利对于勇敢者来说是轻而易举的事，并用各种方式呼吁宣战。他证实，枢机主教团赞赏并同意教皇在讲话中所说的每一句话。贝萨里翁的讲话受到好评，尽管这一讲话显示出拉丁语在表现力上超过希腊语的程度。

4 的里雅斯特主教安东尼奥作为皇帝的使节出席了会议，但他在这么多人面前讲话感到紧张，他的同僚约翰·欣德巴赫病了。其他国王、君主和国家的发言人投票，一致同意教皇的讲话。弗朗切斯科·斯福尔扎用意大利语讲了话，表现出一名军人的能言善辩。他坚决支持对基督教信仰的敌人宣战，为此他保证献出自己的生命和资源。

33
匈牙利人的讲话，庇护的回复。

1 还有几名来自匈牙利的使节，他们也得到在大会上发言的机会——他们最终还是来了，因为他们是来寻求援助的。

匈牙利使节先赞扬教皇关心公共利益，接着就大骂皇帝。他们说，皇帝给匈牙利添了麻烦，在他们已经遭到土耳其威胁的情况下向他们进攻，使他们的王国进一步陷入混乱之中。

听到这话，全体与会者开始悄声埋怨皇帝。但皇帝的特使没有在公共场合讲话的经验，不敢在大庭广众面前站起来反驳这一指责。

2 于是教皇插话了："匈牙利人，你们所说的既与我们的目标无关，而且还有危害。我们在这里是商讨组建十字军打击土耳其的！你们所说的情况我们已经记住了，我们在努力让皇帝拿起武器援助你们，也让每一个基督徒都拿起武器援助你们。你们来到这里是请求援助的，你们要侮辱能够帮助你们的人吗？这绝对不是帮助你们王国的办法，这里也不是你们控告的地方。傲慢对你们的需求不利。

"朕知道皇帝热爱正义，朕也并不认为你们的国王是个不值得尊敬的人。不错，他们对你们的王国有不同的看法，但谁也不会认为自己的事业不是正义的。无论是谁看到事情的真相，都会承认这是事实。朕一定要想办法恢复他们的良好关系。朕已经给他们派去了一位使节，如有必要会再派去一位。朕要尽全力让各位君主言归于好。与此同时，让我们关注手头的事情。不要在这里吵，一个字也不要骂出口。"

3 匈牙利人听到这话无言以对。大家全都为教皇的话鼓掌，投票一致同意组建十字军打击土耳其。随后当天的会议就结束了。

34

意大利各国商讨战争计划，需要多少军队，使用什么战术。

1 第二天，意大利与会的所有君主和使节应召来见教皇。

米兰公爵弗朗切斯科、曼托瓦侯爵洛多维科、蒙费拉托侯爵古列尔莫、西吉斯蒙多·马拉泰斯塔等人来到宫里。由于阿拉贡国王占据着意大利的西西里岛、科西嘉岛和撒丁岛，他的发言人也应邀见驾。随后来的是国王费兰特的使节——贝内文托大主教和安德里亚公爵，接着是威尼斯、佛罗伦萨、锡耶纳、费拉拉、卢卡、博洛尼亚的特使。萨伏依人虽然统治着阿尔卑斯山以南的大片领土，但他们倾向于站在法兰西人一边，不愿意被看作意大利人。热那亚人没有正式参加会议，虽然他们私下里答应支持。

2 枢机主教们分坐在教皇两侧，各国君主和使节坐在教皇对面。大家准备就绪之后，教皇开始发话："孩子们，朕接受了大家的建议，决定对土耳其宣战。毫无疑问，只要基督教世界想自救，武器、马匹、人员、船只和钱都不成问题。现在我们需要考虑一下细节：我们是要与敌人打陆战还是打海战？还是既打陆战也打海战？我们需要多大的舰队？多少军队？去哪里征兵？我们支援匈牙利是用钱还是用人？朕欢迎大家畅所欲言，说一说你们会提供什么援助。"

3 弗朗切斯科第一个发言。他重申了前一天做出的承诺，然后又说了如下的话。他说，打土耳其既要打陆战，又要打海战，也要投入尽可能多的力量，这是不可避免的。至于要多少军队他说不准，因为他不知道敌人的实力。但兵员要从最接近土耳其的地方招募，那里的人了解敌人的习俗，知道敌人的战术。意大利以及其他离得较远的国家，应该筹集资金来支援匈牙利和其他国家的军队。他们当然不能把外国军队派给匈牙利人，因为送外国军队过去和维持他们在战场上打仗需要花费大笔资金，外国军队和东道主也很容易闹僵。

4 以埃尔讷主教为首的阿拉贡使节赞同弗朗切斯科的计划，并代表他们的国王做出很多慷慨的承诺。威尼斯人什么也不敢承诺，只能谈一点他们个人的看法。他们认为，应该从陆地上和海洋上同时打击敌人，由三十条桨帆船和八条小型快船组成一支舰队就足够了。舰队应该航行到赫勒斯滂海峡①，既攻击希腊人，也攻击亚细亚海岸，迫使土耳其人部署大量兵力来保卫沿海地带。陆军应该从匈牙利及其周边地区招募，人数不能少于四万骑兵、两万步兵。用于战争的资金应该由其他基督教国家捐助。

5 其余的发言者全都支持基本上与此一样的计划，除了西吉斯蒙多·马拉泰斯塔之外。轮到西吉斯蒙多·马拉泰斯塔发言时，他以军人式的唐突方式站起来说：

"圣座，关于海军行动我无话可说，我承认我对此一窍不通。我把这留给威尼斯。我是从战场上杀出来的。现在人人都说，我们应该武装土耳其周边了解土耳其的国家。我说这样不行。离土耳其最近的国家——匈牙利、瓦拉几亚、塞尔维亚、保加利亚、伊庇鲁斯、希腊——这些国家已经败给土耳其了，不敢正视土耳其人了。要是让我打这场战争，我会组织一支实力足够强大的意大利骑兵和步兵。这样取胜是没有疑问的。我们的士兵和军官是世界上最优秀的，而且我们的马和装备也胜人一筹。我们不熟悉土耳其人的战术也不是个问题，因为他们也不熟悉我们的战术，我们识破他们的计谋容易，他们识破我们的计谋难，因为我们比他们聪明。所以，我说让其他国家凑钱，让意大利人打仗。"

6 西吉斯蒙多的发言博得了赞扬，虽然没有人赞扬他这个人。

---

① 即现在的达达尼尔海峡，在土耳其欧亚两部分之间，连接马尔马拉海与爱琴海。——译者注

人人都发过言之后，庇护说：

"孩子们，要是可能的话，朕也会让意大利军队去打这一仗，因为在军事上没有一个国家比意大利更受人尊敬。但这如果不是不可能，也会是很困难的。谁愿意拿出足够的钱把一支军队从意大利派到希腊？我们的将领也不愿意在意大利之外作战。他们在这里打仗没有危险，而且会得到很大好处，与土耳其打仗则会很残酷。唯一得到的奖赏是灵魂，而我们的士兵唯一关心的是他们自己的灵魂。另外，雇用德意志人、匈牙利人或波希米亚人去打仗并不是件容易的事。意大利要是不送钱，没有人愿意打仗。

7 "外邦人贪婪、疑心重，一说到钱的问题就觉得自己受了骗。他们会派人去打仗，但钱他们不会给，即便给钱的话他们的贡献会更大。意大利的钱只够装备一支舰队。我们只能做我们能做的，不是做我们想做的。我们只能以能够组建起来的军队去打仗。

"法兰西人、英格兰人、德意志人、波希米亚人、波兰人都答应派军队，我们用这些军队打陆战。西班牙人之中，卡斯蒂利亚人会以与摩尔人打仗为自己辩解。如果加泰罗尼亚人、阿拉贡人、葡萄牙人能出人手的话，那就是海军。

"不可否认的是，将那么多国家的人集中到一个兵营里会很困难，但我们可以组成几个师，每个师都有自己的指挥官，条件是如果形势需要，每个师都要相互支援。但所有的师都要承认一个首领，即教廷特使，都要追随一面军旗，即赋予我们生命的十字旗。但这是以后要说的事。

35
兵力和可能的资金来源问题。
贪得无厌的威尼斯人，他们的犹豫和傲慢。

1 "这时，我们应该谈谈需要多少兵力，从哪里可以招兵。解决了这个问题，我们就要商量联盟的领导问题，商量如何确保各个成员国之间协调一致。

"对于土耳其的实力，我们了解了很多。但我们知道，他们可以投入作战的兵力不会超过二十万，其中很多都是没有武器的农民，一帮对打仗一窍不通的乌合之众。他们军队中有实力的是禁卫军，其数量不超过四万。如果我们只派出五万十字军去打仗，就没有理由怀疑他们会赢，因为他们的士兵比我们精干得多、勇敢得多。

"军队之中必须保持骑兵的优势，因为仗要在平地上打，土耳其人可以部署大量的骑兵。另外，我们可以组织或输送的兵力不会超过这一数目太多。威尼斯人向我们保证，三十条桨帆船和八条小型快船就能在海上获胜，差不多每一个熟悉土耳其事务的人都赞同。如果我们再多派遣十条桨帆船，就能确保我方军队控制海上，阻止土耳其人从亚细亚横渡过来。土耳其人不得不部署大部分兵力来保卫沿海城镇，派到战场上的兵力就少得多了。这是专家说的。

2 "我们已经讨论过从哪里征兵的问题，讨论过在陆地和海上需要多少兵力。现在转谈钱的问题。以朕的看法，也希望大家同意朕的看法，那就是如果你们征收三年的十字军税（神职人员收入的十分之一，平信徒收入的三十分之一，犹太人全部财产的二十分之一），用来打仗的钱就足够了。要是有人想捐助更多，那当然更好。谁要是有更好的主意就说出来，朕会听从诸位的高见。"

3 教皇的计划得到一致赞同，于是通过了一项决议，所有的参与者都签了名，除了威尼斯和佛罗伦萨的特使之外。佛罗伦萨使节受到严厉的批评，说他们除了空口说白话之外，没有拿到大会上任何东西，于是他们请求单独觐见教皇。

两位枢机主教——尼西亚的贝萨里翁和圣西斯托的胡安被召进来作为见证人，佛罗伦萨的使节便做出承诺，说佛罗伦萨人一定会遵守决议，但要求将这事保密，直到他们的商船从君士坦丁堡返回，他们相信圣诞节之前一定能回来。据此郑重其事地起草了一份协议。但公爵弗朗切斯科仍然公开为佛罗伦萨做出承诺，以免基督教的计划由于佛罗伦萨的漠不关心而遭到破坏。

4 接着是与威尼斯使节的长时间辩论。威尼斯人完全是言不由衷。他们嘴上支持组建十字军打击土耳其，但心里却在谴责这一行动。威尼斯人从来都不支持宏伟的计划。他们基本上都是商人，只关心赚钱。一个靠花钱才能完成的伟业，他们想起来就会感到厌恶。他们担心一旦对土耳其宣战，他们与东方的贸易就会枯竭，而这一贸易是他们生计的基础。他们担心一旦希腊解放，西方的君主就会禁止威尼斯民众统治达尔马提亚和东方。他们还担心，米兰公爵会趁他们与土耳其人打得难解难分时攻击他们，因为人总是怀疑别人有和自己同样的想法 [1]。所以，他们就指示其使节把讨论拖延下去，不要让希望破灭，但不做出任何明确或有约束力的承诺。

5 不过在迫使威尼斯使节表态时，他们说，威尼斯只在满足下列条件时才会参战：他们必须享有全权来处理海军事务，他们从敌人手里缴获的任何战利品必须归他们所有，不得让他们支付舰队的运行费用，匈牙利必须提供五万骑兵和两万步兵与土耳其交战。他们说，他们需要一支六十条桨帆船、二十条小型快船和八千士兵组成的舰队（不包括水手和桨手），虽然他们以前说一支小得多的队伍就足够了。他们愿意提供和装备船只，其余的开支要由别人向他

---

① 即心理学上所说的"投影心理"。——译者注

们支付。为此，他们要求在他们的管辖范围之内征收十分之一税、二十分之一税和三十分之一税 ①。这些税加在一起，他们估计有大约十五万达克特。即便这个数目也不够，他们要求从总资金中再给他们一百五十万达克特。

6 威尼斯就是这么慷慨！教皇回答说："威尼斯使节，朕可以说你们无意捍卫信仰，因为你们的要价太离谱。以前，你们的共和国装备了庞大的舰队来捍卫基督教。现在，你们的国家已经沦落到不愿意（如果把一切都考虑在内的话）装备一条船的地步，真是让人遗憾。为了你们的盟友和居民，你们打了很多场大战役，打比萨，打热那亚，甚至打国王、打皇帝，而且都是你们自己出资。现在为了基督去打异教徒土耳其人，你们竟然讲起了价钱。即便是你们得到这笔钱，你们也不会拿起武器！哎呀，可怜的威尼斯人啊，你们把以前的精神丢掉了多少！与土耳其人交往过多，你们就成了穆罕默德的朋友，不再关心基督教了。

7 "朕这样做是为你们好。组建十字军打击土耳其，朕是为你们打仗。朕要打击的敌人是直接威胁你们的，但朕的建议你们当作耳旁风。现在朕向你们要的东西，将来总有一天你们会向朕要，你们的请求可能也没人会理睬的。

"现在你们向朕要的战争资金，有哪一位国王打仗时有过那么多？如果指挥官们表现得像个男人而不是女人，现在我们需要的资金够开仗就行了，其余的仗打起来再说。然后你们再要六十条桨帆船和二十条别的船。刚才你们还说，比这小一半的舰队就足够了。你们说陆战需要七万士兵。但研究过土耳其兵力的人估计，有四万兵力我们就能打赢。你们是在无事生非，不让组建这支十字军。那

---

① 如本章第 2 段所述，即把个人年收入的十分之一、二十分之一和三十分之一作为税款上缴。——译者注

好啊！朕就把它取消。你们要首先付出代价！"

8 争论就这样持续下去，常常比这还要激烈。特使们都是行事谨慎的人，做出的回答虚与委蛇的成分多，真心话少，心口不一，这一套说辞不行就再换一套，夸大敌人的实力，贬低自己的实力，想把时间一直拖到大会结束。他们只在预约时才到宫里来。他们走起路来趾高气扬，跪在教皇面前没有一点风度。即便是他们看到国王和皇帝本人的使节、看到伟大的君主在吻过教皇的脚之后还会再跪拜一会儿，他们自己也会马上平身。

这或是出于天生的傲慢，或是由于粗野无礼，因为威尼斯人都是渔民出身。如果让他们在教皇的前厅里等待哪怕是一小会儿，他们也会大发牢骚，像是受到侮辱似的，于是就给元老院写信，说教皇待他们还不如待安科纳的使团。这使得威尼斯的民意（已经由于帕多瓦教区的事而愤愤不平）①越来越抵触教皇。

但实际上庇护对待威尼斯人的态度与其说是不负责任，不如说是过分宽容。他对威尼斯人厚爱有加。但几位使节反而添乱，处处歪曲事实。

36

法兰西使团，布列塔尼使团，
热那亚使团，国王勒内的使团。

1 与此同时，有传言说法兰西使节来了，由于西西里问题，法兰西成了威尼斯的朋友、教皇的敌人②。有人说，法兰西人一来，

---

① 参见第2卷第21章及第3卷第25章。——原编者注
② 参见第2卷第3章、第5章以及下面的第3卷第38章。——原编者注

教皇将前功尽弃。米兰公爵签署决议后就回国了。

2 法兰西国王任命的特使之中，有一位沙特尔教长（前面已经提到过）已经到了。他虽然已经当选为他们教区的主教，他的大主教也依照国事诏书加以确认，但他仍然认为如果没有教皇的确认，自己的职位并不完全稳固。就是由于这一原因，他接受了使节的职位，赶在其他人前面匆匆启程，以便陈述他的情况。

快到曼托瓦时，沙特尔教长报信说，他要在法衣下面穿一件亚麻布衣服进城，好像他是个已经被任命过的主教似的。他大言不惭地要求教皇允许他这样做，一点也不怀疑教皇会考虑他的使节身份而答应他。

但教皇的回答是他必须把衣服脱掉，否则就返回法兰西。他蒙受了奇耻大辱，只好服从教皇。等到他的职务得到确认以后，甚至不等其他使节到来就回国了。他要了一个法兰西式的把戏：以荒谬的理由祈求好处，再用谎言把一切都搅成一锅粥。

3 不久其他使节就到了，然而大会接待他们的热情程度远不如等待他们时那么高。法兰西国王为了给大会留下一个深刻的印象，就任命了他的几个贵族亲戚来参加会议。但任命特使容易，付给他们报酬就难了，结果他们都待在家里。使团的首领是德高望重的图尔大主教、巴黎主教（一个很厉害的辩论高手）、著名神学家托马斯·库尔塞勒以及鲁昂总管。西西里国王勒内派的使节和他们在一起：马赛主教（前面提到过）和他的骑兵统领。与他们为伴的有布列塔尼公爵的使节：他侄子、圣马洛主教及其他几位显赫人物。热那亚使团也到了，他们对法兰西人溜须拍马，像是对待主子似的。

4 现在的布列塔尼是指法兰西在大西洋沿海地带的一个地区。布列塔尼这个名字以前是指地理学家托勒密所说的阿尔比恩岛①。

---

① 即"不列颠"岛。——译者注

日耳曼人的一个部落盎格鲁人把布立吞人从阿尔比恩岛上赶走，依照自己的名字将这座岛命名为"英格兰"①。

布立吞人乘船去了大陆，在加斯科涅人和诺曼人之间定居下来。他们在这里保留了自己的名称②和语言，夺取了很多城镇，其中有一个是瓦讷，我们在讨论意大利的威尼斯人时提到过它③。

布列塔尼公爵虽然在级别上低于法兰西国王，其领土也被法兰西包围，但他依照自己的法律行使统治，不承认别人的世俗权力高于自己。法兰西人发布国事诏书，像是要限制罗马教廷的最高权力和荣誉，布列塔尼公爵拒绝服从，他不理会法兰西人的威吓，而是像他的先人那样服从罗马教廷。

5 布列塔尼的使节到达曼托瓦之后，听说法兰西人迟迟不向教皇表示臣服，便决定不再等他们，要求召开会议，他们想在会上转达他们君主的旨意。

这一要求得到了允许，圣马洛主教这样说道："我们是您最尽职的儿子——布列塔尼公爵派来的特使。我们秉承先人的一贯做法，服从您、尊敬您。我们承认您是基督的代理人，是圣彼得的真正继承人，是尘世教会的首脑和统领。我们是基督徒，服从您这位基督军统帅的指挥。

6 "我们的先人自皈依基督教以来，从来都没有脱离过教会。他们遵守罗马的法律，从来都没有违抗过教廷的命令。他们拒绝法兰西的国事诏书，效忠于您的前任。我们的君主以先人为榜样，遵照您的命令派我们来参加大会。他随时准备听候您的嘱咐，按照您的嘱咐去做。他知道，您想组建一支十字军打击土耳其。他支持您

---

① 意为"盎格鲁人之地"。——译者注
② 即"Brittany"，也就是"Britannia"的变体。——译者注
③ 参见第3卷第26章。——原编者注

的行动，说这一行动是必要的，是神圣的。他不会让您失望。他热切地希望能分享这一光荣任务。一旦得到您的指示，他会派出军队、马匹、船只和人手。他会追随您。他唯一的建议是：打击强敌，一开始就要出重拳。"

37
使节们做出承诺，庇护回应。

1 教皇对布列塔尼使团很满意，把他们的公爵和国家捧上了天。法兰西使团争论了好几天，以确定是先表示臣服，还是先提出西西里问题。但他们不表示臣服庇护就拒不接见他们，他们只好先表示臣服。

2 他们的发言人是巴黎主教，他以《诗篇》作者的话为话题："神啊，你受的赞美，正与你的名相称，直到地极。你的右手满了公义。"① 他的讲话分为三部分，每一部分讲得都很详细：赞美教皇，教廷的显赫地位，他的国王和王国的荣耀。最后，他以国王的名义表示"儿子般的"臣服，用这个词来显示这一臣服不是"仆人般的"。他几乎没有提到土耳其人，更没有承诺支持打击土耳其人。

马赛主教代表国王勒内表示臣服，而热那亚发言人布罗卡尔多代表热那亚讲话。他的讲话辞藻足够华丽，不过仍然显示出一个曾经光荣的城市已经沦落到奴仆的地步，现在只能仰傲慢的法兰西人的鼻息。

3 大家都发过言之后，教皇回答说，他配不上这样的赞美。他

————————

① 语出《圣经·诗篇》48:10。——原编者注

是个卑微的蠕虫，是尘土，是灰烬①。他受到召唤坐上圣彼得的宝座，这并不是因为他有功德，而是出于某种神秘和神圣的目的。他祈求能让他完成这一任务，为上帝增光。对教廷的赞美是有道理的，但还不够，因为教廷掌管着天国的钥匙，是上帝在尘世间的代表。拒绝圣裁是可恶的。法兰西王国是个军事强国，法兰西国王做出过丰功伟绩，具有古老的血统。现在执政的查理，在各方面都能与他的前任相媲美。他臣服于罗马教会值得赞美，尽管他为打击土耳其所承诺的援助微不足道。教皇希望法兰西王室会有大作为，这一王室的职责一直都是抵御外敌，捍卫罗马教会和基督教信仰。他也赞扬了国王勒内的服从，赞扬了热那亚人的奉献。

4 法兰西特使在此之前咄咄逼人，而现在却唯命是从、服服帖帖，人人都感到吃惊。教廷本想听到尖锐刺耳的发言——谴责教皇把西西里王国给了一个西班牙人，拒绝臣服，要求召开全体会议云云。但后来发现不是这么回事儿，于是教廷又对教皇钦佩起来。

38
法兰西对西西里问题提出抗议。
庇护的有力驳斥。
他的疾病，他强大的适应能力。

1 几天以后，法兰西人来找庇护，说他们对西西里问题有话要说，但不想当着一些君主使节的面来谈这事。教皇对他们说，他们想邀请谁都可以。

皇帝的新使节不久之前到了，为首的是艾希施泰特主教约翰和

---

① 参见《圣经·创世记》18:27。——原编者注

特伦托的格奥尔。约翰是个人品出众、很有威望的人，格奥尔教皇早就认识。和他们一起来的还有巴登侯爵卡尔，是皇帝的妹夫。卡斯蒂利亚国王的使节也来了，是奥维耶多主教和一位方济各会修士，这位修士是从犹太教改宗基督教的。这个使团配不上这么一位大君主。葡萄牙国王阿方索也派来了代表，都是很有名气的人。

法兰西人邀请这几位还有其他很多人参加他们与教皇的会见。他们任命鲁昂总管为发言人。

2 大家安静下来以后，鲁昂总管就开始滔滔不绝地赞美法兰西人（他称其为"百合花民族"）在捍卫信仰方面的丰功伟绩，赞美他们为教廷所做的很多事情。他说明了西西里王国是如何落到他们手里的，说明了为此他们流了多少血。他说，阿方索用武力将他们赶走是蛮不讲理的。教皇废掉合法的国王勒内，将阿方索不够格的私生子扶上这样一个王国的王位，这样做是不公平的。连加里斯都也绝对不会做这等事，虽然他是个阿拉贡人。教皇对待法兰西人不公正。他听信了谗言，废掉了百合花民族的贵族，重用阿拉贡人。他要是撤销这一不明智的决定就明智了。鲁昂总管要求教皇立勒内为王，废掉费兰特，以此来补偿法兰西人所受到的侮辱。

3 鲁昂总管发言的大意如此。言辞华而不实、空洞无物，夹杂着法兰西人特有的自吹自擂和威胁。他发言的时候，法兰西的朋友个个摇晃着头盔上的羽毛饰，以为教皇不敢回答而洋洋得意。当时庇护只简单回应了几句："国王的使节，朕听到你为勒内申辩，指控朕。朕处理西西里事务是与枢机主教团磋商过的。如果你们觉得这样不公平，要求撤销，朕也应该征求枢机主教团的意见。我们商量之后，朕就会回应你们的投诉和请求。"然后他就宣布散会。

4 这件事之后，教皇患了严重的胃病，干咳得非常厉害，他和御医都担心他还能不能保住性命。法兰西人听到这一消息后，断言这是假的，教皇不是真的病了。他们一再坚持要求一个答复。他们以为自己的理由难住了教皇，教皇是想逃避答复。

庇护听到这话以后说："我就是一头栽死在会议室里，也要回复这个无理取闹的使团。我不会向疼痛屈服，不会让疾病把我折磨得像个懦夫似的。"

5 于是他把枢机主教们召集起来，告诉大家他会如何回答。有人认为，他应该在小范围内通报这件事，但他却命令把所有的使节都召集过来，另外还要召集教廷的主要官员。

大家都聚齐之后，教皇虽然体弱，受到剧痛的折磨，还是从寝宫里来到会议大厅。要求大家肃静下来之后，他坐上高大的椅子，脸色苍白，黯然神伤，勉强能够说话。但他很快就来了精神，滔滔不绝地说了起来。他战胜了疼痛，毫不费力地讲了三个小时，大家都聚精会神地听着。

6 教皇在讲话中大赞法兰西人，比鲁昂总管夸赞得还要好。他们当然为教会做过很多好事，但他们得到的回报也同样多。针对西西里王国所采取的各项措施既非不公正，也不是没有道理。不公正的是法兰西人的投诉，因为他们的各项权利完全受到了尊重。不可否认的是他们自己错了，因为他们在国内通过的一项法律损害了教廷的利益，这一举动正把很多人的灵魂送向地狱。

7 这次演讲与其他演讲一起出版了，所以这里就没有必要详细说了。谁要是想了解傲慢的法兰西人是如何令人信服地被驳倒的，都可以在这本演讲集里找到这篇演讲。

8 庇护讲完以后，法兰西人宣称他侮辱了他们的国王。他们要求发言，以免让人家觉得没有人为他们的君主辩护。教皇回答说："朕随时都会洗耳恭听，你们想说几次就说几次，但要记住：朕最后说了算。打了人之后自己挨打，请不要见怪。本教廷不会向任何人屈服，连最强大的国王也不行。"

9 几位使节嘴里咕哝着威胁的话，悻悻地从宫里走了出去。教皇也回到寝宫，疲劳和疼痛完全消失了，言辞激烈的讲话把伤寒从胃里全部驱散了。枢机主教们很高兴，到寝宫里去感谢教皇维护了教廷的荣誉。教廷的一些成员以前似乎看不起教皇，现在纷纷对他表示钦佩，尤其是对他所说的国事诏书一事表示赞赏。他们说，在我们先辈的记忆中，从来没有一位教皇说过更能真正体现教皇身份的话。

39
法兰西人在秘密会议上继续投诉，
庇护给予更有力的驳斥。

1 第二天，几位法兰西枢机主教来找庇护，请求公开接见法兰西使节，说这是几位使节提出的要求。

教皇答应接见，但提醒他们说，无论法兰西使节在公开场合说什么，他都会在公开场合回答。他们必须拿定主意：是想在公开场合受到羞辱，还是想在私下里受到羞辱。教皇并非词穷，他所维护的事业也不是非正义的。

法兰西人再三考虑了教皇的话，选择了只有八位枢机主教参加的不公开会议。他们为勒内申辩了两个小时，所说的理由在他们看来好像是无可辩驳。

2 教皇把他们所说的哪怕是有一点分量的话都记住，然后立即予以驳斥，而且是当场驳斥。他驳斥的效果十分明显，非常精明地维护了他自己的立场。只有几个人在场听到这场辩论，这让法兰西人非常感激，要是在大庭广众面前辩论，他们将永远蒙受耻辱。无论他们用什么招数，教皇张口就给顶过去。他们是无处可藏，连一个小地方都找不到。教皇随时都能拿出理由来，他当然记得自己做过的事情，为什么这样做，为什么那样做，他知道得一清二楚。

3 法兰西人只要提出一个理由，教皇就立即反驳。他们面红耳赤，说话结结巴巴，最后无言以对，明显是辩输了。很多贵族，还有使团里的其他主要人物，刚才还咒骂教皇，现在则拜倒在他的脚下，祈求他原谅。其余的人也转而去博得好感，对西西里王国一个字也不敢再提了。

他们聪明的发言人被教廷的一群人问道，法兰西人现在为什么这样默不作声？以前他们可是一副气势汹汹的样子啊，发言人这样聪明地回答说："一个魔鬼附身的人被拉到教堂里，他发出一声怪叫，亵渎神明，吐口水，又咬又踢。而一旦让他来到神父跟前，摸到法衣，裹上圣带，把他放置在圣坛前面，他就会像死尸一样静静地躺着。我们一见到教皇庇护、一听到他讲话就是这个样子：我们的疯狂完全消失了。走开！我们完了！"

40
没出息的法兰西使团，
只关心自己所受的委屈，
对十字军一毛不拔。

1 这件事过去之后，法兰西人被问到会提供什么援助来打击土耳其。他们回答说，法兰西和英格兰的事情不解决，谈论土耳其没有意义。无论是法兰西还是英格兰，谁都不会不防范敌人就离开自己的国家。他们必须首先安内，然后才能考虑打击外敌。

2 教皇回答说："等到法兰西与英格兰和解时，土耳其已经把匈牙利消灭了。你们的援助来得太晚了。你们称自己的国王是'最笃信基督'的国王 ①，竟然不想费心来救助基督教信仰？你们即便是不能派出军队，起码可以出钱来支持基督教事业，虽然朕不明白你们为什么不能派出军队，因为对英格兰人也提出了同样的要求。如果双方都派出同样数量的人，你们谁都不会比对手弱。"

3 法兰西人在每一个问题上都被驳倒了。他们回答不了教皇提出的理由，就说他们得到的指令是在这件事上不做出承诺，除非英格兰人在场并同意和解条件。由于英格兰人没有来，他们什么话也不能说。不过他们觉得把英格兰人从海峡那边召来，在一个双方都认为方便的地方会面是个好主意，他们建议教廷派个特使到那里去说和。

教皇没有拒绝这样做。但形势变了，法兰西人给教廷带来的麻烦更大，英格兰人陷入内战 ②，这件事就放弃了，也不再与法兰西人商谈了。

41
英格兰事务。
特使的借口。
恢复和平。

1 庇护离开罗马之前，曾派特尔尼主教弗朗切斯科到英格兰，请求英王支持打击土耳其的行动，同时解决英格兰内部的纠纷。③

---

① 这是法兰西国王的传统称号，自中世纪初法兰克时期就开始沿用，以显示法兰西对罗马教廷的重要性。——译者注
② 当时英格兰的兰开斯特家族与约克家族因争夺王位而爆发了"玫瑰战争"。——译者注
③ 庇护在下面几章转谈英格兰事务，这些事情有的发生在曼托瓦大会之前，有的发生在会议期间，有的发生在会议之后。——原编者注

当时亨利六世为英格兰国王，此人的勇气还不如一个女人，毫无才智，也缺乏气魄，把一切事情都交给妻子处理①。不过他是个笃信宗教的人，在信仰方面很虔诚。所以当他接到指示，要求他派使团代表他来参加曼托瓦大会，该使团要有资格处理在那里讨论的问题时，他就派一批主教和显赫的贵族来担任他的代言人。但没有一个人去，谁也不把懦弱、胆怯的国王下的命令当一回事。

2 于是英王就派了两个级别不高的神职人员到庇护那里表示臣服，并解释为什么更显赫的使节没有来。他们的国书并没有依照惯例指定见证人，文书也没有签字。国书上是国王的亲笔签名："亨利，由本人见证"，然后加盖御玺。教皇嘲笑这一可怜的使团，认为它不配代表一位如此伟大的国王，后来也就不再召见他们。

3 与此同时，特尔尼主教在英格兰受到冷遇，他无法履行职责。于是他愤然离开英格兰，渡过英吉利海峡去了加来。沃里克伯爵约翰，一个胆大、精力旺盛的主儿，因为惹恼了国王正躲在加来②。几天之前，沃里克听说桑威奇港正在装备一支王家舰队，很快就会攻打他，他就连夜带着八百人乘船出发。他出其不意地追上了敌人，杀了很多人，抓了很多俘虏，包括舰队司令，然后胜利而归。

4 沃里克派人去找特尔尼主教，听他说明离开英格兰的原因之后说："等等吧。不要走。我把你带回英格兰，给你一个完成任务的机会。我们的国王是个神经兮兮的傻瓜，他不统治，而是受别人统治。大权由他妻子掌握着，由那些玷污他婚床的人掌握着。这种状况我受不了，我想改革统治的方式，所以被国王赶走了。我被流放的时间不会长。很多人的看法和我一样，其中主要有约克公爵③，

---

① 亨利的妻子是安茹的玛格丽特，勒内的女儿，得到法兰西国王的关照，所以教皇并不信任她。——原编者注
② 庇护指的是沃里克第十六任伯爵理查德·内维尔。——原编者注
③ 指约克第三任公爵理查德·金雀花。——译者注

按道理他才应该坐上王位。

"我们正在召集一支军队，很快就会投入战场碰碰运气。如果上帝让我们获胜，我们就会把敌人从国王身边赶走，由我们自己统治国家。国王徒有其名，他什么也没有。我们会把你当作教皇的特使来接待你，不久等王国恢复了秩序，我们就会装备一支舰队去捍卫信仰。"

5 特尔尼主教答应了，与沃里克达成一项正式协议之后，就陪着这位伯爵回到英格兰。

两万名军人正在等他，其人数很快就翻了一番。特尔尼主教举起了罗马教会的旗帜。因为他们是要与信仰的敌人去打仗，凡是沃里克麾下的人，主教就答应永远赦免他们的罪过。他还向军队出示一封教皇的证书，把他们的敌人逐出了教门，据说证书上有这一说法，虽然证书上的内容实际上不是这么一回事

6 接下来的战斗很惨烈，一些贵族阵亡了。国王被俘后被带到伦敦，在那里受到国王应有的礼遇。王后和儿子以及她这一派的很多首领都逃到了威尔士。王国的高级教士和贵族（他们称其为国会）在伦敦开会讨论局势。他们首先投票，决定废除上一年国会通过的法案，因为当时约克公爵、索尔兹伯里伯爵、沃里克伯爵都被宣布为王国的敌人。

7 废除了这些法案以后，约克公爵说王位是他的，因为他与遭到谋害的国王理查德①血缘关系最近，杀人凶手的继承人担任国王是令人无法容忍的②。他们的家系是个不虔诚的家系③，杀害自己的

---

① 即理查德二世，约克公爵理查德·金雀花的堂叔。——译者注
② 英王理查德二世据认为是被他堂弟亨利四世所杀害，这里所说的"杀人凶手的继承人"即指亨利四世的儿子亨利五世、孙子亨利六世。——译者注
③ 指亨利四世所开创的兰开斯特王朝。——译者注

家人来夺取王位。亨利四世谋害了叔叔①，篡夺了王位。继承他的
是他儿子亨利五世，继承亨利五世的是亨利六世，他继承了一个邪
恶、残暴的国王。一个受到恐吓威胁而通过法案的国会是没有法律
效力的。王国理应属于约克公爵，因为一旦把犯有谋杀罪的家系排
除出去，约克公爵就是名列第一的继承人，所以他要求得到王
位②。亨利以后就是一介平民。

8 他的要求好像是名正言顺的。但对这一要求不利的是他们对
国王亨利发过的誓言，是国王统治的漫长期限，是他父亲对英格兰
民族的宿敌法兰西的征服③。约克公爵提出更强烈的要求时，他们
几乎要动武，因为是沃里克的鲁莽造成了这一局面，沃里克好像还
不愿马上就罢黜亨利，他以前是承认亨利为国王的。

最后多亏了特使的智慧，他们以这样的方式解决了争端：亨利
在有生之年继续为王，但死后由约克公爵或其子来继承④。在此期
间，约克除了从他的公爵领地得到收益之外，还要从王室金库里每
年领取一万马克，在其他方面他们要维持现有秩序。

9 这些就是1459年11月1日之前发生的事。特使在全国上下
被誉为英雄。有人认为特使在那里筹集了很多钱，但实际上他的成
功是由于战争。掘金最好的工具，莫过于一把剑！

---

① 原文有误。亨利四世谋害的理查德二世是他堂兄，并非叔叔。此二人均
　为爱德华三世的孙子。——译者注
② 理查德二世死后无嗣，亨利六世这一支派再一排除，约克公爵就成为王
　位的第一顺序继承人了。——译者注
③ 亨利五世继位后不久就征服了法兰西，一度担任法兰西摄政。——译
　者注
④ 后来继承亨利的是约克公爵之子爱德华四世。但爱德华四世是在打败亨
　利六世之后继位的，并没有等到亨利晏驾。——译者注

42
英格兰重新开战。
国王被罢黜。
王后奔向战场，随后被流放。

1 不久之后，王后在威尔士招募新军，决定进军伦敦，像是要从敌人手里把丈夫救出来似的。约克公爵出来向她挑战，但被打败了，他和很多贵族阵亡。

伦敦人听到这一消息后惊恐不安，宣布他们要向王后投降，并威胁任何不赞同的人。特使担心假如留下来的话会有性命之虞。他在逆境中显得不那么勇敢，没有顺境中那么精明。他抛下沃里克，匆匆乘船去了佛兰德。

2 王后受到鼓舞，军力也得到增强，便在离伦敦不远的地方安下营盘。她在那里迎来了国王，他逃出来是找她避难的。毫无疑问，她要是没有女人的傲慢和强烈的复仇欲望，没有对伦敦居民提出极为苛刻的条件，要求他们把很多人交出来接受惩罚的话，就会得到伦敦城了。人们意识到王后的仇恨难以消除，意识到他们唯一的希望就是拿起武器以后，便与已故约克公爵的儿子爱德华和沃里克伯爵站在一起，出来参加战斗。

3 王后战败了，损失了很多人，和丈夫、儿子一起逃走了。胜利者回到伦敦召开一届新国会，会上宣布亨利及其配偶和儿子为王国的敌人，宣布爱德华为国王[①]。不久之后，亨利的支持者在另一场战斗中失败，几乎整个英格兰都转向胜利者一边。

失败者逃到苏格兰。命运反复无常，在他们最倒霉的时刻救助他们的，正是那些他们在运气好时经常畏惧的人。

---

① 1461 年 3 月 4 日，爱德华四世被宣布为国王。——原编者注

43
德意志人的提议。
军队人数。
派遣教皇特使。

1 英格兰人陷入内战，教皇庇护无法让他们对捍卫信仰做出任何贡献。他的希望基本上破灭了，因为法兰西人不能援助基督教，英格兰人也不能。最后他向德意志人求援，能想的办法都让他想了一遍。

2 皇帝的发言人、各位选帝侯的使节、好几位德意志君主和国家的使节都来了，这在前面已经提到过。教皇把这些人召到御前，询问他们皇帝以及其他人打算提供什么援助来打击土耳其。

让他们做出答复并不容易，因为君主们的使节与皇帝的代表意见不一。制造不和的首推格雷戈尔·亨伯格，著名的法理学家，也是个杰出的德意志风格的演说家。他来这里代表的是皇帝的兄弟、奥地利公爵阿尔贝特，当时他正与皇帝发生争执。

3 格雷戈尔的伶牙俐齿也经常激怒皇帝。他也曾被土匪逮住过一次，被迫缴纳了六千弗罗林的赎金。结果他认为，他遇到的任何不幸都是腓特烈的过错。他对皇帝产生了刻骨仇恨，凡是他认为有可能提高皇帝声誉的事，他是坚决不赞同。现在组建十字军打击土耳其似乎可能为腓特烈增光，他就千方百计地阻挠这一计划。

4 但教皇庇护的坚持奏效了。他把特使一个一个地召到御前，以他最有说服力的方式为教会和信仰辩护。最后所有的德意志特使达成一致，向教皇承诺，他会得到很久以前尼古拉任职期间在法兰克福确定下来的那支军队——一共大约三万两千步兵、一万骑兵。[①] 他们说，需要召开两届议会来实现这一目标。一届在弗兰肯的纽伦堡，另一届在皇帝所在的奥地利，还要派一位特使到会上担

---

① 指1454年的法兰克福议会所做出的保证。参见第1卷第27章。——原编者注

任观察员。教皇同意了，把这一任务交给了尼西亚枢机主教贝萨里翁。他让腓特烈担任军队统帅，给予腓特烈挑选任何君主来代替他的权力，如果腓特烈本人不能履职的话。

5 法兰西使节也接到邀请参加讨论，但他们拒不参加，认为让别人露脸就是他们自己的耻辱。

<h2 style="text-align:center">44</h2>

<h3 style="text-align:center">奥地利的恶魔西吉斯蒙德。</h3>

1 发生这件事的时候，以前多次承诺要来参加会议的奥地利公爵西吉斯蒙德抵达曼托瓦，陪伴他的有四百骑士和很多贵族，场面非常壮观。①

两位枢机主教和整个教廷都出来迎接西吉斯蒙德。他受到公开接见。他的发言人是格雷戈尔·亨伯格，格雷戈尔谈到奥地利公爵家族很多值得关注的问题。格雷戈尔宣称，他的君主打土耳其的愿望十分迫切，公爵来到这里就是为了亲自批准他的国家提供的一切，凡是和他有关的他都批准。

2 教皇从小就认识西吉斯蒙德，说西吉斯蒙德的青少年时代值得称道，而对他后来的情况则只字不提。他证实了格雷戈尔对西吉斯蒙德家族的赞美，甚至比格雷戈尔赞美得还要好。他接受了西吉斯蒙德对打击土耳其所提供的援助。

格雷戈尔提到的事情之中有这么一件：庇护担任初级职务的时候，西吉斯蒙德是他的学生，热切地读他的书信，其书信集他仍然保存着，有些书信实际上就是写给西吉斯蒙德本人的。凡是仔细看

---

① 　1459 年 11 月 10 日。——原编者注

过庇护的非宗教书信集的人，都能证实这一说法，那是在他担任圣职以前写的。但西吉斯蒙德儿童时代比青少年时代好得多。他长大了以后越来越坏，这在下面就会提到。

3 在这一时期，弗朗切斯科·斯福尔扎（已经回到米兰）送给教皇三头非常肥的公牛，都是吃萝卜、洗温水澡、每天梳理毛发、睡在干净稻草床上养大的。庇护把其中一头送给了西吉斯蒙德，另一头让各国君主的使节们分享，第三头他留给自己和枢机主教们。肉吃起来味道非常好，人人都说从来都没有吃过更香的肉。但这肉并不便宜，把牛牵过来的人得到一百达克特的辛苦费。

4 大约这个时候，西吉斯蒙德与圣彼得枢机主教尼古拉陷入激烈的争执，二人早就在采邑和管辖范围问题上相持不下。大家试图解决二人的纠纷，但枢机主教们与教皇本人全力调解却毫无效果，几天以后西吉斯蒙德就走了。如他自己所说，他是枢机主教的敌人，但是教皇的朋友。

5 西吉斯蒙德小时候由他叔叔监护，一直到他十六岁。如前所述，语言无法描述他的聪明才智。他面庞漂亮，举止高雅，喜欢文学，爱与有德性的人为伍。他最想做的事莫过于向善。

6 皇帝放了他之后，他回到自己的领地，他的监护人不在那里，他的性格变化快得令人难以置信。他后来的生涯显示，美德的迹象在他年轻时只是一个模糊的轮廓，并没有明确形成。他沉溺于贪婪放纵行为，沾染上各种恶习。他残忍，没有人性，亲手伤害并杀死无辜的人。他说话能说几个小时，但不愿听别人说。他喜爱喝酒甚于吃饭，在各种场合都举止轻浮。他信任告密者，好溜须拍马，不制怒，放纵情欲，既强暴小姑娘，也强暴已婚妇女。

西吉斯蒙德最终娶了苏格兰国王的女儿^①为妻，一个明智、虔诚的女人，但不幸嫁给了他这个丈夫。西吉斯蒙德知道自己所犯的罪行，知道自己玷污了多少婚床，所以害怕自己的婚床被玷污，就对她严加看管。有一次，他听说奥地利有一把剑曾一下砍掉两颗人头，便感到心神不宁，直到在皇帝侍从约翰的帮助下得到这把剑心里才踏实。

7 这就是西吉斯蒙德，奥地利公爵家族的少爷。他和另一个西吉斯蒙多不无相似之处，那个愚蠢、邪恶的马拉泰斯塔家族的西吉斯蒙多，此人的品行前面已经描述过。

45
一位强大的君主驾到：
勃兰登堡侯爵阿尔贝特。

1 西吉斯蒙德离开大会的时候，教皇接待了勃兰登堡侯爵阿尔贝特的来访。

阿尔贝特是个精神高尚的人，一个身经百战的军人，在匈牙利、波希米亚、波兰及德意志各地都打过仗。他领过兵，指挥过千军万马，百战百胜。他在战场上打败过纽伦堡人八次，仅失败过一次，而且损失很少。他十八次接受挑战与人单打独斗，每一次都是胜利者，只用一张盾牌和一顶头盔来护身。他每次参加比武都获胜。很多人都叫他"德意志的阿喀琉斯"。

2 阿尔贝特与巴伐利亚公爵路德维希交战，打赢以后就可以按照他自己的意愿规定和谈条件了。但战争再次爆发时，阿尔贝特的

---

① 苏格兰国王詹姆斯一世的女儿埃莉诺，1435 年庇护曾被派到詹姆斯的宫中。——原编者注

盟邦抛弃了他，他不得不接受敌人提出的条件。战争第三次爆发时，他既给别人带来伤害、自己也遭受损失时，庇护派到德意志的克里特大主教出面干预了，阿尔贝特以公平的条件达成一项休战协议，希望实现永久和平。

3 阿尔贝特来到曼托瓦时，圣彼得枢机主教离开了队伍出来迎接他。教皇公开接见他，对他迅速慷慨地承诺支持打击土耳其赞扬有加。教皇还送给他一千达克特，还送了两匹普利亚马。作为主显节庆祝活动的一部分，教皇授予他一把剑，这把剑依照惯例是授予出席圣诞节庆典的最优秀世俗君主的，另外还授予他一顶镶有多颗珍珠的帽子。

46
庇护颁布教令，
禁止上诉到未来的宗教会议。

1 很久以前，教会里有一个根深蒂固的恶习，其目的是破坏教皇的司法判决。被教皇判决有罪的人会上诉到"未来的宗教会议"，以此来逃避教廷的判决。他们会上诉到一个子虚乌有的法官那里，向一个高于罗马教皇的机构求助，而这个机构在世界上是找不到的。虽然他们不允许对自己的决定提出上诉，但允许对基督代理人提出上诉。

2 庇护就这个问题与出席会议的枢机主教们磋商。大家异口同声地回答说，这种上诉应该禁止，上诉人也应该受到谴责。于是颁布了一项教令，规定从教皇这里上诉到未来宗教会议的人犯有煽动异端罪和冒犯君主罪，应该受到惩罚。[1]

---

[1] 这是庇护最著名的教令，颁布于 1460 年 1 月 18 日。——原编者注

47
曼托瓦会议决议概要。
庇护祈祷，宣布散会。

1 几天以后，在圣彼得教堂望过弥撒，教皇对枢机主教和所有的君主使节发表讲话。他让大家肃静之后，在座位上这样说道：

"教友们，孩子们，朕等待那些邀请来参加这届会议的人等了八个月。你们知道谁来到了这里。想象着别人来到这里为我们的事业贡献力量毫无意义，所以现在我们可以散会了。在这里该做的事情我们都做了。朕祈望我们圆满完成了上帝交给的任务。虽然朕想得到的比实际上得到的多，但我们不能认为一事无成。希望也没有完全破灭。现在朕要谈谈现状如何，这样人人都可以知道我们的前景，知道哪些国王、哪些国家准备捍卫信仰，哪些国王、哪些国家漠不关心。

2 "如果匈牙利人能得到援助，他们肯定会全力以赴打击土耳其人。德意志人答应出动一支四万两千人的军队，勃艮第保证出六千人。在意大利（威尼斯和热那亚除外），神职人员会捐助其收入的十分之一，平信徒捐助三十分之一，犹太人捐助其全部财产的二十分之一。用这些钱我们可以装备一支舰队。阿拉贡国王胡安也答应这样做。拉古萨人会提供两条桨帆船，罗德岛人提供四条。这些国家的君主及其使节已经郑重发誓，肯定提供这些东西。

3 "威尼斯人虽然没有公开承诺，但一旦他们看到十字军真正行动起来，肯定不会让朕失望。他们肯定不会让大家觉得他们比先人渺小。法兰西、卡斯蒂利亚、葡萄牙的情况也是这样。英格兰正遭受内战的煎熬，让人看不到希望。苏格兰也没有希望，那里就是天涯海角。丹麦、瑞典、挪威也太遥远，无法派兵参战，而且他们也无钱可捐，他们只以鱼为生。波兰的摩尔达维亚地区与土耳其接壤，所以他们不敢放弃自己的目标。我们可以雇用波希米亚人。如果有人付钱，他们就会出国打仗。基督教世界的现状就是这样。

4 "意大利人的钱可以购置一支舰队，要么在威尼斯，要么在热那亚或阿拉贡，其规模依海洋的需要而定。匈牙利人可以武装两万骑兵，另外至少还可以武装两万步兵。加上德意志军团和勃艮第军团，拉到战场上的队伍可以达到大约八万八千人。真有人认为土耳其可以抵御这样一支军队吗？乔治·斯坎德培将率领一支强大的阿尔巴尼亚军队与他们并肩作战，很多希腊人也会从敌人那里逃走。

"在亚细亚，卡拉曼人和亚美尼亚人会从背后打击土耳其人。只要上帝支持我们的事业，就没有理由灰心。回国以后告诉他们这里所做的事情，一定要让你们的主子迅速履行自己的承诺，努力用自己的言行让仁慈的上帝支持我们的事业。"①

5 听到这话，全体与会人员重申了他们的承诺。那些一毛不拔的人手足无措，无话可说。博尔索的使节想表现得比别人做的贡献大一些，就答应为十字军出三十万达克特。这遭到大家的嘲笑。大家看得出来，这是一个吝啬鬼的空洞承诺——他承诺最多的时候，正是他会出钱最少的时候。

6 人人都表过态之后，教皇下令出席会议的所有枢机主教、主教、修道院院长和神职人员穿上法衣。然后他离开座位走了下来，跪在祭坛的台阶上。他边流泪边叹息，谦卑地吟诵着《诗篇》里适用于这一场合的诗句，高级教士和所有的神职人员回应着。然后他向人们讲话，向大家祈福，就这样结束了曼托瓦会议。

---

① 庇护致闭幕词是在 1460 年 1 月 14 日。——原编者注

第 4 卷

_____

1
勒内的儿子让及其在战争爆发时的不敬行为。
罗萨诺亲王背信弃义。
特拉杰托城。

1 与此同时，国王勒内的儿子让，一个想问题和办事情一贯轻率的人，在罗纳河上装备了一支舰队，打算入侵西西里王国并打击费兰特。

2 在此之前，加里斯都曾派遣阿维尼翁枢机主教阿兰①作为特使到法兰西，请求法兰西人对攻打土耳其提供援助。阿兰得到国王查理的支持，便对神职人员征收什一税，特赦那些为捍卫信仰而捐钱的人，以此手段他募集了一笔巨款。他给罗德岛送去了一万六千金币，让人在阿维尼翁建造二十四条桨帆船。其余的钱他都装进了自己的腰包。他把自己装备得像个国王，什么也没有给加里斯都带回去。

3 让乘上为捍卫基督教世界而建造的船，然后去攻打一个基督

_____

① 1455 年被任命为法兰西特使。——原编者注

教国家。他去了热那亚（当时隶属于法兰西），对当地的居民承诺说，如果他们把加埃塔、特拉尼以及这个王国的其他一些海滨城市的敌人驱逐出去，他就把这些城市送给他们，这样他就赢得了居民们的支持。然后他又乘船去了坎帕尼亚，在沃尔图诺河口停留了一段时间，既抱有希望，又感到害怕，因为那些叫他来的人没有一个出来迎接他。

4 第一个来的是罗萨诺亲王马里诺。他为让打开了泰阿诺城门，把他自己的性命和财产都交由让来保护。国王阿方索统治期间，马里诺娶了国王的一个私生女，也是费兰特的妹妹。马里诺是个粗鲁迟钝的人，但他出身高贵，他父亲曾经表现得很忠诚，这为他在宫里赢得一个受到器重的位置。

5 泰阿诺教堂的职位出现空缺时，庇护任命了博学的皮斯托亚的尼科洛，此人后来成为枢机主教。但马里诺不让尼科洛拥有这座教堂，为此马里诺被逐出教会，泰阿诺被禁止参加圣事活动。不过那些倔强的神职人员不理会这一教令，因为他们害怕君主比害怕上帝还要厉害。

马里诺既背叛了国王，又背叛了上帝，只不过是因为不让他占有名城特拉杰托。这座城位于一座高山顶上，离利里河不远，大西庇阿的坟墓就在那里。

2

塔兰托亲王与很多贵族一起造反，
尤其是埃斯特的埃尔科莱。
其他人保持忠诚。

1 塔兰托亲王很快就步马里诺的后尘。这位君主是奥尔西尼家族（前面已经提到过）①的成员，以前曾经参加过叛乱，后来又重新效忠于国王。他年事已高，没有儿子，拥有巨额财富和一大片领地，满可以幸福地度过余生。但他无法忍受平静的生活，不愿意安安生生地走进坟墓。他也起来反对费兰特，希望最先把加泰罗尼亚人领进来的人也会把他们从王国里赶走，或像后来事态显示的那样，他想自己成为王国唯一的主宰和统治者。

2 接着是卡尔多拉的几位领主步其父亲雅各布的后尘。大家普遍认为，雅各布是他那个时代最邪恶的叛徒。有一次，雅各布听到一些人谈论叛徒问题，发言的人全都表达了对叛徒的痛恨，雅各布说："我承认，搞背叛的人是个坏蛋，是最卑鄙的人。然而，如果他的背叛行为能让他晋升到不怕别人控告他背叛的位置，那背叛又有什么不可以！起码这是我的经验。"

3 参与其中的还有阿布鲁齐领主焦西亚，以不信神和残忍而闻名；有拉奎拉人，这些人从来都没有真正接受过加泰罗尼亚的统治；有索拉公爵，一个傻瓜；有塞尔莫内塔领主奥诺拉托·卡塔尼，不比索拉公爵聪明多少；有坎波巴索伯爵；有克罗托内侯爵，此人诚实的时候少，靠不住的时候多。侯爵曾经被逮住过，但由于看守疏忽大意而让他逃了出去。

逃走的人之中还有卡洛·迪·桑格罗和马尔菲公爵。让所有的人都感到吃惊的是，还有已故侯爵尼科洛的儿子、埃斯特的埃尔科莱，此人既是费兰特的狩猎伙伴，也是他的密友。埃尔科莱与一大队骑兵在卢切拉过冬时为敌人打开了城门，这一做法让他兄弟博尔索声名狼藉，因为埃尔科莱后来声称，他是遵照他兄弟的命令打开城门的。

4 局势发生了多么大的逆转！深受朱庇特爱戴的保持忠诚的人

---

① 参见第 2 卷第 25 章。——原编者注

寥寥无几。主要有丰迪伯爵奥诺拉托，还有萨莱诺亲王，他一直忠诚到底，虽然有时候也好像摇摆不定。不过他一死，他几个儿子就投敌了。圣塞韦里诺家族忠诚了一段时间，但国王在萨尔诺战败之后，他们就倒向胜利者一方。不过费兰特的处境最后开始改善时，他们又回归费兰特一方——那些依附于国王的人，其本性就是这样反复无常。

3
庇护与米兰人支持国王费兰特，
其他意大利国家忽视条约义务。

1 在这样的悲痛之中，费兰特意识到自己不是敌人的对手，就向教皇和其他意大利国家派出使节。他引用他们条约上的条件，请求他们援助①。

教皇将泰阿诺候任主教尼科洛从曼托瓦派到米兰公爵弗朗切斯科那里，问公爵该如何应对局势的这一变化。尽管遵守条约是应该做的事，教皇不敢独自承担如此沉重的战争负担。弗朗切斯科认为，他们应该援助一个陷入困境的盟友，应该以费兰特的名义让佛罗伦萨和威尼斯履行诺言。

这一意见被采纳了。但无论是佛罗伦萨还是威尼斯，都不愿意守信。对他们影响更大的是他们对法兰西的爱，或者说是对法兰西的畏惧，不是对诺言的遵守。联盟的第六个成员博尔索，现在不仅

---

① 指"最神圣联盟条约"，该条约将意大利各国联系在一起，共同抵御内部或外部敌人的攻击。1454年4月由洛迪和约做出规定，同年8月在威尼斯正式确定下来。——原编者注

公开攻击费兰特，而且实际上已经背叛了费兰特，尽管他认为自己的行动还不为人所知。除了教皇庇护和米兰公爵弗朗切斯科之外，找不到一个人愿意信守条约对费兰特承诺的条件。教皇和米兰公爵分担了后来战争的所有花费和负担。

4
庇护派使团到威尼斯，
离开曼托瓦到费拉拉与博尔索会晤。

1 在十字军问题上，庇护对威尼斯还没有完全放弃希望。他派表亲格雷戈里奥·洛利代表他到威尼斯，格雷戈里奥是皮科洛米尼家族收养的一个成员。尽管格雷戈里奥一再敦促元老院组建一支舰队打击土耳其，但他的努力毫无作用，威尼斯人的贪心远远超过其荣誉感。

然而格雷戈里奥还是完成了一件事，这件事在威尼斯共和国几乎从未听说过。威尼斯人因为帕多瓦教区一事，一直不停地恶毒攻击圣马可枢机主教，这在前面已经描述过①。他们将他的圣职收入充公，将他兄弟驱逐出元老院，并通过一项普通法，未经元老院同意禁止任何人担任圣职。格雷戈里奥成功地将所有这些规定都撤销了。他能言善辩，举止庄重，有影响力，威尼斯共和国对他极为尊重。

2 教皇向德意志和其他一些国家派出使团以后就离开了曼托瓦，和四位枢机主教一起乘船去了雷韦雷。其他人走的是陆路。圣彼得枢机主教不听教皇的劝告去了他的教堂，在那里受到羞辱，这在后

---

① 参见第2卷第21章、第3卷第25章。——原编者注

面会有解释①。科隆纳决定到威尼斯看看。到那里以后,他被接纳为公民,成为威尼斯城一名注册的贵族——好像成为威尼斯贵族要比当罗马君主更有面子似的!鲁塞尼亚枢机主教打算渡海去希腊,带着他为保卫同胞而募集的大量军需品,但只走到安科纳就止步了。

3 那年冬季天气严寒,这时到了一月底,整个世界都被冰雪所覆盖。看到年迈的教皇在这么恶劣的天气里旅行,教廷成员都很吃惊。但出发时就不怕冷的人,返回时也不会怕冷。

教皇在雷韦雷过夜。第二天,博尔索来到波河上的礼舟上迎接他,礼舟四周全是小船,船桨把河面都覆盖住了。各种颜色的旗帜在风中飘扬,一幅壮观的景象,小号、长笛和各种乐器奏出的美妙乐声在高高的甲板上荡漾。男女生合唱队唱着歌,展示着各种男神、女神、巨人、美德的模拟像。男人和妇女坐在高高的阻止河水溢出的河堤上,像是观看演出的观众一般。有人祝愿教皇万岁,有人祝愿博尔索万岁。

4 曼托瓦的洛多维科②问候过博尔索之后就向教皇告别,一再托教皇关照自己,然后就回国了。庇护登上礼舟到了费拉拉,在那里遇见拿着圣物的神职人员和一大群民众。他在河岸边的城堡里下榻。他们求他多住一天,但他拒绝了。

博尔索登船之后签署了教令,批准捐助十分之一、二十分之一和三十分之一的收入。他是最后一个签署协议的人,后来也是第一个(在佛罗伦萨人之后)违反协议的人。

---

① 参见第4卷第17章。——原编者注
② 洛多维科·贡扎加,曼托瓦侯爵。——原编者注

5
皮奇尼诺和博尔索说大话。
庇护离开费拉拉，途中遇到困难。

1 当时，雅各布·皮奇尼诺正在切塞纳的领地上过冬。他对费兰特与西吉斯蒙多和解感到愤怒，看样子他肯定会支持法兰西。

关注此事的博尔索半夜三更找到教皇，说："圣座，您要是做事不明智，教会和整个意大利就会面临一场严重危机。皮奇尼诺马上就要叛逃到法兰西。您支持费兰特，我也支持费兰特，所以我劝您阻止这样一位伟大的军事首领投敌。您要是把这事交给我，我会让他与费兰特和解，这样可以挽救他的事业。"

2 不过庇护知道，皮奇尼诺是受法兰西人支配的，他要是背叛法兰西人，就会蒙受巨大的耻辱。庇护还知道，博尔索这样做并非出于诚意。但庇护还是问博尔索，该如何阻止皮奇尼诺投敌。博尔索回答说，他们应该给雅各布一笔钱，把米兰公爵的女儿①嫁给他（公爵已答应把女儿许配给他为妻了），再把王国的一些城镇给他。最后，教皇应该把西吉斯蒙多给他作抵押的领土收回，然后转让给博尔索。

就这一主意，庇护已经探听过米兰公爵的口气，所以他对钱、城镇或新娘的问题并没有提出反对。但庇护又说，抵押的领土未经双方同意不能转让。除了最后一项要求之外，他们在所有问题上都达成了一致。教皇要是答应最后一项要求的话，就会蒙受耻辱。

3 博尔索还是咬住不放。他觉得教皇的话和他自己的话一样靠不住，就不知羞耻地追求既体面又不光彩的目标。多么虚伪、多么靠不住的一个人！教皇对他的空话不屑一顾，第二天就把这个说大

---

① 即德鲁夏妮·斯福尔扎。——原编者注

话的君主打发走了。

庇护渡过波河之后，又从沼泽地到达雷诺河，这在前面已经提到过。旅途相当艰辛，因为晴朗的冬季气候把水冻住了，他们不得不用斧子把冰破开。

6
雷诺河上的冰。
教皇前往博洛尼亚。
皮奇尼诺叛逃。
选择新指挥官引起争执。

1 但到了雷诺河，冰厚得破不开，博洛尼亚人也没有提供任何交通工具。教皇不得不坐在椅子上让人抬着，随从只好步行。天黑以后，他们只能将就着住，在农舍里度过一个很不舒服的夜晚。

教皇在几个人的陪伴下，住在桑特·本蒂沃利奥的乡村别墅里。第二天他进入博洛尼亚，在宗座宫里休息了一阵子。他不顾博洛尼亚人的挽留，不答应在城里多住一天。

2 教皇到皮亚诺罗以后，听说皮奇尼诺叛逃到法兰西人那里了。皮奇尼诺这样做并非突然。大约两个月之前，他就与法兰西人达成了谅解。摩德纳公爵上次与庇护会面时撒了谎，说皮奇尼诺仍然忠诚。公爵的行为也不可原谅，实际上是他煽动皮奇尼诺叛变的。

3 庇护意识到，费兰特的处境只会越来越困难，需要强有力的援助，就给米兰公爵写了一封信。他在信里说，任命一位有能力的指挥官，能证明其有权威、忠诚、打过胜仗，让这样一位统帅在战场上指挥如此重大的一场战役是明智之举。这样的品质在曼托瓦侯爵洛多维科身上能找到，他极力主张让洛多维科做领军人物，费用由他们分担。

米兰公爵原则上同意这一计划，但实际上没有采取任何行动来执行。甚至在洛多维科答应效力以后，公爵还说不想让他跑这么远的路来完成这一任务。公爵可能是想把这一荣誉留给他兄弟亚历山德罗，或是觉得把侯爵送到这么远的地方让他担忧。

4 教皇然后来到亚平宁山脉的最高点，此地人称"卸驴"。这趟旅行极其艰难，用了一整天的时间，人们冒着雨雪抬着他，他有时候坐在小车里，有时候坐在椅子上。

7
教皇进入佛罗伦萨，会见科西莫。
二人商讨意大利政治问题。
佛罗伦萨人的无耻。

1 到达菲伦佐拉后，教皇害了胃痛病，第二天去了卡法焦洛，这是科西莫在穆杰洛宏伟的乡间别墅，庇护在去曼托瓦的路上，曾在这里住了一个晚上。他在这里遇见乌尔比诺的费代里科的一个信使。信使是个精明人，向庇护证实了他已经听到的有关皮奇尼诺的消息。信使禀报说，皮奇尼诺打算挺进阿布鲁齐打击费兰特，只要教皇下令，费代里科就会挡住他的去路。这一消息传达给了弗朗切斯科·斯福尔扎。

2 教皇进入佛罗伦萨时，这个共和国的政府给了他不同寻常的荣誉。最显赫的人物出来欢迎他，行政官员在城门口迎接他。他们以极力讨好教皇的口气谈到曼托瓦会议，恳求教皇在他们这里住上一天，教皇没有拒绝。

佛罗伦萨人正式控告多米尼克派大师马夏尔，指控他一再勾引修女，既不怕人，也不怕上帝①。他们请求教皇惩罚这种暴行，教皇答应在适当的时候惩罚他。

　　3 科西莫在教皇北上时不愿意拜访他，等教皇回来时却对他尊重有加。他在那天夜里来看望教皇。交谈中，他对教皇为了费兰特去攻打法兰西人而感到吃惊。

　　4 教皇回答说，他只是无法容忍他亲自任命的国王竟然被人以武力罢免，这样做对意大利的独立不起任何作用。如果法兰西人得到西西里王国，他们肯定会接着征服锡耶纳。佛罗伦萨人同情法兰西人，他们不会对"百合花民族"动一指头。摩德纳公爵博尔索好像比法兰西人还要亲法兰西。罗马涅的小国君们也同情法兰西。热那亚已经在法兰西人的统治之下，阿斯蒂城也是如此。一旦大家认为教皇支持法兰西，意大利的每个国家都会倒向法兰西一边。教皇保护费兰特就是在保护意大利，而且以前阿方索统治期间签署的条约也要求他必须这样做。佛罗伦萨人和威尼斯人是以条约是否对他们有用为标准来衡量条约。教皇与他们不一样，他不能违背诺言。

　　5 科西莫赞成教皇的看法，也承认教皇是对的：共和政府永远不会体面地行事，除非是利己主义或恐惧迫使他们去体面地做事。他还有点不好意思地提出几个请求，其中一个是任命他孙子担任枢机主教，如果他孙子还配得上的话。

　　最后，科西莫要走的时候想吻教皇的脚，但由于痛风而弯不倒腰，吻不成。他笑着对教皇说："有两个佛罗伦萨人，一个叫帕珀，一个叫拉珀，一次从地里回来的时候在市场上碰面了。二人想握手、拥抱，但由于都非常胖，身上的肉太多，只能用肚子互相碰一

① 马夏尔，阿维尼翁人，1453—1462 年担任多米尼克派大师，后被庇护罢免。——原编者注

碰。他们因为肥胖而不能握手，我因为痛风而不能吻您的脚。"

6 教皇笑了笑让他走了。他还命令几位枢机主教第二天去和佛罗伦萨人商讨什一税、二十分之一税和三十分之一税的问题，这样组建舰队的时候，他们就不至于像是以前没有讨论过这个问题似的。

7 一个公民代表团来觐见教皇。教皇提醒大家，他们的使节在曼托瓦做出过承诺，米兰公爵也代表他们下过保证 [①]。这些佛罗伦萨人都承认。但他们又说，使节们是以佛罗伦萨城的名义做出的承诺，是遵照执政团成员和某些参事的指示行事的。这是正常的程序，但这些承诺要经过市大议会批准才有效。肩负这样一个使命的使节做出的承诺，市大议会不批准的情况极为罕见。但对于这样一件事，这件最为重要的事，市大议会批准的可能性连一点也没有。只有屈指可数的人能够被说服，愿意缴纳三十分之一税，神职人员也可能愿意缴纳什一税。

8 佛罗伦萨人这么无耻，教皇大为吃惊。他最后大骂那些在事关捍卫信仰问题上撒谎欺骗的人，骂他们不仗义。委托使节去办事却不给他们权力，这是可耻行为，利用这件事来为自己谋利益更可耻。如果在其他事情上通常会批准这样的指示，那这件事就更应该批准，这比其他任何事都更急迫。

但教皇是在浪费时间。他决定能得到多少就是多少。佛罗伦萨人做事像个很会讨价还价的人（不说是婊子了），其他的事他就不再谈了。第三天，他回到了锡耶纳。

---

① 参见第 3 卷第 35 章。——原编者注

8

在锡耶纳受到热烈欢迎。
锡耶纳教区交给了教皇的外甥。
乌尔比诺公爵抵达；他的身世。任命军队指挥官。

1 教皇的乡亲们都急切地等待着他驾到。他像个凯旋的英雄一样进了城，受到热烈欢迎和前所未有的尊重，当时人们以为以后永远也见不到他们的神父了。现在他突然出人意料地回来了，大家松了一口气，于是就大肆庆祝一番。

妇女们尤其高兴，她们在天性上更容易信教，更喜爱神职人员。尽管这是二月一个典型的冷天，仍然到处都可以看到花草：每一个广场上都装饰着鲜花，每一条街道上都铺着香草，每一个拐角都栽上了常绿树。每一个角落都传出歌声和欢呼声。

2 教皇到达锡耶纳是在离开曼托瓦后的第十二天，圣母行洁净礼日 ① 的两天之前。人们热情地参加了庆祝活动，教皇亲自分发圣烛。此前不久，锡耶纳大主教安东尼奥 ② 死在了去温泉治病的路上，教皇就任命他外甥弗朗切斯科 ③ 接替他的职务。他外甥弗朗切斯科当时是二十三岁。

3 乌尔比诺的费代里科于是来觐见教皇。这是个才华横溢、能言善辩的人，在一次骑马比武时瞎了一只眼。据说他是著名指挥官贝尔纳迪诺·德拉·卡达的儿子，但他一出生，乌尔比诺领主圭多的情妇就抱养了他，用他来顶替她失去的亲生儿子。

---

① 现在一般叫作"圣烛节"，在每年的 2 月 2 日。——译者注

② 1459 年 4 月 23 日，庇护发布诏书，将锡耶纳划为大主教区。——原编者注

③ 出生于 1439 年，庇护的妹妹拉奥达弥亚的儿子，后过继给了庇护，升任大主教时年仅二十一岁，1503 年当选为庇护三世。——原编者注

圭多一死，其婚生儿子奥丹托尼奥继承了他，又从尤金那里得到公爵的头衔。奥丹托尼奥生活放荡，一有机会就勾引乌尔比诺人的妻女。由于这一原因，乌尔比诺人把他杀了，一同被杀掉的还有教皇的文书曼弗雷多·达·卡尔皮，此人是他淫荡时的伙伴、犯罪时的参谋。人们认为这是与费代里科合谋干的，一杀掉奥丹托尼奥，费代里科就出现在城门口并得到大家的承认，以圭多亲生儿子的身份夺取了政权。意大利的习俗就是这样，私生子经常继承权力。对费代里科来说，亲生父亲还没有一个玩弄女性的假父亲有用。

4 教皇听到费代里科做出慷慨承诺之后，就给他钱让他把皮奇尼诺的士兵雇过来，以阻止这位著名将领入侵费兰特的王国，皮奇尼诺是费兰特的仇人。有传言说，皮奇尼诺（最近离开了费兰特，不再为他效力了）很快就会进军西西里王国。在整个王国，费兰特没有一个朋友听到皮奇尼诺的名字不发抖。

所以，米兰公爵和教皇庇护决定在安科纳的马尔凯与皮奇尼诺对峙，阻止他穿过这一地区。斯福尔扎的儿子亚历山德罗[①]统领公爵的队伍，费代里科统领国王的队伍，乔瓦尼·马拉沃尔塔统领教会的队伍。把这些事情安排好以后，费代里科就回国了。

9

册封新枢机主教，尽管有人反对。

1 四旬斋期就要到了，这段时间通常被认为是选举枢机主教的

---

① 实际上是斯福尔扎的兄弟。参见第3卷第19章及第4卷第6章。——原编者注

季节。人们普遍认为，教皇要册封新的枢机主教，好像他不册封就不是一个真教皇似的。

这时，有好几个人提出请求：皇帝提出一名候选人，教皇非常赞同；法兰西国王提出两名候选人；阿拉贡国王提出一名；西西里国王费兰特和米兰公爵弗朗切斯科每人提出好几名。萨伏依公爵、勃艮第公爵、蒙费拉托侯爵、科西莫和佛罗伦萨人各提出一名。这些候选人教皇赞同的没有几个。另外有些人他认为更配得到这一职位，也更可能忠于他。

2 他开始与这些候选人单独见面，先试探一下他们的口气。他要求一些人亲笔写一份陈述，其他人他则听取口头意见。他觉得情况了解得差不多了，就在一个星期三召开一次宗教会议。依照习俗，星期三是商讨册封枢机主教的日子①。他在会上这样说：

3 "要收的庄稼多，做工的人少。②教友们，朕要收的庄稼就是拯救灵魂，庄稼地就是教会，朕的职责就是听取诸位的意见来管理教会。朕要打击土耳其人及其他异教徒，捍卫的就是教会。如果朕要在上帝的打谷场上撒满粮食，在粮仓里堆满脱了粒的干干净净的粮食，就要从教会里拔除稗子和毒草——各种异端邪说和恶习。你们接受了任命，要和朕一起完成这一任务，但你们人数少，有些人上了年纪，身体有病，不适合完成这一任务。所以，朕要扩大你们的队伍，把其他人补充进来，以增强你们的实力。

4 "不过朕必须仔细挑选能胜任这一要职的人（尽管这样做有难度），这样就不会有人说：你使这国民繁多，但没有加增他们的喜乐。③另一方面，如果朕只让那些真正胜任的人担任这一职务，

---

① 1460 年 3 月 5 日。——原编者注
② 语出《圣经·路加福音》10:2；《圣经·马太福音》9:37。——原编者注
③ 语出《圣经·以赛亚书》9:3。——原编者注

就要到天上去找候选人。我们只是凡人，就只能挑选凡人，因为我们不是要管天堂里的天使，而是要管尘世间的黎民百姓。

5 "看到这么多的竞争者，朕感到吃惊。认为自己不配担任枢机主教，不请求，不一再要求，不想担任枢机主教，也不让别人以为自己居于枢机主教之列，有这样的神职人员吗？如果毛孩子都以为自己有资格担任枢机主教，那这一职位就真的太廉价了。这是朕的前任留下的祸根，晋升了一些显然不胜任的人。对于死者，朕说话可以没有任何顾忌。比如说，大家还记得圣马可枢机主教，被一些人称之为你们枢机主教团里的傻瓜。

6 "这事你也脱不了干系，你们既不维护这一要职应有的尊严，也不维护这一要职应有的圣洁。看看你们的生活方式，好像不是要行使管理权，而是要寻欢作乐！你们不回避狩猎，不回避赌博，不回避猎艳，肆无忌惮地举办豪华宴会，盛装华服，堆起大量的金银餐具，养的马匹、拥有的仆人在数量上远远超过了你们的需要。

7 "每个人都想过这样豪华的生活，谁也不缺追求享乐的条件。但如果只有持重、尊严、节制、学问、圣洁才是担任这一职务的条件，想当枢机主教的人就少了。但这是我们这个时代的习俗。朕不能阻止这些人想得到这一职务，但也不能轻易地接纳他们。所以希望大家考虑一下，看他们之中谁合适。至于人数，由朕亲自掌握。朕会谨慎行事，不会册封过多，那会贬低枢机主教的身价。也不会册封太少，达不到管理教会的要求。"

8 教皇说完这些话，就宣读了候选人名单，既有自荐的，也有别人提名的。教皇宣读完以后，阿奎莱亚枢机主教洛多维科说：

"我坐在这里感到不好意思，因为人人都觉得自己应该坐在这儿。以前，只有那些最显赫的人物才能担任这一要职。得到枢机主教这顶帽子的人，必须具有白璧无瑕的品性。这一至高无上的职位容不得丝毫污点。您的前任都是提拔那些出身高贵的人，以其博学和圣洁而闻名。您提到的一些人，我不会雇他们在我的厨房或马厩里干活儿。

"在我看来，也没有任何必要册封新的枢机主教。无论是您向外国派遣使节，还是在国内召开宗教会议，我们这些人就已经足够了①。如果人数太多，我们的身价就降低了。我们维持生计的资源本来就不足，您还想把其他人补充进来，这些人不是要从我们嘴里夺食吗？而且您提到的人之中，我认为没有一个配得上戴枢机主教的红帽子。"

9 他一说完，认识他的人都露出了笑容。但教皇回答说："阿奎莱亚大人，如果尤金、尼古拉以及我的前任加里斯都都遵守推选枢机主教的规则，要么你现在就不可能当上枢机主教，要么你能当上枢机主教，但你的同僚要少得多。"

10 博洛尼亚枢机主教菲利波②接着说："圣座，您提到很多人，但没有提您外甥。您觉得不应该也把他晋升为枢机主教吗？"庇护回答说："朕的外甥还太年轻，还不具备枢机主教所需要的其他条件。"

11 说完这话，教皇吩咐枢机主教们商量一下，他自己到另一个房间稍事休息。

已经过了大半天，讨论已经持续了很长时间。经过长时间的激烈争执，枢机主教们派出三个代表，即鲁昂枢机主教、萨莫拉枢机主教、奥尔西尼枢机主教，求教皇不要再册封新的枢机主教，枢机主教团的人数已经足够了。然而，如果教皇想晋升他外甥，他们会

---

① 当时，在正常情况下有二十四位枢机主教。依照惯例，其中有四位或五位住在罗马以外的主教辖区。到1459年夏末，由于安东尼奥·德拉·塞尔达去世，枢机主教的总数减少到二十三位。——原编者注

② 菲利波·卡兰德里尼，尼古拉五世的同父异母兄弟。——原编者注

同意，但只能晋升他一个人。

12 教皇回答说："朕的外甥还年轻，还需要有人给他出主意教他如何行事。朕要找的是给朕和教会出主意的枢机主教。"

13 枢机主教们答道："如果您愿意的话，再增加一个，评议会不会拒绝的。"教皇又要求增加更多的人数，他们同意增加两个。即便如此，教皇仍不满意，他们就回到枢机主教团，经过长时间的辩论之后，又派另外三个枢机主教去找教皇。他们就枢机主教的人数问题谈了很长时间，还是达不成一致意见。教皇又回到枢机主教团。双方又辩论了半天，枢机主教们同意新推选五位枢机主教，附带条件是有一位必须是教皇的外甥。

14 庇护确信能册封这五位了，又说道："我相信你们不会拒绝第六个：一个无可挑剔的人，你们只要一听到他的名字，就肯定会同意。"

15 他们要求先知道名字再同意，但教皇一定要他们先同意，最后达到了目的。他们同意以后，教皇说出了第六个人的名字：亚历山德罗·达·萨索费拉托，奥古斯丁修会的总教长，以其神学知识和虔诚的生活方式而闻名。没有人反对这一提名，因为真正的美德尽管在私下里常有人攻击，但不会有人公开攻击。

16 新枢机主教的名单如下：

第一个是列蒂主教安杰洛。他是已故的费尔莫枢机主教的兄弟，一个圣洁、正直的人，教皇在离开罗马之前曾任命他为博洛尼亚特使。

其次是斯波莱托主教贝拉纳多，一个人品和学问都很出众的人，享有正义卫士的美名。他是纳尔尼人，当时担任教皇谘询官，也是庇护的家庭成员。

第三个是皮斯托亚的尼科洛，泰阿诺的候任主教，教廷成员，以精通法律而闻名。

第四位是萨尔茨堡教长布尔夏德，大家决定在阿尔卑斯山那边国家的枢机主教册封完之后，再公布布尔夏德当选的消息。

第五位是前面刚提到的亚历山德罗，第六位是教皇的外甥弗朗切斯科，当时正在佩鲁贾大学学习教会法，已经完成了博士学业。考虑到弗朗切斯科还年轻，就任命他为枢机主教团的执事，其他人则晋升为枢机司铎[①]。

17 既然大家都同意了，庇护就没有等到星期五（通常公布新枢机主教的日子），而是当天就公布了任命的名单，出乎所有人的意料。这样一来，现任枢机主教的日子就好过得多了，在此之前那些候选人一直对他们纠缠不休。

10
教皇实现目标的决心。
他的任命表现出的超人智慧。
普天同庆虔诚、当之无愧的亚历山德罗晋升。

1 教皇好像对意大利偏爱有加，册封了五位意大利枢机主教。以前从来也没有哪位教皇在同一次枢机主教会议上晋升两位自己家庭的成员，而且还有他的外甥。但大家在一件事上没有异议：每一位被提名的人都配得上这一荣誉。在人们的记忆中，无论是任何一次册封，从未有过这么短的一份名单包括这么多最显赫、最优秀的人物，而且这些人的当选也没有君主的干预。

---

① 罗马教会的枢机主教团成员分为三个等级：枢机主教、枢机司铎、枢机执事。庇护的外甥弗朗切斯科是执事，所以比枢机司铎低一个等级。——译者注

2 亚历山德罗当选让所有的人都感到吃惊，在大家连想都不敢想的时候宣布了这一消息。谁也没有想到，一个蜗居在单人小寝室里的穷修士，无论他多么善于宣讲上帝的福音，无论他的人品有多么圣洁、多么高尚，竟然被晋升到枢机主教的位置，枢机主教团通常都是在社会的最高阶层物色人选。

但依据庇护的意见，即便是一个穷人，其美德也要受到尊重。他知道，按照尘世的标准，教会最早的大人物都是穷人，都是出身低贱的人。他到处寻找高贵的人物，甚至在修道院里寻找，他也并不因为贫穷而看不起任何有能力的人。人人都知道教皇庇护爱美德，结果后来很多人更努力地去做有德行的人。对追求美德最好的激励，莫过于有望得到回报，这一回报就是荣誉。

3 信使来给亚历山德罗通报消息时，亚历山德罗刚吃过晚饭。由于没有什么事可做，他让修士们各自散去，他自己躺在一条板凳上睡着了。有人在他小寝室的门上敲了三四下，把他叫醒了，他住在一座奥古斯丁修道院里。他在世上最没有想到的事，就是有人称呼他为枢机主教。他一开门，来者马上说道："亚历山德罗，恭喜你。我给你带来了好消息：教皇今天任命你为枢机主教。"

4 亚历山德罗以为这是开玩笑，直到一群人跑过来向他表示祝贺，让他确信这是真的。他一时惊得目瞪口呆，回过神来以后说道："我不明白教皇为何对我如此厚爱。这一荣誉通常是留给那些争夺者的，却很慷慨地给了我，尽管我对这一荣誉并没有提出要求。我做了什么让我得到这一美意？我得到这一要职全凭教皇的仁慈。"

5 亚历山德罗这一教派的修士、锡耶纳人以及几乎整个意大利，听到这一消息后所表现出的激情是难以想象的。很多国家的政府送给他礼物，接纳他为自己国家的公民。教皇给了他钱，让他维护自己的体面，枢机主教和廷臣也给他送了厚礼。

11
庇护对新枢机主教讲话，
教导他们如何履行职责。
枢机主教团举行祈祷仪式。

1 星期六^①，庇护在大教堂召开枢机主教会议，下令把锡耶纳的三位新任枢机主教召来参加。他们进来之前，教皇详细讲述了他们当选的情况，讲述了他们各自的优点，证明任命他们是必要的，他们也是当之无愧的，结果人人都对结果感到满意。然后新任枢机主教走了进来。庇护让他们到高坛上就座，对他们这样说道：

2 "孩子们，你们被称为枢机主教团，这是上帝赐给你们的崇高荣誉。这样你们就成为朕的顾问，和朕一起对世人做出评判。我们肩负的职责是判决争讼的事、流血的事、殴打的事^②。身为使徒的继承人，你们要坐在朕的御座周围，你们就是罗马城的元老，与国王平起平坐，是宇宙的铰链^③，可用来转动和操控与邪恶作战的基督徒之门。

"想想看！这样的职位需要什么样的人，需要多高的智力，需要什么程度的廉正？这一职务需要的是谦虚而不是高傲，是慷慨而不是贪婪，是戒酒而不是酗酒，是节欲而不是好色，是博学而不是无知，是各种美德而不是任何一种邪恶。

"如果到目前你一直保持警惕，你就要防范一个恶毒的敌人，这个敌人从来都不睡觉，一直想着能把谁吞掉。^④如果你一直慷慨，

---

① 1460 年 3 月 8 日。——原编者注
② 参见《圣经·申命记》17:8。——原编者注
③ "枢机"一词的拉丁语"cardo"即是"铰链"的意思，相当于英语的"hinge"。——译者注
④ 参见《圣经·彼得前书》5:8。——原编者注

现在就要把钱花在做善功上，尤其是花在帮助穷人上。如果你吃饭一直节俭，现在就要特别注意防止奢侈。告别贪婪，放弃残忍，把傲慢从你心中驱走！把圣书一直拿在手中。无论昼夜，都要努力学习新知识，或教别人知识。做那些能把你们的光照在人前的好事。[①]总而言之，你以前还没有升到这一高位的时候觉得枢机主教应该怎么做，你现在就要怎么做。"

3 教皇讲完以后，让他们走上前来吻他的脚，然后又让他们吻手和面颊。老枢机主教们也吻了，并腾出位置让新枢机主教坐。随后律师为一些诉讼案进行辩护，结束以后老枢机主教围着教皇站成一个圆圈，新枢机主教则依照古老的习俗跪下宣誓。接着，教皇把象征枢机主教的红帽子戴在每个人的头上，唱诗班在一旁咏唱着感谢上帝的赞歌。

然后，所有的老枢机主教（除了两个陪伴教皇的之外）陪伴着新枢机主教，列队来到圣母的祭坛前面，一位资深的枢机主教对他们讲话，动情地一再为他们祝福，为神圣的教会祝福。然后大家回到教皇那里，教皇宣布散会后回到他的宫里。

4 几天以后，列蒂枢机主教和锡耶纳枢机主教来了（一个从博洛尼亚到锡耶纳，另一个从佩鲁贾到锡耶纳），又举行了一次类似的仪式。教皇赞扬了列蒂枢机主教，他值得赞扬。但教皇又说，要不是枢机主教们求他晋升锡耶纳枢机主教，他绝对不会晋升，因为那是他外甥，还没有成年。

---

① 参见《圣经·马太福音》5:16。——原编者注

12
帕维亚枢机主教乔瓦尼去世，
一个傲慢、贪婪的人。
皮奇尼诺向西西里王国进军。
费代里科的瞎眼。

1 这时，帕维亚枢机主教乔瓦尼以教皇特使的身份掌管边境地区的事务。他带领一支军队在这一地区来回巡视，以防范皮奇尼诺穿过这里进入西西里王国。

在此期间，乔瓦尼发烧病死了，当地人大大地松了一口气，大家对他的统治极为不满。[①]乔瓦尼虽然是米兰贵族卡斯蒂廖内家的成员，但其人品一点也不高尚。他自我感觉良好，无法容忍任何能与他匹敌的人。他自称在演讲、民法、哲学、神学方面是专家，在医术上不亚于任何一位医生。他还认为自己是个完美的建筑师、音乐家、数学家和厨师。他装出慷慨的样子，但实际上极为贪婪。边境地区的城镇恳求教皇解除乔瓦尼对他们的统治，但这一请求没有得到批准，于是乔瓦尼的死亡就成为人们长期以来一直期待的一件事。

2 教皇任命他外甥继承乔瓦尼[②]。但他又担心外甥年轻、缺乏自制力，可能因此而变得傲慢（年轻人不知道如何控制自己），就派马尔西卡主教担任他的顾问。马尔西卡主教是个性格严肃的人，很有政治经验。教皇命他外甥在所有事情上都听从主教的建议。

3 锡耶纳枢机主教准备动身的时候，雅各布·皮奇尼诺仍然举棋不定。他想向西西里王国进军，但受到教会和公爵军队的威胁。

---

① 乔瓦尼死于 1460 年 4 月 14 日。——原编者注

② 弗朗切斯科·皮科洛米尼继承乔瓦尼·卡斯蒂廖内担任特使，不是担任帕维亚主教。参见下文第 24 章。——原编者注

教会和公爵的队伍被派去保卫边境地区、托斯卡纳和翁布里亚，无论皮奇尼诺走哪条路，随时都有人准备拦截他。

最后，皮奇尼诺选择走海岸边的一条路穿过边境地区。他把行李和粮草都装到船上，命令他的军队准备三天的口粮。这些都准备就绪之后，他连夜出发，渡过被认为是边界的那条急流。

西吉斯蒙多·马拉泰斯塔的生平前面已经描述过[①]。他曾寄给教皇一封信，说他已经为了教会而拿起了武器。而现在他又故态复萌，招募一支由二百骑兵和更多步兵组成的队伍，紧跟着皮奇尼诺进了山，一旦需要就可以支援皮奇尼诺。

4 教会军营里也有背叛行为。乌尔比诺的费代里科曾说过，皮奇尼诺在任何情况下都不可能穿过边境地区，于是人们就认为费代里科犹豫不决，磨磨蹭蹭，让皮奇尼诺看出了他的动机，这样就加快了敌人行进的速度，以便将战争从他自己的领土上转移出去。

阿维尼翁枢机主教对这一进展感到满意，其余的法兰西人也是如此。阿维尼翁枢机主教这样嘲笑公爵费代里科说："我们绝不能指责费代里科放皮奇尼诺过去。皮奇尼诺毕竟是从费代里科瞎了眼的那一侧过去的。"费代里科当然只有一只眼。然而，这件事严重损害了费代里科的名誉。他要是勇敢忠贞，是可以轻而易举地将皮奇尼诺当场消灭的。

5 教会军有八千士兵，皮奇尼诺只有三千人。经过五十英里的强行军，他到达特龙托河边时已累得半死，由于刚下过雨而河水猛涨。他从这里急不可待地过了河，陪伴他的只有四十人。其余的人又饿又累，就在最近的岸边过了夜。队伍七零八散，军官也不见了，即便是只有几个人追上来，他们也会成为很容易攻击的目标。

---

① 参见第 2 卷第 32 章。——原编者注

13
意大利军人无信义、不诚实。
庇护采取措施保护费兰特。

1 然而，亚历山德罗和费代里科不大愿意追击敌人，直到他们确信已经追不上的时候才去追。

现代的意大利军人都是没有信义的东西，把战争当作生意来对待，每一场战役都拖延下去，以保持收益源源不断。战场上几乎不流血，被俘虏的士兵失去的只是马匹和武器而已。军队几乎从来不在一场战斗中全力以赴。即便在两军交锋时，他们也就是把队伍和军旗从不同的地方拉上来，但一方还提醒另一方，打仗时要手下留情，以便将来还有更多交手的机会。这些军人表面上好像恨敌人，但私下里也爱敌人。

2 皮奇尼诺就这样安全地溜进了西西里王国，凭借的不是其军事才能，而是我们自己一方的欺骗和邪恶。钦佩他的人说，他的本领不在打仗，而在撤退。我们也认为他更愿意逃跑而不是打仗。他到达阿布鲁齐时，教皇的军队还没有赶上他，于是他夺取了一些城镇。他的进展让费兰特的盟友感到害怕，让费兰特的敌人看到了希望，因为这位大将勇敢的名声被夸大得离了谱。

3 费兰特向教皇请求援助。庇护决定派一支新军到坎帕尼亚，并雇用了长期为佛罗伦萨效力的著名指挥官西莫内托，命令西莫内托和乔瓦尼·马拉沃尔塔率领一支由骑兵和步兵组成的大军挺进坎帕尼亚。他们接到的命令是，阻止法兰西人在费兰特的案子了结之前将他赶出西西里王国。教皇还增援了被派到阿布鲁齐的军队，这些新兵员是他本人和米兰公爵弗朗切斯科招募的。

14
任命官员到帕维亚、费尔特雷、费拉拉、安科纳、威尼斯担任圣职。
庇护来到一处舒适的住所卡普里奥拉。

1 发生这件事时，教皇听说威尼斯人的傲慢态度有所软化，撤回了不合情理的命令，归还了圣马可枢机主教的财产①。由于圣马可枢机主教自愿放弃了对帕多瓦教会的要求，庇护就任命费尔特雷主教②取而代之，解除了他对费尔特雷教会的所有义务。教皇把费拉拉主教弗朗切斯科调到费尔特雷，因为费拉拉的领主阻止弗朗切斯科为费拉拉的信徒主持圣事。他为费拉拉人派去一位新主教：洛伦佐·罗韦雷拉，教廷成员，著名神学家，人品无可挑剔。不久之后，威尼斯宗主教去世，经威尼斯元老院紧急请求，庇护就任命另一位奥古斯丁派教士顶替他。③

2 这时，安科纳主教也去世了，接替他的是阿加皮托，罗马人，以正直诚实、法律知识渊博而闻名，既是散文作家也是诗人，文笔流畅典雅。④在此之前，阿加皮托从审计署调出，长期担任庇护的私人幕僚。

3 庇护随后去了离锡耶纳不远的卡普里奥拉修道院。该修道院由方济各修士管理，人称其为"严格遵守教规的人"。修道院由圣伯纳迪诺建造，为了纪念他又进行了扩建和装饰，其修士也是这一教派中最为圣洁的。教皇由斯波莱托枢机主教和泰阿诺枢机主教陪

---

① 参见第2卷第21章、第3卷第25章。——原编者注
② 雅各布·泽诺，接替他担任费尔特雷主教的是弗朗切斯科·莱尼亚尼。——原编者注
③ 宗主教马费奥·孔塔里尼由安德烈亚·奥杜默继任。——原编者注
④ 主教乔瓦尼·卡法雷利由诗人阿皮托继任。——原编者注

伴，在这里住了两个星期。

　　庇护想摆脱事务带来的烦恼休息一阵子，尽管他并没有暂停最高司法院会议或枢机主教秘密会议，也没有拒绝听审任何来找他的人所要求的申诉。在一个山脚下充满阳光的地方，一片茂密的桂树和冬青树林里，他建造了一座大殿。他是来寻找僻静的。春天提前到来让他喜出望外。

15

庇护患病，去洗温泉。
谈判解决锡耶纳政治危机。
美丽的锡耶纳乡村。

　　1 庇护在棕榈主日之前回到锡耶纳。他在这里虔诚地主持每年一度的仪式，纪念基督受难，庆祝基督复活。然后他的痛风病发作，下颌部由于来自头部的流体而十分疼痛。病情稍有缓和以后，他听从了某个御医的建议，到马切雷托去洗温泉，尽管很多不太高明的大夫试图阻止他去。

　　这就是他在锡耶纳待了那么长时间的原因，尽管他也想给自己的出生地带来一些帮助。锡耶纳城虽然受到战争、瘟疫和内讧的蹂躏，受到贫穷的困扰，他还是希望教廷的存在能够为它提供一点经济救济。

　　2 动身去温泉浴场之前，庇护开始考虑家乡的危机，那里常年不断的派系冲突威胁着国家的生存。他把现政权中一些较为审慎的成员，以及那些好像不带个人偏见的人召来，问他们怎样才能推行改革，怎样才能使国家稳定。[①] 他们回答说，应该允许十二人集团回来参与执政。这一派大约有四百人，包括很多富商。

3 教皇喜欢这个主意，虽然他觉得很难实施。他派圣塞西莉枢机主教和圣苏珊娜枢机主教到主要公民那里了解民意。和很多人交谈之后，他们禀报说很多人赞成，但更多的人反对。

这件事公开之后，城里的行政官和一大群公民（这都是"民首"怂恿的，"民首"是首席行政官的头衔）恳求教皇不要再提十二人集团了。十二人集团是一帮鲁莽、喜欢煽风点火、恶毒、残忍的人，是现政府不共戴天的敌人。他们说，他们宁可把自己的孩子吃掉，也不愿与十二人集团分享权力。但如果教皇想为贵族多做些事，他会发现锡耶纳人愿意照他的吩咐去做。

4 考虑到这种情况，教皇就接受劝告，不再提出更多要求，再逼迫就会把锡耶纳城推到对立面，只会树敌招怨。不过对于贵族，他劝行政官们依照圣苏珊娜枢机主教的建议行事，他们很快就会听到他的建议。他们做出很多承诺，然后高高兴兴地走了，十二人集团的事不再提了，又赢得更多的时间来考虑贵族问题。

5 教皇随后按计划去了温泉浴场。当时正是早春，一年之中的美好季节，锡耶纳周围的山上到处都是绿色和鲜花，地里的谷物长得很茁壮。锡耶纳的乡村，尤其是城周围的乡村，美得难以形容。坡度平缓的小山上种着果树、葡萄藤，或犁好后准备种庄稼。从山上可以俯瞰宜人的山谷，那里到处都是牧场和庄稼地，由常年流淌的河水浇灌着。在这里还可以看到茂密的树林，有的是天然的，其余的是人工栽培的，可爱的小鸟在树上鸣啭。每一个山坡上都有锡耶纳人建造的豪华别墅。这里还有虔诚的人居住的漂亮修道院，私

---

① 以前庇护代表贵族所做的努力，参见第2卷第12章、第21章。进一步的尝试参见下文第18章。——原编者注

家住宅固若城堡。

6 教皇兴致勃勃地走过这一地区。他发现温泉也同样宜人。温泉位于城外大约十英里的山谷里，山谷约有两个或三个赛跑场宽，至少有八英里长，梅尔塞河流过这里与翁布罗内河汇合。这条河从未干过，河里有很多鳗鱼，很小，但很白，很好吃。山谷开始的地方已精耕细作，密密麻麻地遍布着别墅和农庄。温泉位于山谷的另一端，那里的树木更多。山谷的尽头横着一座坚固的石桥，两边是灰暗的长满树木的峭壁①。环绕山谷右侧的山上几乎全都覆盖着常绿的圣栎，左侧的山上则是结着橡子的橡树和软木树。

7 附近一些简陋的房子可以供客人居住。教皇在这里住了一个月，每天洗温泉两次，但从未疏忽最高司法院的事务或其他宗教事务。下午大约四点，庇护就去草地，坐在草最绿、最厚的河岸边，聆听使节的报告，聆听上诉。当地的农妇每天都会把鲜花铺在他去温泉浴场的路上，她们希望得到的唯一回报就是可以吻他的脚。

16
对锡耶纳大教堂的恩惠。
回到温泉浴场。

1 为了表示对乡亲的厚爱，教皇宣布大赦任何一位在圣灵降临节去锡耶纳大教堂的人。他的治疗还没有结束，但他回到锡耶纳举行节庆活动，参加宗教仪式，大批的朝圣者从托斯卡纳、利古里亚、伦巴第、翁布里亚以及边境地区赶来。由于参加这些活动受了

---

① 这座桥建于 1362 年，旁边的村庄也因桥而得名为"马塞雷托桥"。——原编者注

累，他的病情恶化，不得不在锡耶纳多待一段时间。

最后在一天夜里，庇护离开了锡耶纳城，返回马塞雷托。在这里停留几天之后，他又去了彼得里奥洛的温泉浴场，据说这里的温泉含有更多的硫，疗效更强。

2 彼得里奥洛离马塞雷托五英里，位于去格罗塞托和大海的路旁，在法尔马河冲刷出来的深谷里，河里有很多鳟鱼。这个地方处于群山环绕之中，山上既有岩石，也有林木和草。温泉四周只有几所房屋，但可以容纳很多客人。在我们的父辈时期，锡耶纳人在房屋周围建了一堵墙，防止土匪袭击洗温泉的人，以前曾发生过这种事。

3 教皇在这里住了二十天，用一根管子引来温水往他头上冲。医生说，这对他的健康有好处，因为他脑子里有太多湿气。

17
奥地利公爵西吉斯蒙德俘获圣彼得枢机主教。
庇护的军队进入西西里王国援助费兰特。
早期的小规模冲突，接着是罗萨诺亲王罪恶的背叛行为。

1 与此同时，奥地利公爵西吉斯蒙德听说圣彼得枢机主教尼古拉[①]动身去了他的教堂。西吉斯蒙德怒火中烧，匆忙之中竭尽全力集合一支所需要的队伍，开拔到位于布里克森主教区的布鲁内克镇，圣彼得枢机主教就在那里的要塞避难。

在最神圣的基督复活节，西吉斯蒙德占领了这个镇，用攻城引擎猛攻要塞。枢机主教担心民众遭到屠杀（很多人已经受伤），就和要塞一起投降。他被关押了一段时间，但最后又被释放了，他承诺

---

① 库萨的尼古拉，布里克森主教，哲学家，教会外交官。——原编者注

帮西吉斯蒙德获得赦免，永远不会为自己受到的伤害寻求报复。[①]

2 与此同时，西莫内托和乔瓦尼·马拉沃尔塔在去坎帕尼亚的路上损失惨重。他们已经走过了最窄的路和最危险的地方，眼看就要安营扎寨了。就在这时，在路上与他们会合的马拉沃尔塔、罗伯托·奥尔西尼和几个同伴一起出去侦察，碰见一些属于索拉公爵的骑兵和步兵，其中有雅各布·萨韦利的儿子，一个狂热的年轻人，离开了教会的军队后投奔了俗界的军队（曾担任过圣彼得大教堂的咏礼司铎）。

考虑到介入冲突的人数少，战斗要比预料的激烈得多。萨韦利喉咙被剑刺中，然后倒下了。罗伯托看到敌军人数越来越多，就逃回了军营。马拉沃尔塔胯下的战马倒下后，他被敌人俘虏了。这弥补了萨韦利阵亡所带来的损失，不过俘虏马拉沃尔塔意义更为重大，因为他虽然运气不佳，但毕竟是个非常有名的军人。

3 这就是庇护为费兰特所发动的战争所取得的第一批成果：一方有人阵亡，另一方有人被俘——这些事件为喜欢预言的人提供了足够的材料。

西莫内托继续赶路去觐见国王，受到国王的隆重欢迎。他的到来引起了局势的急剧变化。国王原本处于毁灭的边缘，现在似乎又在战场上占了上风，摆出了征服和消灭敌人的架势，这全凭教皇和米兰公爵对他的援助——人都是喜欢帮助强者，这是自然规律。

罗萨诺亲王和埃弗索伯爵的儿子代福博审时度势，与贾科莫·蒙塔加诺一起密谋策划，要干一件空前邪恶的坏事。

4 他们假装对背叛法兰西人感到后悔，就邀请费兰特来谈判。双方都离开自己的军队一段距离，单独来到一片田野里——一方是

---

① 布里克森主教尼古拉和公爵西吉斯蒙德长期不和，这次对布鲁内克要塞的攻击是其中的一次戏剧性插曲。双方在曼托瓦会议上发生争执，但问题并没有解决。——原编者注

国王、乔瓦尼·达·文蒂米利亚以及国王的管家格雷戈里奥·科雷利亚，另一方是罗萨诺亲王和代福博。简单交谈了几句之后，双方没有达成协议，罗萨诺亲王夺走了国王手里的缰绳，代福博拔出了涂抹有毒的剑，照着国王的喉咙砍了过去。

费兰特意识到上了圈套，便策马逃脱了危险，他的马高大健壮。就这样，这两个以"强权即是真理"为座右铭的亵渎上帝的恶棍，在上次开小差之后，又一次犯下更令人发指的罪行。

18
锡耶纳人内斗。
关于庇护的荒唐谣言。
恣意破坏行为。

1 听到这些事之后，教皇回到了锡耶纳。当时正值盛夏，他下榻在方济各修道院，一个宜人而又有利于健康的住所。

2 锡耶纳人这时分成了两派，一派主张以教皇希望的方式对待贵族，另一派对此持反对态度。持反对态度的这一派由于不能公开向教皇提出挑战，便采取一种间接的方式。他们连篇累牍地猛烈抨击十二人集团，说他们恶毒攻击政府。他们声称，教皇的真正目的是恢复贵族的权力。他们甚至伪造了一封据说来自费拉拉的信，信里显示教皇与被流放的贵族关系密切并支持贵族，好让贵族有机会毁掉锡耶纳城。他们还声称，教皇给了安东尼奥·彼得鲁奇二百达克特和一对马为礼物，庇护和方济各修士们待在城墙外面，以便秘密集结步兵和骑兵，把队伍藏在教堂下面的大地窖里，教皇打算发动突然袭击，攻进城里让被流放者重新掌权。

3 他们用诸如此类的谎言毒害民众的思想，结果民众对于贵族的事连一个字也不想听。教皇把行政官员召来，苦口婆心地求他们不要相信这些胡言乱语，造谣的人只不过是想激起民众内斗，但说了半天并没有用。普通民众倾向于相信最坏的消息。很多行政官员作为个体信誓旦旦，但作为一个团队他们一句话也不敢说。

4 教皇命人在一座绿树成荫的花园里建了一个喷泉，他喜欢天热的时候在那里吃饭。一天夜里，一帮锡耶纳城生养的小流氓闯了进来，把喷泉推倒，其目的不过是想糟践教皇。锡耶纳人对这一暴行大为震惊。尽管他们悬了赏，鼓励民众提供信息，并颁布法令惩罚肇事者，但仍然无法将罪犯绳之以法。

19
阿马尼亚克伯爵的乱伦婚姻。
阿莱主教道德败坏。

1 教皇在马塞雷托洗温泉的时候，法兰西王室的一名贵族阿马尼亚克伯爵让来觐见他，向他投诉阿莱主教让[①]，说他给了这位主教一大笔钱，想让阿莱主教特许他维持与妹妹的婚姻关系。本来就有一份特许状，但主教还没有给他。阿马尼亚克伯爵请求教皇命阿莱主教把特许状给他，特许状是以加里斯都和庇护的名义起草的。他在教皇面前为他本人和家庭辩护，说是贫穷迫使他娶了妹妹。与布列塔尼的战争已经把财富耗尽了，他妹妹要是嫁给别人，他就拿不出依据她的身份应该拿出来的嫁妆。神学家为他出主意，说在这

---

① "让"这个名字是个笔误，可能是因为有好几个叫这一名字的人卷入了这件事。实际上阿马尼亚克伯爵投诉的这个人是康布雷的安托万·安布鲁瓦兹。——原编者注

种情况下通常是要一份特许状。

2 阿马尼亚克伯爵的曾祖父曾经率领一支由一万六千法兰西人组成的军队到意大利与米兰人交战，在亚历山德里亚附近与米兰公爵吉安·加莱亚佐打仗时全军覆没。[①] 伯爵还小的时候父母就死了，撇下他和一个妹妹。他对妹妹好得过分，最后被情感冲昏了头，忍不住勾引了她。但他担心这种事太丢人，说这是乱伦婚姻，就像那位诗人所说的那样"用这一字眼来掩盖他的负罪感"[②]。

阿马尼亚克伯爵曾给教皇尼古拉写信要特许状，但尼古拉对这一严重的不道德行为感到惊恐，回信严词斥责了他。法兰西国王查理就对阿马尼亚克伯爵开战，夺走了他所有的城镇和城堡（他一共有二百多），把他逮捕以后就带走了。

法王这样做并非出于伸张正义，因为君主并没有这样看重荣誉。他这样做是因为生气，阿马尼亚克伯爵私下里同情英格兰人。然而对阿马尼亚克伯爵看护得并不严，他设法逃到了勃艮第公爵菲利普那里。但他一直没有停止恳求教廷给他特许状，以掩盖他的罪孽。

3 前面提到的阿莱主教住在罗马教廷。他是个狡猾奸诈的人，会各种欺骗手段，善于买卖圣职，伶牙俐齿，英俊，谦恭有礼，出手阔绰而又贪得无厌。他由于大吃大喝、和不三不四的女人鬼混而陷入贫困，于是就毫无顾忌地撒谎或发伪誓来捞取好处。但他极为善于掩饰邪恶，哪怕是说了一千句谎言，但仍然享有诚实、追求美德的美名。由于这一原因，由于他的本性还不为人所知，他得到了教廷审查官的职位。

4 阿莱主教接到阿马尼亚克伯爵的诉讼之后激动不已，觉得这只鸟有毛可拔。主教给伯爵写信，说他要的东西可以得到，但至少

---

① 1391年7月25日。这位曾祖父是阿马尼亚克伯爵让三世。——原编者注
② 语出维吉尔《埃涅阿斯纪》4:172。——原编者注

要支付两万四千达克特。伯爵答应给一万七千达克特，先付了七百斯库多①，第二次付了一千斯库多。

这些交易从加里斯都任职的第一年开始，一直持续到他任职的最后一年。阿莱主教与加里斯都面谈三次，想用钱把这个贪婪的老人争取过来。这一招不顶用，主教就决定采用骗术，觉得可以在教廷里物色到某个人，通过贿赂此人来伪造一份特许状，但他始终找不到一个可以收买的人来达到这样一个卑鄙的目的。

5 然而，加里斯都病倒的时候，教廷里的一个抄写员、沃尔泰拉的乔瓦尼听说教廷里有人正在做些欺骗人的勾当，就对一大群人说："各位朋友，谁要是有不公正或不光彩的诉讼案子，现在机会来了，教皇现在会答应任何人的任何请求。"听乔瓦尼这样说的口气，好像是他对教廷里的道德状况感到震惊和厌恶似的。

阿莱主教听见乔瓦尼说的话了。人群一散，主教便追上了沃尔泰拉的乔瓦尼，问他一亲等的人能不能得到特许成婚②。沃尔泰拉诺③回答说，这是一种极为麻烦、不同寻常的情况，不过可以试试教皇的侄子博尔贾是否愿意接手这个案子，但这需要钱。

6 "钱是现成的，"阿莱主教说，"试探一下这个人，然后告诉我。"沃尔泰拉诺接受了这一任务。第二天，他碰到主教的时候对他说："三千达克特你就能把事情办成。"他说，这就是他与博尔贾达成的交易。

7 阿莱主教接受了这一条件，付给沃尔泰拉诺三百达克特的费用。沃尔泰拉诺在其他各方面都是一个完美无缺的绅士，但想钱却想疯了。沃尔泰拉诺起草了一份特许状，声称阿马尼亚克伯爵让和

---

① 当时意大利的银币。——译者注
② 依照当时基督教教会法的亲等计算法，亲兄妹为旁系血亲一亲等。——译者注
③ 即乔瓦尼。——译者注

他妹妹伊莎贝尔是第四亲等，然后把特许状交给秘书发出去。秘书没有刁难，因为贵族很容易得到第四亲等的特许状，这样特许状就从正常渠道发出去了。

特许状返回时，沃尔泰拉诺非常熟练地把上面写的"第四"擦掉又写上"第一"，然后把特许状拿给主教看。他谎称博尔贾在这件事上帮了忙，于是就索要主教答应支付的钱。阿莱主教满口答应会立即支付这笔钱，但在加里斯都的有生之年再也没有了下文。

8 在曼托瓦大会上，阿马尼亚克伯爵派两个代表给阿莱主教送去七百法郎，并答应说如果得到特许状就再给他四千，现在他们要求看看特许状。沃尔泰拉诺把特许状拿到他们面前，就像个商人拿着个抵押品似的。这几个玩弄阴谋的人表现得就像是已经把钱给了博尔贾似的。

信使仔细检查了特许状之后说是无效，因为是以加里斯都的名义颁发的，批准的教皇一死就失效了。面对这一异议，阿莱主教引述秘书厅的一项规定，说加里斯都的命令即便在他死后也要执行，庇护也是这样裁定的。主教谎称，伊莎贝尔及其兄长的案子只需要使用这一规定就可以了，于是就得到了庇护的铅封。信使看到以后说，钱很快就会支付。在这次大会上，这件事再没有进展。

9 然而，教皇回锡耶纳时，阿马尼亚克伯爵跟随着他。伯爵听阿莱主教说，特许状放在佛罗伦萨一家银行里，不支付四千达克特（这是他们最终商定的数目）就取不走。阿马尼亚克伯爵去了温泉浴场找到教皇，以愤愤不平的语气向教皇披露了我们在这里所讲述的一切。教皇回答说：

10 "朕为你感到羞耻！你犯了这么严重的罪行，又想象着教廷也好不到哪里去，会批准一份自创世以来就从未听说过的特许状？如果阿莱主教大人是这样对你说的，他说的是谎话。他要是让你看过特许状，那肯定是一份伪造的。你要是还算明智，你就认罪忏悔，恳求罗马教廷宽恕你。如果朕要你抛弃这一罪恶的念头，做得像个贵族的样子，那是出于对你身份的尊重。"

11 阿马尼亚克伯爵回答说："但我说的是实话。我亲眼看见一份由加里斯都和您签署的特许状。主教信誓旦旦地说是正常颁发的，说他只要得到钱，就会把特许状公之于众。如果有可能像神学家们所说的那样得到特许，而且我也得到了特许，您又为什么质疑我的权利，而不是让主教把特许状公之于众呢？"

12 教皇回答说，牵涉到加里斯都所做的事，他没有绝对的把握能证实任何事，也没有绝对的把握能否认任何事，不过这位前任教皇连更疏远的亲等通常也拒绝颁发特许状，他本人也肯定从来没有听说过这种事。如果加里斯都的信函是真实的，庇护不会剥夺伯爵的权利，但伯爵必须首先把特许状拿出来。

于是阿马尼亚克伯爵去了锡耶纳，第二次面见阿莱主教，但事情没办成，因为主教想要的是钱，不是谈话。

13 与此同时，阿维尼翁枢机主教派人去找阿莱主教，问他是否听说过特许状的事。阿莱主教回答说，米兰公爵的使节奥托内·德尔·卡雷托遵照公爵的命令得到了特许状，因为公爵对阿马尼亚克伯爵很好，阿马尼亚克伯爵放弃了对米兰公国的权利要求，把这一权利给了公爵。

阿维尼翁枢机主教把听到的这件事告诉了教皇。这时，有关这一史无前例的特许状的消息传遍了整个教廷。教皇派他的秘书、卢卡的雅各布①去锡耶纳，命他把阿莱主教抓起来。

雅各布极为巧妙地完成了这一任务。他把阿莱主教叫到他面前逮捕了他，同时用花言巧语把沃尔泰拉诺哄到教皇那里。两个人都被投入监狱，但马上就开始撒谎，不过他们还是承认特许状不是由

---

① 有关雅各布的情况参见第2卷第6章。——原编者注

正常渠道颁发的，对金钱的贪心让他们把持不住自己了。最后他们亲笔写了一份证词，证明我们在这里讲述的一切都是真实的。

14 对于沃尔泰拉诺，他们没有发现更多的问题。但他们发现阿莱主教犯下一系列难以启齿的可怕罪行：买卖圣职、作伪证、欺骗、通奸、乱伦、谋杀、叛国、渎圣等。谋杀他说是意外，不过两位枢机主教断言是蓄意的。他在巴黎上学时爱上了一个妓女。一天夜里，他怀疑这个女人正和另一个男人睡觉，就拿着武器去了她家，破门而入后用一杆长矛把他的情敌杀死了，而且是在其情敌试图逃跑时杀的。

20
腐败官员受到惩罚。
阿马尼亚克伯爵受到教皇的严厉斥责，
比武装攻击更可怕。

1 听到这一消息，庇护把被告交出去受审。阿莱主教交由圣彼得枢机主教（他被释放后回到了教廷）审讯，沃尔泰拉诺交由教廷财政部的审计员审讯。沃尔泰拉诺被剥夺了抄写员的职位，降职后交给了世俗法庭处理。

阿莱主教被驱除出他的教区，被判处终身监禁，流放到离锡耶纳十二英里的奥利韦托山修道院。他在那里一心祈祷，累得筋疲力尽，修士们都认为他是真的悔改了。后来看管一松懈，他就设法逃了出去，爬下陡峭的山坡去了法兰西。

2 庇护派人去找阿马尼亚克伯爵。当着各位枢机主教和很多主教的面，教皇这样说道："大人，你已经听说阿莱主教的情况了，你也清楚地知道你要的特许状是伪造的。你的罪孽无法掩盖。你要想得救，就必须承认错误并请求宽恕。你要是这样做了，你就会发现教廷是仁慈的，因为教廷是有爱心的，知道如何怜悯罪人。很多国王和君主都犯了错误，但后来都回到教会的怀抱。大卫犯了通奸罪和谋杀罪，但悔罪以后得到了上帝的恩宠。你以前跟随了罪人，现在跟随忏悔者吧。你的可耻行径为你的家族抹了黑。你要是不忏悔，就永远无法恢复你的好名声。

3 "这是恢复你的名誉、恢复你家族名誉的唯一途径。朕像慈父一样要求你这样做。你要是显示出智慧，朕就会显示出仁慈。但你要是一意孤行，你就会成为死神之子，要受到逐出教会之剑的击杀，在世人面前背负耻辱的名声。大家会说你无耻、没有信义、不信奉上帝，没有一个人理你。你必须做出选择：你愿意让罗马教会因为你的罪过而惩罚你还是宽恕你？"

4 听到这一番话，阿马尼亚克伯爵大为震惊，请求给他一个星期的时间来考虑如何回答。教皇答应了他的要求。

阿马尼亚克伯爵对朋友们说，虽然他与法兰西国王查理不共戴天，但法兰西军队给他心中带来的恐惧根本比不上庇护说的一番话，教皇的舌头像剑一样锐利。

21
阿拉斯主教异想天开、无宗教信仰的讲话，
或愚蠢的胡言乱语。
庇护最正统的反驳。
对阿马尼亚克伯爵的宽恕。

1 阿马尼亚克伯爵在约定的时间回来了，来到教皇和上次在场

的同一批人面前。他指定阿拉斯主教让 [①] 为他的案子辩护。

让说道："圣座，我不否认我的当事人犯了重罪，但如果您知道迫使他与妹妹成亲的诸多原因，您就会认为他的罪行远没有大家普遍认为的那么严重。我只恳求您耐心听我说。

2"三个因素可以减轻伯爵的罪过：感情、他得到的忠告、贫穷。让把父母安葬好以后，家里只剩下他和妹妹相依为命——一个年轻的男人和一个年轻的女人。他们在一起自找乐趣。他妹妹日夜都出现在他面前。由于没有一个有威望的人出面制止年轻人的冲动，他就开始和她交谈，吻她、拥抱她。熟悉产生爱，爱产生激情，然后他们就想到结婚。

"伯爵知道，不和妹妹缔结婚约是不道德的。他仔细询问过兄妹是否可以成亲。他咨询过法学家，询问过著名神学家。他得到的答复是，这样的婚姻不得到教皇批准是不行的，教皇有时候也确实颁发过特许状。

"另外也有贫穷的逼迫。与布列塔尼长期交战让伯爵破了产，他无法给妹妹提供贵族所要求的嫁妆。像她这样出身高贵的姑娘是不能嫁给平民的，这姑娘也不想守身如玉。所以，一方面受到爱情和忠告的驱使，另一方面受到迫切需要的驱使，哥哥就与妹妹同房了。他打算得到特许娶她为妻。

3 "阿马尼亚克伯爵不是第一个向情欲屈服的人：古代几乎所有的神祇都受到爱的奴役。看看《旧约全书》吧，你能找到多少爱情故事呢？异教徒的史诗，只不过是被爱情所征服的英雄的故事。

"如果我们只考虑兄妹成婚的例子（或者说是乱伦也行），那就有主神朱庇特。他与妹妹交欢，妹妹因被抛弃而悲伤的时候哭着

---

① 参见第 3 卷第 10 章、第 11 章。——原编者注

说:"雷神的妹妹!现在我只有这一个头衔了。"[1] 我们最早的父母[2] 同意他们的子女婚配。暗嫩强奸了妹妹他玛[3]。爱情太有魅力了,太有诱惑力了,古人称他为神。一个凡人被一个神征服,这有什么好奇怪的吗?

"阿马尼亚克伯爵就是向一个神屈服了。他被一个征服了很多人、战胜了所有人、甚至战胜了最伟大的英雄的神征服了。他承认自己犯了罪。悔罪本身就应该得到宽恕。他以一个哀求者的身份站在您面前,求您宽待他。无论您如何惩罚他,他都会欣然接受。"

4 阿拉斯主教接下来又说了半天,教皇板着面孔听着。教皇在回复主教之前,问阿马尼亚克伯爵是否愿意遵从教廷的意愿,是否愿意按照教廷的要求来赎罪。

5 阿马尼亚克伯爵回答说,教皇要他怎么做他就怎么做。于是庇护这样说道:

"你试图将一条严重的罪状显得很轻,阿拉斯。你引用异教徒的例子来证明乱伦实际上是轻罪。你嘚啵嘚啵地说了半天,你自己相信吗?你身为主教,应该引用基督教的例子,不应该引用异教徒的例子。你所说的神,也就是我们的先人所说的人而已,而且还是坏人,甚至是恶魔,你称呼他们为神不感到羞耻吗?恶魔赞成这样的罪行,这有什么好奇怪的吗?恶魔让人犯罪能得到好处!而我们所依赖的是神圣的宗教法,是神圣的教父们所颁布的法令。依照各位皇帝和君主所发布的敕令和提出的要求,那些乱伦、兄妹同床共枕的人要打上耻辱的烙印,应该受到终极判罚[4]。

---

① 维吉尔《埃涅阿斯纪》4:324。——原编者注

② 指《圣经》上描述的亚当夏娃。——译者注

③ 典出《圣经·撒母耳记下》13:22。——原编者注

④ 指死刑。——译者注

6 "但教会更宽大，不想要罪人死，只是想改造他①。教会命令玷污妹妹的人——假如他忏悔——要被逐出教会十四年，将七磅重的铁绑到他脖子上或胳膊上流放，仅靠面包与水活命。朕对待阿马尼亚克伯爵甚至更为宽大。听着，孩子。朕命你在一年之内每逢星期五斋戒，永远禁止你与妹妹有任何接触或交谈。朕要求你一有机会就应征入伍打击土耳其，带着不少于五十支长矛，就像你的国人所做的那样，捐赠五千达克特为穷人家的姑娘做嫁妆和维修教堂。如果你做这些事，你就会得到赦免。"

7 阿马尼亚克伯爵表示愿意接受对他的这一惩罚。然后他就被打发走，在罗马游览圣地之后就回国了。

22
卡斯蒂利亚国王的使团。
三个东正教宗主教与罗马教会和解。

1 发生这事的时候，卡斯蒂利亚和莱昂地区的国王亨利派莱昂主教②去找教皇，国内最显赫的一位贵族也和莱昂主教一起去，像是去修复声誉似的。国王亨利统治着西班牙的很大一部分领土，但只派了一个不起眼的使团去参加曼托瓦会议，与他的地位很不相称。

这个使团带着一队惹眼的侍从进入锡耶纳。教皇在一次公开的枢机主教会议上接见了他们，他们发表了讲话，其内容华而不实。有人问他们的职权范围有多大，他们的回答显示，他们没有权力给

---

① "主耶和华说：我指着我的永生起誓，我断不喜悦恶人死亡，惟喜悦恶人转离所行的道而活。"《圣经·以西结书》33:11。——原编者注

② 福尔图尼奥·贝拉斯克斯·德奎利。——原编者注

教皇作出任何承诺来捍卫信仰、打击土耳其。

没过多久，莱昂主教就死在锡耶纳。庇护任命了另一位西班牙人胡安取代他的位置。胡安是圣西斯托枢机主教，著名神学家，也是一个知名的多产作家。但国王亨利反对他，拒绝把教区给他，多次引起教皇和国王的激烈争执。

2 大约这个时候，摩西前来觐见教皇。摩西是安条克的大助祭，整个东正教会著名的希腊语和古代叙利亚语学者。派他前来的是安条克、亚历山大、耶路撒冷的三位宗主教，以及很多基督教的君主。

3 摩西率领的使团有以下目的。摩西说，皇帝和君士坦丁堡宗主教曾到佛罗伦萨宗教会议上看望教皇尤金，在那里以东正教会的名义与西部教会达成一致，其内容有关圣灵降临节上圣灵的起源、炼狱之火、未经发酵的面包、罗马教会的首要地位以及其他很多以前争论过的问题。后来颁布了一项教令，但播弄是非的人不许委派摩西的三位宗主教接受。但后来他们被圣灵感动，就召开了一次全体臣民大会，毫无保留地接受了教令。现在他们表示臣服于罗马教皇，从此以后要听教皇的话，承认教皇为基督的代理人，所以就派摩西来表达这层意思。

4 教皇既在公开场合接见了这一使团，也在私下里接见了他们。他赞扬了三位宗主教，下令将摩西带来的文件翻译成拉丁语，存放在罗马教会的档案馆里，并让摩西带着礼物回国了。

23
莫奈姆瓦夏的地理位置及其派来的使团。
该城托付给庇护照管。

1 几天以后，莫奈姆瓦夏的使节来觐见教皇，把他们自己及其城市托付给他。

莫奈姆瓦夏坐落在伯罗奔尼撒半岛东海岸的一座高山上，四周全是悬崖峭壁，只有内陆一侧有一条路可以进去，以前曾有一个港口和几个船坞。有人认为这座城就是古代的斯巴达，是希腊的力量所在，是拯救希腊的希望所在。但这一说法难以确定。

2 几位使节在一个公开场合受到接见，并发表了如下讲话：

"教皇庇护，注意听！你要是不伸出援手，我们就成了土耳其人的猎物。季米特里奥斯·帕里奥洛加斯是我们的领主。他投奔了土耳其人，想让我们也归顺土耳其人 ①。我们发现了他的阴谋，也挫败了他的阴谋。我们闯进他的要塞，把他妻子交还给他，然后封锁了入口，防止土耳其人进来。

"我们去找季米特里奥斯的兄弟托马斯，恳求他接管并守卫莫奈姆瓦夏城。既然他兄长投敌了，这座城就理所当然地是他的。托马斯回答说，他没有实力来保护我们，就敦促我们去找你或其他人做我们的主人。

"我们就召开一次政务会来讨论这一问题，大家一致同意投到你的门下，把民众和国家交给你保护。接受恳求者吧，帮助不幸的人吧，不要看不起我们的城市。它是对希腊采取军事行动的理想基地。如果你决定派一支舰队到东方去，你就会在我们那里找到一个安全的港口。但你要是抛弃我们，那我们就不得不接受土耳其人的奴役，这肯定会让你蒙受耻辱，成为整个基督教世界的灾难。"

3 教皇在思考世事沉浮时感动得留下了眼泪。同样是这么一座城市，以前曾是希腊的霸主，派遣过多支强大的舰队进攻亚细亚和东方，征服过世界上很大一片区域，而现在则沦落为一个不投靠西方领主就无法生存的国家，把自己托付给以前自己看不起的人，既

---

① 参见第3卷第3章。——原编者注

看不起他们的才智，也看不起他们的财富。

4 陪同莫奈姆瓦夏使团的是詹诺内。如前所述，詹诺内是从曼托瓦派到伯罗奔尼撒半岛去的①。对于莫奈姆瓦夏，詹诺内有很多话要说：该地有天然屏障，只需要一小支守备部队就能使它固若金汤。庇护绝对不能让这样一个收复希腊的天赐良机从他手里溜走。

教皇同意了。他让几位使节对他宣誓效忠，并以他自己和罗马教会的名义接受莫奈姆瓦夏投降。然后，他派遣一位总督去管理莫奈姆瓦夏的司法事务，补充那里的食物供应，该城的食物已经完全耗尽了。

24

庇护违背米兰公爵的意愿，
委派人品出众的卢卡的雅各布到帕维亚教区。
庇护的顽强信念。

1 大约这个时候，伦巴第著名的帕维亚教区出现了职位空缺。这个教会很富有，有一所著名的文科学校，只受教皇管辖。它的主教以前是乔瓦尼·卡斯蒂廖内，他死在边境地区一事我们已经描述过②。教皇想任命他的秘书、卢卡的雅各布，著名的希腊语和拉丁语学者，但米兰公爵弗朗切斯科则另有打算。弗朗切斯科好像不大可能向教皇让步。

2 方济各会的庶务长、博尔塞纳的安杰洛被派去安抚弗朗切斯

---

① 詹诺内是米兰公爵夫人比安卡所招募军队的指挥官。参见第 3 卷第 3 章。——原编者注

② 参见第 4 卷第 12 章。——原编者注

科，但对他毫无作用。弗朗切斯科反驳道："教皇要是不安排我相中的人，把其他人安排到帕维亚教区，他很快就会尝到得罪君主的滋味。我和皮奇尼诺交朋友没有一点问题。我会让他抢劫教皇国，有谁会来保护教皇呢？"

3 安杰洛把这番话一禀报给教皇，庇护就更想晋升雅各布了。他亲笔写了一封信，警告弗朗切斯科不要与教皇争斗，争斗起来他必输无疑，因为庇护不会改变主意，也不会害怕公爵的武力。

最后，弗朗切斯科被迫让步，雅各布被委派到帕维亚教区，受到枢机主教团的衷心拥护，也得到整个教廷的支持。

25
萨尔诺战役，费兰特运气不佳被打败。
西莫内托像他希望的那样光荣阵亡。
卡斯泰拉马雷叛变。

1 大约这个时候，西莫内托及其他教会指挥官到达，西西里国王费兰特受到鼓舞。费兰特来到战场上，向敌人发出挑战。敌人不想出战，他就主动进攻，把敌人赶出阵地并一路追杀，最后把他们全部围困在萨尔诺城，离那不勒斯大约三十英里。

萨尔诺城有一部分在一座险峻的山上，一部分在山下的平原上。守城所依赖的与其说是城墙，不如说是水。清澈的泉水从山脚下喷涌而出，形成了萨尔诺河，这在前面已经提到过。河水冰冷，草木无法生长，鱼也活不成，只有蟹。

2 国王勒内的儿子让和塔兰托亲王顶不住国王费兰特的猛攻，便和他们麾下的所有贵族、步兵和骑兵，在溃败之后就逃到萨尔诺城避难。毫无疑问，过不多久，饥饿就会迫使他们投降或四散奔逃，把战场留给敌人，因为他们被包围了，没有给养供应。他们已经开始考虑突围出去的最佳方式，但促使他们突围最重要的因素是费兰特的鲁莽。费兰特的性格，还有迫切的需要，促使他采取过度自信的行动。

3 虽然与敌人相比，费兰特士兵的优势在于勇敢而不是蛮力，但他们变得性情暴躁，牢骚满腹。他们索要军饷，要是不给钱就发出威胁。国王一无所有，什么也不能给他们。已经有二百个人称"火枪手"的外国雇佣兵投奔到敌人那里去了，因为他们没有得到报酬。费兰特忧心忡忡，要是再有人当逃兵，他就只好解除包围。

然而没有钱，他一点也指挥不动士兵。在此困境之中，他想到一个对他有利的主意，那就是发动突然袭击猛力攻城，希望能在攻克之后让士兵们得到敌人的战利品。

4 这一计划拿到会议上讨论时，大多数人都赞成，但西莫内托表示反对。西莫内托认为，敌人阵地坚固，不会轻易放弃阵地逃走，而饥饿会比武力更有可能让我们获胜。不过他提议攻击城旁边的一座塔楼，一旦将塔楼占领，敌人就不可能跑出去找粮草。

西莫内托的观点占了上风。但第一次进攻就将塔楼占领以后，获胜的士兵们并不能控制自己的暴怒。他们毫不理会军官的命令，紧跟着逃跑的敌人进了城门。在城里进行了一场激烈的战斗，很多人倒下了。教皇的队伍损失最为惨重，遭到火枪手的大肆屠杀。前面已经说过，这些火枪手背叛了国王。[①]

5 火枪是现代德意志人的发明，用铁或铜制成，有一人那么长，拳头那么粗，几乎完全是空的。用无花果或柳木制成炭，再加入硫磺和硝酸钾制成火药，然后倒入枪管里，最后把一粒榛果大小的铅弹塞进前端。从枪后部的一个小洞里把火伸进去引燃火药，其威力

---

① 萨尔诺战役，1460 年 7 月 7 日。——原编者注

之大足以将铅弹像闪电一样射出去，伴随着一声打雷一样的爆炸。这一爆炸声通常叫"scoppium"，所以就有了"scoppeterii"①的名称。任何盔甲都招架不住这种武器的威力。它还可以穿透木材。

6 国王和教皇的队伍虽然进了城，抓了一些俘虏，但还是被火枪手赶走了。有很多人伤亡，或被敌人赶到城外很远的地方。西莫内托向敌人冲过去，试图将他的士兵聚拢起来。就在这时，他身上中了一枪跌落马下，一句话没说就死了。

西莫内托虽然想活得更长一些，但这正是他想要的结局。他经常对朋友们说："愿上帝让我在履行职责时死去，在为教会效力时死去！"他的遗体被敌人发现后，为他举行了体面的葬礼，王子让和所有的贵族都参加了。

7 在这场战役中，很多人表现得很勇敢，尤其是罗伯托·奥尔西尼，他是第一个冲进萨尔诺城的人。他试图强行冲到该城位于山上的那一部分，但脸上受了伤，不得不撤退。乔瓦尼·马拉沃尔塔的儿子也表现很好，证明他是个虽然年轻但很有出息的人。之后不久，在回锡耶纳的路上，他死于热病。

8 教皇的队伍是最早投入战斗的，也是最早被打垮并当了俘虏的，因为他们招架不住火枪的射击。费兰特逃走保住了性命。他的行李丢了，军营被抢劫一空，敌人牵走了他的两千多匹马作为战利品。这场胜利之后，萨莱诺亲王兼诺拉领主投奔了法兰西人，圣马可公爵及整个圣塞韦里诺家族也都投奔了法兰西人。

9 敌军要是乘胜追击到那不勒斯，费兰特肯定会被彻底打败，不得不逃出他的王国。是塔兰托亲王阻止了命运女神的这一计划。只要战争的结果不明朗，费兰特就会被认为是王国的仲裁人和统治者。而战争一旦结束，他就要向胜利者称臣。

---

① 即"火枪手"。——译者注

安茹的让由于亲王的反对而不能进军那不勒斯，便率领着他的胜利之师前往卡斯泰拉马雷，攻克城池后靠贿赂进入城堡，据说付给指挥官四千达克特。

他们所说的是实话：没有一座堡垒坚不可摧，只要驮着黄金的驴能爬进去[①]。

26
皮奇尼诺与教会军在阿布鲁齐发生冲突。
各种传言。
战斗中表现突出的人。

1 这就是泰拉－迪拉沃科所发生的事件，这里以前人称坎帕尼亚。皮奇尼诺在阿布鲁齐听说了这场胜利，他担心要是无所作为别人会指责他胆小，就把拉奎拉、焦西亚[②]、卡尔多拉[③]以及整个阿布鲁齐地区的军队都聚集起来。他亲自统帅一支由骑兵和步兵组成的大军，决定向驻扎在阿斯科利附近的公爵和教皇的军队发起攻击[④]。

2 面对皮奇尼诺的是亚历山德罗·斯福尔扎和乌尔比诺的费代里科，二人为翁婿关系。他们的骑兵和皮奇尼诺的一样多，甚至比他还要多，但步兵却少得多。他们占据着平原，皮奇尼诺占据着附近的一座小山。皮奇尼诺下令向敌人发起进攻，随后遇到亚历山德罗。一场血战开始了，战斗的结果长期以来说不清楚。最后，亚历

---

① 《西塞罗书信集》1:16:12。——原编者注
② 焦西亚·阿夸维瓦，阿特里公爵。——原编者注
③ 安东尼奥·卡尔多拉，巴里公爵。——原编者注
④ 圣法比亚诺战役，1460 年 7 月 22 日。——原编者注

山德罗遭到皮奇尼诺步兵的紧逼，损失了很多人，不得不向后退缩
一步。要不是费代里科左冲右突前来增援，用生力军取代伤兵，亚
历山德罗就会一败涂地。

3然而，教皇军最大的优势是弗利的皮耶尔保罗，他英勇无比，
从未擅离职守。他胯下的战马被刺死四匹，但费代里科不断给他送
来更多的战马，他无与伦比的勇气使整个敌军无法靠近。

将士们浴血奋战，不屈不挠，借助于月光继续鏖战，直到夜幕
降临一个小时以后。最后，教皇的军队显然无法撼动，布拉切斯基
派便撤退到小山上。双方的军队都胜了，同时也都败了。教皇的军
队损失的马多，敌人损失的人多，因为骑兵和步兵都大开杀戒。

4战斗结果还不明朗的时候，从教会军营里逃出来的人散布谣
言，说皮奇尼诺打胜了。费尔莫主教[1]是个热衷于传播坏消息和流
言蜚语的人，听到这一消息以后就急于传出去，便送出去好几封
信，声称大局已定。他把一封信寄给了西吉斯蒙多·马拉泰斯塔，
西吉斯蒙多听说教会打了败仗后非常高兴，竟然送给信使一件金
袍。这是个毫无信义的恶棍，是上帝和人类的敌人！但他很快就得
到了报应，不久以后他就意识到自己是空欢喜一场，让假消息给欺
骗了。

然而，皮奇尼诺的军队正得到增援的消息传来后，该教会的军
队移动营地了，其阵地越来越稳固。皮奇尼诺撤退到阿布鲁齐内
地，在那里接二连三地惨败在勇敢的军事指挥官、卡普阿的马泰奥
手下，受尽了羞辱。

---

[1] 尼科洛·卡普拉尼卡，不是枢机主教安杰洛，也不是枢机主教多梅尼
  科。——原编者注

27
法兰西人：愚蠢的沾沾自喜，
令人不能容忍的傲慢。
庇护巧妙地回击他们的厚颜无耻。

1 费兰特在萨尔诺战败的消息传到锡耶纳之后，教廷里的很多法兰西人欢呼喝彩，高兴得在城里四处奔走，点燃篝火，辱骂加泰罗尼亚人，嘲笑阿拉贡人，奚落伦巴第人和佛罗伦萨人，甚至侮辱教皇的家人，用拳头或剑来对付任何对他们的疯狂行为好像喝彩不够的人。他们把一个勃艮第人的眼睛挖了出来，杀了一个锡耶纳居民，这个人对他们的骚乱只是稍微表现出一点不满。

2 对这些事情教皇从容面对，自言自语说："他们在朕的家乡竟然如此无耻地侮辱朕，朕要是去了法兰西，他们会如何对待朕呢？看吧，意大利！他们身为仆人就如此胆大妄为，要是当上了主人你将如何容忍他们？他们不过是为罗马教廷效力，就摆出了君主的派头。有朝一日他们要是当上教皇，或成为意大利的统治者，他们又会做出什么事情来？意大利啊，你要是被迫接受法兰西的奴役，你就要倒霉了！我要竭尽全力，不让你在如此残酷的主人奴役下遭罪，尽管威尼斯人、佛罗伦萨人不会动一指头来帮忙。法兰西人试图迫使你接受他们的统治，但不想办法让自己人团结一致，这就为外国人称霸意大利铺平了道路。"

3 教皇就用这一语气与他的朋友们交谈。他毫不气馁，派出援军增援他的队伍，在费兰特被赶下王位之前向他提供新的援助。

4 与此同时，拉奎拉使节来找教皇，不久之后安茹的让也派特使来了，劝教皇放弃费兰特，要么支持勒内，要么从战争中彻底抽身。使节们呈上很多贵族和公社的书信，他们强烈反对费兰特政权。

教皇听了之后说，他打仗的唯一目的是结束暴力，然后通过仲裁来解决王国的争端。如果勒内同意这一安排，战事可以停止。一位特使说："乔瓦尼·科萨给您带来这一信息：'如果基督与我们同在，我们并不在乎他的代理人去哪里。承蒙基督的恩典，我们在萨尔诺取得了胜利。无论您是祝福我们还是诅咒我们，对我们来说都无所谓。'"

教皇写信回复说："你可以说打了一场胜仗，但你不能说基督站在你们一边。基督的判决是神秘的，但基督代理人的判决对你不利，你已经知道了，将来你会知道得更多。"

于是特使们无功而返。

28
整个罗马动荡不安，
由蒂布尔齐奥与瓦莱里亚诺两兄弟煽动。
他们的罪恶行径。

1 与此同时，另一场灾难降临了。

祸不单行。在罗马，蒂布尔齐奥与瓦莱里亚诺两兄弟经常惹是生非，搅闹得罗马鸡犬不宁。他们的母亲是斯蒂法诺·波尔卡里的妹妹，因叛逆罪被尼古拉五世逮捕，在圣天使城堡里被吊死了。他们的父亲也以同样的罪名在朱庇特神殿被处决。他们家族的很多人也都落得类似的下场。

2 这兄弟二人与他们的父母是一丘之貉。他们发现罗马由于教皇不在而管理得不太严，治安官不敢惩罚刑事犯罪，就想利用这一良机来收买罗马的年轻人，发动一场革命来推翻教皇的政权。他们找来参与这一阴谋的有博南诺和乔瓦尼·菲利波，还有很多臭名昭著的犯有刑事罪的人。博南诺是个胆大、精力旺盛的年轻人，乔瓦尼·菲利波则无恶不作。

他们与这些人串通一气，一开始只是小偷小摸，偷一些家畜、便宜货之类的东西，接着就是通奸、偷贵重物品，最后发展到强奸、杀人、纵火。治安官们无法用武力控制这些疯狂的流氓，因为他们有三百来号人，每个人都经常打架，一得到消息就立马去帮助另一个人。

居民们不敢动手去打其他居民的子弟。每个人都在观望罗马总督或市政元老，看看他们会采取什么行动。每个人都待在家里，吓得不敢动。

3 罗马总督的府邸建在庞培剧院的旧址上，坐落在鲜花广场。他可以听到阴谋分子威胁的声音一天比一天大。由于这一原因，他就搬到教皇宫去住。

这样一来，阴谋分子觉得自己胜利了，就变得更加肆无忌惮。他们在整个城里大肆制造骚乱，用鞭子抽打和抢劫居民，抢夺穷人的财物，强奸妇女，勒死任何敢于反抗的姑娘，或把她们扔到台伯河里淹死。他们本想攻击贵族们的家，因担心激怒市政府而作罢。富人自满而又冷漠，正中阴谋分子的下怀，这样他们就可以抢夺穷人家那点少得可怜的东西，用穷人家的女人来满足自己的性欲。后来随着人数和实力的增长，他们也开始掠夺有钱人的财富。

4 他们之中有个人外号叫因纳莫拉托①，因为他有强烈的情欲。他狂热地爱上了一个来自特拉斯特韦雷的姑娘，这位姑娘与另一个人订了婚，据说她也对因纳莫拉托以心相许。就在举行婚礼的那一天，她在去新郎家的路上，因纳莫拉托在光天化日之下把她抢走了。

这一暴行让治安官们忍无可忍。他们突然逮捕了因纳莫拉托，给他戴上镣铐，把他交给市政元老进行公开审讯。阴谋分子们听到

---

① 意为"性爱"。——译者注

这一消息后担心罪犯会受到惩罚，就拿起武器分散到全城各地，俘房了市政元老家一个名叫卡罗的成员。

5 居民们被这一前所未有的举动激怒了，他们聚集起来去找罗马总督，敦促他鼓起勇气使用武力。大家表示支持他，说只要罗马总督和市政元老壮起胆子听从他们的建议，很容易把阴谋分子们围捕起来。

阴谋分子们被拿起武器的民众吓坏了，就躲到一座庙宇里避难，这座庙宇是马尔库斯·阿格里帕①奉献给众神的，说得更准确些是奉献给众恶魔的。古人把它叫作"万神殿"，现在把它奉献给了圣母，并以圣母的名字命名②。治安官们不敢冒险挑起民众互斗，因为他们担心一旦民众武装起来，罗马城就会挣脱神职人员的枷锁要求独立。

6 阴谋分子们在万神殿里躲了好几天，由住在附近的居民为他们送饭，这些居民担心如果不送饭，就会在夜里遭到他们的攻击。最后阴谋分子们听从劝告离开了万神殿，条件是他们把卡罗交出来换回因纳莫拉托。

但即便如此，城里也没有恢复秩序。几天以后，阴谋分子博南诺带着武器在城里行走时，碰见市政元老家的几位成员。博南诺被命令放下武器，他拒不放下，结果爆发了冲突，他杀死了一名典礼官，打败并驱散了会长的所有随从。

7 从此以后，小恶棍们在城里横行霸道，无论是携带武器还是赤手空拳都毫不畏惧，无恶不作而又不受任何惩罚。教皇的侄子安东尼奥听说他们夺取了郊区卢西纳离圣洛伦佐不远的一座塔楼，就

---

① 古罗马军人，政治家，罗马帝国首任皇帝屋大维的女婿，打败过安东尼和克娄巴特拉的军队。——译者注

② 现在叫"圣玛利亚教堂"。——译者注

立即率领一队骑兵由梵蒂冈来到米尔维安大桥，从"人民门"进了城，赶忙去塔楼抓捕阴谋分子。但阴谋分子们一听说安东尼奥来了，就离开塔楼去了市中心，躲进已故的枢机主教费尔莫建造的那座宏伟宫殿里。

8 安东尼奥并不打算率领外国士兵骑着马进入市里人口稠密的地区，尤其是在他还不清楚民众情绪的时候。民众不大可能采取行动与自己的亲戚作对。另一方面，罗马总督也觉得，让一群居民去抓另一群居民，这并不符合教会的利益。

与此同时，阴谋分子们把枢机主教的府邸作为他们的聚会厅，在那里制订抢劫和干其他坏事的计划，在那里聚餐，夜里抢劫，白天狂欢。蒂布尔齐奥被认为是他们的主子，一切事情都是他说了算。要是有人问蒂布尔齐奥在干什么，得到的回答就是"主子"在干这或在干那。

9 事态发展到罗马城好像是在蒂布尔齐奥的掌控之中，这让罗马的良善市民感到羞耻。他们想动用武力来消除这一耻辱。后来发现这样行不通，因为罗马总督胆小怕事，于是贵族们集体去找蒂布尔齐奥，让他离开罗马城，不要把他的家乡变成一个贼窝①。如果他继续在城里四处制造骚乱，贵族们是不会再容忍的。召集一支军队把这帮过分自信的娃娃投入监狱，这不过是小菜一碟。他们不要仗着年轻，年轻人缺乏判断力，不费吹灰之力就能把他们赶跑。一旦元老院拿起武器，不把阴谋分子彻底消灭，不把罗马城从这一不幸的受压迫状态中解放出来，他们是不会善罢甘休的。教皇虽然眼下不在，但很快就会回来。教皇要是发现他们在城里抢劫，他既不会宽恕蒂布尔齐奥，也不会宽恕其帮凶。他们还是向同胞们屈服，

---

① "我的殿必称为祷告的殿，你们倒使它成为贼窝了。"语出《圣经·马太福音》21:13。——原编者注

现在就走为好。他们要是走了，经政府请求，教皇很可能最后会饶恕他们。

10 蒂布尔齐奥经这么一劝，就决定撤离。他离开了府邸，像个伟大的君主一样穿过市区走向城门，陪伴左右的是监护官和教皇文书乔治·切萨里尼，后面跟着一大群人，这些人是聚集过来看他的，好像他是一支大军的指挥官一样。蒂布尔齐奥兴高采烈地向城门口的居民致意，和其他阴谋分子一起撤退到萨韦利的几个城镇，坚信他只要想回来就能回来。

11 与此同时，九个阴谋分子犯了重罪。他们在夜里去了撒拉尼亚城门外面的圣艾格尼丝女修道院，强行通过大门上的栅栏，闯入修女们的单人房间，不仅性侵了修女，强奸以后还抢劫了她们的物品，把修道院的银子也拿走了。

教皇听到这一消息以后，觉得不回到他的教区就没办法救罗马了，于是就马上宣布，他要在二十天之内动身返回罗马，并告诉教廷成员届时在罗马聚集。

这一消息传到罗马以后，人们兴高采烈，好像传来了大捷的消息，好像罗马城刚刚建好似的。一列行进队伍庄严地穿过各个街道，篝火点燃了，所有的宗教场所都有人祈祷，祝愿教皇安全迅速地归来。

29
几经周折收复卡斯蒂廖内港和吉利奥岛，
转让给教皇的侄子安东尼奥。

1 这时，庇护要费兰特把佩斯卡亚的卡斯蒂廖内交给他，因为费兰特经常这样许诺。卡斯蒂廖内位于托斯卡纳的伊特鲁里亚海岸边，在一片沼泽地出口附近，沼泽地里有很多鱼，离格罗塞托与翁布罗内河口不远。

佛罗伦萨人在征服比萨时占领了这座城。锡耶纳人在打仗时把它夺了回来，和解以后又把它交还了。很久以后，国王阿方索在另一场战争开始时把城夺走了，和解以后也一直占据着它^①。皮奇尼诺在逃避加里斯都的军队时曾躲在这里避难。这里捕鲻鱼业发达，有肥沃的牧场可以放牧牲畜。

2 西班牙人胡安·德·利里亚是要塞的指挥官，虽然他在此之前取代了胡安·德·卡斯特罗。德·利里亚不想放弃这座要塞，但他假装愿意，到教皇那里像是要把要塞交出去似的。但他一获准来到教皇御前，就宣称教皇还欠着他一大笔钱，不把钱全部付清他就不交出要塞。教皇拒绝按他索要的数目全额付清，他就竭尽全力，把城和要塞都卖给了佛罗伦萨人和热那亚人。

3 与此同时，卡斯蒂廖内的一位居民在要塞里有几个朋友去找皮翁比诺的领主^②，要把要塞以四千达克特的价格卖给他。皮翁比诺领主听他把话说完，就派一位精明的信使把钱给他送去。

信使支付了一部分硬币之后，就让卫兵从塔楼上下来。他在数剩余的钱时，命他的仆人一个一个地爬上去，占领了这个地方。这时，钱也数完了，他说："我数错了。"他把硬币聚拢起来，像是要再数一遍的样子，却突然冲进塔楼，砰地关上了大门。他说，这就是叛徒应得的报酬。然后，他向埋伏在附近的士兵们发出了信号。士兵们冲了进来，他占领了这座城，升起了阿拉贡国王的旗帜，表示他是以国王的名义把城占领的。这样，这位信使不仅让当时就在城里的胡安·德·利里亚成为笑柄，也让费兰特和教皇成为笑柄。

---

① 1447 年。参见第 1 卷第 31 章。——原编者注
② 雅各布·阿皮亚尼。——原编者注

4 费兰特听说以后，派他一个名叫塔拉曼卡的秘书去找皮翁比诺领主。塔拉曼卡是个精明的家伙，他施以妙计收复了要塞，然后把要塞交给了教皇。胡安·德·利里亚在岸边还剩下一个小一些的堡垒要交给教皇，这座堡垒他当时正占据着。他和胡安·德·卡斯特罗一起回那不勒斯时路过锡耶纳的领土，在那里被农民谋杀了，胡安·德·卡斯特罗也和他一起遇害，这是对阿方索统治时期胡安·德·卡斯特罗迫害当地民众的报复。这样，这两个倒霉蛋为他们的罪行付出了代价。

5 教皇把卡斯蒂廖内、堡垒和吉利奥岛给了他侄子安东尼奥，这与其说是给安东尼奥好处，不如说是给他的故乡好处，因为锡耶纳的沿海地区和公共粮仓都在这座城的控制之下。

30
西吉斯蒙多·马拉泰斯塔言而无信，
以虚假的借口占据他抵押出去的城镇。

1 与此同时，西吉斯蒙多·马拉泰斯塔故伎重演。他以欺诈手段抓捕了蒙特马尔恰诺要塞的指挥官，占据了要塞，接管了蒙特马尔恰诺城，虽然他以前把这座城抵押给教皇了，这件事我们在前面已经描述过 [1]。问他为什么这样做时，他说指挥官是个放荡的家伙，没日没夜地调戏居民的妻子，他看到的妇女没有一个是安全的，他是应居民们的请求逮捕指挥官的。

2 教皇寄给西吉斯蒙多一封信，信里说："你是最臭名昭著的通

---

[1] 参见第 3 卷第 23 章。——原编者注

奸者，无恶不作，还反对别人通奸？你这个克洛狄乌斯[1]指控别人勾引妇女？假如你所说的属实，别人只不过是做了你自己吹嘘过的事，你还能纠正别人吗？威勒斯[2]痛恨窃贼，米洛[3]痛恨杀人犯？你有什么权力管别人的仆人？如果指挥官有罪，应由朕来惩罚他。他本应被带到朕的法庭，朕是不会让他逍遥法外的。现在你要把指挥官和要塞交出来，否则你就会成为罗马教会的敌人。"

3 西吉斯蒙多对此置之不理，而是继续背叛下去。不久之后，他率领一支骑兵奔向蒙达维奥，那里的居民接受了他的请求和贿赂，让他进了城。他夺取了要塞，用几个小钱收买了吓破胆的指挥官，用欺骗手段从教皇手里夺走了几乎整个蒙达维奥教区的管理权。

西吉斯蒙多之所以这样做，据说是因为他听说教皇庇护打算把这些城镇送给乌尔比诺的费代里科。为此他迫使一个秘书伪造文件，文件上显示蒙达维奥指挥官声称是听教皇亲口说的。一个叛徒、撒谎者、一切真相的敌人，这样一个人能做出什么事来可想而知。

4 他这一说法没人相信，他就再次撒谎，给意大利各位君主送信，说他夺取蒙达维奥是因为教皇打算派军队到那里过冬，他们说这是教皇在行使自由裁量权。

在这件事上，他不经意间成了个预言家，因为有时候我主会让一个撒谎者预言成真。第二年，这座城实际上依照自由裁量权给了教皇的军官。军队在通过一座正在被占领的城市时可以闹事，只要

---

① 古罗马政治家，被指控混入恺撒的府邸，参加只有妇女才能进入的一次集会。——译者注
② 罗马时期任西西里总督，因治理不当而名声不佳。——译者注
③ 公元前1世纪时的罗马政治家，克洛狄乌斯的政敌，在一次械斗中杀死了克洛狄乌斯。——译者注

不伤害自由民就可以为所欲为，他们把这叫作自由裁量权。

31
发现一个伤害教皇的可怕阴谋。

1 发生这些事情的时候，一个名叫卢卡的罗马人在罗马被捕，枢机主教科隆纳经常雇他给塔兰托亲王送信。卢卡被认为知道这位君主的秘密，也知道很多大人物的秘密，所以被监禁在圣天使城堡里，叫他把知道的事情说出来。

2 卢卡没有受到严刑拷打，自愿供述了如下情况：

塔兰托亲王、埃弗索伯爵、雅各布·萨韦利、枢机主教科隆纳密谋反对教皇，决定请雅各布·皮奇尼诺到罗马领土来打击奥尔西尼家族和教会。罗马肯定会被占领，因为教皇不在这里，阴谋分子们会让敌人进来。

蒂布尔齐奥、安茹的让和塔兰托亲王去找雅各布·皮奇尼诺了，他们答应出卖罗马城。他们说，他们要逮捕富裕的阿奎莱亚枢机主教，把他的钱抢走，他当时正在达玛索的圣洛伦佐。他们要趁教皇的侄子安东尼奥穿过市区去拜访阿奎莱亚枢机主教的时候把安东尼奥杀掉。他们要抢劫富裕的居民、商人以及教廷成员的府邸，用抢得的物品支付给士兵作为军饷。

他们说，做这些事都不难，因为他们可以自由进入市区，无论是白天还是黑夜，市里有不少于五百名胆大妄为的年轻人站在他们一边，这些人是主要居民的儿子。在大规模的动乱中，这些年轻人的父亲不敢拿起武器打击阴谋分子，如果他们自己的邸宅毫发无损，他们只有感激的份儿。

听到这些消息，教皇越发急切地加快他的行程。

32
锡耶纳发生的通奸和谋杀事件。
一个轻佻女人的控告。

1 一个名叫乔瓦尼·佩奇的锡耶纳人，早就爱上了贵族阿杜亚尔多·马莱斯科蒂大人的妻子，大家都认为他是她的情人。

前面提到的事情发生的时候，佩奇恨上了的里雅斯特的弗朗切斯科。弗朗切斯科是教皇的侍从，也是阿杜亚尔多的朋友，经常到阿杜亚尔多家里去看望他。佩奇担心弗朗切斯科会成为自己的情敌。所以，佩奇一再要求觐见教皇，向教皇指控弗朗切斯科经常到阿杜亚尔多家里去，去的次数多得有些不太正常。教皇问佩奇这和他有什么关系，佩奇回答说："我一直爱着阿杜亚尔多的妻子。"他毫不羞耻地承认这桩风流事，厚着脸皮宣称他不能容忍任何人插足其中。

2 教皇回答说："对于弗朗切斯科，朕会想办法处理他。而对于你，朕要判你个通奸罪，这是你亲口说的。你要是不改过自新，就准备受死吧。"

3 事态的发展正像教皇预料的那样。几天以后，教皇就要离开锡耶纳的时候，阿杜亚尔多命他妻子与情人约会。天色将晚时，乔瓦尼一到，阿杜亚尔多就用剑攻击了他，将他半死的躯体扔到街上，身上带有剑伤。

乔瓦尼被人抬到父亲家里，很快就死了。阿杜亚尔多逃走保住了性命。他妻子被人捉住，但由于看守粗心，她设法逃到佛罗伦萨的地界。她父亲和哥哥被指控为同谋，因害怕受到法律的惩罚而逃走。拉皮条的侍女搭上了性命：司法对弱者是严厉的。

4 后来，另一位长得并不漂亮的中年妇女，一位在权力走廊里小有名气的富人之妻，前来觐见教皇。陪伴她的有一大群妇女，她说有内情想在私下里禀报。教皇命在场的所有人都退到房间的另一端，他们在那里能看见，但听不见。随后教皇让那位妇女说。

5 她对教皇说："我丈夫出去了。我一个人在房子的后墙边看他写的一封信，这时一个蒙面人走进了房间。肯定是有人为他开了门，因为天黑两小时以后门就关住了。他抓住我亲吻我，一次又一次地想强暴我。我说：'你先别慌，让我把房门先关上，这样就没有人会进来打扰我们。'他让我去关门的时候，我逃到女仆和孩子所在的地方大叫一声，像是喊邻居的样子。那个人就跑掉了。

"我不知道他是谁，但他后来给我寄了很多封没有署名的情书，有一封署名为巴黎的纪尧姆。我丈夫要是知道了这件事，我的性命就有危险了。我不知道该怎么办。

"前几天，我去教堂的时候，一个你很熟悉的人（她提到了他的名字）看着我露出了笑容。我觉得他就是一直追我的那个人。他是个本地居民，不是外国人，是您手下的一个神父。我求您让他别再纠缠我了！请您告诉他不要再和我说话，也不要再给我写信，否则他会毁了我，连他自己也毁了。我了解我丈夫。他要是发现一点蛛丝马迹，我们两个就死定了。"

6 教皇听了感到吃惊。这让他想起了薄伽丘讲的一个故事①：一个妇女爱上了一个年轻人，但不知如何向他一诉衷情，于是就请求她的忏悔神父严厉惩罚他，说他在夜里到她花园里来无礼地向她求婚。年轻人听到这一指摘后一再喊冤，但无法平息那女人的怒气。最后他明白了她的意思，就找到她家，满足了她的欲望。忏悔神父不明就里，试图制止罪孽，到头来反而助长了罪孽。

7 教皇向那个女人讲了这个故事（很可能真有其事），然后说道："夫人，你很精明，比薄伽丘故事里的那个女人要大胆得多。那

---

① 薄伽丘：《十日谈》3:3。——原编者注

个女人让忏悔神父拉皮条，而你想让教皇来帮忙。你对这位漂亮神父欲火难耐，但你没有其他办法向他表达你的爱，你就想让朕使他明白你的意思。你肯定以为他会满足你的愿望，因为年轻人是禁不住诱惑的。但你的邪恶欺骗了你[①]。你走吧[②]。你的欲火熄灭得越早越好。要是不熄灭，你要当心，朕马上就把你的情况告诉你丈夫。"

8 那个女人耷拉着眼皮走了，再也没有回来。在场的人一点也没有听到说的是什么，虽然他们对会见了那么长时间感到吃惊。

33
任命拉古萨教会官员，
雷焦的马泰奥的趣事。

1 这时，两个大主教区的职位出现了空缺：达尔马提亚的拉古萨和卡拉布里亚的罗萨诺。拉古萨的职位给了弗朗切斯科[③]，一位人品出众而又博学的锡耶纳人，圣母玛利亚修会的传道士和总会长。罗萨诺的职位给了雷焦的马泰奥，"严守教规的方济各修会"中最优秀的传道士之一。

2 教皇尼古拉一度打算任命马泰奥到雷焦教区，当时雷焦教区正好出现了空缺。他命费尔莫枢机主教派人把马泰奥叫来，问他是否愿意担任雷焦的主教职务。

费尔莫枢机主教派人把马泰奥叫来了。他把马泰奥拉到他寝室里，说："教皇喜爱你，决定任命你为主教，管辖你的同胞，只要你

---

① 参见《圣经·诗篇》27:12。——原编者注
② 普劳图斯:《卡西纳》641。——原编者注
③ 弗朗切斯科·彼得里·德·卡皮托。——原编者注

同意，不反对在你家乡担任这一光荣职务。"

3 马泰奥没有答话就离开了房间，一路哭着回到在走廊里等待他的教友们中间。"过来，"他喊道，"站到我旁边！帮帮忙！"修士们大吃一惊。他们问他到底发生了什么事。他只是一直不停地说"过来！帮忙！安慰安慰一个倒霉的人！"他们也一再问他，如此大呼小叫地喊人帮忙到底是什么原因。最后他大声说道：

"我倒霉啦！我一直为教会效力，我一直过着贫穷和顺从的生活。我从来没有违反过我们神圣的教父圣方济各的教规。我把上帝的福音传播给民众。我在房间里一直思考着上帝的奥秘，过着贫穷的生活，这是我最大的财富。现在我受命担任主教——我从来不想要烦恼，不想要棘手的事，不想要荣誉。哎呀，纯洁的信仰！隐修院我的家真倒霉啊！我安静的小屋真温馨啊！我最亲爱的教友啊，你们是分享我的安慰的！最终我要离开你们，失去你们温馨的友谊吗？不，我决不离开！来到我身边！帮助我！帮我解除这些烦恼！不要让费尔莫枢机主教把我从你们身边带走。"

4 费尔莫枢机主教在他的寝室里听得一清二楚。枢机主教出来对他们说："马泰奥，别说了，不要怕。鼓起勇气。我放了你。教皇不会强迫你做你不愿意做的事。你想去哪儿就去哪儿，你自己拿主意。"费尔莫枢机主教说完就让他走了，然后回去向教皇尼古拉禀报，乐呵呵地向教皇讲述了事情的经过。

5 一个星期以后，马泰奥回来了，说他和朋友们商量了，大家开诚布公地分析了问题的两个方面，认为他应该按照教皇的想法去做。所以他接受教皇的建议，因为不听教皇的话是亵渎行为。

于是费尔莫枢机主教去找尼古拉，说："马泰奥改变主意了。如果您愿意的话，他想接受雷焦教区的职务。"教皇回答说："我也改变主意了。我给他职务的时候他不想要，现在他想要我又不想给他了。"

马泰奥就这样失去了晋升的机会。但他仍然从事宗教活动，没有放弃传教工作。在加里斯都任职期间，他筹集救济金装备了两艘三层桨座战船打击土耳其，并亲自去了亚细亚，带回来很多俘虏。

6 庇护同情一个为教会辛勤工作了那么长时间的人，所以就在锡耶纳逗留期间派人去叫马泰奥，对马泰奥这样说："朕本来要在你不知情的情况下就任命你到罗萨诺教区任职，只是担心你会拒绝承担这一任务而没有这样做，因为你以前拒绝过雷焦教区的职务。说说你的想法吧。"

马泰奥回答说："尼古拉任职期间我拒不接受晋升，真是个傻瓜。现在我就把自己交给您。您的意愿就是我的意愿。您要是让我待在修道院，我就在那里待一辈子。您要是让我担任主教，我会欣然接受。我知道，凡是经历过困扰一位主教的麻烦事而又能履行好职责的人，都能够达到完美的境界。"

马泰奥就这样来到罗萨诺教区，从此以后将那里治理得有声有色。

34
庇护离开锡耶纳前往科西尼亚诺，在那里病倒。
他对锡耶纳人的忠告。

1 处理完这些事务之后，教皇于 9 月 10 日离开锡耶纳，那正是他确定出发的日子。

整座城市都哭了，教廷成员在离开这个令人愉快的地方、离开这些和蔼的人时，也止不住自己的泪水。教皇虽然在离开他可爱的城市时也很伤心，不知道还能不能再回来，但他忍住了泪水。连他的几个姐妹哭着出来见他时，他也没有心软。

2 城里的治安官们陪着教皇到了城墙之外，一直到安杰利修道院。教皇在那里为居民们祝福以后，有人问他还有什么要求。他说：

"孩子们，我要求你们和睦相处，只有这样才能维持一个国家。抛弃吞噬你们心灵的敌意。不要头脑膨胀，不要搞派系斗争，不要搞阴谋活动。共同商讨共和国的公共利益。维护正义，铲除邪恶。不压迫任何人。保护寡妇孤儿。尊重神职人员。不要侵犯教会的豁免权。惩罚恶人。保留公平公正的法律，将其余的废除。为年轻人找到新娘。不许未婚者和懒惰的人担任公职。对嫁妆和花费设置限制。记录下进出口的货物，一个买得多卖得少的国家的确是状况不佳。这就是眼下我给你们留下的一些建议。如果你们照我说的做，就会发现这些主意很有用。"

3 说完这番话，庇护就上了路。

第二天，他来到科西尼亚诺，在那里生了重病。液体从他的头部往下流，使他的胸部、胳膊和全身衰弱下来，没有人帮助连动都不能动，简直到了死亡的边缘。这场病持续了十二天。

35
军队指挥官罗伯托到达。
庇护离开科西尼亚诺，
取道拉迪科法尼和阿巴迪亚前往普罗切诺，
然后去了阿夸彭登泰，
最后到达博尔塞纳。

1 教皇康复以后，极为高兴地看到他的出生地到处都是建筑，似乎可以和意大利的任何地方相媲美。这些我们要在下面适当的地方再描述。

　　教皇在这里受到圣塞韦里诺伯爵罗伯托的恭候。米兰公爵弗朗切斯科派这位著名的指挥官率领一支大军来到这个王国，以帮助费兰特阻止敌人在萨尔诺获胜后追上来。

　　一批大人物听说教皇生病的消息后，把皮奇尼诺从阿布鲁齐叫过来。皮奇尼诺把行李留在后面，率领全军迅速越过崎岖不平的山地，来到阿尔比附近的地区，打算从这里迅速进入罗马领土。

　　2 教皇离开锡耶纳之前，曾派泰阿诺枢机主教尼科洛①到阿布鲁齐看望教皇的军队，以确保教会的臣民平安无事，不会受到伤害。尼科洛听说皮奇尼诺有动静，就迅速命令费代里科和亚历山德罗两位军官：首先留下足够的兵力让阿布鲁齐领主焦西亚不敢轻举妄动，然后和他一起去挫败皮奇尼诺的罪恶阴谋。尼科洛和他们一起，直接从诺尔西亚越过阿尔卑斯山这一可怕的障碍，来到列蒂的地界。

　　3 教皇也缩短了在科西尼亚诺逗留的时间，动身前往拉迪科法尼。然后他又走过阿巴迪亚，这里的魅力我们将在后面描述。接着又路过皮安卡斯塔尼亚约镇，来到教皇国的边界，大约在普罗切诺和皮安卡斯塔尼亚约之间。普罗切诺人在一片绿草地上用树枝建起了一些小亭子，小亭子附近有一条永不干涸的小溪。他们在这里高声欢呼，兴高采烈地迎接归来的主人，并请他吃午饭。

　　4 午饭过后，教皇继续前往普罗切诺。普罗切诺曾是一座名城，几乎坚不可摧，四周全是高耸的悬崖。这座城经常落到土匪手里，多次变换主人。这里经受过好多场灾难——有时候遭到洗劫，有时候被烧毁。弗朗切斯科·斯福尔扎的军队占领了一段时间之后，在尤金四世统治时期，普罗切诺又归还给了教会。现在，在教皇庇护

————————
① 福尔泰圭里。——原编者注

统治之下，这座城又焕发出生机，财富不断增加，人口数量也在
上升。

5 教皇为普罗切诺祝福以后，继续前往阿夸彭登泰，一个像城
市一样大的地方。锡耶纳人安东尼奥·彼得鲁奇曾以斯福尔扎的名
义统治过这里，然后把它卖给了尤金，尤金在一场暴力冲突中又把
它丢掉了。

庇护在这里过了夜，第二天去了博尔塞纳，伊特鲁里亚的十二
座城市之一，古人多次提到它。直到我们的父辈时代，博尔塞纳还
是一座人口众多的大城市，后来被布列塔尼人摧毁了，现在只是个
不起眼的要塞。①

不过这里土壤肥沃，有坐落在湖边的优势，位居通向罗马的要
道上，这样才没有被人完全遗忘。这里长期处于来自奥维耶多的古
代贵族切尔瓦里家族的统治之下，但在尼古拉五世统治时期，居民
们起来造反，把切尔瓦里家族废黜了，随后就把它归还给了教会。
后来，在加里斯都三世统治期间爆发了内乱，双方都流了血。

庇护在博尔塞纳停留了一天，消除了双方的敌意。

36
奥维耶多及其祸根。
庇护为奥维耶多祝福。
奥维耶多大教堂。

1 然后教皇去了奥维耶多，那里爆发了一场关于边界问题的严
重争端。奥维耶多人和博尔塞纳人都想趁教皇在自己领土上的时候

---

① 1375 年，博尔塞纳遭到布列塔尼人的洗劫。——原编者注

抬他，但都不知道双方的边界在哪里，结果双方用拳头和剑打了一场，每一方都有人受伤。最后教皇的骑兵卫队来了，费了一些周折才把双方拉开，用箭和长矛来阻挡双方。

2 教皇来到从城墙上能看到的地方时，奥维耶多的特使来迎接他，提出了这样的请求："罗马的一位教皇曾被赶出我们的城市，他就在这个地方停下来诅咒我们的人。从那以后，我们就一直受到内乱的困扰，再也没有恢复秩序。我们以前没有妒忌过托斯卡纳的任何一座城，现在则成为所有人怜悯的对象。这就是上帝的报复。我们感受到教皇对我们的诅咒。为我们的国家祝福吧，让上帝息怒吧！有了您的祝福，我们就能重新得到上帝的垂爱。"

教皇同意了，对着奥维耶多城画了一个十字。然后他在众人的欢呼声中进了城。

3 一座大约有六个赛跑场高的多岩石的山矗立在山谷中部，山顶是个平台，周长为三英里。陡峭的山崖最低的地方也不少于七十五英尺高，起到了城墙的作用。这里以前有豪华的私人住宅和用料石建的宏伟宫殿。岁月摧毁了很大一部分，而内乱中烧毁和破坏的更多。现在仍然可以看到部分沦为废墟的塔楼和破败的教堂，但圣母教堂仍然完好无损地竖立在市中心，可以和意大利的任何一座圣母教堂相媲美，以其规模、建筑材料、建筑工艺和美丽而引人瞩目。

圣母教堂的墙壁和地板是用多种颜色的大理石建成的。正面墙很高，也很宽，上面有很多最优秀的雕塑家的作品，大多数为锡耶纳雕塑家，与菲迪亚斯和普拉克西特利斯 ① 不相上下。面部从白色大理石上凸出来，像是活人似的。人与兽的躯体刻画得栩栩如生，其工艺简直巧夺天工，只要一说话就成活人了。在这里你可以看到

---

①　二人均为希腊雕塑家。——译者注

死人复活，看到救世主的末日审判，看到被打入地狱的人受到惩罚，看到上帝的选民受到奖励，生动得就像是发生在你眼前似的。

4 在博尔塞纳，一个主持弥撒的神父有一次怀疑基督救世主的神性与人性 ① 在领圣餐时并没有出现在圣坛上。突然，圣饼在他眼前变成了血，迫使他相信基督就在那里。奇迹般变成的血也染红了放圣餐的整块圣餐布。教皇乌尔班四世承认了这次出现的奇迹，证明是真的。后来创立了圣体节 ②，基督教世界的每一个国家每年都最为隆重、最为虔诚地庆祝这一节日。那块留有这一奇迹痕迹的圣餐布被转移到这座教堂，人们最为荣幸、最为恭敬地保存着它。

5 这座教堂旁边就是教皇的府邸，非常宽敞，很适合教皇住，不过现在基本上成了废墟。尼古拉五世修复了一些房间和会议厅，教皇庇护现在住的就是这个地方。尼古拉五世还在城的一角开始建造一个要塞，现在还没有完成，但有人守卫，要占领也不容易，因为有悬崖峭壁和一个很深的壕沟保护着。

6 城里没有泉水，水来自蓄水池，或从附近的山上用管子把水引进来。山脚下有一汪泉水常年不断，围城的敌人要想阻止城里人用这里的水会非常困难。周围的山上种着葡萄树，能生产相当好的葡萄酒。山上覆盖着茂密的树林，平原上盛产小麦。帕利亚河与基亚纳河在要塞正对面的谷底汇合，然后再往下流大约五英里注入台伯河。

7 如果城里的人团结起来保卫城池，只有靠饥饿才能把城占领，因为用火炮打城墙毫无作用，而且只要城墙有人防守，用梯子也爬不上去。

---

① 依据基督教教义，基督既是完全的神，也是完全的人。——译者注
② 圣体节的庆祝活动13世纪始于比利时一带，后逐渐传播到其他地区。14世纪初，教皇克莱门特五世将这一节日定于三一主日后的星期四。——译者注

但这里的人基本上不团结。在意大利，最不能和睦相处的莫过于奥维耶多人了。穆法蒂和贝尔戈里尼是两个有权势的古老家族，在国内首屈一指，但两家世代为仇，几乎毁了这座城市。

8 奥维耶多的领土曾经非常辽阔，有很多城镇。随着奥维耶多的实力衰弱，一些城池被锡耶纳人占领了，还有一些被其他邻邦占领了。当地的权贵也控制了一些城堡，后来这些城堡又转手他人，一部分落到罗马教会手里，一部分落到外国人手里。锡耶纳的改革派成员之中，一度有大约一千四百人被流放到这里[①]。奥维耶多人跟他们学会了织布技术，这一技术非常有利可图，不过现在几乎失传了。

37
邪恶的内乱煽动者真蒂莱·德拉·萨拉被流放，菲库莱被夺走。真蒂莱在萨拉的邸宅被毁。

1 庇护在这里住了三天。他帮居民们（又一次发生争执）达成一项协议，居民们得以和解，相安无事地治理他们的城市。

大家接受这项协议是在真蒂莱叛乱之后。真蒂莱是贵族萨拉家的成员，一个狡猾、胆大的人，一度被流放在外，但最后被召回，由他的朋友偷偷地把他带回城里。他在城里继续煽动内乱，罢免了他的对手，谋杀了很多居民，为他被杀害的兄弟报仇。他欺压市民，好像他是城里的僭主似的，虽然他宣称承认教会的最高统治权。他再一次从城里被赶了出去，奥维耶多又由教会直接管辖。

2 好几任教皇都很慷慨，允许真蒂莱保留他祖传的财产。为了

---

① 参见第 1 卷第 22 章、第 2 卷第 13 章。——原编者注

维持他家的生计，教皇还允许他以教会的名义统治菲库莱。这一举措让奥维耶多人非常失望。一想起来有这么一个不安宁的阴谋分子近在咫尺，他们就感到害怕。

庇护当选教皇之后，为了维护秩序，就把真蒂莱调到边境地区，好像这是个殊荣似的，让他成为蒙达维奥教区的首领。但真蒂莱不能遵守和平协议。他与西吉斯蒙多搞阴谋活动之后，很不光彩地离开了蒙达维奥回到菲库莱。

不久之后，真蒂莱与一些贵族密谋策划，打算在圣体节（举行盛大的列队行进活动来庆祝这一节日）期间进入奥维耶多，在民众专心祈祷时攻击他们，杀掉反对派的首领，以教会的名义再次自立为领主。

但仁慈的上帝是不会容忍这一罪恶行径的。真蒂莱还没有进城，其阴谋就败露了。被捕的一些人承认了这一阴谋并受到了惩罚，其他人逃到安全的地方去了。

3 教皇对真蒂莱大为恼怒，把他的菲库莱收走了，免得他利用出于同情送给他的礼物来毁灭教会。但真蒂莱上了几个枢机主教的当，让他产生了不切实际的幻想，埃弗索伯爵和周边其他几位君主的许诺也对他产生了诱惑，他就不再理会教皇的命令，宣称是他的祖先创建了菲库莱，他什么也不欠罗马教会的，只欠教会的称颂，他拒绝放弃从祖先手里继承的财产，宁死也不愿把它交出来。

4 教皇听到这话，命令奥维耶多人拿起武器。教皇派了一支人数不太多的队伍，把当地的农民集合起来之后，包围了真蒂莱的老家萨拉，它坐落在一片高地上，像一座要塞一样。没过几天，教皇就占领并摧毁了这个地方。然后他挥师攻打菲库莱。真蒂莱一看城里人靠不住，惊慌失措之下只好投降，表示愿意接受教皇的条件。

5 庇护将真蒂莱全家驱逐出奥维耶多的领土。他把真蒂莱本人流放到伦巴第，但出于对他两个女儿的同情，允许他保留剩下来的财产。真蒂莱的一个女儿已经订婚，但还没有完婚，另一个女儿也到了结婚的年龄。另外，庇护也觉得似乎不应该完全毁掉一个贵族之家，祖先的善举应该让其后人得到一些好处，甚至包括那些邪恶的后人。

庇护在奥维耶多的时候，这些事情还没有发生，而是到第二年才发生。我们将其记述在这里，是为了避免在下面再回到这一话题。

38
巴尼奥雷焦与奥维耶多的争端。
蒙特菲亚斯科内。
来自罗马的使团。

1 庇护随后离开了奥维耶多，来到巴尼奥雷焦的地界。他一到达边境就感受到危险。他的椅子被一群兴奋的民众包围起来，既有奥维耶多人，也有巴尼奥雷焦人。这两个城市陷入了一场边界争端，所以都不想让另一方的人在自己的领土上抬庇护。他们打了起来，既动用武器打，也赤手空拳地打，有些人被箭射伤，有些人被剑刺伤。

教皇的卫队驱散了打架的人，夺过教皇的椅子自己抬了起来，过了有争议的地区后又走了老远。这时，巴尼奥雷焦的男男女女和孩子们一起跑了过来，送给教皇礼物，也给他的所有随从送吃送喝。

2 教皇接着去了蒙特菲亚斯科内。有些人认为这就是法利希人[①]的古城，这一观点是错误的，据说连莱奥纳尔多·布鲁尼也这

---

① 居住在伊特鲁里亚南部的古代人。——译者注

样认为。这座城坐落在一座高山上，俯视着博尔塞纳湖，东面对着奇米诺山。法兰西人担任教皇期间，在这里建了一座宏伟的夏宫，他们觉得意大利热得让人难受。

3 这座夏宫建造得像一座要塞，有走廊，有餐厅，有卧室，全都配得上教皇的身份。但由于年久失修，大部分已经成为废墟。庇护在这里下榻，但受不住这里的大风——这里是风神常住之地——所以第二天就离开了，穿过田野去了维特维厄姆，现在人称维泰博。这一名称据说意思是"无武器者的生活"，其依据是古罗马的退伍军人通常隐居在这里，在很多从地下冒出来的温泉附近安度晚年。

4 教皇在路上遇见罗马的几位代表，他们是来请教皇回首都的。有四个能言善辩的人，其中两个——安东尼奥·卡法雷利和安德烈亚·圣克罗切——是法学家和罗马教会辩护律师，另外两个是显赫的罗马贵族。陪伴他们的是一群英俊的年轻人，全都身着盛装，骑着披有漂亮马衣的马。

39
维泰博及其派别。
庇护以很受欢迎的回答来支持罗马使节。

1 大家普遍认为，维泰博是一座创建不久的城市，但也有人说它曾是一座设有要塞的小城，是奉献给大力英雄赫拉克勒斯的。

两大派控制着这座城：加蒂派和马根蒂尼派（也叫蒂诺西尼派）。我们已经描述过庇护在曼托瓦时埃弗索伯爵是如何攻击这座城的，也描述过拉韦纳大主教是如何将其收复的。[①]

---

① 参见第3卷第24章。——原编者注

2 不久之前，加里斯都三世担任教皇期间，维泰博城发生过严重纠纷。这一派拿起武器攻击另一派，然后在逃跑时放火烧对方的房子。加里斯都派锡拉库萨主教去解决纠纷，这位主教是加泰罗尼亚人。主教用计谋进了城，让两派都受到严厉惩罚。他剥夺了一部分人的财产，剥夺了另一部分人的性命，流放了很多人，整座城差不多荒废了。

3 大约这个时候发生了一件事，值得在这里记述下来，虽然后世可能不会相信。有一个老人被俘虏，以叛国罪被判死刑。他本来可以花五百达克特买回一条命，但他声称即便获释也活不长了，不如把钱留给几个儿子，让儿子多活几年。

4 在维泰博，教皇当着枢机主教团的面接见了罗马特使。几位特使差不多同样能言善辩，于是就轮流发言，免得某人看上去比别人地位高。他们描述了庇护走后罗马是多么悲伤，出现了多少麻烦，罗马人是多么不想看到他离开，对他滞留在陌生人中间感到强烈不满，他们正高兴地期待着他回来。听说庇护正在回国的路上，各家的墙壁、甚至城墙都感到高兴。他们为教皇拍手喝彩，赞扬他在曼托瓦会议上的表现——他的讲话，他的辩论，他的判断，他的答复。他们把罗马城、把世界之都及其居民都托付给他，恳求他忘掉城里的年轻人所犯下的罪行。罗马人会和睦相处，会过上更好的生活，只要圣座庇护尽快回来看望他的孩子们。

5 教皇回答说："朕离开罗马时，朕和大家都流下了泪水，都非常难过。罗马是朕的家乡，就像锡耶纳一样。朕出生在皮科洛米尼家，这一家很早以前就是从罗马移居到锡耶纳的，朕家族的名字艾伊尼阿斯和西尔维厄斯可以证明。朕在罗马被任命为枢机主教，在罗马晋升为教皇。罗马人听说锡耶纳主教将要继承加里斯都时，朕看到他们兴高采烈。你们是朕的见证人，在人类的记忆之中，从来没有人这么高兴过。所以，离开一座如此配得上朕的城市，朕感到极为痛苦。朕心里已经感受到了你们所遇到的麻烦。

6 "但朕所考虑的是教会的需要，是基督教信仰的需要。土耳其人已下定决心，要把教会和基督教信仰踩在脚下。朕知道，基督教世界唯一的希望就取决于朕与各国君主聚会，取决于集中我们的资源，取决于大家意见一致，这样才能承担起捍卫信仰的任务。

"所以，朕动身出发了，既情愿，也不情愿。说不情愿是因为朕要离开可爱的伴侣，说情愿是因为朕要尽力帮助亲爱的母亲。即便朕没有像希望的那样取得成功，朕对自己的愿望和付出的努力也不会后悔。全世界都看得出来，让朕失败的是实力不济，不是缺乏勇气。

7 "没有人会指责朕在真正的信仰危在旦夕时在罗马生活奢侈。朕虽年迈，而且疾病缠身，但并没有在寒冷或雨雪面前退缩。朕长途跋涉，住在陌生人中间，召集各国君主，训诫民众，耐心等待，尽力做每一件事，为了公共利益而集结统一战线。来的人很少，为了信仰而放弃寻欢作乐的人更少。但又有谁因此而责备朕呢？这样疏于职守全怪俗界君主，这些君主在朕为了公共利益而与他们磋商时，对基督代理人的话置若罔闻。

8 "朕就这样胜利而归——也许不是胜了土耳其人，但起码胜了整个基督教世界。即便是没有像朕希望的那样组成十字军打击土耳其，朕仍然希望已经播下了种子，有朝一日会有所收获。回想起朕所遇到的艰难困苦是令人愉快的，这些经历会在上帝面前得到回报。

9 "然而，听到你们中间发生的事情，朕感到不安。听到有那么多的抢劫、谋杀事件，那么多的通奸、亵渎圣物行为，朕深感痛苦，这显然都是你们的年轻人干的事。朕不指责你们，要是治安官支持你们的话，你们是愿意惩罚这些犯罪行为的。朕倒是要指责那些懦弱、玩忽职守的人，是他们首先放纵年轻人胡作非为的。朕称赞你们的忠诚。面对那么多的磨难，你们没有失职。你们是真正明智、正直的人，是主人忠实的仆人，虽然你们在服务时实际上是自己做主的。

10 "有哪个国家比罗马更自由吗？你们不交税，没有强加给你们的税务负担。你们在城里担任体面的职务。你们销售的葡萄酒和粮食由你们自己定价。你们的房子为你们挣高额租金。谁是你们的主人？也许是个伯爵，或是个侯爵、公爵、国王、皇帝？比这些人都伟大的就是你们所服从的人——罗马主教，圣彼得的继承人，基督的代理人，所有的国王都想吻他的脚。基督被称为'诸王之王'、'万主之主'①，这是出于对他的尊重，而罗马主教就是基督在尘世间的代表。你们服从、尊敬、尊重这位主子，你们这样做确实明智，罗马人。因为是他给了你们名誉和财产，给你们带来了全世界的财富。你们供养的罗马教廷也供养着你们，从世界的每一个角落给你带来金钱。

11 "你们承认自己的好运，想保护自己的好运，朕为此感到高兴。一座欢乐的城市等待着朕，朕也感到高兴，因为朕本人也高兴地匆匆赶回这座城市。对于朕来说，一个小时就像一年一样，朕是多么迫不及待地要再次看到神圣的城墙，看到殉道者和使徒们的圣骨，看到圣血浇灌的土地，看到朕视为孩子的所有可爱的居民。朕最爱的莫过于罗马人了。朕很愿意②尽快回到自己的家，和朕的子民③一起待在朕的教区。

12 "不错，曼托瓦会议之后朕没有立即回国，而是耽搁了一段时间。这有三个原因。第一，朕想到温泉浴场去治病，因为朕的身体不好。第二，朕不想在夏季回到罗马。对那些从更为温和的意大利北部回来的人来说，夏季的气候对他们的健康是不利的，是危险

---

① 　参见《圣经·但以理书》2:37 ;《圣经·申命记》10:17。——原编者注

② 　参见《圣经·路加福音》22:15。——原编者注

③ 　参见《圣经·申命记》26:18。——原编者注

的。第三，和朕的教廷一起待在锡耶纳，朕想给锡耶纳人带来一些安慰，长期的对外战争和内乱已经把他们折磨得筋疲力尽。朕为他们担心的时候，也就是为罗马担心，因为锡耶纳是罗马的西城墙。

"朕没有对你们撒谎，也没有对其他人撒谎，朕答应回来就真的回来了。你们见到朕的迫切心情，并不能与朕回来见到你们的高兴程度相比。朕在这里只作短暂停留，要采取措施确保行程安全，没有携带武器的卫队保护往前走是不安全的。朕要与教友们磋商，然后定下启程的日期，一确定下来就马上通知你们。"

13 特使们得到教皇的答复非常高兴，并把这一回复告诉了城里的监护官。一想到教廷很快就会回到他们中间，罗马人感到分外高兴。

40
皮奇尼诺向前推进。
庇护勇敢地决定返回罗马。
对卡内皮纳的描述。

1 与此同时，有消息传来，说皮奇尼诺率领的敌军占领了塔利亚科佐周围的乡村，并夺取了属于法尔法修道院的几座城镇，现在正向罗马推进。科隆纳家族、萨韦利家族、埃弗索都与皮奇尼诺结了盟。罗马的年轻人拿起了武器，迫不及待地要闹革命。

斯福尔扎和教会集结的军队还没有到达。皮奇尼诺已经侵占了一些地方和城镇。列蒂人、蒂沃利人以及罗马周围平原上好几个城镇的人都站在皮奇尼诺一边。毫无疑问，他很快就会成为罗马的主人。

2 教皇听到这些消息以后，就与枢机主教团碰面商量回罗马的问题。大家意见不一，没有做出明确决定，庇护就与小圈子里的几个顾问继续商量。

几个人一致劝他不要匆忙赶回都城，而是要待在维泰博或奥维耶多，直到教会的军队来把皮奇尼诺赶出罗马领土。如果皮奇尼诺占领拉齐奥和萨宾人的地盘，埃弗索占领台伯河的另一边，教皇就会被困在罗马，罗马人就会失去他们的家畜，就会密谋反对他，把罗马出卖给皮奇尼诺。在此危急关头，教皇能到哪里去呢？从陆路逃不掉，从海上也逃不掉，法兰西舰队把海面封锁了。教皇只能到圣天使城堡去避难，到头来还是要在那里投降——这一命运要比死亡糟糕得多。

但如果教皇在维泰博等待结果，一旦取得胜利，他回去的路就畅通无阻了；万一失败，教廷可以到锡耶纳避难。他们提醒教皇说，当年罗马人在失去牛羊以后就把尤金抓起来了，还有人策划反对尼古拉的阴谋。他们说，罗马人从来都无法忍受好运和厄运：困难时他们公开造反，一帆风顺时就傲慢无礼。教皇要是没有卫兵保护，在罗马人中间就不安全。

3 庇护回答说："你们都劝朕待在这里，但朕认为应该走。朕要是不先于皮奇尼诺进入罗马，朕的王国就会丧失，朕在有生之年未必能收复罗马。尤金失去罗马后在外漂泊了九年，过着寄人篱下的生活。罗马一旦丧失，教皇还有什么光彩？他的书信如果不是在罗马圣彼得大教堂里写就，好像就没有一点分量。

"你们说皮奇尼诺占据了周围地区，不错，报告上就是这样说的。你们说埃弗索把军队部署在台伯河两岸，朕承认。但他不能耽误朕过去。朕会绕开他占领的地盘，朕也没有理由害怕他有埋伏。朕的护卫队比他的军队人数多。

4 "但皮奇尼诺会带着队伍悄悄渡过台伯河，挡住朕的去路。但如果朕考虑可能出现的各种危险，考虑由此而产生的各种烦恼，

苍天在上，朕还有勇气走吗？此时此地，屋顶就有可能塌下来把朕
砸死。不管你到哪里去，都会有危险。做任何一件大事，做任何一
件值得纪念的事，都会担风险。就像你们所说的那样，朕可能会被
困在城里，会被抓住，会被杀掉。这些朕并不否认。但罗马主教死
在哪里会比死在罗马更光荣呢？有哪一座坟墓比梵蒂冈更适合朕呢？

"对朕来说，朕相信上帝会帮助正义的事业。但如果某种无法预
测的神力裁定朕要落入敌手，或被邪恶之剑刺死，朕不会拒绝为罗
马而死，不会拒绝死在罗马。为圣彼得的遗产而死是一件光荣的事，
逃避死亡是可耻的。所以，去告诉枢机主教团，朕今天就回罗马。"

5 教廷全体成员听到这一消息后大哗，有人高兴，有人恐惧。
教皇大约在下午一点半出发，取道维泰博中部，虽然有人认为应该
走城墙外面一条不太容易察觉的路。走了大约两英里以后，他们在
奇米诺山顶上惊起一只野兔，兔子虽然左躲右闪，但还是不能逃
脱。士兵们把它活捉了。大家认为这是个好兆头，要是让兔子跑掉
的话就糟了。

6 傍晚时分，大家到达卡内皮纳，在这里过了夜。这里位于奇
米诺山的东山麓附近，在一个深暗的山谷里太阳几乎照射不到的地
方。从山上流下来的一条小河冲刷着城墙，山上覆盖着茂密的栗树
林，到了夏季将这里遮掩得更加黑暗。除了核桃树和少数苹果树之
外，这里几乎不长别的树。人们建造起木屋，很拥挤地住在一起，
像是蜂房里的蜜蜂一样。连最小的木屋也能住好几家人，这种杂居
方式往往使人口增加。屋里聚集起来的浓烟能把任何有毒的湿气都
烘干。

教皇被安排进一个小房间，比床大不了多少，没有生火，免得
冒烟。

41
内皮和福尔梅洛。
庇护受到罗马人的迎接并凯旋入城。

1 教皇从卡内皮纳前往内皮，一座非常古老而又戒备森严的城市。

内皮城建在一座小山上，山周围是两条筑有高堤的河，起到城墙的作用，没有梯子爬不上去，而且梯子还要很长才行。在一小片没有悬崖的地方有一座要塞，由几个高高的塔楼和墙壁守护着，后来庇护将其进一步加固。

加里斯都三世去世时，内皮人逮捕了这座城堡的加泰罗尼亚指挥官，残忍地杀害了他，理由是他强奸妇女。这次谋反没有受到惩罚，因为不赦免带头闹事的人，居民们就拒绝投降。

2 教皇在内皮吃了午饭，饭后很快就离开了。纳波莱奥内·奥尔西尼的妻子在坎帕尼亚诺为教皇准备了一顿"令人迷惑的晚餐"①，但教皇继续前行到福尔梅洛，到那里他发现一点准备工作都没有做——没有食物、没有饮料、没有床。他们只好向农民要点面包和洋葱来充饥，要点水来解渴，水喝着比刚榨出来的葡萄汁还要香甜。

阿维尼翁枢机主教不能忍受一点不便，就去了坎帕尼亚诺，在那里代替教皇受到隆重欢迎，并吃了为教皇准备的晚饭。枢机主教科隆纳想避开他的仇敌奥尔西尼家族，就转而去了萨韦利。福尔梅洛离罗马十四英里，属于奥尔西尼家的财产，戒备不是很严，不过城堡给人印象深刻。

3 第二天，教皇不等天亮就动身前往罗马。由于前一天的晚饭

---

① 赴宴者不知道应该先品尝哪一道菜，故名。——原编者注

吃得少，他命人在路上一汪清泉旁边准备午饭，泉水从一个古老的洞穴里不停地流出来，洞穴在一片多荫的树林里，树林在一条深谷之中。

教皇正在吃饭时，罗马总督、市政元老以及很多贵族前来见驾，人人都兴致勃勃，陪伴他们的是圣阿纳斯塔西娅枢机主教及其兄弟西莫内医生[①]。大家都被迎到教皇的餐桌。吃完饭以后又继续上路。

4 田野里到处都是人，大家前来觐见教皇并向他表达敬意。监护官和显要公民在离城大约六英里的地方迎驾，一同来的还有一帮年轻人，他们要抬教皇的椅子。大多数人都是以前疯狂的蒂布尔齐奥的同伙，一度迫不及待地要闹革命。

教皇的朋友劝他不要把自己交给这些年轻的异端分子，而是让他自己的卫兵抬他。

5 教皇听了这一建议后笑了笑，然后吩咐罗马人过来抬椅子，说："你要踹在狮子和虺蛇的身上，践踏少壮狮子和大蛇。[②]这一预言以前经常应验，今天还会应验的。又有哪一种野兽比人还要凶残呢？哪一种动物比人造成的伤害还要多呢？但人也是一种会变的动物，最残忍的人常常会变得温顺起来。如果可能的话，这些年轻人就会带朕到其他地方，不去罗马，还会要了朕的性命。但他们不会这样做。他们认识到了自己的错误。现在他们变得驯服了，要把以前想踩在脚下的人抬在肩膀上。"

6 庇护的这一观点没有错。这些年轻人以最大的热情抬起椅子，高高兴兴地把主子抬到弗拉米尼亚门，现在叫作"人民门"。庇护

---

① 即雅各布和西莫内·泰巴尔多。参见第 3 卷第 2 章。——原编者注
② 语出《圣经·诗篇》91:13。——原编者注

在这里的圣母修道院过了夜，修道院在大门旁边，城墙里面。① 据说罗马皇帝尼禄② 就是在这里遇害的——这被认为是一个好兆头，因为庇护在圣母的帮助下，也要把他的尼禄们消灭掉。

　　7 第二天，10 月 7 日，教皇像一个凯旋的英雄一样，在民众异乎寻常的欢呼声中，穿过罗马城来到圣彼得大教堂。一路上他看到所有的房子都经过装饰，广场上都铺着地毯，每一条街道上都撒满树枝和鲜花。一进入大教堂里面，教皇脖子上围着的大披肩就被撕成了碎片，很多人在争着去抓披肩的时候受了伤。

　　教皇流着眼泪跪在祭坛前面，向使徒们的圣骨下拜。然后他回到教皇宫自己的卧室。夜幕降临时，所有的人都骑着马、举着火把来到教皇的住所，排起弯弯曲曲的长队穿过宫门。他们兴高采烈地大声呼喊，祝愿庇护长寿幸福。

---

① 奥古斯丁修道院，附属于圣母玛利亚修道院。——原编者注
② 罗马暴君，以纵情声色、奢华无度、焚烧罗马城、迫害基督徒而臭名昭著。——译者注

索　引

第 1-2 卷索引

Acciaiuoli, Neri　阿恰约利，内里：2. 30. 3

Acciaiuoli, Niccolò　阿恰约利，尼科洛：2. 30. 3

Alagno, Lucrezia d'　阿拉贡的卢克雷齐娅：1. 31. 8-9, 1. 33. 1, 1. 34. 5

Albergati, Cardinal Niccolò (Santa Croce)　阿尔伯加蒂，枢机主教尼科洛（圣克罗切）：1. 4. 1-2, 1. 5. 2, 1. 6. 8-9, 1. 7. 1-2, 2. 37. 4

Albert II, Holy Roman Emperor (Albert V, duke of Austria, r. 1438—1439)　阿尔贝特二世，神圣罗马帝国皇帝（阿尔贝特五世，奥地利公爵，1438—1439 在位）：1. 9. 1, 1. 10. 2, 1. 11. 2, 2. 33. 3

Albert III Achilles, margrave of Ansbach, brother of Frederick II of Brandenburg(and called margrave of Brandenburg by Pius), r. 1440—1486　阿尔贝特三世·阿基莱斯，安斯巴赫侯爵，勃兰登堡腓特烈二世的兄弟（庇护称之为勃兰登堡侯爵），1440—1486 在位：1. 15. 6, 1. 25. 2, 1. 26. 3, 1. 27. 2, 1. 28. 1, 2. 24. 1

Albert IV, duke of Austria (father of Emperor Albert II, r. 1395—1404)　阿尔贝特四世，奥地利公爵，（皇帝阿尔贝特二世的父亲，1395—1404 在位）：2. 33. 3n

Albert V, duke of Austria. See Albert II　阿尔贝特五世，奥地利公爵。参见阿尔贝特二世

Albert VI, duke of Austria (brother of Frederick III, r. 1446—1463)　阿尔贝特六世，奥地利公爵，（腓特烈三世的弟弟，1446—1463 在位）：1. 20. 2, 1. 23. 2, 2. 24. 1, 2. 33. 4, 2. 34. 5

枢机主教洛多维科，阿奎莱亚宗
主教：1. 13. 6，1. 17. 2

Schaumburg, Cardinal Peter von　绍
姆堡，枢机主教彼得·冯：1. 15. 6

Schiavo, Luca　斯基亚沃，卢卡：
1. 31. 4

Schlick, Caspar　施利克，卡斯帕：
1. 11. 2-5，1. 15. 6，1. 18. 6

Scolari, Pippo　斯科拉里，菲利波：
2. 30. 3

Sigismund of Luxemburg, Holy Roman
Emperor, r. 1410—1437　卢森堡
的西吉斯蒙德，神圣罗马帝国皇
帝，1410—1437 在位：1. 3. 3，
1. 9. 1，1. 11. 2，1. 11. 4，2. 43. 4

Sigismund, lord of the Tyrol, son of
Frederick IV, r. 1439—1496　西吉
斯蒙德，蒂罗尔领主，腓特烈四
世之子，1439—1496 在位：1. 15. 5，
1. 19. 1，1. 19. 5，2. 33. 1，
2. 33. 4-5，2. 34. 5

Sirk, Jacob von, archbishop of
Trier　希尔科，雅各布·冯，特里
尔大主教：1. 11. 1，1. 14. 2，
1. 27. 2，1. 28. 1，1. 29. 1

Simonetto, captain　西莫内托，军官：
1. 31. 10

Sforza, Francesco, count of Cotignola
and later duke of Milan r. 1450—
1466　斯福尔扎，弗朗切斯科，
科蒂尼奥拉伯爵，以及之后的米
兰公爵，1450—1466 在位：1. 19. 1，

1. 19. 5-11，1. 31. 3，1. 35. 6，
1. 37. 3，2. 3. 4，2. 18. 2，2. 26. 2-3，
2. 27. 2，2. 32. 4，2. 36. 6-8，
2. 44. 1

Sforza, Galeazzo, count of Pavia　斯
福尔扎，加莱亚佐，帕维亚伯爵：
2. 26. 2-6，2. 31. 2，2. 36. 8，
2. 43. 5，2. 44. 2

Sforza, Ippolita　斯福尔扎，伊波利
塔：2. 44. 1-4

Smaragdus, exarch of Italy　马拉杜斯，
意大利总督：2. 39. 2

Sogliera, Giovanni　索列拉，乔瓦尼：
1. 31. 6，2. 7. 1

Sonnenbecg, Ulrich, bishop of
Gurk　索南伯格，乌尔里希，古
尔克主教：1. 11. 6，1. 22. 12，
1. 25. 5，1. 26. 4，1. 27. 2

Spannocchi, Ambrogio　斯帕诺基，
安布罗焦：2. 9. 2

Starnberg, Ulrich　施塔恩贝格，乌
尔里希：1. 22. 12

Steinhof, Johann　斯泰因霍夫，约
翰：1. 9. 4

Strozzi, Palla　斯特罗齐，帕拉：
2. 27. 3，2. 28. 1

Suessa, duke of　苏萨公爵：1. 20. 1

Tacz, Wilhelm　塔齐，威廉：1. 11. 3，
1. 11. 5

Tebaldo, Cardinal Jacopo
(Sant'Anastasia)　泰巴尔多，枢机

第 3-4 卷索引

图书在版编目（CIP）数据

庇护二世闻见录／（意）皮科洛米尼著；王宪生译.
—杭州：浙江大学出版社，2016.12
书名原文：Commentaries
ISBN 978-7-308-16325-5

Ⅰ.①庇… Ⅱ.①皮… ②王… Ⅲ.①庇护二世—自
传 Ⅳ.①B979.954.6

中国版本图书馆CIP数据核字（2016）第252988号

庇护二世闻见录

[意] 皮科洛米尼 著　王宪生 译

责任编辑	王志毅
装帧设计	王小阳
出版发行	浙江大学出版社

（杭州天目山路148号 邮政编码310007）

（网址：http://www.zjupress.com）

制　　作	北京大观世纪文化传媒有限公司
印　　刷	北京中科印刷有限公司
开　　本	635mm×965mm　1/16
印　　张	27
字　　数	338千
版 印 次	2016年12月第1版　2016年12月第1次印刷
书　　号	ISBN 978-7-308-16325-5
定　　价	68.00元

版权所有　翻印必究　印装差错　负责调换
浙江大学出版社发行中心联系方式：（0571）88925591；http://zjdxcbs.tmall.com

本书译自 Pius II, *Commentaries*, Vol. 1-2, translated by Florence Alden Gragg, edited by Margaret Meserve and Marcello Simonetta, Harvard University Press, 2004, 2007